感谢财政部会计学术带头人后备人才项目
和教育部哲学社会科学创新基地"南京大学经
济转型和发展研究中心""经济转型和发展中
的人力资源研究"项目对本书的资助！

商学院
文　库

U0661060

财务管理学导论
精要、案例与测试

陈志斌　编著

南京大学出版社

前　言

在中国经济日益国际化,企业管理日益现代化,竞争要素日益知识化的今天,人才的竞争日渐激烈。在我国经济日益市场化,经营管理日益法制化,竞争态势日益程序化的今天,人才的选拔日渐规范。以财务会计人才的升迁评价为例,高级会计师、会计师、助理会计师、注册会计师、财务规划师等等的取得都是靠规范的考试。寻找一本合适的参考资料成为各种考试取胜的法宝。财务管理是一门实践性很强的学科,在校学生要想掌握好理财知识,需要通过各种习题的练习才能深刻地理解和掌握。本书是以陈志斌编著的《财务管理学导论》为基础编写的一本学习指导和自学练习用书,主要是帮助读者较快地融会贯通所学知识,深刻理解其中的理论和方法,全面、准确地理解教材的主要内容和提高实际操作能力,顺利地通过各类考试。

本书题型全面,内容丰富,取材广泛,参考了大量中外有关最新考题、最新应试理念、最新教材和教学参考资料,具有较强的时代特征。本书不仅是学习和参加各种财务管理考试必备的学习参考书,还可作为授课教师命题的重要资料。

本书共分为九章。每一章由三部分构成,第一部分是本章知识提要,对本章的知识点进行了概括,帮助读者在练习之前回顾教材的内容,之后还指出了本章的教学重点和难点,便于教师和同学能够对重点、难点加深理解。第二部分为各种类型的习题,题型包括:单项选择题、多项选择题、简答题、论述题、计算题、案例分析题六种类型,共收集和编写千余道习题。习题由浅及深,以教材的知识点为基础,先进行简单练习,再进行综合练习,并对知识点进行一定的拓展。第三部分是各种题型的解答。其中选择题不仅给出了参考答案,并且提供了对于选项的解析;计算分析题也提供了较详细的解析和计算过程;由于案例分析题的发散性较强,主要给出一些提示性的要点。这一部分主要是便于读者对学习内容的深入领会和掌握,有助于读者检验自己解答问题的准确性和解题思路。

　　博士生导师陈志斌教授负责全书的大纲拟定、修改、总纂、定稿。何忠莲、陆瑶、黄珊、曹屿峥、吴玲玲等参与了资料的搜集和相关章节的编写。本书的编写得到了南京大学商学院各位领导和同仁的大力支持,他们的支持和宝贵的意见与建议对本书的完善和出版发挥了重大的作用。南京大学出版社府剑萍、王向民、耿飞燕等编辑付出了大量的心血,在此表示衷心的感谢! 但限于能力、水平和时间的限制,书中难免出现疏漏或不当之处,敬请广大读者批评指正,并提出宝贵意见。欢迎通过 czb@nju.edu.cn 给我们提出建设性的建议和意见。

编　者

2008 年 7 月 20 日于安中楼

目　录

第一章　财务管理概论

第一节　本章知识提要

一、本章知识点

(一)财务管理基本内容

关于财务的内涵主要有货币关系论,资金运动论,本金投入与收益论以及价值管理论等观点。

开放性、动态性和综合性是现代财务的三大特点。

财务管理包含金融市场与中介、投资以及公司财务管理等三个方面的内容。

财务管理的主要任务:合理筹集资金,及时满足需要;统一规划投资,合理配置资源;加强日常管理,提高使用效率;合理分配收益,协调财务关系;进行财务监督,维护财经纪律。

财务管理的主要内容是组织企业财务活动和处理财务关系。

财务管理包含战略层面、运营层面与风险控制和防范层面三个层面,并通过财务战略与规划、财务预测、财务决策、财务计划、财务执行与控制、财务分析以及财务监督等一系列环节实现。

(二)财务管理组织结构与人员素质

企业财务的分层管理具体分为出资者财务、经营者财务和财务经理财务管理。

企业均单独设立财务管理组织机构,并设一名专管财务的公司副总,即财务总监(我国为总会计师)负责企业全面的财务工作。在财务副总之下,有两位重要管理人员:财务主管(西方称为财务长)和会计主管(西方称为会计长)。

CFO制度是在企业所有权与经营权分离以及多层次管理的治理结构下,由企业所有者在企业内部所建立的旨在保障所有者利益和实现企业资产保值增值并由特定专业人员、机构、制度和措施等因素有机组成的财务监督与管理机制的总称。

财务管理者的职业素养体现在专业业务素养和职业道德素养方面。

财务管理者应具备的职业能力有组织领导能力、财务管理信息化的规划能力、风险防范和控制能力、战略支持能力和沟通协调能力。

（三）财务管理的对象

财务管理的对象是现金及其流转。

现金是长期循环和短期循环的共同起点，在换取非现金资产时分开，分别转化为各种长期资产和短期资产。

（四）财务管理方法与研究方法

根据财务管理环节，财务管理方法主要有财务预测方法、财务决策方法、财务计划方法、财务控制方法和财务分析方法。

财务学研究常用的方法是演绎与归纳的方法及规范和实证的方法。

（五）财务管理环境

财务管理环境是指对企业财务活动产生影响的企业内外部条件，是非财务事件制约企业实现财务管理目标的客观条件，它是财务管理系统之外的但与财务管理系统有着直接、间接联系的各种因素及其空间。

公司财务管理的经济环境主要是指企业组织财务活动和处理财务管理关系时所面临的宏观经济形势、经济体制、财政政策、货币政策和税收体制等。

公司财务管理的法律环境是指影响公司财务管理的各种法律因素。主要包括工商企业组织法律规范、财务与会计法律规范、金融证券法律规范和税务法律法规等。

金融市场是市场经济体系的一个重要组成部分，是企业进行融通资金活动的主要场所。

公司财务管理的微观经济环境是指影响企业组织财务活动和处理财务管理关系的微观经济因素和条件，主要包括企业产权制度、企业组织形式、企业管理制度和企业的经营特征等。

（六）财务管理的发展

西方财务管理的发展经历萌芽阶段、以筹资为中心的阶段、以内部控制为中心的阶段、以投资为中心的阶段以及全球一体化环境下的财务管理五个阶段;新中国财务管理历经以计划管理为主、计划经济与市场经济并存、以市场经济为主以及融入国际大循环的财务管理四个阶段。

二、教学重点

财务管理内容:财务管理的内容由财务管理的目标和财务管理的对象决定。一般认为,企业财务管理的目标是通过提高企业可持续盈利成长能力,实现企业价值最大化和股东财富最大化,而要实现这一目标,必须在企业财务风险和财务报酬之间进行权衡。企业财务管理的对象是企业现金运动活动及其体现的财务关系。

因此财务活动和财务关系应该是企业财务管理学要研究的内容。企业财务活动具体表现为以下四个方面:企业融资财务管理活动、企业投资财务管理活动、企业经营财务管理活动、企业分配财务管理活动。上述各项财务活动并不是相互割裂,而是相互依存,有机地联系在一起的。财务人员必须将上述四个方面综合地加以分析、考虑,统筹安排,合理调度,才能取得良好的财务效果。

财务关系是企业在财务活动过程中同有关方面的经济利益关系。企业在筹资活动、投资活动、分配活动中与企业上下左右各方面有着广泛的联系。这些联系不可避免地会涉及经济利益等利害关系。这种企业在财务活动过程中同有关各方面的经济利益关系就是企业的财务关系。利益相关者与企业财务的"影响互动"的性质,可能是潜在合作性的,也可能是潜在挑战或威胁性的。是合作还是威胁,以及合作或威胁的强度,取决于双方联结的方式、利益关系的性质以及企业行为对利益相关者利益的影响方向等因素。如果利益相关者控制着企业的关键性资源或比企业的权力更大,则它们对企业合作或威胁的强度就大。

三、教学难点

(一)理解财务管理内容的不同视角

从财务管理的目标和财务管理的对象来看,可以从财务活动和财务关系两方面来理解财务管理的内容。不仅要把各项财务活动有机地联系在一起,综合地加以分析、考虑,统筹安排,合理调度,还要对财务活动过程中同有关各方面的经济利益关系之间进行协调管理。

从全局的视角,财务管理包含战略层面、运营层面与风险控制和防范层面三个方面的内容。这三个层面的财务管理活动是通过一系列环节来实施的。这些环节主要包括:财务战略与规划、财务预测、财务决策、财务计划、财务执行与控制、财务分析以及财务监督等。

(二)财务管理的对象

财务管理主要是资金管理,其对象是资金及其流转。资金流转的起点和终点是现金,其他资产都是现金在流转中的转化形式,因此,财务管理的对象也可以说是现金及其流转。财务管理也会涉及成本、收入和利润问题。从财务的观点来看,成本和费用是现金的耗费,收入和利润是现金的来源;财务管理主要在这种意义上研究成本和收入,而不同于一般意义上的成本管理和销售管理,也不同于计量收入、成本和利润的会计工作。因此要把握好现金流转的概念以及现金的循环过程等问题。

第二节 习题部分

一、单选题

1. 企业管理的目标中最具综合能力的目标是( )。

A. 生存 　　 B. 发展 　　 C. 盈利 　　 D. 筹资

2. 自利行为原则的依据是( )。

A. 理性的经济人假设

B. 交易是"零和博弈",至少有两方,以及各方都是自利的

C. 分工理论 　　　　　　　 D. 投资组合理论

3. ( )的应用领域之一是差额分析法。

A. 双方交易原则 　　　　　 B. 引导原则

C. 信号传递原则 　　　　　 D. 净增效益原则

4. 理性的投资者应以公司的行为作为判断未来收益状况的依据是基于( )的要求。

A. 资本市场有效原则 　　　 B. 比较优势原则

C. 信号传递原则 　　　　　 D. 引导原则

5. 一个方案的价值是增加的净收益,在财务决策中净收益通常用

（　　）来计量。

A. 净利润　　　B. 息税前利润　C. 现金流量　　D. 投资利润率

6. 从管理当局的可控因素看,影响公司股价高低的两个最基本因素是(　　)。

A. 时间价值和投资风险　　　　　B. 投资报酬率和风险

C. 投资项目和资本结构　　　　　D. 资本成本和贴现率

7. 股东和经营者发生冲突的根本原因在于(　　)。

A. 具体行为目标不一致　　　　　B. 利益动机不同

C. 掌握的信息不一致　　　　　　D. 在企业中的地位不同

8. 企业财务关系中最为重要的关系是(　　)。

A. 股东与经营者之间的关系　　B. 股东与债权人之间的关系

C. 股东、经营者、债权人间的关系

D. 企业与作为社会管理者的政府有关部门、社会公众之间的关系

9. 在下列各项中,能够反映上市公司价值最大化目标实现程度的最佳指标是(　　)。

A. 净利润　　　　　　　　　　B. 账面资产的总价值

C. 每股市价　　　　　　　　　D. 每股利润

10. 现金短期循环中的资产主要是(　　)。

A. 现金　　　　B. 流动资产　　C. 固定资产　D. 长期资产

11. 财务主管人员最感困难的处境是(　　)。

A. 盈利企业维持现有规模　　　B. 亏损企业扩大投资规模

C. 盈利企业扩大投资规模　　　D. 亏损企业维持现有规模

12. 有关双方交易原则表述不正确的有(　　)。

A. 一方获利不能建立在另外一方付出的基础上

B. 承认在交易中,买方和卖方拥有的信息不对称

C. 双方都按自利行为原则行事,谁都想获利而不是吃亏

D. 由于税收的存在,使得一些交易表现为"非零和博弈"

13. 利息率依存于利润率,并受平均利润率的制约。利息率的最高限不能超过平均利润率,最低限制(　　)。

A. 等于零　　　B. 小于零　　　C. 大于零　　　D. 无规定

14. 下列关于引导原则的说法,不正确的是(　　)。

A. 引导原则是行动传递信号原则的一种运用

B. 它在寻找最优方案的成本过高时适用

C. 引导原则会帮你找到最好的方案

D. 引导原则的一个重要应用是行业标准概念

15. 甲、乙两个企业均投入 300 万元的资本,本年获利均为 20 万元,但甲企业的获利已全部转化为现金,而乙企业则全部是应收账款。如果在分析时认为这两个企业都获利 20 万元,经营效果相同,得出这种结论的主要原因是( )。

A. 没有考虑利润的取得时间

B. 没有考虑利润的获得和所承担风险的大小

C. 没有考虑所获利润和投入资本的关系

D. 没有考虑所获利润与企业规模大小的关系

16. 调节企业股东和社会公众利益之间的矛盾的手段有( )。

A. 经济调节   B. 商业道德的约束

C. 行政监督   D. 舆论监督

17. 理财原则不具有以下特征( )。

A. 理财原则是财务假设、概念和原理的推论

B. 理财原则被现实反复证明并被多数人接受

C. 理财原则是财务交易和财务决策的基础

D. 理财原则并不能为解决新的问题提供指引

18. 下列关于信号传递原则的说法不正确的有( )。

A. 信号传递原则要求公司决策时要考虑信息效应本身的收益和成本

B. 信号传递原则要求公司决策时要考虑信息可能产生的正面或负面效应

C. 信号传递原则不要求根据公司的行为判断它未来的收益

D. 信号传递原则是自利行为原则的延伸

19. 下列各项中,不可用来协调公司债权人与所有者矛盾的方法有( )。

A. 不应规定借款用途   B. 规定不得发行新债

C. 限制发行新债的数额   D. 收回借款或不再借款

20. 财务管理十分重视股价的高低,其原因不包括( )。

A. 股价代表了投资大众对公司价值的客观评价

B. 股价反映了资本和获利之间的关系

C. 股价反映了每股盈余大小和取得的时间

D. 它不受企业风险大小的影响,反映了每股盈余的风险

21. 下列有关比较优势原则,表述不正确的是( )。

A. 比较优势原则要求企业把主要精力放在自己的比较优势上,而不是日常的运行上

B. "人尽其才、物尽其用"是比较优势原则的一个应用

C. 优势互补是比较优势原则的一个应用

D. 比较优势原则主要是针对直接投资项目领域而不是金融投资项目领域

22. 假设市场是完全有效的,基于资本市场有效原则可以得出的结论有( )。

A. 在证券市场上,购买和出售金融工具的交易的净现值等于零

B. 股票的市价不等于股票的内在价值

C. 账面利润始终决定着公司股票价格

D. 财务管理的目标是股东财富最大化

23. 以利润最大化作为财务管理的目标,不是其缺陷的是( )。

A. 没有考虑资金的时间价值 B. 没有考虑风险因素

C. 不利于企业提高其经营业绩

D. 没有考虑投入资本和获利之间的关系

24. 关于现金流转下列说法中不正确的是( )。

A. 盈利的企业不会发生流转困难

B. 从长期来看亏损企业的现金流转是不能维持的

C. 亏损额小于折旧额的企业应付日常开支并不困难

D. 通货膨胀也会使企业遭受现金短缺困难

E. 扩充的企业现金流转通常不平衡

25. 纯粹利率的高低不受下列哪一个因素的影响( )。

A. 通货膨胀 B. 资金供求关系

C. 平均利润率 D. 国家调节

26. 有关创造价值的理财原则,不包括(　　　)。

A. 利润和产值最大化原则　　　B. 比较优势原则

C. 期权原则　　　　　　　　　D. 净增效益原则

二、多选题

1. 从法律认可的所有制形式看,下列属于企业的组织形式的是(　　　)。

A. 个体业主制企业　　　　　　B. 合伙制企业

C. 公司制企业　　　　　　　　D. 两合公司

2. 就有限责任公司和股份有限公司而言,公司具有哪些优点(　　　)。

A. 公司的债权人对于公司的财产具有取偿权,但对股东的个人财产并无取偿权

B. 易于聚集资本

C. 公司能够永久存续

D. 公司股票的转让(出售)对于公司经营本身毫无影响

3. 下列属于财务管理特征的是(　　　)。

A. 开放性　　　B. 封闭性　　　C. 动态性　　　D. 综合性

4. 企业财务管理的任务主要有以下哪几个方面(　　　)。

A. 合理筹集资金,及时满足需要　B. 统一规划投资,合理配置资源

C. 加强日常管理,提高使用效率　D. 合理分配收益,协调财务关系

5. 管理财务活动包括(　　　)。

A. 企业融资理财活动　　　　　B. 企业投资理财活动

C. 企业经营理财活动　　　　　D. 企业分配理财活动

6. 在下列各项中,企业内部用来协调公司所有者和经营者之间关系的是(　　　)。

A. 激励　　　B. 法律保护　　　C. 解聘　　　　D. 监督

7. 股东通过经营者损害债权人利益常用的方式是(　　　)。

A. 不经过债权人的同意,投资于比债权人预测风险更高的项目

B. 不顾工人的健康和利益

C. 不征得债权人同意发行新债

D. 不尽最大的努力去实现企业财务管理目标

8. 财务预测环节的工作主要包括以下几个步骤(　　　)。

A. 明确预测目标　　　　　　B. 搜集相关资料

C. 建立预测模型　　　　　　D. 实施财务预测

9. 下列关于信号传递原则的说法,正确的是(　　)。

A. 信号传递原则要求公司决策时要考虑信息效应本身的收益和成本

B. 信号传递原则要求公司决策时要考虑信息可能产生的正面或负面效应

C. 信号传递原则要求根据公司的行为判断它未来的收益

D. 信号传递原则是自利行为原则的延伸

10. 下列属于企业筹资活动的有(　　)。

A. 采购商品　　B. 发行债券　　C. 发行股票　　D. 支付利息

11. 广义的财务管理学包括(　　)。

A. 公司财务学　　　　　　　B. 非公司性组织的财务学

C. 投资学　　　　　　　　　D. 宏观财务学

12. 可以用来协调债权人与所有者之间矛盾的方法有(　　)。

A. 规定借款用途　　　　　　B. 规定借款的信用条件

C. 要求提供借款担保　　　　D. 收回借款或停止借款

13. 在分配活动中,企业财务管理的核心任务是(　　)。

A. 确定筹资结构　　　　　　B. 确定分配规模

C. 确定分配方式　　　　　　D. 确定投资方向

14. 财务决策的步骤有哪些(　　)。

A. 根据财务预测的信息提出问题

B. 解决问题的备选方案

C. 分析、评价、对比各种方案

D. 拟定择优标准,选择最佳方案。

15. 企业进行筹资决策必须考虑的因素有(　　)。

A. 资金来源渠道　　　　　　B. 筹资方式

C. 资金的总规模　　　　　　D. 资金成本与风险

16. 下列有关有限责任公司的表述,正确的是(　　)。

A. 公司的资本金额不分为等额的股份

B. 公司只向股东签发出资证明书

C. 不限制股东人数

D. 承担有限责任

17. 能够形成企业自有资金的筹资方式包括（　　）。

A. 吸收直接投资　　　　　　　B. 发行债券

C. 发行股票　　　　　　　·　D. 企业内部留存收益

18. 下列属于企业财务关系的有（　　）。

A. 企业与政府间的财务关系

B. 企业与投资者之间的关系

C. 企业与债权人之间的关系

D. 企业与职工之间及企业内部各部门或单位之间的财务关系

19. 下列经济行为中,属于企业理财活动的有（　　）。

A. 资金营运活动　　　　　　　B. 利润分配活动

C. 资金筹集活动　　　　　　　D. 投资活动

20. 广义的企业分配活动包括（　　）。

A. 交纳流转税和所得税　　　　B. 提取公积金和公益金

C. 向投资者分配收益　　　　　D. 留存收益

21. 下列属于企业营运资金的有（　　）。

A. 采购原材料　B. 销售商品　　C. 购买国库券　D. 支付利息

22. 下列属于狭义的投资项目的有（　　）。

A. 股票投资　　B. 债券投资　　C. 基金投资　　D. 购买原材料

23. 财务计划一般包括如下哪些内容（　　）。

A. 根据财务决策的要求,分析主客观条件,全面安排计划指标

B. 对需要与可能进行协调,实现综合平衡

C. 调整各种指标,编制出计划表格

D. 实施财务计划

24. 在事先确定企业资本规模的前提下,吸收一定比例的负债资本,可能产生的结果有（　　）。

A. 降低企业资本成本　　　　　B. 降低企业财务风险

C. 加大企业财务风险　　　　　D. 提高企业经营能力

25. 下列导致企业经营风险的因素包括（　　）。

A. 市场销售带来的风险

B. 生产成本因素带来的风险

C. 原材料供应地政治经济情况变动带来的风险

D. 生产组织不合理带来的风险

26. 财务管理的金融环境包括(　　)。

A. 金融机构　B. 金融工具　C. 金融政策　D. 利率

三、简答题

1. 简述国家财务、家庭财务、企业财务的联系与区别。

2. 简述公司制企业的优点。

3. 财务管理的特征是什么?

4. 简述货币关系论。

5. 资金运动论的基本观点是什么?

6. 简述价值的形成、实现和分配论的基本观点。

7. 价值创造论认为公司管理应如何强化股东价值的核心地位?

8. 简述财务管理的内容与任务。

9. 对企业投资者与债权人之间进行比较。

10. 财务管理包括哪些基本环节? 各环节的含义是什么?

11. 从投资模式视角如何理解财务管理各方面的内容?

12. 简述财务预测的分类、作用及一般程序。

13. 简述财务控制的分类。

14. 简述财务计划的内容。

15. 简述财务监督的分类。

16. 财务管理者的素质与能力应包含哪些方面?

四、论述题

1. 公司财务管理是什么? 公司财务管理决策主要有哪几类?

2. 论述价值创造论。

3. 论述企业与其被投资单位、债务人、内部各单位、职工的财务关系。

4. 如何从全局视角理解财务管理的内容?

5. 如何理解财务战略规划?

6. 论述西方财务管理的发展。

7. 请阐述完美资本市场下的储蓄和投资理论。

8. 请阐述现代公司控制论。

五、案例分析题

（一）财务管理的重要性

马克·塞勒克一直梦想能拥有自己的企业。不过,非常不幸的是,他一直都没能积蓄起足够的资金来实现自己的梦想。总之,对此他感到很不得志。

马克了解到在斯普里菲尔德将要开设一个小商业区。这件事很有吸引力,因为这使他意识到或许他会由此找到开创自己企业的机会,于是他决定去考查一下这种机会的可能性。这个商业区离他家大约50英里,在那里,马克很吃惊地发现它是那么繁华。这个商业区虽小,只有大约20个商店,但却种类繁多。里面有一个超级市场、一个药房、一家银行、一家餐馆、一家珠宝店、一家体育用品商店、一家影视中心以及其他一些商店。所有这些商店都一家接一家地紧挨着。于是他将自己的想法告诉了这个小商业区的经理弗雷德·斯托克斯。弗雷德在了解了马克的想法后,告诉他现在整个小商业区正好还剩下一个店位没有租出去,其租金是每月4 000美元。另外,这个店面没有完全装修好,如果马克愿意租,那么他就得自己去进行最后的装修。同时,弗雷德还特别指出,每月4 000美元的租金不包括事业费,这笔费用得按马克的实际使用情况额外支付。再则,商业区必需的维护费由所有商店的主人根据所经营的规模分摊,如果税收和保险费有所提高,也由大家分摊。店位出租的形式是承租人先预交2个月的押金,另外再提前1个月支付下月份的租金。这就意味着如果马克与这个小商业区签下租房合约,他就必须先交12 000美元的租金及押金。租约期限一般为3年,如果承租人愿意在3年后继续承租,那么他就得在3年的租期结束前6个月提出申请。对这些条件,马克没有什么异议,他告诉经理,他想开办一家书店。经理给他30天时间来做出最后的决定,是否在这个小商业区租一个店位。

马克回到家里,非常兴奋地将有关开办书店的设想告诉自己的妻子梅兰。他相信这个书店会为他们赚取大笔大笔的钱。当他们把自己的想法与父母讨论时,双方的父母都非常赞赏并且愿意提供资助以帮助他们启动将要开办的书店。另外他们还向马克与梅兰提了一些建议。正是按照他们的建议，马克与梅兰和小型企业管理部取得联系，并与之签署协议，由一位 SCORE 成员弗雷德·戴维斯在这个项目上协助他们。弗雷德给马克提供了一张记有许多出版商名字的名单。一般而言，零售书店都是从这些出版商处进书。他甚至还专门为马克写信给这些出版社，向他们解释马克准备在斯普里菲尔德开办书店的想法，希望他们能派出销售代表与马克一起商量图书的进价、汇票贴现、信用、回报及其他一些图书销售活动中必然涉及的问题。另外，弗雷德还与其他一些书店取得联系，了解开办一家书店应该要做的准备工作。正是基于他的调查了解，他告诉马克开办一个书店大约需要 25 000 美元购置必备的书架、装置、一块招牌以及其他必备的装修物。他还告诉马克，一个书店的周转资金需要大约 20 000 美元，而购置书店必备存书的费用至少需要 100 000 美元。这样，一个书店要正式启动，需要店位租金、保险费及其他项目的费用就还得增加 22 000 美元，因此总投资就为 167 000 美元。考虑到这笔投资已然不低，弗雷德在确定马克是否能提供这笔经费之前就没有对马克提出更多的建议。对弗雷德的帮助，马克深表谢意，他告诉弗雷德，除上述准备工作以外，他一得到必需的资金后，再请他告诉他其他财务及具体运作的工作。现在，马克已经了解了他要开办一个书店所必需的信息。为了获得足够的投资经费，他和梅兰又与他们的父母聚了一次。马克的岳父、岳母经过努力可以为他们提供 125 000 美元，马克的父母则提供了 69 000 美元的资助，尽管他们父母想尽各种办法才为他们筹集到这笔资金，但他们为开办所获得的投资毕竟高达 194 000 美元——这比来自 SCORE 的弗雷德向马克所说的必需的投资经费高出 19 000 美元。

双方父母都特别强调他们不能够再筹集更多的资金，如果马克失败，他们便将有许多年的生活没法维持，马克和梅兰向他们保证，他们知道他们在做什么，也知道他们肩上承担的责任，因此他们会非常努力，使他们所开办的书店获得大的成功。

马克再没有回到 SCORE 去请求弗雷德的帮助。他认为现在他已没必要再请别人帮助他，他将自己负责处理一切事物。他感到他不能再浪费时间，因为他想能尽快地让自己的书店开业。首先，马克与那个小商业区签署了租店合约并且在当地银行开设一个账户，将所有的积蓄和贷款存入。接着,他便与一位拥有一套财务系统的会计师商谈如何获得州及联邦的营业执照。这位会计师向马克建议,他应该创办一个公司,最好是一个"S"级公司。按照他的建议,马克与一位律师取得联系,这位律师索价450美元帮他注册公司。对此,马克认为付出450美元所注册的公司对他的书店获得成功没有丝毫益处,于是他决定以自己的名义自己去注册公司。他给自己的书店取名为"梅兰书店"而这只花费了100美元。另外,那位会计师为他给马克的工作索价每月250美元,但是马克认为这笔费用太高,便削减了此项支出。会计师告诉他,书店要上交营业税、联邦税以及社会保险费,而所有这些费用的统计工作都包括在他所索取的250美元报酬里面,相对他要做的工作而言,每月250美元的要价并不算高。但是马克仍执意要对此进行削减,他认为既然梅兰曾经在中学时学过财务统计,她便能处理这些财务工作。无论怎样,马克都充分意识到削减支出的重要性。另外,他所要从事的经商活动(开办书店)是"如此简单",他没有必要去寻求外人的帮助,从而增加他每月服务费用的支出,他相信所有的一切他都能够自己应付。值得一提的是,马克所签的租约名义上是"梅兰书店",但是他却自己签订了租约。

不久,那些收到马克信的出版社代表们纷纷打电话来与他进行联系。马克要求他们提供最基本的经典图书,他告诉那些出版社的代表他想要集中销售当前最流行的畅销书,他估算了一下,加上时不时地来源于某些特殊销售的促销,他所获得的毛利应当在30%到35%之间。那些出版社的销售代表们对此极为合作,他们愿意在书到达时,帮助马克进行销售。另外,他们还同意只要在规定的期限内他们可以收回马克没有销售出去的图书。同时他们相信马克的信誉是令人满意的,他可以在取得一定销售业绩的30天期限内向他们支付他所进图书的书款。

这样,大约一个月后,马克的书店便准备正式开业了。马克雇佣了三个人和他一起负责白天的销售工作,另外还雇佣了两个人负责晚上的工作。他所雇佣的兼职人员工作报酬是每小时9美元,这种报酬在整个小商业区还是挺不错的。对书店的营业时间,马上计算了一下,这样每天他就得支付288美元的日薪(不包括专职经理的薪水),或者说每周2 016美元的周薪。他决定每天支付的薪水在他需要的时候就直接从每天的销售收入中提取,不过尽量将从中提取的金额控制在每周500美元左右。书店的生意开始时极为火暴。第一周的销售额高达15 000美元,并且看起来似乎任何时候书店里都有顾客。尽管如此,书店的销售额不久就开始下降。对此,马克发现,书店的生意常常处于两端:高峰和低谷。有时,每周营业额不足5 000美元;有时却又高达10 000美元,甚至15 000美元。因此,马克对这种现象并不感到惊慌。相反,在任何情况下,他对自己的工作及管理手下人员的能力都极为满意。开始,他每天都在书店里守到下午5点。后来,他对所聘用的专职经理的工作越来越感到满意,于是在下午4点时便立即回家与家人聚在一起。

在书店里,马克的时间一般都用于和顾客交谈,并且在需要的时候,也帮助他所雇佣的人员做些销售工作,在书店的经营上,那些出版社的销售商们给予了他极大的帮助。他们总是设法使书店里堆满各种最畅销的图书,并且也给马克提出建议帮助他怎样使这个书店获取更大的利润。

然而,在书店经营到8个月的时候,问题出现了。当时,马克手里的周转资金只有1 500美元,而一些书商开始强烈地叫他支付所欠的书款,他们说,这些书款已经拖延很久了。当马克把每个月所进图书的书款加到一起的时候,他很吃惊地发现他欠书商的书款高达80 000多美元,为了还清债务,他不得不去请求在银行的朋友为他贷款80 000美元,银行在货款前需要了解他书店的财务情况,于是马克便用银行的财务账目表自己填写了一份。事实上,由于马克对财务的忽视,他根本就不了解他到底拥有多少资产,也就是说他不知道现在他书店具体的财务情况,但是为了能获得银行的贷款,他凭相像以下列数据对自己书店的财务情况进行了总结:

库存现金:	1 500美元
能够收回资金:	10 000美元
库存图书价值:	150 000美元
书店装置价值:	30 000美元
书店资产合计:	191 500美元

需要支出费用：	20 000 美元
其他债务：	0 美元
M·塞勒克资金：	171 500 美元
应付款合计：	191 500 美元

当银行问及他贷款目的时，马克不得不撒谎说是他需要资金改建住房并增加书店的图书进货。银行在要求马克和梅兰两人签字后，将款贷给了马克。

实事求是地说，在申请银行贷款时，尽管马克对书店库存图书的具体价值不太清楚，但他相信应接近 75 000 美元。因此，无论在任何情况下，他都应该有能力用销售这些库存图书所获得的资金偿付他所欠出版社的书款。在他用贷款付清所欠书款后，他又进了一批新书。现在，随着书店库存图书的丰富，书店的营业额又开始上升，每天他都能够收回大量的现金。这时，马克检查了一下自己的银行账目，他发现现金已下降到大约 3 000 美元，这不足以支付已经拖久了好多天的房租，或者他所雇人员工作的薪水。对此，他非常苦恼，却又一筹莫展。这时他能到哪儿去筹集必须支付的房费呢？幸运的是，就在此时，书店的营业额又进入上升期，这使他能够支付房租及雇员们的薪水并给梅兰带了 700 美元回家。但是好景不长，州税务局又找上门来了。因为马克从来未曾为自己的零售业务上交过税款，税务局没收了他在银行的所有账目。税务部门不会进行预算，他们通知马克，企业的财务应由企业主核算，而不是由消费者说了算。他们要求马克就自己书店的财务情况上交一份详细报表，以确定他应交的税款。

最后，马克不得不将那位会计请回书店，并让他给自己整理一份财务账目。这位会计师为他准备了一份看起来合格的账目，但却未能获得银行的证明。这份账目所涉及的数据如下：

库存现金	800 美元
银行现金（可领取）：	3 000 美元
库存图书价值：	50 000 美元
其他物品价值：	15 000 美元
固定资产：	20 000 美元
书店资产总计：	88 800 美元

应付账务：	126 675 美元
应付支票：	80 000 美元
应付税费：	35 000 美元
其他费用：	25 000 美元
应付费用总计：	266 675 美元
赤字：	−177 875 美元
总计应付费用及资金	88 800 美元

对这份统计表,会计师强调他是根据马克所提供的信息制作的,他不负任何责任。至于马克的书店破产的数据,马克将会对此作出很多解释。

一直以来,马克对书店的经营情况印象都保持得很好。他认为书店的生意进展并不差。可是现在,实际情形却令人沮丧。他欠父母及岳父母借给他的所有债款,他自己也还欠银行的抵押贷款。另外,在书店的业务方面他的债务即高达 26 6675 美元。

思考:财务管理对创业有什么重要性? 这个案例对我们有什么启示?

案例来源:案例网 www. anli5. com

(二)流动资产的抵押——Pubmaster 公司的流动资产证券化

美国以资产支持的证券常常是以应收账款作抵押取得汽车贷款、信用卡贷款或者设备贷款等。欧洲没有此类资产的大规模市场,而且以资产支持的借款只专门针对特定企业和特定情况才存在。最引人注意的以资产支持的证券交易活动是一家英国的酒店企业 Pubmaster 有限公司。

1996 年 6 月,Pubmaster 公司发行了 3.05 亿英镑的信用证券,由BankersTrust 组织通过德意志银行和 Barclays 资产管理公司向市场销售。证券总金额有几个不同的到期时间,每一个到期日都对应着明确的贷款金额。贷款金额与到期日的不同组合被称为一个“部分”。标准普尔和 DuffandPhelps 信用评级机构独立评级时,把四个“部分”中的三个评级为 A 级。剩下一个被评级为 BBB 级,并首先将其出售给高收益率的基金和保险公司。这一“部分”采用高出 LIBOR100 点的浮动利率,其平均到期时间为 10.6 年。其他三个“部分”的利率均采用固定利率,平均到期时间分别为 6 年、17.5 年和 24.2 年。固定利率的贷款和同等风险的其他证券价格相比更加竞争力,其利率是在英国政府证券的利率基础上上浮 235～245 点,被称为"镀金"贷款。

Pubmaster 公司通过收购拥有很多酒馆的大酒店的方式成长起来的,随后又将不适合自己投资组合的那些酒店出售出去。Pubmaster 需要一种灵活的借贷工具,能够使他在收购酒店的时候增加抵押量,而在出售酒店时减少抵押量。Pubmaster 公司用资产支持的贷款方式借入了最大一笔贷款,这笔贷款允许他们在需要时把贷款额减少到使用范围内,而他的收益以现金方式存放在 BankersTrust。2000 年 2 月,Pubmaster 公司用 1.09 亿英镑的证券化资产购买了 Swallow 公司的 662 家酒店。这些酒店位于英格兰北部,为 Pubmaster 带来了高质量的酒店,并且改善了企业的地理分布格局。

问题:试通过这个案例分析财务管理在企业经营中的重要性。

案例来源:斯坦利·B. 布洛克,杰弗里·A. 赫特,《财务管理基础》,中国人民大学出版社,2004 年。

第三节 习题解答与案例分析要点

一、单选题

1. C 盈利是最具综合能力的目标,盈利不但体现了企业的出发点和归宿,而且可以概括其他目标的实现程度,并有助于其他目标的实现。

2. A 本题的主要考核点是自利行为原则的依据。选项 B 是双方交易原则的理论依据,选项 C 是比较优势原则的依据,选项 D 是投资分散化原则的依据。

3. D 本题的主要考核点是净增效益原则的应用。净增效益原则的应用领域之一是差额分析法。

4. C 本题的主要考核点是信号传递原则的含义。信号传递原则是自利原则的延伸,信号传递原则要求根据公司的行为判断它未来的收益状况。

5. C 在财务决策中净收益通常用现金流量计量,一个方案的净收益是指该方案现金流入减去现金流出的差额。

6. B　本题的主要考核点是影响股东财富的因素。在风险相同的情况下,投资报酬率可以体现股东财富。财务决策不能不考虑风险,只有当风险和报酬均衡时,公司的价值才能最大化。股价的高低直接取决于投资报酬率和风险,而投资项目、资本结构和股利政策是影响股价的间接因素。

7. A　本题的主要考核点是股东和经营者的矛盾冲突。股东的目标是使企业财富最大化,经营者则追求报酬、闲暇和避免风险。目标动机决定行为,因此,他们的目标不同,是发生冲突的根本原因。

8. C　本题的主要考核点是企业利益相关者,即股东、经营者、债权人之间的关系。企业为了实现自身的财务目标,就必须协调好股东、经营者和债权人这三者之间的利害关系,因此,他们之间的关系就成了企业最重要的财务关系。

9. C　企业价值不是账面资产的总价值,而是企业全部资产的市场价值,所以 B 选项不对。利润没有考虑风险和时间价值,所以 A、D 选项不对。对于上市公司而言,最好的衡量企业价值的指标是每股市价。

10. B　短期循环中的资产是流动资产,包括现金本身和企业正常经营周期内可以完全转变为现金的存货、应收账款、短期投资及某些待摊和预付费用等。

11. B　现金流转不平衡的企业内部原因是盈亏和扩充。企业亏损时,若亏损额小于折旧额,在固定资产重置前可暂时维持,如果再扩充则必须从外部补充大量的现金。

12. A　本题的主要考核点是有关双方交易原则的理解。

13. C　利息率依存于利润率,并受平均利润率的制约。利息率的最高限制不能超过平均利润率,最低限制大于零。

14. C　引导原则不会帮你找到最好的方案,却常常可以使你避免采取最差的行动。

15. B　本题的主要考核点是利润最大化目标的缺点。该说法考虑了投入与产出关系,但没有考虑利润的获得和所承担风险大小的关系。

16. A　一般通过法律调节股东和社会公众的利益,此外企业还要受到商业道德的约束,要接受政府有关部门的行政监督,以及社会公众的舆论监督,进一步协调企业和社会的矛盾。

17. D　本题的主要考核点是有关理财原则的特征。理财原则具有以下五个特征:① 理财原则是财务假设、概念和原理的推论;② 理财原则被现实反复证明并被多数人接受,具有共同认识的特征;③ 理财原则是财务交易与财务决策的基础;④ 理财原则可以为解决新的问题提供指引,即理财原则既解决常规问题,也能对特殊问题的解决提供指导;⑤ 理财原则不一定在任何情况下都绝对正确,理财原则的正确性与应用环境有关,在一般情况下它是正确的,而在特殊情况下就不一定正确。

18. C　本题的主要考核点是信号传递原则的含义。信号传递原则是自利原则的延伸;信号传递原则要求根据公司的行为判断它未来的收益;信号传递原则要求公司决策时不仅要考虑方案本身,还要考虑信息可能产生的效应;信号传递原则要求公司决策时不仅要考虑决策本身的收益和成本,还要考虑信息效应的收益和成本。

19. A　本题的主要考核点是所有者和债权人矛盾的协调方法。为协调所有者和债权人的矛盾,通常可采用以下方式:限制借款的用途、规定不得发行新债、限制发行新债的数额和收回借款或不再借款等。

20. D　本题的主要考核点是财务管理重视股价的原因。股价是上市公司的股票在股市上挂牌交易的价格,它代表了投资大众对公司价值的客观评价;股价以每股的价格表示,反映了资本和获利之间的关系;它受预期每股盈余的影响,反映了每股盈余大小和取得的时间;它受企业风险大小的影响,可以反映每股盈余的风险。

21. D　本题的主要考核点是有关比较优势原则的表述。无论直接投资项目领域,还是金融投资项目领域,专长都能帮助企业创造价值,所以 D 不对。

22. A　本题的主要考核点是"资本市场有效原则"的有关表述。资本市场有效原则,是指在资本市场上频繁交易的金融资产的市场价格反映了所有可获得的信息,而且面对新信息完全能迅速地做出调整。

23. C　虽然以利润最大化作为财务管理的目标存在各种各样的不足,但是以利润最大化作为目标可以促使管理层尽最大努力去提高生产效率和管理效率,有利于企业提高经营业绩。

24．A 现金流转不平衡的内因包括盈利、亏损和扩充等。盈利的企业也可能由于抽出过多现金而发生临时流转困难;对于亏损企业而言,从长期观点看,亏损企业的现金流转是不可能维持的,对于亏损额小于折旧额的企业,因为折旧和摊销不用支付现金,故应付日常的现金开支并不困难;任何要迅速扩大经营规模的企业,都会遇到相当严重的现金短缺问题,这是正常的。在外因中,通货膨胀也会导致企业现金短缺。

25．A 纯粹利率是指无通货膨胀、无风险情况下的平均利率。纯粹利率的高低受平均利润率、资金供求关系和国家调节的影响。

26．A 本题的主要考核点是有关创造价值和经济效率的原则。有关创造价值和经济效率的原则,它们是对增加企业财富基本规律的认识,包括:有价值的创意原则、比较优势原则、期权原则和净增效益原则共四个原则。

二、多选题

1．ABC 根据我国法律,企业分为法人企业和非法人企业,其中法人企业是指公司制企业,而非法人企业则是指个人独资企业和合伙制企业,因此按法律分企业有独资企业、合伙制企业和公司制企业。

2．ABD 由于公司制企业是一个法人主体,以其自身的资产对其债务负责,股东仅以其投入的资金对企业承担有限责任,投资者对其拥有的公司股权可以依法转让而不影响企业的经营,由于公司制企业相对个人独资企业和合伙企业来说股权转让比较容易,因此也比较容易筹集到所需资金,因此A、B、D选项正确;至于C选项,虽然投资者转让企业股权不影响企业的经营,这只是为企业永续存在提供了可能而不能保证它能够永续存在,因此C错误。

3．ACD 现代财务管理的特征是由阎达五老先生提出来的开放性、综合性和动态性。

4．ABCD 财务管理的任务有如下五条:合理筹集资金,及时满足需要,统一规划投资,合理配置资源,加强日常管理,提高使用效率,合理分配收益,协调财务关系,进行财务监督,维护财经纪律。

5．ABCD 财务管理活动包括投资活动、筹资活动和日常营运活

动的管理。其中筹资活动又包括资金的筹集和利息的支出(股利的分配)

6. AD 解决经营者和出资者之间的利益冲突最主要的手段是监督和激励。

7. AC 其中 A 和 C 都是企业和债权人之间的关系,这两种做法都是股东为了增加自身的利益,而提高了债权人的风险;另外两项不涉及债权人。

8. ABD 预测的程序一般包括如下三个方面:明确财务预测的对象和目的、搜集和整理有关信息资料、选用特定的预测方法进行预测。

9. ABCD 信号传递原则,是指行动可以传递信息,并且比公司的声明更有说服力。信号传递原则有如下一些相关内容:信号传递原则是自利行为原则的延伸。信号传递原则要求根据公司的行为判断它未来的收益状况。信号传递原则还要求公司在决策时不仅要考虑行动方案本身,还要考虑该项行动可能给人们传达的信息。

10. BCD 筹资活动包括股权筹资和债券筹资以及后续的股利和利息的支付。

11. ABCD 广义的财务管理是指怎样处理企业的财务关系。包括处理企业与政府间的财务关系、企业与投资者之间的关系、企业与债权人之间的关系和企业与职工之间及企业内部各单位之间的财务关系。

12. ABCD 协调股东和债权人之间的矛盾的方法主要有:在签订借款协议的过程中附加执行条款和收回债款两种。其中 ABC 属于签订借款合约中的限制性条款,D 是收回债款。

13. BC 在确定分配的过程中核心是:分配多少和以什么形式分配。

14. ABCD 财务决策过程包括:根据财务预测的信息提出问题、确定解决问题的备选方案、分析、评价、对比各种方案、拟定择优标准,选择最佳方案。

15. ABCD 在筹集资本的过程中必须要考虑以股权筹资还是债券筹资,筹集多少,面向哪些机构或个人筹资,筹资的成本等等问题。

16. ABD 有限责任公司是公司制企业,其法人主体只承担有限责任。有限责任公司具有如下一些特点：它的设立程序要比股份公司简便得多；有限公司的股东虽然也有各自的份额以及股份的权利证书，但它只是一种记名证券，而不是像股票那样属于有价证券。而且，各股东的股份由股东协商确定，并不要求等额，可以有多有少；有限公司的股份不能自由买卖。

17. ACD　要增加企业自有资本只能通过股权筹资。股权筹资又分为内部筹资和外部筹资，AC 属于外部股权筹资，D 属于内部股权筹资。

18. ABCD　所谓企业的财务关系就是指企业与各利益相关者的关系。股东、政府、员工和债权人都是企业的利益相关者。

19. ABCD　企业的理财活动就是财务管理的内容，包括：筹资活动（及其分配），投资活动和日常运营管理。

20. ABCD　广义的分配活动是指向各利益相关者分配企业的盈利。包括向政府纳税，向员工发工资奖金等，向债权人付息，向股东分配股利等。

21. AB　所谓营运资金管理便是对日常经营的管理，包括购买原材料、销售商品、管理工人工资等。购买国库券属于投资活动，支付利息属于筹资的范畴。

22. ABC　狭义的投资便是指已取得收益为目的或是以控制其他企业为目的的对外投出资金，ABC 都属于以收益为目的的投资。

23. ABC　财务计划包括：根据财务决策的要求，分析主客观条件，全面安排计划指标、对需要与可能进行协调，实现综合平衡、调整各种指标，编制出计划表格。

24. AC　由于负债的成本较股权成本低，因此增加负债可以降低资本成本，但又由于负债较股权的风险大，因此增加负债会增加企业的风险。

25. ABCD　企业的经营风险是指由于公司经营状况变化而引起盈利水平改变，从而导致投资收益下降的可能性。引起经营风险的外部因素主要有经济周期、产业政策、竞争对手等客观因素。内部因素主要有经营决策能力、企业管理水平、技术开发能力、市场开拓能力等主观因素。因此 ABCD 都是企业的经营风险。

26. ABCD　金融环境是指企业所处环境中各种金融因素的组合。

三、简答题

1. 在人类社会发展中首先出现的是家庭财务(公社、家族财务)。国家形成以后才有了国家财务,家庭财务与国家财务开始同时存在并各自发挥作用。两者表现出明显的不同:家庭财务是消费式的财务,或者说是伦理、血缘性财务,主要是组织家庭全体成员共同劳动(创造、获取财富)并享用财务,整个家庭靠家长威严和家族意志管理财务,以血缘关系或者缔结契约来继承财富。国家财务是权利财务,或者说是政权财务,其特点是国家凭借其政治权力,运用行政、经济、法律等手段组织全社会财务生产,各单位按照国家的政策、法规、制度或者意志分散的进行财富创造和初次分配。企业财务的产生是近代出现的事情。企业财务是经营性财务,其主要特点是在一定的社会环境下,最大限度的取得并有效的利用财务资源(资本),创造出尽可能多的价值,并对实现的价值(货币收入)作出合理的分配,以实现企业的经济社会功能。对于企业财务来说,国家财务成了其外部环境,家庭财务(企业内部职工经济需求)是其必须考虑的内在因素。

2. 根据出资方式的不同,企业可以分为:个人独资企业、合伙制企业和公司制企业。

公司制企业是指以营利为目的,依法登记成立的社团法人。这种社团法人是一种具有人格的社会组织体,也就是由法律赋予权利能力的组织体。企业可以分为无限公司、有限责任公司、两合公司、股份有限公司等。公司制企业与独资企业和合伙企业相比有如下优点:

(1) 降低了经营风险,承担有限责任。股东以其出资为限对公司承担责任,公司以其全部资产为限对公司债务承担责任。股东的风险可控。

(2) 集资范围较广,有利于募集资本,扩大生产经营规模。

(3) 有利于法人资本的稳定(出资人一经出资便不能抽回,只能转让股份和出售股票,从而使公司有数量比较稳定的法人财产)和优化资本组合。

(4) 所有权与经营权分离,专家管理,提高效率,企业生命力更持久。

3. 企业财务管理是为了实现企业最高目标,所开展的是在不确定条件下,跨时空最优化配置企业现金资源的一种管理活动。具体内容包括优化投资决策与管理、优化筹资决策与管理、优化营运资金决策与管理、优化股利决策与分配等,从而使企业现金流达到最佳配置和运动,实现价值最大化的企业目标。财务管理是一种开放性、动态性和综合性的管理。开放性、动态性和综合性是现代企业财务管理的三大特点。

首先,企业与开放性的金融市场体系的紧密联系决定了财务管理具有开放性的特点。

其次,由企业经营活动决定的资金运动所呈现的动态性注定了财务管理具有动态性的特点。

再次,资金运动的综合性决定了财务管理具有综合性的特点。

4. 货币关系论认为财务是国民经济各部门中宏观存在的货币关系总体,表明生产的财务方面,构成国民经济各部门财务。苏联专家阿·米毕尔曼持有这一观点,1956 年,他来华讲学时对此进行了阐述。这里的货币关系总体包括国家和企业(部门)、企业(部门)和企业(部门)、企业(部门)内部的货币关系等。他与"财政是客观存在的货币关系体系"是一致的,这是前苏联原有经济体制下的产物。1965 年以后,苏联实行了经济体制改革,企业财务管理有了一些变化,到 1974 年,波·恩·日夫加克对财务概念的阐述有所发展,他认为"企业、联合公司和国民经济各部门财务是一种特定的货币关系体系,这种货币关系体系是在货币基金形成和使用中发生的。这些货币基金在产品(劳务)生产和销售过程中被用来为资金周转服务、用来分配企业、联合公司和主管部门的收入,以及用来对其经济活动实行监督"。

5. 资金运动论的基本观点是:企业财务是企业再生产过程中客观存在的资金运动,它体现企业与各方面的经济关系。企业财务是客观经济范畴。财务管理是基于企业再生产过程中客观存在的资金运动和财务关系而产生的;是组织企业资金运动、处理企业同各方面的财务关系的一项经济管理工作;是企业管理的重要组成部分。因此,资金运动论是建立财务管理学科的理论依据,决定着企业财务管理的内容。根据企业资金运动论,企业财务管理的内容包括:资金筹集管理、资金投放管理、资金耗费管理、资金收入管理和资金分配管理。这几方面的内容是由资金运动过程决定的,是不可分割的统一整体,是企业在正常生产经营活动中财务管理的主要内容。此外,企业的设立、合并、分立、改组、解散、破产等活动,也会影响到企业的资金运动,这也构成了企业财务管理的特殊内容。

6. 价值的形成、实现和分配论的基本观点是:企业财务指在企业再生产过程中产品价值的形成、实现及分配,体现着企业和各方面的关系。价值运动论的理论依据源于一切物资都具有一定量的价值,物资价值的货币表现是资金,资金的实质是社会主义再生产中运动着的价值。该理论强调从价值形态来看资金运动,视资金运动为价值运动。价值的形成是在生产过程中进行的,价值的实现和分配是在流通和分配过程中进行的。因此,财务管理主要包括了资金的运用和分配,没有包括资金筹资。

7. 公司必须把长远目标与严格的价值创造指标结合起来;公司必须采用严格的方法管理所有的业务,以创造最大的价值,在必要的时候,还得实行重大重组;公司务必保证其组织设计和文化能强化价值创造原则;公司必须对每项业务的主要价值驱动因素有透彻的认识;公司必须确定一套有效的方法,对每个业务单位的经营用先进的方法制定目标,实行严格的绩效评估;公司必须找到有效的途径,采用物质奖励和其他的激励方式,以激发管理者及全体员工创造价值的动机。

8. 财务管理的内容由财务管理的目标和财务管理的对象决定。一般认为,企业财务管理目标是通过提高企业可持续盈利成长能力,实现企业价值最大化和股东财富最大化,而要实现这一目标,必须在企业财务风险和财务报酬之间进行权衡。企业财务管理的对象是企业财务活动及其体现的财务关系,而企业财务活动主要包括企业筹资、企业投资、企业分配与日常资金管理等。因此,筹资决策、投资决策和分配决策是财务管理的主要内容。

财务管理的任务取决于财务管理对象的特点和财务管理工作的客观要求。企业财务管理的任务主要有以下五个方面:

(1) 合理筹集资金,及时满足需要

(2) 统一规划投资,合理配置资源

（3）加强日常管理，提高使用效率

（4）合理分配收益，协调财务关系

（5）进行财务监督，维护财经纪律

9. 企业投资者和债权人的区别主要体现在他们对企业提供资金和取得收益的方式上。

提供资金：债权人依据与企业签订的借款协议，向企业提供经营所需的资金。为保证提供给企业使用的资金的安全性，债权人一般会在借款合同中附加一些限制性的条款，要求对提供的资金提供抵押，担保等，并且要求在资金到期后收回本金。企业的投资者要按照投资合同、协议、章程的约定履行出资义务，以便及时形成企业的资本金。投资者向企业提供的资金供企业永久使用，除非企业依据法定程序进行减资，投资者不能抽回投资。

取得收益：债权人按照签订的借款协议，按提供资金的金额和时间长短，约定的利息率取得固定收益，其取得的收益与企业的盈利状况没有关系。投资者依据投入企业的资金分享企业的收益，承担企业的风险。

10. 企业财务管理活动是通过一定的环节来实施的。这些环节主要包括：财务战略与规划、财务预测、财务决策、财务计划，财务执行与控制、财务分析以及财务监督等

财务战略规划就是为企业未来的发展变化制定方针。企业在进行财务战略规划时首先必须要明确企业的财务目标，然后分析企业目前财务状况与既定目标之间的差距，最后指出企业为达到目标应采取的行动。财务战略规划系统地阐述了实现财务目标的方法，它具有两个特征，即时间性和综合性。

财务预测是财务人员根据历史资料，依据现实条件，运用特定的方法对企业未来的财务活动和财务成果所做出的科学预计和测算。

财务决策是指财务人员在财务目标的总体要求下，从若干个可以选择的财务活动方案中选择最优方案的过程。当然，在只有一个财务活动的预期方案时，决定是否采用这个方案也属于决策问题。在市场经济条件下，企业财务管理的核心是财务决策，财务预测是为财务决策服务的，财务计划是财务决策的具体化。现代管理理论认为：企业管理

的重心在决策,因为决策关系到企业的兴衰成败。

财务计划是在一定的计划期内以货币形式反映生产经营活动所需要的资金及其来源、财务收入和支出、财务成果及其分配的计划。财务计划是以财务决策确立的方案和财务预测提供的信息为基础来编制的,是财务预测和财务决策的具体化,是控制财务活动的依据。

执行阶段是指在财务战略与规划、财务预测、决策和计划基础上,对已经形成的计划在企业运营过程中进行实施的过程。

财务控制是指在企业财务管理过程中,利用有关信息和特定手段,对企业的财务活动施加影响或调节,以便实现计划所规定的财务目标。在管理活动中,如果不为达到一定目标,根本就不需要管理,如不能有效地施加影响或调节,也就无法管理。

财务分析是根据有关信息资料,运用特定方法,对企业财务活动过程及其结果进行分析和评价的一项工作。通过财务分析,可以掌握各项财务计划指标的完成情况,评价财务状况,研究和掌握企业财务活动的规律性,改善财务预测、决策、计划和控制,提高企业经济效益,改善企业管理水平。

财务监督是以国家财经法规、制度的规定以及企业会计核算资料为依据,对企业财务活动的合理性、合法性和有效性进行检查。

11. 从这个角度看,财务管理包含三个方面的内容:公司财务管理,投资以及金融市场与中介。

(1) 公司财务管理。投资视角下的公司财务管理包括企业投资决策和企业筹资决策。一方面,企业通过金融市场和中介,与投资者发生财务关系;另一方面,企业与外界进行货币与实务交换,如货币与房地产的交换。

(2) 投资。投资者提供资金交换金融证券。形式上,金融证券属于契约,规定在特定时点交换货币。例如,一种债券规定向其持有者(已经支付货币购买债券)支付特定金额的现金。金融证券有两个基本类型:权益性证券和债务性证券。

(3) 金融市场与中介。金融市场与中介是企业和投资者的理财环境。通过金融市场和中介,企业和投资者进行货币与金融资产的交换。

12. 财务预测是财务人员根据历史资料,依据现实条件,运用特定的方法对企业未来的财务活动和财务成果所做出的科学预计和测算。

根据时间的长短,财务预测可以分为:短期预测、中期预测和长期预测。对企业来说,短期预测是指一年以内的预测;中期预测是指1~3年的预测;长期预测是指3年以上的预测。

根据预测的内容,财务预测可以分为:资金预测、成本费用预测和销售及利润预测等。资金预测是指对资金需要量、资金流量、资金运用情况等的预测;成本费用预测是指对成本费用的发生情况、成本费用的水平、成本费用的增减趋势等的预测;销售及利润预测是指对产品销售量和销售收入、销售成本及销售税金、利润总额以及利润分配等的预测。

财务预测的作用表现在以下几个方面:财务预测是财务决策的基础,财务预测是编制财务计划的前提,财务预测是组织日常财务活动的必要条件。

预测的程序一般包括如下三个方面:

(1)明确财务预测的对象和目的;

(2)搜集和整理有关信息资料;

(3)选用特定的预测方法进行预测。

近年来,由于预测越来越受到重视,预测方法的发展也很快,预测的方法也很多,在预测时应根据具体情况有选择地利用这些方法。

13.从实施控制的时间来分,财务控制包括防护性控制、前馈性控制和反馈性控制等。

(1)防护性控制。防护性控制又称排除干扰控制,是指在财务活动发生前,就制定一系列制度和规定,把可能产生的差异予以排除的一种控制方法。例如:为了保证现金的安全和完整,就要规定现金的使用范围,制定好内部牵制制度,为了节约各种开支,则可先规定开支标准等。排除干扰是最彻底的控制方法,但排除干扰要求对被控制对象有绝对的控制能力。在企业财务管理中,各种事先制定的标准、制度、规定等都可以看作是排除干扰的方法。

(2)前馈性控制。前馈性控制又称补偿干扰控制,是指通过对实际财务系统运行的监控,运用科学方法预测可能出现的偏差,采取一定措施,使差异得以消除的一种控制方法。例如,在控制企业短期偿债能力时,要密切注意流动资产和流动负债的对比关系,预测这一比例的发展趋势。当预测到这一比率将变得不合理时,就要使用一定方法对流动资产和流动负债进行调整,使它们的对比关系保持在合理水平上。补偿干扰也是一种比较好的控制方法,但要求掌握大量的信息,并要进行准确的预测,只有这样,补偿干扰才能达到目的。

(3)反馈性控制。反馈性控制是在认真分析的基础上发现实际与计划之间的差异,确定差异产生的原因,采取切实有效的措施,调整实际财务活动或调整财务计划,使差异得以消除或避免今后出现类似差异的一种控制方法。在财务控制中,最常用的控制方法便是反馈控制法。

14. 财务计划是在一定的计划期内以货币形式反映生产经营活动所需要的资金及其来源、财务收入和支出、财务成果及其分配的计划。一般包括根据财务决策的要求,分析主客观条件,全面安排计划指标;对需要与可能进行协调,实现综合平衡;调整各种指标,编制出计划表格。

15. 财务监督分为内部监督和外部监督两种。企业财务部门以及有关单位所进行的监督属于内部监督,国家各级审计机构、财政、银行、税务等部门对企业所进行的监督属于外部监督。企业应建立必要的内部稽核制度,防止违法乱纪行为的发生,堵塞各种漏洞。同时,企业也应自觉接受国家审计、税务等部门的监督,并给予积极配合。

16. 财务管理者需要具有扎实的专业基础,包括会计、审计、税务、公司财务管理、法律、金融、管理、经济等各方面,不仅要有理论功底,还要有丰富的实务经验。同时,又能随时跟踪政策导向,并不断充实新知识。这是一般所认同的财务管理者应具备的专业素养,但同时仅仅具备这些专业素养还不能成为一名好的财务管理者,作为财务管理者必须要树立良好的职业形象和职业声誉。

为了适应经济环境的变化和管理角色转换需要,财务管理者需要具备以下几方面能力:组织领导能力;财务管理信息化的规划能力;风险防范和控制能力;战略支持能力;沟通协调能力。

四、论述题

1. 公司财务管理集中于公司怎样才能创造和保持价值。投入的货币可能是巨额的。管理需要有效地利用资源以实现组织(包括医院和政府机构等非营利组织)目标。

筹资决策主要涉及负债及股东权益方(右方),决定企业如何获得资金以便投资,其中包含股利分配的内涵。例如,网景公司通过发售新的普通股为投资获得增资。

运营决策是公司财务管理决策的第三种主要类型。此类决策包括企业大量日常运营和筹资决策。例如,企业规模应该多大、增长率多高、应否向客户提供信用、应否改变广告策划、应否补偿经理及其他员工等。

国内对财务管理的理解则认为:财务管理作为企业管理的一个重要组成部分,其实质就是理财,既要理顺企业资金流转程序,确保生产经营畅顺,又要理顺各种经济关系,确保各方面的利益要求得到满足而实施的一系列管理活动。具体来说,企业财务管理的内容可归纳为资金筹集、资金投放、收益分配、日常资产管理等四个方面的内容。

更具代表性的观点认为:财务管理是组织企业财务活动,处理财务关系的一项经济管理工作。因此,财务活动和财务关系应该是企业财务管理学要研究的内容。

综上所述,我们认为企业财务管理是为了实现企业最高目标,所开展的在不确定条件下,跨时空最优化配置企业现金资源的一种管理活动。具体内容包括优化投资决策与管理、优化筹资决策与管理、优化营运资金决策与管理、优化股利决策与分配等,从而使企业现金流达到最佳配置和运动,实现价值最大化的企业目标。

2. 价值创造论的基本观点是:企业财务活动目的在于创造价值。流行于西方的价值管理理论一般把价值定义为股东价值。美英等国占主导地位的观点是:股东是公司的所有者,董事是股东们选出来服务于全体股东利益的代表,公司的目标就是要使股东价值最大化。

严谨的、现代意义上的企业价值理论源于美国学者莫迪利安尼与米勒在1958年所提出的MM资本结构理论的无税模型,该模型的最重大贡献在于首次清晰地揭示了资本结构、资本成本以及企业价值各概念之间的联系。

价值创造要点是指价值创造是通过获取高于资本机会成本的投资

收益实现的;高于资本成本收益的投资越多,创造的价值就越大(即只要投入资本收益率超过资本成本,业务的扩展就能创造更大的价值);选择能使预期现金流量现值或经济利润现值(无论选择这两个中的哪一个,结果都相同)最大化的战略。

基于价值创造论,公司管理必须从六个方面强化股东价值的核心地位:公司必须把长远目标与严格的价值创造指标结合起来;公司必须采用严格的方法管理所有的业务,以创造最大的价值,在必要的时候,还得实行重大重组;公司务必保证其组织设计和文化能强化价值创造原则;公司必须对每项业务的主要价值驱动因素有透彻的认识;公司必须确定一套有效的方法,对每个业务单位的经营用先进的方法制定目标,实行严格的绩效评估;公司必须找到有效的途径、采用物质奖励和其他的激励方式,以激发管理者及全体员工创造价值的动机。

3. 企业与其被投资单位的财务关系是指企业将其闲置资金以购买股票或直接投资的形式向其他企业投资所形成的经济关系。随着经济体制改革的深化和横向经济联合的开展,这种关系将会越来越广泛。企业向其他单位投资,应按约定履行出资义务,参与被投资单位的利润分配。企业与被投资单位的关系体现为投资者与被投资者的委托代理关系。

企业对外投资是为了资金增值,企业应监督被投资者合理经营,取得好的经济效益,同时应帮助被投资者发展生产,增加效益。只有这样才能实现企业投资的目标。所以企业应当处理好与被投资者之间的财务关系。

企业同债务人的财务关系是指企业将其资金以购买债券、提供借款或商业信用等形式出借给其他单位所形成的经济关系。企业将资金借出后,有权要求其债务人按约定的条件支付利息和归还本金。企业同其债务人的关系体现的是债权与债务的关系。

企业借出的资金能否安全及时地收回、是否能定期收取利息,关系到企业的经济效益的实现和企业生产经营是否能顺利进行。所以企业应处理好与债务人之间的财务关系。

企业与内部各单位的财务关系是指企业内部各单位之间在生产经营各环节中相互提供产品或劳务所形成的经济关系。企业在实行内部经济核算制条件下,企业供、产、销各职能部门以及各生产单位之间,相互提供产品和劳务要进行计价结算。这种在企业内部形成的资金结算关系体现了企业内部各单位之间的经济利益关系。

企业与职工之间的财务关系是指企业向职工支付劳动报酬过程中所形成的经济关系。企业要用自身的产品销售收入或其他可以支配的资金,向职工支付工资、津贴、奖金等,按照职工提供的劳务数量和质量支付劳动报酬。这种企业与职工之间的财务关系体现了职工和企业在劳动成果上的分配关系。

4. 从这个角度看,财务管理包含战略层面、运营层面和风险控制和防范层面三个方面的内容:

(1) 战略管理中财务的作用和财务战略。制定公司战略需要在增长方向与增长模式上进行决策。增长方向包括市场渗透、全球化、纵向整合、相关多元化以及不相关多元化;增长模式包括兼并与收购、战略联盟以及采用内部的增长模式。增长方向与增长模式的组合可能有多种,一家公司没有必要只选择一种,然而,通常来看,同时追求所有方向上的成长也并不明智。公司应当考虑到有限的资源,决定出所选择的每一种增长组合的相对重要性。

公司要保证可持续增长,必须进行必要的财务战略规划,并选择合适的财务战略。企业财务战略是指企业在一定时期内,根据宏观经济发展战略和企业经营方针、经营战略,对财务活动的发展目标、方向和道路从总体上做出的一种客观而科学的概括和描述。如何进行财务战略管理是高级财务管理学的重要内容。

(2) 财务在营运层面的管理。运营层面的财务管理是在公司战略和财务战略指导下的日常经营财务管理,包括投资管理、筹资管理、收益分配以及营运资产管理等。

(3) 财务在风险控制和防范层面的作用。企业会遇到各种风险,要保证可持续经营,需要进行风险管理。风险管理是经济单位通过对风险的确认和评估,采用合理的经济和技术手段对风险加以控制,以最小的成本获得最大的安全保障的一种管理活动。理解这一概念,需要把握以下几点:① 风险管理的主体是经济单位,即个人、家庭、企事业单位、社会团体和政府部门,以及跨国集团和国际联合组织等;② 风险管理过程中,风险确认和风险评估是基础,而选择合理的风险控制手段则是关键;③ 风险管理的目标是以最小的成本达到最大的安全保障。

5. 财务战略规划就是为企业未来的发展变化制定方针。企业在进行财务战略规划时首先必须要明确企业的财务目标,然后分析企业目前财务状况与既定目标之间的差距,最后指出企业为达到目标应采取的行动。

财务战略规划系统地阐述了实现财务目标的方法,它具有两个特征,即时间性和综合性。

所谓时间性,是指财务战略规划是对未来工作所作的安排。大多数决策在实施前都有很长的准备期。在不确定的条件下,决策制定要远远超前于具体实施。长期的财务规划,通常跨 2~5 年的时间。

所谓综合性,是指财务战略规划汇集了企业每一个项目的资本预算分析。实际上,财务规划要将企业每一个经营单位的较小的投资计划合在一起,使之成为一个大的项目。

同时,财务战略规划要求就各种可能的情况作出假设:

(1) 最差的情形。要求对公司产品和经济形势可能出现的最糟糕的情况作出假设,甚至可能包括陷入破产清算。

(2) 一般的情形。要求对公司发展和经济形势最可能出现的情况作出假设。

(3) 最好的情形。要求每个部门按最乐观的假设作出一份计划,可能包括新产品发展和公司扩展的内容。

6. (1) 财务管理的萌芽阶段。财务管理是社会经济发展到一定阶段的产物。具体说来,人类社会发展出现了带有一定经济性目标的经济组织,理财活动伴随着经济组织活动应运而生了。在奴隶社会的奴隶主庄园经济、封建社会的宫廷经济和地主的庄园经济、资本主义社会早期的商人经济和业主的作坊经济等组织形式中,已存在着萌芽状态的理财行为。这是一个漫长的发展时期,财务管理的实践几乎处于停滞。进入资本主义社会以后,财务管理才真正得到发展。

(2) 传统财务管理学的创建阶段——以筹资为中心的财务管理。在 20 世纪初,西方国家先后进入垄断阶段,股份公司迅速发展,已成为资本主义企业的基本形式,股份公司所产生的最大功能是能迅速大量地筹集资金和进行资本积累。因此,这个阶段财务管理的主要职能就是如何筹资和如何规范股份公司设立、解散和破产的法律行为。在格林纳(1897 年)的《公司财务》、米德(1910 年)的《公司财务》、戴维(Dewing)和利恩(Lyon)(1938 年)的《公司财务政策》等书中均主要研究如何有效筹集资金和股份公司财务制度立法问题。

(3) 传统财务管理的成熟阶段——以内部控制为中心的财务管理。传统的财务管理产生于 19 世纪末,形成于 20 世纪 50 年代。传统财务管理的特点之一是其内容具有内向性,即主要围绕公司内部的财务控制为中心,对筹资、资产运作和财务规划以及成本控制进行管理;传统财务管理的特点之二是研究方法多采用描述性,即侧重于公司现状的归纳和解释,同时从公司的外部利益者(如债权者)角度来研究财务问题,注重对财务制度的研究。

(4) 现代财务管理的形成阶段——以投资为中心的财务管理。随着以信息技术为特征的科技革命的兴起和发展,跨国公司规模化、国际经济一体化趋势加剧,特别是金融市场地位的日趋重要,使投资风险加大。因此,在这一时期的财务管理中,投资管理受到空前重视。公司财务的内容转向对有效证券市场理论、投资组合理论、资本结构理论和证券定价理论等问题的研究,公司财务的研究方法逐渐由描述性转向分析性,由定性方法转向定量方法。马柯威茨(H. M. Markowitz)、夏普(W. F. Sharpe)和米勒(M. Miller)由于对公司股票价格理论和资本市场理论的创造性研究分别获得诺贝尔经济学奖,而他们的获奖成果主要是公司财务的投资管理理论。

(5) 现代财务管理的发展阶段——全球一体化环境下的财务管理。进入 20 世纪 80 年代之后,伴随着现代化交通工具和通讯技术日新月异的发展,世界各国的经济交往日益密切,国际贸易和跨国投资空前活跃,企业不断朝着集团化和国际化方向发展。国际经贸的飞速发展促使财务界人士逐渐将注意力转向国际财务管理的问题上。近年来,进出口融资、外汇风险管理、国际转移价格、海外子公司业绩评价、国际投资分析等等,已成为财务管理的热门研究课题,并逐步演化为财务管理的一个崭新分支——国际理财学。

7. 在 20 世纪初期,著名的美国经济学家欧文·费雪根据存在运作良好的资本市场和不存在这样的资本市场两种情况,分别提出了有关投资和消费的基本原理。费雪从理论上揭示了资本市场是如何增加储蓄人和借款人的效用的——资本市场通过提供一种低成本的方式,使拥有剩余财富的经济代理人(储蓄人)和拥有投资机会但超出自身财力的代理人(借款方)实现其目标。与自行寻找借款人相比,储蓄人通过将资金借给资本市场能获得更高的收益。同样,借款人也无须花费搜寻成本就能得到低息的借款。这样,储蓄人将会比没有资本市场时储蓄更多,借款人也能够比自行寻找资金情况下获得更多的低息借款。因此,整个经济中的储蓄额和投资额比没有资本市场时要大得多,这并没有使任何人的效用降低,甚至还显著提高了许多代理人的效用。费雪的另外一个极为重要的理论成果为后来的研究者提供了基础;依据费雪分离原理,资本市场产生了一个单一的利率,使借贷双方在进行消费和投资决策时都可以以此为依据,而这反过来又促使投资和筹资决策的相互分离。这样,拥有良好投资机会的企业或个人在决策时,只要投资项目的收益率高于或等于市场利率,就可以接受该项目,并且只要内部资金不足就可以从资本市场筹资。借款人在决策时,只要求其投资回报率高于市场利率,而无须考虑个别投资者的具体消费偏好。同样,储蓄人也无须考虑借款人所做投资的具体情况,比如对借贷期限或现金流量的偏好等。相反的,只要投资项目的收益能补偿其风险,或者能将该项目转让给其他投资者,储蓄人就能通过资本市场投资任何项目,或者做出任何跨期的消费决策。

为了更好地为投资和公司筹资决策提供有效的分析工具,一些研究人员对费雪有关投资和消费的基本原理进行了修正。其中,贴现现金流量法已成为现代财务分析的一个基本工具。贴现现金流量法是投资者进行股票和债券评价的基本方法,同时也是公司资本预算决策的基本步骤。可以说,没有该方法就没有现代财务管理。

8. 布拉德利 1980 年发表的一篇文章是有关现代公司控制的首篇重要文献,该文献研究了目标公司被宣布收购后的股价变动情况。他指出,一旦收购要约,即公开宣布按某固定价格购买所有愿意转让的股份宣布后,目标公司的股票价格大约会立即上涨 30%,然后维持该水平,直到收购结束或被取消。这一结论既不新颖也不出乎人们的意料,但他的第三个主要发现则与此不同。他指出,那些在成功的并购中未被收购的股份(比如,投标人只收购了目标公司的 51% 股份),在收购结束后,会立即降至最初的价格水平。

这个结论的重要性在于它解释了收购公司管理当局发动并购投标的真正动因。在布拉德利的文章发表之前,理论界大都假定投标公司之所以收购目标公司大部分股份,要么是为了夺取目标公司资产,要么是在并购宣布后从目标公司股票增值中获利。布拉德利的解释与这些传统解释完全不同。他认为,既然未被收购的股票价格仍然高出投标前水平,显然收购成功的投标人并不是为了夺取所收购的公司资产,否则会导致未被收购的股票价格下跌到远低于投标前的水平。另一方面,由于并购一旦结束,未被收购股票价格将低于收购价格,显然投标人收购股票将发生资本损失而不是资本收益。

布拉德利的最大贡献在于他对所研究的结果做出了合理解释。依据其理论模型,投标公司管理当局发动收购要约,主要目的是为获得目标公司资产控制权和管理权(因为目标公司的管理目前没有达到最优化)。一旦收购成功,收购公司将会对目标公司实施更有效的经营战略,经过有效的经营管理来获取利润。尽管该理论本身可能看上去并没有开创性,但事实上它含义深刻,一方面是由于它对自由并购的资本市场的经济优势进行了论述;另一方面是它对并购市场的行为提供了合理的解释(至少在美国是这样)。根据该模型,竞争对手的管理当局奋力争夺目标公司资产的控制权。由更加胜任的人员接替效率低下的管理人员,公司资源的控制权自然也就转交给那些能够对其进行更充分有效利用的人。并购活动能够消除效率低下,并能将公司控制权集中于最胜任的人员手里,因此,活跃的产权交易市场有利于经济发展。股东们也能获益,因为他们是公正的裁判,有权就针对所持股份的收购要约做出抉择。迫于这种竞争,收购公司的管理当局不得不以高额收购价格的形式,向目标公司的股东预先支付收购后实施更有效管理可能取得的大部分盈利。不难想到,20 世纪 80 年代期间股东们做得很好,因为活跃的并购市场使普通股价值(从 1982 年至 1990 年)增长了三倍。

20 世纪 80 年代,得益于布拉德利文章的启发,有关公司控制的研究与并购市场一样获得了长足的发展。这些理论文章涵盖了多种议题,比如普通股表决权的经济功能、公司董事会的合适角色、集中型与分散型股权结构的评价等。实证性文章更是研究了多种问题,比如:研究并购对并购双方的联合财富效应(正效应);股票价格对目标公司管理当局采取的多种反收购措施的反应(负效应);双股权公司(即某类股份拥有公司绝对多数的表决权)价值的不确定性;如果公司对管理当局采用以股票为基础的激励报酬计划,对股东的好处(通常是正效应)等。

五、案例分析

1. 分析要点

(1) 财务管理涉及企业经营的各个方面,筹资管理、投资管理、日常运营管理以及利润分配的管理四个方面,贯穿企业经营的始终。因此要办好企业必须在这四方面都要有管理,创业更是这样。

(2) 要认识到财务管理在创业及企业经营过程中的重要性,完全忽视财务管理的科学性,全凭主观感觉经营定会酿成严重的后果。

(3) 每个人在创业时应客观分析事业的盈利,不可孤注一掷、盲目乐观,应根据具体事实调整方向。经营状况并不依赖于个人印象,应根据数据作出判断。在一些情况下,专业的会计师所起的作用非常大,因为你可能会弄不清具体的账务处理程序,所以花一笔费用请一个会计师非常必要。

2. 分析要点

流动资产证券化作为一种财务管理中筹资的新途径,帮助 Pubmaster 公司实现了其经营目标。由此可见,有效的进行财务管理是非常重要的。

第二章 理财目标理论

第一节 本章知识提要

一、本章知识点

（一）财务管理目标概述

企业财务管理目标即企业财务目标，是指在各种财务管理环境中，企业财务工作通过配置资金过程的科学组织与管理所要达到的目的，它决定着企业资金配置的一切过程、领域、方面以及环节。

财务管理目标分成基本目标和具体目标。企业财务管理的基本目标是企业经营目标的综合体现。企业的目标是生存、发展和获利。企业的这个目标要求财务管理完成筹措资金，并有效地投放和使用资金的任务。企业的成功以至于生存，在很大程度上取决于它过去和现在的财务政策。财务管理不仅与资产的获得及合理使用的决策有关，而且与企业的生产、销售管理发生直接联系。财务管理目标具有变动性、多样性、层次性、可预测性、可溯性以及实现性六个基本特征。

（二）财务管理总体目标及其计量模式

在财务管理发展历程中，选择的财务管理目标也各不相同，不同的财务管理目标其衡量指标亦不相同，总量指标主要包括产量、产值、利润、收益、价值、财富等；相对指标包括每股收益、市盈率、销售利润率、资本利润率以及托宾 Q 值；综合指标计量包括平衡计分卡以及关键绩效指标（KPI）。

不同财务管理目标存在相应的优势与劣势：

产值最大化的缺点有只讲产值，不讲效益；只求数量，不求质量；只重投入，不重挖潜。利润最大化有其科学一面，然而，其缺点是利润最大化目标概念的含义是模糊的，期间利润的定义也是模棱两可的。

利润最大化目标没有能区分不同时期的报酬，它没有考虑资金时间价值；利润最大化没能考虑风险；利润最大化往往会使企业财务决策带有短期行为的倾向，即只顾实现目前的最大利润，而不顾企业的长远发展；即便采用每股盈余最大化作为企业的财务目标，也同样不能保证业主的经济利益最大化。

以财富最大化（企业价值最大化）作为企业财务管理的目标对雇员、管理层、社会以及信贷提供者都具有重要意义，"财富最大化"较"利润最大化"也具有进步之处。

（三）不同主体的财务管理目标

所有权与经营权的分离及其代理理论是财务管理目标分析的理论框架；企业法人、投资者、债权人、经营管理者、政府、独立董事、中介机构等对财务管理目标的理解是不同的。股东与管理层，股东与债权人，公司与金融市场，公司与社会存在目标不一致，因而需要协调。如果决策的唯一目标是公司或股东财富最大化，这可能会对社会产生负面成本，这些成本甚至会超过财富最大化而产生的利益，并超过公司所能创造的财富。

（四）不同层次的财务管理目标

集团公司、分公司、部门、利益单元有各自的财务目标，因而目标可能并不一致，需要协调；实现集团公司整体的财务目标，消除冲突，达成协调的主要措施包括财务目标评价体系的建设，各项控制系统的建设和自上而下的财务目标控制系统的建立。

（五）公认的企业财务目标及其基本财务原理

当今受到公认的财务目标是企业价值最大化，因而企业财务管理在于价值创造。

当今企业选择创造最大化价值作为企业财务管理目标主要有以下几个方面的原因：企业价值最大化是一个具有前瞻性、复合性、实在性的企业目标；企业价值最大化将财务管理行为与企业的持续发展紧密地联系在一起，将财务预测与财务控制联系在一起；使价值得以实现的前提是，公司的行为应建立在价值思维的基础上。实现价值最大化，需要进行价值管理工作。这样，财务基本原理几乎可以运用于价值管理和创造的每一过程中。

二、教学重点

（一）财务管理目标的不同计量模式及其指标的计算

（1）绝对量计量模式及其指标的计算。绝对量计量模式指标主要包括产量、产值、利润、收益、价值、财富等。通常衡量价值的绝对指标有股价、EVA、MVA、CVA、NPV。

EVA 是指在扣除产生利润而投资的资本的成本后所剩下的利润。从计算的角度看，EVA 等于税后经营利润再减去债务和股权的成本，即 EVA＝税后经营利润－债务和股权资本成本。

MVA 是某一特定时点资本市场对该公司拥有所有权的各种资本的市场价值总和。其等于公司市场价值（包括权益和负债）与公司占用资本之差，即 MVA＝企业市场价值－占用资本。

CVA 是指当期的现金价值增加，即投资产生的营业现金流（OCF）与对投资产生现金流的期望（OCFD）的差额。

NPV 是指将各期的 CVA 通过适当的折现率（资金成本率）予以折现。

$$NPV = PV = \sum_{t=1}^{n} \frac{CVA_t}{(1+i)^t}$$

（2）相对量计量模式及其指标计算。相对指标包括每股收益、市盈率、销售利润率、资本利润率以及托宾 Q 值。

$$每股收益＝净利/股数$$

市盈率是指普通股每股市价为每股收益的倍数，其计算公式为：市盈率（倍数）＝普通股每股市价/普通股每股收益。

销售利润率通常用来衡量企业具体的财务管理目标。销售利润率数值越大，反映主营业务获利的能力越强。

$$销售利润率＝销售净利润/销售收入 \times 100\%$$
$$资本利润率＝净利润/实收资本 \times 100\%$$

托宾 Q 值是按照金融市场估价的企业价值与企业现有资本的税后重置成本的比率。

（3）综合指标计量模式及其指标计算。综合指标计量包括平衡计分卡以及关键绩效指标（KPI）。

（三）不同主体的财务管理目标

（1）股东与经营者目标的冲突与协调

在股东和经营者分离以后，股东的目标是使企业财富最大化，经营者目标在于内部人控制。

经营者的目标和股东不完全一致,经营者有可能为了自身的目标而背离股东的利益。这种背离表现在道德风险和逆向选择两个方面。

监督和激励是防止经营者背离股东目标的方法。

(2)股东与债权人的目标冲突与协调

代理问题的第二点就是股东和债权人之间的利益冲突。股东可以通过经营者为自身利益而伤害债权人的利益。

债权人为了防止其利益被伤害,除了寻求立法保护,如破产时优先接管,优先于股东分配剩余财产等外,通常还采取在借款合同中加入限制性条款,发现公司有剥夺其财产意图时拒绝进一步合作等方法。

(3)企业与金融市场的目标冲突与协调

股票价值最大化的决策可能与长期价值最大化不相一致,从而形成企业与金融市场目标冲突。

从长期来看,可以采取某些改善信息质量和减轻价格与价值偏离程度的行动协调二者的冲突。

(三)不同层次的财务管理目标

(1)集团总部、分公司、部门、利益单元等的目标及其区别

由于集团内各个成员企业是彼此独立的利益主体,不可避免地会出现谋求企业自身局部利益最大化的倾向,会偏离企业集团整体利益目标。

这种冲突表现为成员企业个体财务目标对集团整体财务目标的偏离,亦即成员企业以自身局部财务目标最大化取代集团整体财务目标的最大化。这种局部利益目标与整体利益目标的非完全一致性,以及由此而产生的成员企业经营财务管理活动的过分独立和缺乏协作精神的现象,被称为管理目标换位,或叫目标次优化选择、目标逆向选择。

(2)不同层次目标之间的冲突与协调

实现集团公司整体的财务目标,消除冲突,达成协调的主要措施包括财务目标评价体系的建设,各项控制系统的建设和自上而下的财务目标控制系统的建立。

(四)公认的企业财务目标及其基本财务原理

当今公认的企业财务管理目标是企业价值最大化。

可以用净现值测算价值创造,一项计划预期实现的现值与实施这

项计划所需的初始现金支出间的差就是这项计划的净现值。

净现值＝初始现金支出＋未来净现金收益的现值

三、教学难点

（一）不同主体的财务管理目标冲突与协调

在西方的财务管理函数中主要变量可能是股东、债权人和经营者,但在研究中国企业的财务利益相关者的目标时,政府目标是其中重要的一项。股东与经营者、债权人及社会目标冲突的现象、原因与协调是本章的难点之一,学习时应注意区别不同主体之间冲突的根源和协调方法。

（二）不同层次的财务管理目标冲突与协调

集团总部、分公司、部门、利益单元等不同层次的目标也存在着冲突,因此要实现集团公司整体的财务目标,必须消除冲突,而达成协调的主要措施包括财务目标评价体系的建设、各项控制系统的建设、必须建立自上而下的财务目标控制系统。这里需要掌握引起冲突的原因,以及进行协调的措施。

第二节 习题部分

一、单选题

1. 理财目标的意义不包括( )。

A. 有助于科学地进行财务决策

B. 有助于日常理财行为的高效与规范化

C. 有助于理财人员科学理财理念的建立

D. 有助于更好地承担后果

2. 企业财务目标与企业目标两者的关系表现为( )。

A. 企业目标包含在企业财务目标之中

B. 企业财务目标与企业目标保持一致

C. 企业管理目标中的一些非经济因素也是财务管理所追求的基本目标

D. 企业财务目标与企业目标不一致

3. 理财的具体目标按资金配置过程环节分为( )。

A. 收益性(获利能力)目标,包括资金利润率、成本利润率等

B. 资金占用目标、成本费用目标、人均利润目标等

C. 销售利润率、人均工资标准、资金报酬率等

D. 资金周转目标、资金报酬目标、销售利润率、人均工资标准等

4. 作为企业债权人和业务关系企业,进行财务分析时最关心的是( )。

A. 企业的获利能力

B. 投资的经济效益和社会效益

C. 企业的偿债能力与现金支付能力

D. 所有者财富的最大化

5. 企业是在发展中求得生存的,发展对企业理财的要求是( )。

A. 力求保持以收抵支

B. 能够偿还到期债务

C. 筹集企业发展所得的资金

D. 通过合理、有效地使用资金使企业获利

6. 理财目标的下列说法中正确的是( )。

A. 作为理财目标的内容可以多种多样,但是作为财务活动的行为目标,必须是可以计量测算的

B. 企业财务管理的环境处于经常性变化之中,但财务管理目标并不随之变化

C. 作为实现企业目标的重要领域——企业理财的目标应该是单一的

D. 理财目标的内容,并不需要追溯到企业具体管理部门和人员

7. 公司价值一般模型中,价值动因的操作因素不包括( )。

A. 销售增长率   B. 回报率

C. 现金利润   D. 营运资本支出

8. 工业总产值的计算原则不包括( )。

A. 工业生产的原则   B. 最终产品的原则

C. 财产变现的原则   D. 工厂法原则

9. 工业销售产值是指( )。

A. 以货币形式表现的,工业企业在一定时期内生产的工业最终产品或提供工业性劳务活动的总价值量

B. 以货币形式表现的,工业企业在一定时期内销售的本企业生产的工业产品或提供工业性劳务活动的价值总量

C. 以货币形式表现的,工业企业全部收益扣除全部费用损失后的净额

D. 以货币形式表现的,工业企业债务与股权价值的总和

10. 计算销售利润(营业利润)的公式为(　　)。

A. 销售利润=产品销售利润+其他销售利润

B. 销售利润=产品销售利润+其他销售利润-管理费用-财务费用

C. 销售利润=产品销售利润+其他销售利润-管理费用

D. 销售利润=产品销售利润+其他销售利润-管理费用-财务费用-销售费用

11. 甲乙两个企业均投入300万元的资金,本年获利均为50万元,但甲企业的获利已全部转化为现金,而乙企业则全部是应收账款。如果在进行分析时,认为这两个企业都获利50万元,经营效果相同。得出这种结论的原因是(　　)。

A. 没有考虑利润的取得时间

B. 没有考虑所获利润和投入资本的关系

C. 没有考虑到利润的获得和所承担风险的大小

D. 没有考虑所获利润与企业规模大小的关系

12. 企业对外投资的收益主要来源于利润、利息、股利和(　　)。

A. 资产的变卖　　　　　　　B. 证券的价值

C. 价格的变动　　　　　　　D. 利率的上升

13. 通常衡量财务目标的绝对指标有(　　)。

A. 销售利润率　　B. 股价　　C. 每股收益　　D. 市盈率

14. 下列表述中不正确的是(　　)。

A. 净现值是未来报酬的总现值与初始投资额现值之差

B. 当净现值小于零时,说明该方案不可行

C. 当净现值大于零时,现值指数小于1

D. 当净现值大于零时,说明该方案可行

15. MVA是(　　)的简称。

A. 市场附加值　　　　　　　B. 经济增加值

C. 现金价值增加　　　　　　D. 投资的现值

16. 战略控制型管辖方式的价值创造重心是(　　)。

A. 为了长远经济发展创立新业务单位

B. 为了短期经济发展

C. 运营改善和财务控制

D. 促进和协调业务单位的长期战略和目标

17. 设某股份公司 2006 年利润表实现利润总额为 2 000 000 元,所得税率为 33%,税后利润支付优先股股息 250 000 元,资产负债表所列普通股股本 10 900 000 元,则该公司 2006 年的普通股股本收益率为(　　)。

A. 10%　　　B. 12.29%　　　C. 18.35%　　　D. 16.06%

18. 战略计划型管辖方式适应的行业类型是(　　)。

A. 成熟产业,稳定的竞争环境

B. 高速变化、快速增长或竞争激烈

C. 多种产业

D. 新兴行业

19. 功能成本分析的目的在于(　　)。

A. 提高产品的功能

B. 降低产品的成本

C. 降低废品损失率

D. 在保证实现产品必要功能的条件下,提高功能与成本的比值

20. 平衡计分卡从财务角度来观察企业为(　　)问题提供了答案。

A. 顾客如何看我们

B. 我们必须擅长什么

C. 我们能否继续提高并创造价值

D. 我们怎样满足股东

21. 通常,企业关键绩效指标的层级构成不包括(　　)。

A. 企业级关键绩效指标

B. 部门级关键绩效指标

C. 员工级关键绩效指标

D. 由部门关键绩效指标落实到具体岗位的业绩衡量指标

22. 企业财务目标不仅要与业主利益一致,同时也要与那些同公司有利害关系的集团利益一致,目前最好的财务管理目标是（　　）。

A. 财富最大化　　　　　　　　B. 产值最大化

C. 利润最大化　　　　　　　　D. 每股收益最大化

23. 下列关于两权分离与代理理论的说法正确的是（　　）。

A. 从公司理财的角度而言,代理关系主要存在于股东与内部员工之间

B. 代理成本大致可以分为两类：监管管理者行为的费用和减少不合理管理行为的机构治理费用

C. 现实世界中,在股份有限公司内部,所有权被极大程度地淡化了,随之而来的,代理冲突也被淡化了,代理成本最终消失

D. 按照经济学理论,代理问题是在"所有权与控制权分离"之后出现的

24. 下列关于独立董事的说法错误的是（　　）。

A. 独立董事除了他们的董事身份和董事会中的角色之外,既不在公司中担任其他的实职并领取薪水,也同公司没有任何直接或间接利益关系

B. 英国基于传统公司单层治理结构的固有缺陷,为保护中小股东与债权人利益及增强投资人对公司的信心,加强对董事及管理层的有效监督,率先建立了独立董事制度

C. 独立董事具有完全独立意志

D. 独立董事从维护全体股东和整个公司的合法利益出发,客观评价公司的经营活动,避免大股东操纵公司,保护中小投资者的权益

25. 影响企业价值的两个最基本因素是（　　）。

A. 时间和利润　　　　　　　　B. 风险和贴现率

C. 风险和报酬　　　　　　　　D. 利润和成本

26. 当今选择创造最大化价值作为企业财务管理的原因不包括（　　）。

A. 企业利润最大化已经落伍了

B. 企业价值最大化是一个具有前瞻性、复合性、实在性的企业目标

C. 企业价值最大化将理财行为与企业的持续发展紧密地联系在一起,将财务预测与财务控制联系在一起

D. 使价值得以实现的前提是,公司的行为应建立在价值思维的基础上

二、多选题

1. 利润最大化不是企业最优的财务管理目标,其原因包括(　　)。

A. 不能直接反映企业创造剩余产品的多少

B. 没考虑利润和投资成本额的关系

C. 没考虑利润取得的时间和承受风险的大小

D. 没考虑企业成本的高低

2. 下列关于企业价值的论述中正确的有(　　)。

A. 企业价值是企业全部财产的市场价值

B. 企业价值反映了企业潜在或预期获利能力

C. 企业价值的大小取决于账面资产的总价值

D. 企业价值是企业未来现金流量的现值

3. 市场利率的变动对财务管理的影响主要体现在(　　)。

A. 预计市场利率上升时,企业应提前偿还债款

B. 预计市场利率下降时,企业应提前偿还长期借款

C. 预计市场利率提高时,企业应增加留存利润的数量

D. 预计市场利率提高时,可能使企业筹资成本上升

4. 净现值法的优点有(　　)。

A. 考虑了货币的时间价值

B. 考虑了项目的全部现金流量

C. 考虑了投资风险

D. 可从动态上反映项目的实际收益率

5. 与生产预算有直接关系的预算是(　　)。

A. 直接材料预算　　　　　B. 变动制造费用预算

C. 销售及管理费用预算　　D. 直接人工预算

6. 剩余收益主要受什么因素影响(　　)。

A. 规定或预期的最低投资报酬率　　B. 投资额

C. 营业现金流量　　　　　　　　　D. 利润

7. 相对其他财务理财管理目标的表述,企业价值最大化目标的优点包括(　　)。

A. 考虑了资金的时间价值和投资的风险价值

B. 可促使企业资产的保值和增值

C. 有利于克服管理上的片面性和短期行为

D. 有利于社会资源的合理分配

8. 利润最大化目标与每股收益最大化目标的相同缺陷是(　　)。

A. 没有考虑货币的时间价值　　B. 没有考虑风险因素

C. 没有考虑利润与资本的关系　D. 容易导致短期行为

9. 投资者通常要与企业发生的财务关系包括(　　)。

A. 对企业进行一定程度的控制　B. 参与企业利润的分配

C. 享有企业净资产的分配权　　D. 承担一定的经济法律责任

10. 投资利润率可分解为下列哪几项的乘积(　　)。

A. 资本周转率　　　　　　　　B. 销售成本率

C. 资产收益率　　　　　　　　D. 成本费用利润率

11. 下列说法正确的是(　　)。

A. 股利获利率是指每股股利与每股市价的比率

B. 股利支付率是指每股股利与每股收益的比率

C. 股利支付率与股利保障倍数互为倒数

D. 市净率是指每股市价与每股净资产的比率

12. 研究理财目标的意义是(　　)。

A. 有助于科学地进行财务决策

B. 有助于日常理财行为的高效

C. 有助于理财人员树立科学理财理念

D. 有助于日常理财行为的规范化

13. 产值最大化目标的缺点是(　　)。

A. 只讲产值,不讲效益　　　　B. 只求数量,不求质量

C. 只重投入,不重挖潜　　　　D. 注重效益,不重数量

14. 下列关于资金时间价值的表述正确的是(　　)。

A. 资金时间价值遵循利润平均化规律

B. 资金时间价值与通货膨胀率没有必然联系

C. 可以直接用政府债券利率来表现时间价值

D. 商品经济的高度发展是时间价值的存在基础

15. 风险是由下列哪些要素构成( )。

A. 风险因素　　B. 风险事故　　C. 风险损失　　D. 风险对策

16. 在财务管理中经常用来衡量风险大小的指标有( )。

A. 标准离差　　B. 期望值　　C. 风险报酬率　D. 标准离差率

17. 资金控制系统包括( )。

A. 现金控制系统　　　　　　　B. 现金预测系统

C. 筹资控制系统　　　　　　　D. 投资控制系统

18. 下列可能直接影响企业净资产收益率指标的措施有( )。

A. 提高销售净利率　　　　　　B. 提高资产负债率

C. 提高总资产周转率　　　　　D. 提高流动比率

19. 当公司经营利润很多,却不能偿还到期债务时,为查清其原因,应检查的财务比率包括( )。

A. 资产负债率　　　　　　　　B. 流动比率

C. 存货周转率　　　　　　　　D. 应收账款周转率

20. 下列说法中正确的是( )。

A. 股票股利不直接增加股东财富

B. 股票股利可减少公司筹资费用

C. 股票股利会降低股票面值

D. 股票股利增加发行在外的普通股股数

三、简答题

1. 总公司对子公司有哪些管辖方式?

2. 理财目标的基本特征是什么?

3. EVA 与 MVA 的区别是什么?

4. 每股收益受到哪几个指标的影响?

5. 使用市盈率指标时应注意哪些问题?

6. 如何理解资本利润率?

7. 当今选择创造最大化价值作为企业财务管理的原因是什么?

8. 财务管理基本原理有哪些作用?

9. 简述独立董事制度的目标。

10. 简述政府与企业财务管理的关系。

11. 经营者对股东目标的背离有哪些表现？

12. 防止经营者背离股东目标有哪些方法？

13. 股东和债权人之间的利益冲突如何解决？

14. 集团总部、分公司、部门、利益单元等的目标区别是什么？

15. 简述业绩评价体系的步骤。

16. 如何选择业绩评价模式？

四、计算题

1. 某公司 2003 年底发行在外的普通股为 5 000 万股，当年营业收入 15 000 万元，营业流动资产 5 000 万元，息税前利润 4 000 万元，资本支出 2 000 万元，折旧与摊销 1 000 万元。目前资本结构中有息负债占 20%，可以保持此目标资本结构不变，有息负债平均税后成本为 6%，可以长期保持下去，平均所得税税率为 40%。

预计 2004～2008 年的营业收入增长率保持在 20%的水平上。该公司的资本支出、折旧与摊销、营业流动资产、息前税后利润与营业收入同比例增长。到 2 009 年及以后营业流动资产、资本支出、息前税后利润与营业收入同比例增长，折旧与摊销正好弥补资本支出，营业收入将会保持 10%的固定增长速度。

2004～2009 年该公司的 β 值为 2.69，2009 年以后年度的 β 值为 4，长期国库券的利率为 2%，市场组合的收益率为 10%。

要求：根据现金流量折现法计算该公司的实体价值。

2. 某公司是一家上市公司，其未来连续三年预计的利润表和简化资产负债表如下：

表 2-1 利润及利润分配表 万元

年度	第 1 年	第 2 年	第 3 年
一、主营业务收入	1 000	1 100	1 240
减：主营业务成本	380	466	540
主营业务税金及附加	20	24	30
二、主营业务利润	600	610	670

续 表

年度	第 1 年	第 2 年	第 3 年
加：其他业务利润	200	270	278
减：营业和管理费用（不含折旧与摊销）	300	320	340
折旧与摊销	40	55	60
利息费用	10	15	18
三、营业利润	450	490	530
加：投资净收益	0	0	0
营业外收支净额	0	0	0
四、利润总额	450	490	530
减：所得税	135	147	159
五、净利润	315	343	371
加：年初未分配利润	0	210	440
六、可供分配利润	315	553	811
减：应付股利	90	100	300
七、未分配利润	225	453	511

表 2-2　资产负债表　　　　　　　　　　万元

年度	目前	第 1 年	第 2 年	第 3 年
流动资产	400	550	590	620
长期营业资产净值	800	850	910	1 030
资产总计	1 200	1 400	1 500	1 650
流动负债	100	180	250	300
其中：有息流动负债	60	80	110	150
长期负债	380	380	350	360
其中：有息长期负债	200	220	230	255
股东权益合计	720	840	900	990
负债及股东权益合计	1 200	1 400	1 500	1 650

该公司目前的加权平均资本成本为 10%,全部所得的所得税税率均为 30%,今后将会保持不变。公司预计在其他条件不变的情况下,今后较长一段时间内会保持第三年的经济利润增长率不变。

要求:根据以上资料,使用经济利润法计算公司价值。

3. B 公司 2004 年度财务报表的主要数据如下(单位:万元):

销售收入	1 000
税后利润	100
股利	60

股东权益(200 万股,每股面值 1 元)　　　　1 000

权益乘数　　2

该公司负债全部为有息长期负债,该公司 2004 年 12 月 31 日的股票市价为 10 元。

要求计算:

(1) 2004 年的可持续增长率。

(2) 2004 年的市盈率和收入乘数。

(3) 若该公司处于稳定状态,其权益资本成本是多少?

(4) 若该公司 2004 年的每股资本支出为 0.6 元,每股折旧与摊销 0.4 元,该年比上年营业流动资产每股增加 0.2 元。公司欲继续保持现有的财务比率和增长率不变,计算该公司股权价值。

(5) 若 A 公司的市盈率和收入乘数与 B 公司相同。A 公司的销售收入为 3 000 万元,净利润为 500 万元,普通股股数为 400 万股。请分别用市价/净利比率模型和市价/收入比率模型评估 A 公司的价值。

4. A 公司属于上市公司,A 公司的有关资料如下:

表 2 - 3

每股 价格	每股 净利	每股净 资产	每股收入	预期增长率 (%)	股权收益率 (%)	销售净利率 (%)
36 元	0.42	3.45	25	12	8	6

假设在 A 公司所处行业的上市公司中,有五家公司具有行业代表性,它们的有关资料见下表:

表 2 - 4

公司名称	实际市盈率	实际市净率	实际收入乘数	预期增长率(%)	股权收益率(%)	销售净利率(%)
甲	14.5	3.5	2.22	8	10	6
乙	25.2	5.6	2.63	13	12	8
丙	16.8	4.3	2.38	11	11.5	7.5
丁	45.3	8.2	5.12	21	20	16
戊	34.1	6.4	4.36	18	17	14

要求:

(1) 假设 A 公司属于服务类上市公司,应采用何种相对价值模型评估 A 公司的价值,请说明理由;A 公司的股价被市场高估了还是低估了?

(2) 假设 A 公司属于连续盈利,并且 β 值接近于 1 的上市公司,应采用何种相对价值模型评估 A 公司的价值,请说明理由;A 公司的股价被市场高估了还是低估了?

(3) 假设 A 公司属于拥有大量资产、净资产为正值的上市公司,应采用何种相对价值模型评估 A 公司的价值,请说明理由;A 公司的股价被市场高估了还是低估了?

5. 资料:某公司 2003 年的财务报表数据摘要如下(单位:万元):

表 2 - 5

利润表及利润分配表数据:	2003 年
营业收入	30 000
营业成本	22 500
营业费用及管理费用	3 000
其中:折旧	85
利息费用(均为年末长期借款余额计算的利息,年利率 6.75%)	303.75
税前利润	4 196.25
所得税	1 258.88
净利润	2 937.37

续　表

利润表及利润分配表数据：	2003 年
年初未分配利润	62.63
可供分配利润	3 000
股利	500
年末未分配利润	2 500
资产负债表数据：	2003 年末
货币资金	1 000
应收账款	8 000
存货	2 000
其他流动资产	1 000
流动资产合计	12 000
固定资产净值	3 000
资产总计	15 000
无息流动负债	1 000
流动负债合计	1 000
无息长期负债	2 000
长期借款	4 500
长期负债合计	6 500
负债合计	7 500
股本	5 000
年末未分配利润	2 500
股东权益合计	7 500
负债及股东权益总计	15 000

　　预计 2004~2005 年的销售收入增长率为 10％,2006 年及以后销售收入增长率降低为 8％。假设今后保持 2003 年的销售收入增长率、年末各项资产的周转率和资本结构(有息负债和股东权益)不变,无息

流动负债和无息长期负债与销售收入同比例增长。各项营业成本费用与收入同比例增长,各项所得税率均为 30%。企业的融资政策是:权益资本的筹集优先选择利润留存,不足部分考虑增发普通股,剩余部分全部派发股利;债务资本的筹集选择长期借款,长期借款的年利率以及计息方式均保持 2003 的水平不变。目前至 2006 年加权平均资本成本为 15%,2006 年以后年度降低为 12%。

要求:

(1)编制完成 2004~2006 年的预计报表数据。有关数据直接填入下表(见答案)。

(2)根据现金流量折现法计算该公司的实体价值。

(3)根据经济利润法计算该公司的价值。

五、论述题

1. 论述企业目标、企业财务目标与企业理财目标及其关系。

2. 论述企业目标及其对企业理财的要求。

3. 论述每股收益的计算和影响因素。

4. 论述关键绩效指标的含义、产生方法及应用意义。

5. 试从股东和经理人各自的目标出发论述股东和经理人利益冲突的解决方法。

6. 论述股东和债权人之间的利益冲突的根源和解决方法。

7. 论述资金控制系统。

8. 论述如何实现企业价值最大化。

六、案例分析题

1. 公司财务目标和年报

下文摘自 Honeywell 公司 1994 年年报。Honeywell 公司的主席兼首席执行官在给股东的信中写到:"利润增长,消费者高兴,处于世界范围的领导地位。这是我和 Honeywll 的员工为我们自己设定的 Honeywell 的前景。它体现了我们的希望。它支持我们设定目标。它决定了我们要如何实现公司目的宗旨——为我们的股东创造价值……公司正在在稳定地实现我们主要的财务目标:同行业全部股东回报中的 1/4。我们将全部股东日报定义为股原价格上涨和再次投资于股票的红利。"

"我们的管理人员正在坚定地实现这一目标。这是我们长期激励系统的关键目标。我们的短期行政奖励补偿计划的经济价值增加了。我们制定了完整的财务计划,在每一个提高股东价值的因素上都设定了进取的目标:销售增长、营业利润、运营资本、资本支出和税收。"

案例来源:博迪,莫顿,《金融学》,中国人民大学出版社,2000 年。

问题:这是 Honeywell 公司的财务目标和实现目标的计划,你怎么看待财务目标?

2. 麦当劳——良好的公司公民

如果股票市场的投资者过于强调财务结果和所有者价值最大,人们就可能怀疑公司能否履行他的社会责任。那么公司能否同时担负社会责任和股东财富最大化双重责任呢? 作者认为是可以的,并且麦当劳也认为这两者可以同时并行。麦当劳这样一个遍布全球上千家快餐店的公司,成为公众的一个好邻居是很重要的。

麦当劳在最近一次年会上指出:"社区活动保持了麦当劳的独立,建立了品牌忠诚,而且提升了麦当劳在当地的声望和责任。除了让客户满意之外,这也是我们事业的核心。我们的前台服务和社区服务的对象是同一个人。人们只与他们感觉良好的人做买卖。很多顾客光临麦当劳,是因为我们是一个可尊敬的公司公民。"

麦当劳支持了世界上最早的慈善组织之一———罗纳德麦当劳慈善院(Ronald McDonald House Charities,RMHC)。RMHC 给孩子们和他们的家庭提供舒适和关爱,通过 31 个国家的成员提供给该组织的荣誉资助,支持了 19 个国家的 200 多个麦当劳慈善院。最近,RMHC 提供了大约 400 万美元资助 Interplastand Operation Smile 在拉丁美洲和亚洲的 28 个国家成立了 40 家医疗机构。另外,他还为联邦国家儿童基金(UNICEF)拿出 500 万美元资助 100 万名美洲儿童及其母亲进行癌症化疗。在发展中国家每天有成百上千的幼儿死于癌症。

除了支持 RMHC,麦当劳还提供其他帮助,如免费食物、水,对灾难中幸免于难的孩子们提供帮助和志愿者。麦当劳还向地震、台风和其他灾区提供援助。在 2001 年 9 月 11 日的悲惨事件中,麦当劳为救出教员的救援工人提供了大约 750 000 个免费餐饭,捐助了超过 400 万美元的专款帮助 RMHC 及其收容所。这个快餐巨人是企业多角色的积极倡导者。今天,麦当劳特许经营权中超过 30% 的所有者是妇女和少数民族,而且从妇女和少数民族的供应商那里购买价值 30 亿美元的商品和劳务。麦当劳也是一个各种就业方式的积极探索者和教育奖学金的支持者,它提供的教育资助资金达几百万美元。

麦当劳还重视环境项目,为环境基金工作,开展有效的废弃物减少或回收项目。他还成立了 McRecycleUSA 机构,目的是使用回收物修缮其餐厅。

从 20 世纪 90 年代开始,麦当劳购买了超过 40 亿美元的回收物品,重新设计了麦秆、餐巾纸、杯子、煎炸物包装和其他包装物等,消耗了大约 20 万吨再生包装物。

麦当劳的行动胜于言辞,别的公司说他们富有社会责任,而麦当劳却以自己的行动提供了证明。

案例来源:斯坦利·B. 布洛克,杰弗里·A. 赫特,《财务管理基础》,中国人民大学出版社,2004 年。

问题:(1) 企业都有哪些目标?
(2) 您认为企业的财务目标应怎样与其他目标统一起来?

第三节 习题解答与案例分析要点

一、单选题

1. D 明确财务管理目标的意义有有助于科学地进行财务决策、有助于日常财务管理行为的高效与规范化、有助于科学的财务管理理念的建立。

2. C 企业财务管理目标与企业目标两者的关系表现为:财务管理作为企业管理活动的有机组成部分,它是一种价值管理。其目标是资本的增值,所以,财务管理自然要追求经济效益的最大化。从这一点看,其目标自然包含在企业总目标之中,并与企业目标保持一致。

3. B 按资金配置过程环节分为:资金占用目标、成本费用目标、人均利润目标、资金周转目标、资金报酬目标、债务比率目标。

4. C 债权人最关心的是企业的偿债能力和现金支付能力。

5. C 企业的发展集中表现为扩大收入。扩大收入的根本途径是提高产品的质量,扩大销售的数量,这就要求企业投入更多、更好的物质资源、人力资源,并改进技术和管理。在市场经济中,各种资源的取得都需要付出货币。企业的发展离不开资金。因此,筹集企业发展所需的资金,是发展对财务管理的要求。

6. A　用排除法进行分析。对于 B,财务目标是由财务管理的职能和环境所决定的,财务管理的目标会随着环境的变化而变化,不存在永恒不变的财务目标;对于 C,由于财务环境的多样化、企业目标的多样化,而财务目标又是服从于企业目标的,因此财务目标也具有多样性,不是单一的;对于 D,理财目标是分层次的,各个层次的员工负责各层次的财务目标。

7. B　用现金流折现法计算企业价值模型中包括:未来各年份的现金流入和折现率。现金流入的估算包括当年的现金利润,营运支出,增长率等因素。而一个年份的回报率不会影响企业的价值。

8. C　计算工业总产值的原则有:工业生产原则、最终产品原则和工厂法原则。

9. B　工业销售产值是以货币形式表现的工业企业在一定时期内销售的本企业生产的工业产品或提供工业性劳务活动的价值总量。

10. B　销售利润=主营业务利润+其他业务利润-营业费用-管理费用-财务费用。

11. C　营业收入留待以后收回,由于时间的存在需要考虑其时间价值和不确定性产生的风险价值。

12. C　对外投资的收益主要来源于利息、股利、红利收入和证券价值变动。

13. B　ACD 三项都是相对指标。

14. C　净现值=未来收益总现值-投入现值总和,现值指数=未来收益总现值/投入现值总和。

15. A　MVA: market value added

16. D　促进和协调业务单位的长期战略和目标。

17. A　普通股股本收益率=[2 000 000×(1-0.33)-250 000]/10 900 000=0.1

18. B　战略计划型管辖适用于高速变化、快速增长或竞争激烈。

19. D　功能成本分析的目的是在保证实现产品必要功能的条件

下,提高功能与成本的比值。

20. D　运用平衡计分卡的作用是提高企业价值。

21. C　企业关键绩效指标由以下几个层级构成:一是企业级关键绩效指标,它是由企业的战略目标演化而来的;二是部门级关键绩效指标,它是根据企业级关键绩效指标和部门职责来确定的;三是由部门关键绩效指标落实到具体岗位的业绩衡量指标。

22. A　目前财务目标是企业价值最大化,这是衡量股东价值最大化的最好指标。

23. D　代理理论是涉及资源所有权和控制权分离后的问题,它是在两权分离后产生的。

24. B　美国基于传统公司单层治理结构的固有缺陷,为保护中小股东与债权人利益及增强投资人对公司的信心,加强对董事及管理层的有效监督,率先建立了独立董事制度。

25. C　按照现金折现模型,企业的价值是企业未来现金流入的折现值。主要涉及两个要素,未来现金流入主要受报酬影响,和折现率受风险影响。

26. A　当今选择价值最大化作为企业目标包括:① 企业价值最大化是一个具有前瞻性、复合性、实在性的企业目标。② 企业价值最大化将财务管理行为与企业的持续发展紧密地联系在一起,将财务预测与财务控制联系在一起。③ 使价值得以实现的前提是,公司的行为应建立在价值思维的基础上。

二、多选题

1. BC　"价值最大化"较"利润最大化"的进步之处主要在于:① "利润最大化"考虑的是利润的绝对额,未把取得利润与投入资金量相联系,而"财富最大化"考虑的是利润的相对额,即单位投资所实现的平均增值额。② "利润最大化"考虑投资收益时,注重的是期间利润,不考虑报酬的时间因素和风险因素,而"财富最大化"则要区分不同时期的报酬,考虑资金的时间价值因素和风险因素。③ 价值最大化目标能克服企业在追求利润上的短期行为。

2. ABD　企业价值取决于企业各项资产的市场价值而不是账面价值。

3. BCD　企业财务管理的最终目标是提高企业的价值,分为增加收入和减少成本两部分。由于企业与银行签订借款合同时用固定利率,当利率提高时现有借款的成本相对于再融资成本低,因此适合于长时间保持这项借款至到期,而不是提前还款。

4. ABC　净现值法只能在投入资金的时点收益,而不能在经营过程中动态考虑收益。

5. ABD　销售费用不是与生产过程有直接关系的因素。

6. ABD　剩余收益是在权责发生制下考虑的,而不是收付实现制下的,因此不用考虑营业现金流量。

7. ABCD　价值最大化原则较其他目标的优点:"财富最大化"考虑的是利润的相对额,即单位投资所实现的平均增值额、"利润最大化"考虑投资收益时,注重的是期间利润,不考虑报酬的时间因素和风险因素,而"财富最大化"则要区分不同时期的报酬。考虑资金的时间价值因素和风险因素,价值最大化目标能克服企业在追求利润上的短期行为,并有利于社会财富的增加。

8. ABD　每股收益率较利润最大化目标增加考虑了收益和投入之间的关系。

9. ABCD　投资者与企业之间的财务关系包括:投资者依法向企业提供资金,依法取得企业的利益分配,并且在企业破产清算时享有企业净资产的分配权。投资者以其投入的资产对企业的负债负责。

10. ABD　投资收益率＝资本周转率×销售成本率×成本费用利润率。

11. ABCD　股利获利率是指每股股利与每股市价的比率,股利支付率是指每股股利与每股收益的比率,股利支付率与股利保障倍数互为倒数,市净率是指每股市价与每股净资产的比率。

12. ABCD　研究财务管理目标的意义:有助于科学地进行财务决策、有助于日常财务管理行为的高效与规范化、有助于科学的财务管理理念的建立

13. ABC　产值最大化的缺点包括:只讲产值,不讲效益;只求数量,不求质量;只重投入,不重挖潜。

14. ABD　资金的时间价值是指资金经历一定时间的投资和再投

资所增加的价值,也称为货币时间价值。资金的时间价值是货币在无风险的情况下的价格,是银行业的利润,因此它也必须满足平均利润的要求,另外由于时间的存在也必须考虑通货膨胀,而且也必须建立在商品经济的发展,因为如果没有商品经济货币就无存在的可能性和必要性。

15. ABC　风险是由风险因素、风险事故和风险损失等要素组成的。

16. AD　财务管理中用于衡量风险大小的有标准离差和标准离差率。

17. ABCD　包括现金控制系统、现金预测系统、筹资控制系统和投资控制系统等内容。

18. ABC　净资产收益率=销售利润率×资产周转率×权益乘数。

19. BCD　当公司盈利很多而无力偿债时,是因为流动资产不够,此时应考虑流动比率、存货周转率和应收账款周转率。

20. ABD　股票股利不会改变股票面值。

三、简答题

1. (1)战略计划型。总公司积极参与分公司和业务单位的战略开发、拓展和监督,计划程序繁重又耗时。因为总部与分公司及其业务单位联系密切,时刻掌握着它们的状况,所以,业绩评价的中心主要是完成长期战略目标,总公司只是在运营结果出现较大背离时才正式做出反应,控制程序比较灵活。

(2)战略控制型。总公司发布战略指导意见,并监督战略决策的执行。分公司和业务单位独立制定战略计划,由总公司进行评估,区分优先次序,并且由分公司和业务单位自行完成。计划的中心是确定短期和长期财务与非财务目标,总公司定期对这些目标的完成情况进行评价。

(3)财务控制型。战略开发的责任和权力全部交给分公司和业务单位,总公司原则上不检查战略计划,只是对分公司和单位是否完成了计划中预测的财务指标感兴趣。总公司实际上是实行资产投资管理,因此,总公司的财务部人员较多,但其他部门的人数很少。

2.（1）理财目标的变动性

（2）理财目标的多样性

（3）理财目标的层次性

（4）理财目标的可预测性

（5）理财目标的可溯性

（6）理财目标的现实性

3. *EVA* 是 economic value added 的缩写，即经济增加值。它是指在扣除产生利润而投资的资本的成本后所剩下的利润。资金成本的概念体现了亚当·斯密（Adam Smith）剩余收益的基本思想：企业投入的资金，应当带来最低限度的、具有竞争力的回报。这种资金成本（或者必要投资回报率）的计算范围包括股权和债务。正如债权人需要得到利息回报一样，股东也要求对他们的风险资本得到一个最低可以接受的回报。因此，*EVA* 是股东回报的指标。*EVA* 不但可以在企业层面计算，还可以在部门层面计算。

市场附加值（market value added，简称 *MVA*）等于公司市场价值（包括权益和负债）与公司占用资本之差：*MVA*＝企业市场价值－占用资本公司的"企业市场价值"，也就是某一特定时点资本市场对该公司拥有所有权的各种资本的市场价值的总和，是该企业负债的市场价值和股票的市场价值的总和。"占用资本"是同一时期内公司经营所占用资本之和。它只能在企业层面计算。

EVA 与 *MVA* 的关系可以表示为：

$$MVA = 所有未来 EVA 的现值$$
$$= EVA_1/(1+C)^1 + EVA_2/(1+C)^2 + \cdots\cdots$$

4. 从 EPS 的分解形式可以看出，每股收益受到以下几个指标的影响：

（1）每股净资产：衡量投资者每股所有者权益，包括实收资本、资本公积、盈余公积和未分配利润的账面价值，常被称为"每股含金量"。

（2）权益乘数：反映企业资本经营的效率，是衡量企业负债经营程度的重要指标之一，负债比率的提高会导致权益乘数的增大，从而单位所有权资本所支配的资本量增加。在企业的资产报酬率（按息税前利润与资产平均总额之比计算）高于负债的资金成本率的前提下，提高负债,从而扩大权益乘数,对每股收益会起到积极的作用。

(3) 资产周转率:以年周转次数表示,反映了企业资产营运效率的高低。在其他条件不变的前提下,较高的资产周转率说明同样多的资产产生了较多的流转额,经济资源得到较充分的利用,导致企业每股收益增加。

(4) 销售净利率:反映了企业盈利能力的强弱。

每股收益指标受到净利润变动的影响,因而,每股收益指标具有净利润指标相应的弱点。

5. 使用市盈率指标时应注意以下问题:该指标不能用于不同行业公司的比较,充满扩展机会的新兴行业市盈率普遍较高,而成熟行业的市盈率普遍较低,这并不说明后者的股票没有投资价值。在每股收益很小或亏损时,市价不会降低至零,很高的市盈率往往不说明任何问题。市盈率的高低受净利润的影响,而净利润受可选择的会计政策的影响,从而使得公司间比较受到限制。市盈率高低受市价的影响,市价变动的影响因素很多,包括投机炒作等,因此观察市盈率的长期趋势很重要。

6. 在以投资回报率最大化为企业理财目标中,资本利润率是个重要的测度指标。对企业来说,投入一词指的是企业控制的全部经济资源即总资产,据以计算确定的收益率指标被称为"资产报酬率或资产利润率";对企业投资者来说,投入一词指的是投入资本或净资产,在股份制的企业被称为股本或股东权益。现代企业基本上是实行有限责任制度,按照这个制度,投资者对企业承担责任的界限或最高限额就是投入资本或净资产,确切地说应该是净资产,因为全部净资产均体现所有者的权益,都归属于企业的投资人。在两权分离的制度下,这部分的资本或投资者权益委托给企业的经营者集团来经营使用,企业经营者受托经营管理这部分净资产,并根据代理契约的要求确保净资产的增值和保值。

7.(1) 企业价值最大化是一个具有前瞻性、复合性、实在性的企业目标。所谓前瞻性是指企业价值及其最大化是着眼于未来时期的财富生成与分配的一个概念,不是一个历史的概念;这种前瞻性一方面延续了企业截止到目前有助于可持续发展的一切特征,更重要的是它隐含了企业管理当局对未来发展的控制实力。这种控制实力越雄厚,企业价值最大化实现的可能性也就越大。而利润最大化却是一个典型的历史概念,代表着企业业已发展到的终点状态。所谓复合性,是指企业价值概念涵盖了一些极其重要的概念,比如现金流量、风险、可持续发展等等。追求企业价值最大化,必须科学地协调与权衡这些因素。例如,如果不顾及风险程度,单纯地追求现金流量的最大,势必会带来一些极其严重的问题,甚至会造成企业的破产倒闭。所谓实在性,是指企业价值对于企业的投资者而言,是实实在在的现金流量,而现金流量的变化代表着实际的、可控财富的变化。

(2)企业价值最大化将理财行为与企业的持续发展紧密地联系在一起,将财务预测与财务控制联系在一起。在实现企业价值最大化的过程中,力争企业现金流量达到最大,尤其经营活动所带来的现金流量达到最大。直观而言,企业现金流量最大表明企业管理当局可直接支配的经济资源最大,流动性最强。不仅可以满足企业各类投资者对索偿权的要求,而且可以应付市场中各种竞争因素的变化,从而保证企业的顺利发展。如果没有畅通的现金流转与充沛的现金流量,企业可支配的经济资源就会日渐枯萎,直至破产倒闭。从一定意义上讲,企业价值最大化就是现金流量最大化。增进现金流与提升企业价值是统一的,两者之间有逻辑延伸和水乳交融联系。

(3)使价值得以实现的前提是,公司的行为应建立在价值思维的基础上。价值思维有两个方面:价值衡量标准(valuemetrice)和价值思想定位(valuemindset)。

8.基本财务原理的作用体现在多个方面:它能够衡量一项投资计划应该采用还是放弃,因而可以用来进行资本预算决策;它能够解决多种货币现金流和在国外经营的额外风险,因而可以用来进行国外投资决策;它能够用来决定公司资本多少来源于借入资本,多少来源于权益资本的资本结构决策;它也能够用于兼并另一家公司需要支付多少的经营兼并决策。

9.独立董事除了他们的董事身份和在董事会中的角色之外,既不在公司中担任其他的实职并领取薪水,也同公司没有任何直接或间接利益关系,具有完全独立意志。因此,一方面从维护全体股东和整个公司的合法利益出发,客观评价公司的经营活动,避免大股东操纵公司,保护中小投资者的权益,另一方面,为董事会提供有利于公司全面健康发展的客观、公正的决策依据,防止公司经营管理层与董事会合谋进行违法活动提供了制度保证,督促上市公司规范动作,从而在制度层面上,使独立董事成为影响公司决策的一种强有力的独立的平衡力量。

10. 政府与企业的关系方式,至少须区分为两种情形:其一是,政府一方面作为企业的出资者,一方面又作为行使社会管理职能的国家机构,同时以这两种身份与企业发生关系。其二是,政府仅以国家机构的身份与企业发生关系。理论上,我们完全可以将政府作为出资者这一身份看作为一般出资者,那么,在分析政府对企业目标形成的影响时,我们自然就只须将其视为行使社会管理职能的政权机构。即便如此,我们还是可以清楚地发现政府对企业目标形成的影响——政策诱导:如果主要追求宏观经济(粗放式)增长,政府就会通过制定政策诱导企业追求产值;如果主要追求税收增长,政府就会通过制定政策诱导企业主要追求利润,尤其是短期利润;如果认为"企业的发展也就是国民经济的发展",从而奉行"藏富于企业"的政策,政府就会诱导企业追求发展等等。

11. 经营者的目标和股东不完全一致,经营者有可能为了自身的目标而背离股东的利益。这种背离表现在两个方面:

(1) 道德风险。经营者为了自己的目标,不是尽最大努力去实现企业财务管理的目标。他们没有必要为提高股价而冒险,股价上涨的好处将归于股东,如若失败,他们的"身价"将下跌。他们不做什么错事,只是不十分卖力,以增加自己的闲暇时间。这样做,不构成法律和行政责任问题,只是道德问题,股东很难追究他们的责任。

(2) 逆向选择。经营者为了自己的目标而背离股东的目标。例如,装修豪华的办公室,买高档汽车等;借口工作需要乱花股东的钱;或者蓄意压低股票价格,以自己的名义借款买回,导致股东财富受损,自己从中渔利。

此外,经营者还可能通过包括绿色讹诈、金手铐、毒丸、制定反收购条款在内的手段来保住自己的位置。经营层所采用的抵制恶意收购的措施不一定对股东有利。

12. 为了防止经营者背离股东的目标,一般有两种方法:

(1) 监督

经营者背离所有者的目标,其条件是双方的信息不一致,主要是经营者了解的信息比股东多。避免"道德风险"和"逆向选择"的出路是增加股东的权力,使得股东获取更多的信息,对经营者进行监督。在经营者背离所有者目标时,减少各种形式的报酬,甚至解雇他们。

(2) 激励

防止经营者背离股东利益的另一个出路是采用激励报酬计划,给予期权、期股以及认股权等,使经营者分享企业增加的财富,鼓励他们采取符合企业最大利益的行动。例如,企业盈利率提高或股票价格提高后,给经营者以现金、股票奖励。支付报酬的方式和数量大小,有多种选择。报酬过低,不足以激励经营者,股东不能获得最大利益;报酬过高,股东付出的激励成本过大,也不能实现自己的最大利益。因此,激励可以减少经营者违背股东意愿的行为,但也不能解决全部问题。

13. 债权人为了防止其利益被损害,除了寻求立法保护,如破产时优先接管,优先于股东分配剩余财产等外,通常采取以下措施:

(1) 在借款合同中加入限制性条款,如规定资金的用途,规定不得发行新债或限制发行新债的数额,限制公司投资政策、限制股利政策、限制额外杠杆等。

(2) 发现公司有剥夺其财产意图时,拒绝进一步合作,不再提供新的借款或提前收回借款。

14. 由于集团内各个成员企业是彼此独立的利益主体,不可避免地会出现谋求企业自身局部利益最大化的倾向,会偏离企业集团整体利益目标。这种冲突表现为成员企业个体财务目标对集团整体财务目标的偏离,亦即成员企业以自身局部财务目标最大化取代集团整体财务目标的最大化。这种局部利益目标与整体利益目标的非完全一致性,以及由此而产生的成员企业经营理财活动的过分独立和缺乏协作精神的现象,被称为管理目标换位,或叫目标次优化选择、目标逆向选择。

15. (1) 战略开发

业绩评价首先是为了测量战略目标和行动计划完成的情况,因此,作为业绩评价计划起点的必然是战略的开发,它建立在彻底理解以取得竞争优势为目标的价值驱动因素的基础上。战略开发程序中,不仅应当计算追求的未来财务结果,而且应当强调对价值创造活动做具体计划;不仅应当向内看,注重内部的改善和提高,而且应当考虑到环境发展,重视与竞争对手的相对优势的变化情况。

(2)制定预算

这一程序将战略目标细化为具体经济业务和过程的目标,并通过预算的形式分配资源。制订预算必须考虑经营环境的易变性,通过弹性预算、滚动预算等形式将变化纳入预算的范围内,从而使得预算具有更好的可操作性,能够成为衡量业绩的标准。

(3)绩效计测

这一程序及时收集、处理和归集与绩效有关的数据和信息,为有效执行后续子程序奠定基础。信息的相关性、可靠性、及时性都影响业绩评价的效果。造成业绩评价无法顺利进行的原因之一就是人们对于经济业务所产生的信息无法产生一致的认识,因此收集的信息应当能够体现经济业务发展的轨迹,并按照责任归属进行归集和汇总,以避免在考评时发生不必要的争执。

(4)绩效检查

这一程序及时检查实际绩效与目标的差距,并进行必要的预测,以确保及时采取更正性和预防性行动,保证公司向着预期目标前进。

在信息技术尚未充分发展时,绩效检查视定期进行,不但浪费时间,还不能充分关注绩效问题和困难。同时,预测通常依据经验等进行,缺乏科学的方法和技术支持,因此预测很难作为采取预防性行动的基础。随着技术的发展和人们对于预测和绩效评估质量要求的提高,差异分析可以及时进行,时效性提高,预测也可以科学的模型和高速的数据处理为基础开展,可靠性得到提高。这样的业绩评价能够更好的实现控制的作用。

(5)激励性报酬

在前四个环节中,任意环节的工作缺乏有效性,激励性报酬程序都不能够对人们的行为形成正确的引导。但是,如果前面四个环节的工作都做好了,这一程序没有能够提供相应的报酬或者惩罚措施,那么将降低人们完成战略目标和计划的积极性。通过一种报酬和福利相结合的平衡政策,激励性的报酬计划把具体的运营行动和影响战略目标实现的关键价值驱动因素联系起来。

16. 规模比较小、层次比较简单的公司的业绩评价也相对比较容易,而规模大、层次多的公司在设计业绩评价体系时要考虑更多的问题,其中最重要的是对业绩评价模式的选择。根据权变理论,公司的组织形式和制度设计应当与环境相适应,表现在业绩评价模式的选择上就是,总公司对于子公司的业绩评价模式必须与总公司对子公司的管辖方式相一致,而管辖模式则应当与母子公司在业务类型上的特点相适应。管辖模式以制度的形式表现出来,规定了总公司对子公司可以在何时、采取何种形式的干涉,也规定了总公司可以使用的管理工具,包括对经理们的制裁、激励、提拔或降级。

四、计算题

1.

表 2-6   万元

年度	2003	2004	2005	2006	2007	2008	2009
息前税后利润	2 400	2 880	3 456	4 147.2	4 976.64	5 971.97	6 569.17
减:资本支出	2 000	2 400	2 880	3 456	4 147.2	4 976.64	5 474.3
加:折旧与摊销	1 000	1 200	1 440	1 728	2 073.6	2 488.32	5 474.3
营业流动资产	5 000	6 000	7 200	8 640	10 368	12 441.6	13 685.76
减:营业流动资产增加		1 000	1 200	1 440	1 728	2 073.6	1 244.16
实体现金流量		680	816	979.2	1 175.04	1 410.05	5 325.01

计算及数据来源说明:

实体现金流量=息前税后利润+折旧与摊销-营业流动资产增加-资本支出

2004~2009 年该公司的股权资本成本=2%+2.69(10%-2%)=23.52%

加权平均资本成本=20%×6%+80%×23.52%=20%

2009 年以后年度该公司的股权资本成本=2%+4(10%-2%)=34%

加权平均资本成本$=20\%\times6\%+80\%\times34\%=28.4\%\approx28\%$

企业实体价值

$$=680PVIF_{20\%,1}+816PVIF_{20\%,2}+979.2PVIF_{20\%,3}+1\,175.04PVIF_{20\%,4}+$$
$$1\,410.05PVIF_{20\%,5}+5\,325.01PVIF_{20\%,6}+\frac{5\,325.01(1+10\%)}{28\%-10\%}PVIF_{20\%,6}$$

$$=680\times0.833\,3+816\times0.694\,4+979.2\times0.578\,7+1\,175.04\times$$
$$0.482\,3+1\,410.05\times0.401\,9+5\,325.01\times0.334\,9+32\,541.73$$
$$\times0.334\,9$$

$$=566.64+566.63+566.66+566.72+566.7+1\,783.35+$$
$$10\,898.23$$

$$=15\,514.93(万元)$$

每股实体价值$=15\,514.93/5\,000=3.1(元)$。

2.　　　　　　　　　　表 2-7　　　　　　　　　单位：万元

年度	目前	第1年	第2年	第3年
息前税后利润	—	322	353.5	383.6
投资资本（年初）	—	980	1 140	1 240
经济利润	—	224	239.5	259.6
预测期经济利润现值	596.598 7	203.638 4	197.922 8	195.037 5
后续期现值	13 130.502 8			
期初投资资本	980			
企业价值	14 707.101 5			

计算及数据来源说明：

(1) 期初投资资本＝所有者权益＋有息债务

第1年年初投资资本（即目前年末的投资资本）$=720+60+200=$ 980（万元）

第2年年初投资资本（即第1年年末的投资资本）$=840+80+220=$ 1 140（万元）

第3年年初投资资本（即第2年年末的投资资本）$=900+110+$ 230$=1\,240$（万元）

（2）2004 年息前税后利润＝（净利润＋所得税＋利息）×（1−所得税税率）

第 1 年息前税后利润＝（315＋135＋10）（1−30%）＝322（万元）

第 2 年息前税后利润＝（343＋147＋15）（1−30%）＝353.5（万元）

第 3 年息前税后利润＝（371＋159＋18）（1−30%）＝383.6（万元）

（3）经济利润＝息前税后利润−年初投资资本×加权平均资本成本

第 1 年经济利润＝322−980×10%＝224（万元）

第 2 年经济利润＝353.5−1 140×10%＝239.5（万元）

第 3 年经济利润＝383.6−1 240×10%＝259.6（万元）

（4）第 3 年经济利润增长率＝（259.6−239.5）/239.5＝8.39%

$$\text{第 4 年及以后年度经济利润的价值}=\frac{259.6(1+8.39\%)}{10\%-8.39\%}$$

$$=17\ 477.043\ 5（万元）$$

第 4 年及以后年度经济利润的现值＝17 477.043 5$PVIF_{10\%,3}$

$$=13\ 130.502\ 8（万元）$$

（5）企业价值＝期初投资资本＋经济利润的现值

＝期初投资资本＋预测期经济利润的现值＋后续期经济利润的现值

＝980＋596.598 7＋13 130.502 8＝14 707.101 5（万元）

3.（1）2004 年的可持续增长率＝期初权益净利率×收益留存率

＝[100/（1000−40）]×40%

＝4.2%

（2）2004 年的市盈率和收入乘数

市盈率＝10/（100/200）＝20

收入乘数＝10/（1000/200）＝2

（3）若该公司处于稳定状态，其股利增长率等于可持续增长率，即 4.2%。

目前的每股股利＝60/200＝0.3（元）

$$\text{权益资本成本}=\frac{0.3(1+4.2\%)}{10}+4.2\%=7.33\%$$

（4）每股税后利润＝100/200＝0.5（元）

2004 年每股净投资＝△ 每股营业流动资产＋每股资本支出－每股

折旧与摊销

＝0.2＋0.6－0.4＝0.4(元)

由权益乘数 2,可知负债率为 50%。

2004 年每股股权现金流量

$$=每股税后利润-\left(1-\dfrac{\triangle 有息债务}{净投资}\right)\times 每股净投资$$

＝每股税后利润－(1－负债率)×每股净投资

＝0.5－(1－50%)×0.4＝0.3(元)

$$股权价值=\dfrac{下期股权现金流量}{股权资本成本-永续增长率}=\dfrac{0.3(1+4.2\%)}{7.33\%-4.2\%}$$

＝9.99(元)

(5)用市价/净利比率模型和市价/收入比率模型评估 A 公司的价值

A 公司的每股收益＝500/400＝1.25(元)

A 公司的每股价值＝1.25×20＝25(元)

A 公司的每股销售收入＝3000/400＝7.5(元)

A 公司的每股价值＝7.5×2＝15(元)

4. (1) 由于 A 公司属于服务类上市公司,所以,应选择市价/收入比率模型。

表 2-8　修正收入乘数

公司名称	实际收入乘数	销售净利率	修正收入乘数
甲	2.22	6	0.37
乙	2.63	8	0.33
丙	2.38	7.5	0.32
丁	5.12	16	0.32
戊	4.36	14	0.31
平均	——	——	0.33

计算及数据来源说明:

修正收入乘数＝实际收入乘数/(销售净利率×100)

目标企业每股价值＝平均修正收入乘数×目标企业销售净利率×

100×目标企业每股收入＝0.33×6‰×100×25＝49.5(元),由于每股价值49.5元大于每股价格36元,所以,A公司的股票被市场低估了。

(2)由于A公司属于连续盈利,并且β值接近于1的上市公司,所以,应选择市价/净利比率模型。

表2-9 修正的市盈率

公司名称	实际市盈率	预期增长率(%)	修正市盈率
甲	14.5	8	1.81
乙	25.2	13	1.94
丙	16.8	11	1.53
丁	45.3	21	2.16
戊	34.1	18	1.89
平均	—	—	1.87

计算及数据来源说明:

修正的市盈率＝实际市盈率/(预期增长率×100)

目标企业每股价值＝平均修正的市盈率×目标企业预期增长率×100×目标企业每股净利＝1.87×12‰×100×0.42＝9.42(元),由于每股价值9.42元小于每股价格36元,所以,A公司的股票被市场高估了。

(3)由于A公司属于拥有大量资产、净资产为正值的上市公司,所以,应选择市价/净资产比率模型。

表2-10 修正的市净率

公司名称	实际市净率	股权收益率(%)	修正市净率
甲	3.5	10	0.35
乙	5.6	12	0.47
丙	4.3	11.5	0.37
丁	8.2	20	0.41
戊	6.4	17	0.38
平均			0.40

计算及数据来源说明：

修正的市净率＝实际市净率/(股权收益率×100)

目标企业每股价值＝平均修正的市净率×目标企业预期股权收益率×100×目标企业每股净资产＝0.40×8%×100×3.45＝11.04(元)，由于每股价值11.04元小于每股价格36元，所以，A公司的股票被市场高估了。

5.(1)

表 2-11

利润表及利润分配表数据	2004 年	2005 年	2006 年
营业收入	33 000	36 300	39 204
营业成本	24 750	27 225	29 403
营业费用及管理费用	3 300	3 630	3 920.4
息税前营业利润	4 950	5 445	5 880.6
利息费用	334.125	367.538	396.941
税前利润	4 615.875	5 077.462	5 483.659
所得税	1 384.763	1 523.239	1 645.098
净利润	3 231.112	3 554.223	3 838.561
年初未分配利润	2 500	3 250	4 075
可供分配利润	5 731.112	6 804.223	7 913.561
股利	2 481.112	2 729.223	3 112.561
年末未分配利润	3 250	4 075	4 801
资产负债表数据：	2004 年末	2005 年末	2006 年末
货币资金	1 100	1 210	1 306.8
应收账款	8 800	9 680	10 454.4
存货	2 200	2 420	2 613.6
其他流动资产	1 100	1 210	1 306.8
流动资产合计	13 200	14 520	15 681.6
固定资产净值	3 300	3 630	3 920.4
资产总计	16 500	18 150	19 602
无息流动负债	1 100	1 210	1 306.8

续　表

资产负债表数据：	2004 年末	2005 年末	2006 年末
流动负债合计	1 100	1 210	1 306.8
无息长期负债	2 200	2 420	2 613.6
长期借款	4 950	5 445	5 880.6
负债合计	8 250	9 075	9 801
股本	5 000	5 000	5 000
年末未分配利润	3 250	4 075	4 801
股东权益合计	8 250	9 075	9 801
负债及股东权益总计	16 500	18 150	19 602

（2）　　　　　　　表 2 - 12

年度	2004 年	2005 年	2006 年
息前税后营业利润	3 465	3 811.5	4 116.42
减：净投资	1 200	1 320	1 161.6
实体自由现金流量	2 265	2 491.5	2 954.82

计算及数据来源说明：

企业实体价值 $= 2\,265 PVIF_{15\%,1} + 2\,491.5 PVIF_{15\%,2} + 2\,954.82 PVIF_{15\%,3}$

$$+ \frac{2\,954.82(1+8\%)}{12\% - 8\%} PVIF_{15\%,3}$$

$= 2\,265 \times 0.870 + 2491.5 \times 0.756 + 2\,954.82 \times$

$0.658 + 79\,780.25 \times 0.658$

$= 1\,970.55 + 1\,883.57 + 1\,994.27 + 52\,495.40$

$= 58\,343.79$（万元）

（3）　　　　　　　表 2 - 13

年度	2004 年	2005 年	2006 年	2007 年
息前税后营业利润	3 465	3 811.5	4 116.42	4 445.73
年初投资资本	12 000	13 200	14 520	15 681.6
加权平均资本成本	15%	15%	15%	12%
经济利润	1 665	1 831.5	1 938.42	2 563.94

计算及数据来源说明：

企业价值

$= 12\,000 + 1\,665 PVIF_{15\%,1} + 1\,831.5 PVIF_{15\%,2} + 1\,938.42 PVIF_{15\%,3} +$

$\quad 2\,563.94 PVIF_{12\%,1} PVIF_{15\%,3} + \dfrac{2\,563.94(1+8\%)}{12\%-8\%} PVIF_{12\%,1} PVIF_{15\%,3}$

$= 12\,000 + 1\,665 \times 0.870 + 1\,831.5 \times 0.756 + 1\,938.42 \times 0.658 +$

$\quad 2\,563.94 \times 0.893 \times 0.658 + 69\,226.5 \times 0.893 \times 0.658$

$= 12\,000 + 1\,448.55 + 1\,384.61 + 1\,275.48 + 1\,506.56 + 40\,677.07$

$= 58\,292.27(万元)$

以上两种方法在相同的假设条件下计算结果应该相同，之所以产生差额是由于系数误差导致的。

五、论述题习题解答

1. 企业是盈利性组织，其出发点和归宿是获利。企业一旦成立，就会面临竞争，并始终处于生存和倒闭、发展和萎缩的矛盾之中。企业必须生存下去才可能获利，只有不断发展才能求得生存。因此，企业管理的目标可以概括为生存、发展和获利。

如果把企业看成一个大的系统，它包含诸如人力资源管理、生产管理、市场营销管理等许多子系统，企业的总目标可以分解为各个方面的目标。企业财务目标是指企业目标体系中财务方面的目标。

企业理财目标即企业财务目标，是指在各种理财环境中，企业财务工作通过配置资金过程的科学组织与管理所要达到的目的，它决定着企业资金配置的一切过程、领域、方面以及环节。

企业财务目标与企业目标两者的关系表现为：第一，财务管理作为企业管理活动的有机组成部分，它是一种价值管理。其目标是资本的增值，所以，财务管理自然要追求经济效益的最大化。从这一点看，其目标自然包含在企业总目标之中，并与企业目标保持一致。第二，财务管理属于一种专业性管理，由于财务管理的对象和方法的特点，使得财务管理与其他经济管理活动的目标可以区分。财务管理只关注那些与资金运动有关的内容，企业管理目标中的一些非经济因素，通常不是财务管理所追求的基本目标。第三，企业总目标最终只有一个，即"利润最大化"或"经济效益最大化"，企业的各项专业管理，如生产管理、营销管理、劳动管理、质量管理、财务管理等都是为这一目标服务的。但若不根据每项具体管理的特点来确定其具体的目标,而是笼统地都以企业目标为每项管理工作的目标,则既不利于明确每项具体管理的职责、重点内容,也不利于企业内部部门之间的合作,更不利于各部门正确认识它在企业整体活动中所处的位置和应发挥的作用。因此,研究确立企业财务管理的目标,除应与企业目标保持一致外,更多地要从财务管理工作本身的特点出发。

2. 理财目标分成基本目标和具体目标。企业理财的基本目标是企业经营目标的综合体现。企业经营的目标是多方面的,但是占统治地位的或者在经营目标体系中起统帅作用的目标只有一个,这就是企业理财目标。西方企业理财基本目标理论有个演进过程,包括利润最大化、净现值最大化、资本成本最小化、股东财富最大化和公司财富最大化。其实企业理财目标内容应该视各个具体单位的实际状况需要而定,这由理财目标的现实性所决定。理财的具体目标是人们根据企业资金运动过程的基本规律和财务管理的基本要求而设计的理财目标体系。

(1) 生存对企业理财的要求

企业只有生存,才可能获利。企业生存的"土壤"是市场,包括商品市场、金融市场、人力资源市场、技术市场等。企业在市场中生存下去的基本条件是以收抵支。企业一方面付出货币,从市场上取得所需的资源;另一方面提供市场需要的商品或服务,从市场上换回货币。企业从市场获得的货币至少要等于付出的货币,以便维持继续经营,这是企业长期存续的基本条件。因此,企业的生命力在于它能不断创新,以独特的产品和服务取得收入,并且不断降低成本,减少货币的流出。如果出现相反的情况,企业没有足够的货币从市场换取必要的资源,企业就会萎缩,直到无法维持最低的运营条件而终止。如果企业长期亏损,扭亏无望,就失去了存在的意义。为避免进一步扩大损失,所有者应主动终止营业。

企业生存的另一个基本条件是到期偿债。企业为扩大业务规模或满足经营周转的临时需要,可以向其他个人或法人借债。国家为维持市场经济秩序,通过立法规定债人必须"偿还到期债务,必要时破产偿债"。企业如果不能偿还到期债务,就可能被债权人接管或被法院判定破产。

因此,企业生存的主要威胁来自两方面:一个是长期亏损,它是企业终止的内在原因;另一个是不能偿还到期债务,它是企业终止的直接原因。亏损企业为维持运营被迫进行偿债性融资,借新债还旧债,如不能扭亏为盈,迟早会借不到钱而无法周转,从而不能偿还到期债务。盈利企业也可能出现"支付不能"的情况,主要是借款扩大业务规模,冒险失败,为偿债必须出售不可缺少的厂房和设备,使生产经营无法继续下去。

力求保持以收抵支和偿还到期债务的能力,减少破产的风险,使企业能够长期、稳定地生存下去是对财务管理的第一个要求。

(2) 发展对企业理财的要求

企业是在发展中求得生存的。企业的生产经营如"逆水行舟",不进则退。在科技不断进步的现代经济中,产品不断更新换代,企业必须不断推出更好、更新、更受顾客欢迎的产品,才能在市场中立足。在竞争激烈的市场上,各个企业此消彼长、优胜劣汰。一个企业如不能发展,不能提高产品和服务的质量,不能扩大自己市场份额,就会被其他企业排挤出去。企业的停滞是其死亡的前奏。

企业的发展集中表现为扩大收入。扩大收入的根本途径是提高产品的质量,扩大销售的数量,这就要求不断更新设备、技术和工艺,并不断提高各种人员的素质,也就是要投入更多、更好的物质资源、人力资源,并改进技术和管理。在市场经济中,各种资源的取得都需要付出货币。企业的发展离不开资金。

因此,筹集企业发展所得的资金,是对财务管理的第二个要求。

(3) 获利对企业理财的要求

企业必须能够获利,才有存在的价值。建立企业的目的是盈利。已经建立起来的企业,虽然有改善职工收入、改善劳动条件、扩大市场份额、提高产品质量、减少环境污染等多种目标,但是,增加盈利是最具综合能力的目标。盈利不但体现了企业的出发点和归宿,而且可以概括其他目标的实现程度,并有助于其他目标的实现。

从财务上看,盈利就是使资产获得超过其投资的回报。在市场经济中,没有"免费使用"的资金,每项来历资金的都有其成本。每项资产都是投资,都应当是生产性的,要从中获得回报。例如,各项固定资产要充分地用于生产,要避免存货积压,尽快收回应收账款,利用暂时闲置的现金等。财务主管人员务必使企业正常经营产生的和从外部获得的资金能以产出最大的形式加以利用。

因此,通过合理、有效地使用资金使企业获利,是对财务管理的第三个要求。

综上所述,企业的目标是生存、发展和获利。企业的这个目标要求财务管理完成筹措资金,并有效地投放和使用资金的任务。企业的成功以至于生存,在很大程度上取决于它过去和现在的财务政策。财务管理不仅与资产的获得及合理使用的决策有关,而且与企业的生产、销售管理发生直接联系。

3. 每股收益(EPS)是上市公司最重要的财务指标,是每股收益最大化财务目标的计量模式。每股收益的一般计算形式为:

$$每股收益 = 净利/股数$$

可以对其进一步分解为:

每股收益=净资产/股数×(净利/净资产)=(净资产/股数)×(资产总额/净资产)×(销售收入/资产总额)×(净利/销售收入)=每股净资产×权益乘数×资产周转率×销售净利率

从 EPS 的分解形式可以看出,每股收益受到以下几个指标的影响:

(1) 每股净资产:衡量投资者每股所有者权益,包括实收资本、资本公积、盈余公积和未分配利润的账面价值,常被称为"每股含金量"。

(2) 权益乘数:反映企业资本经营的效率,是衡量企业负债经营程度的重要指标之一,负债比率的提高会导致权益乘数的增大,从而单位所有权资本所支配的资本量增加。在企业的资产报酬率(按息税前利润与资产平均总额之比计算)高于负债的资金成本率的前提下,提高负债,从而扩大权益乘数,对每股收益会起到积极的作用。

(3) 资产周转率:以年周转次数表示,反映了企业资产营运效率的高低。在其他条件不变的前提下,较高的资产周转率说明同样多的资产产生了较多的流转额,经济资源得到较充分的利用,导致企业每股收益增加。

(4) 销售净利率：反映了企业盈利能力的强弱。

每股收益指标受到净利润变动的影响，因而，每股收益指标具有净利润指标相应的弱点。

4. 关键绩效指标，其含义是通过对组织内部某一流程的输入端和输出端的关键参数进行设置、取样、计算及分析，用以衡量流程绩效的一种目标式量化管理指标。关键绩效指标作为一种先进的管理工具，可以把企业的战略目标分解为可运作的远景目标，它是企业绩效管理的基础。

关键绩效指标的产生方法。企业关键绩效指标的产生，不是凭某些管理者的想象，而是由专家、管理者和普通员工群策群力，集体智慧的结果，其中专家的作用尤其重要。通常，企业关键绩效指标由以下几个层级构成：一是企业级关键绩效指标，它是由企业的战略目标演化而来的；二是部门级关键绩效指标，它是根据企业级关键绩效指标和部门职责来确定；三是由部门关键绩效指标落实到具体岗位的业绩衡量指标。一般地，企业关键绩效指标体系就是由以上三个层面的关键绩效指标构成。在关键绩效指标体系中，企业级关键绩效指标的制定尤为重要，因为后续的关键绩效指标均依据企业级关键绩效指标来制定，若企业级关键绩效指标不合理，将导致后续的关键绩效指标可操作性差，影响企业的绩效管理。因此，企业级的关键绩效指标制定，一定要经过深入调查、分析及论证，要与企业的现实状况和发展战略相适应。

企业关键绩效指标体系的建立，通常需要关键绩效指标专家的指导，企业在让关键绩效指标专家充分了解本企业的战略发展目标及企业的组织结构和运作情况后，由企业的高级管理人员和关键绩效指标专家一起利用头脑风暴法和鱼骨分析法等，找出企业的业务重点，这些业务重点即为企业经营过程的关键结果领域，由此确定关键结果领域的关键业绩指标，从而建立企业级（一级部门）的关键绩效指标。

5. 根据经济人假说，公司股东的目标就是实现股利最大化与股权增值最大化，千方百计要求经营者以最大的努力去完成这个目标。经理的个人目标主要体现在追求货币收益与非货币收益两个方面。经理除了追求货币收益最大化（包括薪金、奖金、津贴等），还追求更多的非货币收益，如在职消费、个人声誉、社会地位、权势等方面，而这些因素并非完全由企业的经济效益决定。由此投资者和经营者不可避免地存在冲突。为了解决这种冲突,一般有两种方法:监督和激励。

(1)监督。经营者背离所有者的目标,其条件是双方的信息不对称,主要是经营者了解的信息比股东多。避免"道德风险"和"逆向选择"的出路是增加股东的权力,使得股东获取更多的信息,对经营者进行监督。在经营者背离所有者目标时,减少各种形式的报酬,甚至解雇他们。

为了监督经营者,股东还可以实施收购恐吓。当一公司的股票价格低于其潜在价值时,通常会发生恶意收购事件(管理层不希望公司被收购)。在恶意收购中,被收购公司的原有管理人员通常会被解雇;即使留下来,其职位也要远低于其原有职位。因此,管理层才会有最大化公司股票的动机。用某公司总裁的话来说,就是:"要保持控制权,就不要让公司股票价格下降到收购价以下"。但是,全面监督在实际上是行不通的。监督的原则在于权衡成本与效益。股东是分散的或者远离经营者,得不到充分的信息;经营者比股东有更大的管理优势,比股东更清楚什么是对企业更有利的行动方案;全面监督管理行为的代价是很高的,很可能超过它所带来的收益。因此,股东支付审计费请注册会计师,往往仅审计财务报表,而不要求全面审查所有管理行为人。股东对于情况的了解和对经营者的监督总是必要的,但受到合理成本的限制,不可能事事都监督。监督可以减少经营者违背股东意愿的行为,但不能解决全部问题。

(2)激励。防止经营者背离股东利益的另一个出路是采用激励报酬计划,给予期权、期股以及认股权等,使经营者分享企业增加的财富,鼓励他们采取符合企业最大利益的行动。例如,企业盈利率提高或股票价格提高后,给经营者以现金、股票奖励。支付报酬的方式和数量大小,有多种选择。报酬过低,不足以激励经营者,股东不能获得最大利益;报酬过高,股东付出的激励成本过大,也不能实现自己的最大利益。因此,激励可以减少经营者违背股东意愿的行为,但也不能解决全部问题。

通常,股东同时采取监督和激励两种办法来协调自己和经营者的目标。尽管如此,仍不可能使经营者完全按股东的意愿行动,他们可能仍然采取一些对自己有利而不符合股东最大利益的决策,并由此给股东带来一定的损失。监督成本、激励成本和偏离股东目标的损失之间此消彼长,相互制约。股东要权衡轻重,力求找出能使三项之和最小的解决办法,它就是最佳的解决办法。

6.（1）冲突的根源

股东与债权人利益冲突的源泉在于他们两个群体对现金流量要求权的本质差异。如果公司有足够的收益支付债券,那么债权人通常对现金流量有第一要求权,并取得固定数额的收入。权益投资者对剩余现金流量拥有要求权,但是如果公司现金流量不足以偿付其财务债务,他们有权宣布破产。因此,债权人通常比股东更为消极地看待项目选择风险和其他决策的风险,因为当项目成功时,他们不能分享收益的上升,而当项目失败时,他们要承担大部分成本。

（2）解决方法

债权人为了防止其利益被损害,除了寻求立法保护,如破产时优先接管,优先于股东分配剩余财产等外,通常采取以下措施:

第一,在借款合同中加入限制性条款,如规定资金的用途,规定不得发行新债或限制发行新债的数额,限制公司投资政策、限制股利政策、限制额外杠杆等。

第二,发现公司有剥夺其财产意图时,拒绝进一步合作,不再提供新的借款或提前收回借款。

7. 资金控制系统包括现金控制系统、现金预测系统、筹资控制系统和投资控制系统等内容。

（1）现金控制系统。对大中型企业集团而言,设立内部银行是集团母子公司实施现金控制的有效手段。内部银行是集团公司借用商业银行的结算、信贷和利率等杠杆而设立的集团母公司财务部门的内部资金管理机构。它是内部结算中心、内部信贷中心、内部资金调剂中心、内部信息反馈中心的复合体。通过其自身的业务活动向有关方面提供可靠的财务信息。在内部银行制度下,每个受控的子公司都在内部银行开设账户,其生产经营活动中的一切交易,通过内部银行办理结算,以监督资金流向。各子公司只保留一个费用支付账户;内部银行根据母公司为各子公司核定的资金额度,结合实际需要发放贷款,并对各单位定额内和超定额使用资金实行差别利率计算利息；母子公司间的资金余缺统一由内部银行进行有偿调剂和调度，把闲置现金余额降到最低限度。例如，某集团实行"结算中心制"，它以母公司名义在银行开立基本结算户，再分别以各子公司的名义在该总户头上设立分户。在子公司看来，结算中心就是银行，借款、还款及其他方式的融资均要向结算中心提出。结算中心加强了对子公司资金使用的监管，而且通过集中子公司的闲散资金也增强了集团的资金实力。

（2）现金预测系统。为了使现金管理变被动为主动，克服短期行为，母公司应通过整体预测，对集团以现有资金能做多大的经营规模、需要多大的融资规模、可寻求的资金来源等有一个清楚的认识。对于财务部门而言，则要随时掌握每一时期和时点可以运用和必须支付的现金。对子公司现金的集中管理为现金预测提供了条件。母公司每天都将实际收支情况与预测相比较，发现不相符的情况，及时找出原因，以便采取纠正措施。

（3）筹资控制系统。在集权管理模式上，母公司和各子公司的对外筹资，由内部结算中心统一对外筹措，各子公司无权对外筹资；在分权管理模式下，子公司可在授权范围内对外筹资，但必须把筹集的资金统一存入内部银行。筹资控制系统的重点是借款控制，包括借款审批程序控制、借款总量控制和负债比率控制。为了提高资金使用效率，还可以借助价值规律，实现集团内部资金的有偿使用，即子公司向母公司借款时须支付利息。

（4）投资控制系统。在不同管理模式下的投资控制系统与借款控制系统基本相同，所不同的是它包含的内容除了投资项目审批程序控制和投资总量控制外，还包括投资方向控制和投资风险控制。集团的投资规模和投资方向在很大程度上影响到集团公司的发展方向，因此，集团投资管理倾向于采用集中管理。在母公司对子公司资金加以集中管理之后，投资管理可以适当分权，即子公司有权制定一定金额以下的投资项目，但一般占集团投资很小的一部分。有的集团是根据子公司等级来划分投资权限，超过规定限额的投资项目要向母公司提出申请。母公司应建立健全子公司对外投资立项、审批、控制、检查和监督制度，并重视对投资项目的跟踪管理，防止出现只投资不管理的现象，规范子公司投资行为。

8. 价值管理包括规划、预算、薪酬措施和管理报告四个主要管理环节,通过四个环节工作的密切合作,以制定出的良好决策为基础,来集中培植持续创造价值的经营理念。无论是在公司的核心机构还是策划执行部门,价值管理都可以作为决策执行的一个工具。实行价值管理的公司在上述 4 个主要管理过程的决策制定中都是以价值为导向的。

在每一个管理过程中,都包括诸如战略计划、支出预算、报告和薪酬等方面的信息,这些信息有时会因为管理过程的出发点不同而相互冲突。解决这些冲突的办法是进行价值管理:按照公司的目标——始终如一的创造股东价值并排定这些目标的优先次序。在一个为价值而管理的公司中,注意力集中的焦点应该是决策制定的方式、资源的使用和管理者获得的报酬。价值管理开始于战略,结束于取得财务结果,因而,它是联系战略和财务结果的纽带。

成功的价值管理,要求将为价值进行管理的理念融合到决策的制定中去。制定决策时,要以决策目标——价值管理作为开端,并且通过财务和非财务手段来支持这个目标。使用的方法必须包括在战略制定、预算、报告、激励机制、薪酬等主要管理过程中,目的是增进业绩或做出正确的投资决策。

只有当管理人员把价值最大化作为公司的目标时,公司才可能真正实现价值管理。而要实现这一目标,管理人员首先必须制定经营战略。然后,管理者必须把这个目标和经营战略转变为公司的一种理念:以创造价值为基础进行决策。这种理念需要由始至终的贯穿于公司自我衡量、自我管理的过程中,以及公司为了扩展业务所做出的新投资决策中。从逻辑上可以将价值管理的主体分为五大类:目标、战略、业绩衡量、管理过程以及决策。实现目标需要战略,业绩衡量可以控制战略实施的过程,所以可以使公司在管理过程中得到正确的决策。

在战略计划、预算、报告、业绩衡量和激励的管理过程中,需要不断地向管理者传递信号,以增强价值理念并支持公司的决策。当然,一个管理过程或许会集中于这个优先目标,而另一个管理过程则会集中在其他的优先目标上。因此需要在管理过程中向管理者输送持续一致的信号。

六、案例分析

1. 分析要点

企业的财务目标是一个方向,它为企业的各项经营指明了方向,可以使得企业的经营不是漫无目的而是按照一定的方向有组织有目的进行,这样就减少了企业生产经营过程中不需要的程序,有利于提高企业经营效率;另外企业的财务目标是一个要实现的目标,它是需要达到的状态,它的实现不是必然,而是需要企业的生产经营过程中朝着这样一个方向努力,就需要在企业的经营中不断创新生产经营及管理的方式,提高生产效率。

2. 分析要点

企业是以盈利为目的成立的法人主体,当然企业的首要目标就是盈利,因此企业的财务目标是企业应当实现的首要目标,另外企业只有创造了盈利、有足够的经济能力时才能更好地为社会服务,实现它作为一个社会成员的责任;另一方面,企业作为一个社会主体,尽到社会责任是它的义务,并且只有很好地尽到它的社会责任才可能树立起良好的社会形象,才能更多地得到顾客的支持,以便更好地实现它的经济目标。因此,企业的财务目标和其他目标是一个相辅相成的关系。

第三章　财务管理价值理论

第一节　本章知识提要

一、本章知识点

（一）时间价值

资金的时间价值是指资金经历一定时间的投资和再投资所增加的价值，也称为货币时间价值。

资金时间价值一般要用复利方法计算，它有相对数和绝对数两种表现形式，绝对数叫资金时间价值额，相对数叫资金时间价值率。

（二）风险管理

风险是指未来生产经营活动中无法预料的不利因素的发生机会及其对经营事项价值的影响程度。

风险概括起来可分为系统风险和非系统风险两大类。

系统风险，又称"市场风险"，是指对整个市场上各类公司都产生影响的风险，包括经济周期风险、利率风险、购买力风险、战争风险等等。

非系统风险，是指只对某个行业或个别公司产生影响的风险。

概率统计中的标准离差、β 系数等反映实际结果与期望结果偏离程度的指标，往往被用于衡量风险的大小。

特定资产组合的收益率与系统风险之间的关系，被称为资本资产定价模型（CAPM）。

（三）折现率的确定

影响最低投资收益率的基本因素有资金成本、投资项目的性质、经营风险、通货膨胀、经济周期、投资者的风险态度等等。

资金的利率由三部分构成：① 纯利率　② 通货膨胀补偿　③ 风险报酬。

实际利率是指在物价不变且资本购买力不变情况下的利率，或者是指当物价有变化时，扣除通货膨胀补偿以后的利率。名义利率是指包含对通货膨胀补偿的利率,当物价不断上涨时,名义利率比实际利率高。一般地,物价不断上涨是一种普遍的趋势,所以,名义利率一般都高于实际利率。

利率期限结构是指在某个时点不同时期的零息票债券的利率的集合。

二、教学重点

(一) 四类年金的现值与终值的计算

(1) 普通年金

① 按复利计算的普通年金终值为

$$FVA = A + A(1+i) + A(1+i)^2 + \cdots + A(1+i)^{n-1}$$

即

$$FVA = A \cdot \frac{(1+i)^n - 1}{i}$$

② 偿债基金的计算公式为:

$$A = FVA \times \frac{i}{(1+i)^n - 1}$$

③ 计算普通年金现值的一般公式:

$$PVA = A(1+i)^{-1} + A(1+i)^{-2} + \cdots + A(1+i)^{-n}$$

即

$$PVA = A \times \frac{1 - (1+i)^{-n}}{i}$$

④ 投资回收系数的计算公式为:

$$A = PVA \times \frac{i}{1 - (1+i)^{-n}}$$

(2) 预付年金

① 预付年金现值的计算公式为:

$$PVA = A \times [PVIFA_{i,n-1} + 1]$$

② 预付年金终值的计算公式为:

$$FVA = A \times [FVIFA_{i,n+1} - 1]$$

(3) 递延年金

① 递延年金的终值计算:

$$FVA = A \times \frac{(1+i)^n - 1}{i}$$

② 递延年金的现值计算方法有两种:

第一种方法：先将递延年金视为 n 期普通年金，求出递延期末的现值，然后再将此现值调整到第一期期初。

第二种方法：假设递延期中也存在年金，先求出 $(m+n)$ 期的年金现值，然后，扣除实际并未支付的递延期 (m) 的年金现值，即可得出最终结果。

（4）永续年金

永续年金现值：

$$PVA = \lim_{n \to \infty} A \cdot \frac{1 - (1+i)^{-n}}{i} = \frac{A}{i}$$

（二）风险收益的计算

（1）单项资产的风险衡量

期望值是一个概率分布中的所有可能结果（即随机变量的各个取值），其计算公式如下：

$$\overline{E} = \sum_{i=1}^{n} X_i P_i$$

表示随机变量离散程度的量数，包括平均差、方差、标准差和全距等，最常用的是方差和标准差。

方差是用来表示随机变量与期望值之间离散程度的一个量，通常以 δ^2 作为符号，其计量公式为：

$$\delta^2 = \sum_{i=1}^{n} (X_i - \overline{E})^2 \cdot P_i$$

标准差是反映概率分布中各种可能结果对期望值的偏离程度，是方差的平方根，也叫做均方差，通常用符号 δ 来表示，其计量公式为：

$$\delta = \sqrt{\sum_{i=1}^{n} (X_i - \overline{E})^2 \cdot P_i}$$

标准离差率是标准差与期望值之比，即单位预期值所承担的标准差，也叫变化系数、变异系数或标准差系数。其计算公式为：

$$q = \frac{\delta}{E}$$

（2）组合资产的风险价值衡量

① 不可分散风险的程度用 β 系数来反映。个别资产的 β 系数的理论计算公式如下：

$$\beta_i = \frac{Cov(R_i, R_m)}{\sigma_m^2} = \frac{R_{im}\sigma_i\sigma_m}{\sigma_m^2} = R_{im}\left(\frac{\sigma_i}{\sigma_m}\right)$$

组合投资的 β 系数是个别投资的 β 系数值加权平均而获得的,其权数即为各种投资在总投资中所占的比重。其计算公式如下:

$$\beta = \sum_{i=1}^{n} W_i\beta_i$$

② 证券组合的预期报酬率的公式可以表达为:

$$\bar{R}_p = \sum_{i=1}^{m} W_iR_i$$

③ 两项资产投资组合报酬率的标准差是:

$$\sigma = \sqrt{(w_A\sigma_A)^2 + (w_B\sigma_B)^2 + 2w_Aw_B\sigma_{AB}}$$

④ 多项资产组合的方差计算公式为:

$$\sigma_p^2 = \sum_{j=k}^{m}\sum_{k=1}^{m} W_jW_k\sigma_{jk}$$

$$= \sum_{j-1}^{m} W_j^2\sigma_j^2 + \sum_{j=1}^{m}\sum_{k=1}^{m} W_jW_k\sigma_j\sigma_k\rho_{jk} (j \neq k)$$

⑤ 最优投资组合

无差异曲线是给投资者带来同样效用的收益与风险的所有组合所形成的一条曲线。

最优投资组合必然是投资者的无差异曲线与投资组合的有效边界的切点。

(三)折现率的确定

利率的一般计算公式为:

$$K = K_0 + IP + DP + LP + MP$$

实际利率与名义利率之间的关系是:

$$1 + R = (1 + r)(1 + h)$$

三、教学难点

(一)资本资产定价模型

资本资产定价模型,是财务学形成和发展的最重要的基础与核心理论。利用资本资产定价模型,人们就可以量化市场的风险程度,并且能够对风险进行具体定价。资本资产定价模型的研究对象,是充分组合情况下风险与要求的收益率之间的均衡关系。

根据投资理论,风险分为系统风险与非系统风险。在高度分散化的资本市场里只有系统风险,并且会得到相应的回报。那么,对于特定资产组合的风险报酬则取决于两个因素:一是市场平均风险报酬,二是该资产组合的系统风险程度和相应的报酬。对于系统风险一般以 β 系数表示,即某个资产的收益率与市场组合之间的相关性。

根据资本资产定价模型,特定资产组合的风险报酬可表示为:$\beta(R_M-R_F)$;特定资产组合的必要报酬率可表示为:$R_i = R_F + \beta_i(R_M - R_F)$。这个式子表明了特定资产组合的收益率与系统风险之间的关系,被称为资本资产定价模型(capital asset pricing model,缩写为 CAPM)。资本资产定价模型是建立在一系列的假设条件基础之上,读者要理解这些假设条件,才能更深入的理解模型的意义。在资本资产定价模型提出后,每一个假设逐步被放开,并在新的基础上进行研究。有兴趣的读者,可以广泛阅读这类文献资料,以提高对这一理论的认识。

(二)套利定价模型

套利定价模型建立在一个简单的前提之下,即投资者会利用套利的机会从中获利。换句话说,如果两个投资组合面临同样的风险但提供了不同的预期收益率,投资者会购买拥有更高的预期收益率的投资组合,并不断调整收益至均衡。

套利定价模型同样首先将风险划分为公司特有风险和市场风险两类。公司特有风险,包括那些只影响公司本身的风险;市场风险包括利率、通货膨胀率或其他宏观经济变量等无法预期的变化带来的风险。将这些要素组合到收益模型中去就是:

$$R = E(R) + m + \varepsilon$$

在套利定价模型里,市场风险的测量是与多个非特定的宏观因素相联系的,投资与每个要素之间相互关系的敏感度由因子来测量。要素的数量、各要素的值、各要素的风险溢酬等都可以运用要素分析估计得到。

(三)利率的期限结构

关于利率的期限结构,教材介绍了利率期限结构的定义、利率期限结构的理论以及到期收益率的计算。在现实世界中,固定折现率的情况很少发生。而且,不同期的证券所要求的收益率往往是不同的,期限越长,要求的收益率往往也越高。所谓利率期限结构(term structure of interest rates)就是指在某个时点不同时期的零息票债券的利率的集合。有的无息票债券利率随着到期期限变长呈现上升趋势;有的则正好相反,呈下降趋势;还有的则不受到期期限的影响。

利率的期限结构理论主要解决期限不同的债券之间的利率差异的形成原因和决定因素。传统的利率期限结构理论主要有预期理论、流动性偏好理论和市场分割理论。读者要注意三种理论的核心观点与区别,此处不再赘述。

到期收益率是指以特定价格购买债券并持有至到期日所能获得的收益率,是使未来现金流量等于债券购入价格的折现率。对于零息票债券,其到期收益率等于零息票债券的利率。对于息票债券,到期收益率与债券票面利息率之间往往存在差异。

在发行债券时,按照发行价格不同可分为平价发行、溢价发行、折价发行。平价发行的每年付息一次的债券,其到期收益率等于票面利息率。如果买价和面值不同,则到期收益率和票面利息率不同。如果该债券不是定期付息,而是到期一次还本付息或用其他方式付息,那么即使平价发行,到期收益率也可能与票面利息率不同。

第二节　习题部分

一、单选题

1. 有一项年金,前3年无流入,后5年每年年初流入50万元,假设年利率为10%,其现值为(　　　)万元。

A. 199.5　　　　B. 181.8　　　　C. 156.6　　　　D. 142.3

2. 一项1200万元的借款,借款期3年,年利率为10%,若每半年复利一次,年实际利率会高出名义利率(　　　)。

A. 4%　　　　B. 0.24%　　　　C. 0.25%　　　　D. 0.8%

3. 假设以10%的年利率借得100万元,投资于某个寿命为10年的项目,若该项目可行,每年至少应收回的现金数额为(　　　)。

A. 200 000　　　　B. 100 000　　　　C. 179 134　　　　D. 162 734

4. 有一笔国债,3 年期,平价发行,票面利率 11.03%,单利计息,到期一次还本付息,到期收益率为(复利按年计息)(   )。

    A. 9%   B. 11%   C. 10%   D. 12%

5. 某企业于 2004 年 5 月 1 日以 850 元购得面额为 1 000 元的新发行债券,票面利率为 15%,每年付息一次,到期还本付息,该公司若持有该债券至到期日,其到期收益率为(   )。

    A. 小于 15%   B. 大于 15%   C. 等于 15%   D. 不能确定

6. 普通年金终值系数的倒数为(   )。

    A. 复利终值系数   B. 偿债基金系数

    C. 普通年金现值系数   D. 投资回收系数

7. 下列有关证券市场线的表述正确的是(   )。

    A. 只适用于有效市场证券组合

    B. 反映了每单位整体风险的超额收益

    C. 证券市场线比资本市场线的前提多

    D. 它测度的是证券或证券组合每单位系统风险的超额收益

8. 某人退休时有现金 10 万元,选择一项回报比较稳定的投资,希望每个季度能收入 2 000 元。该项投资的实际报酬率是(   )。

    A. 2%   B. 8%   C. 8.24%   D. 10.04%

9. 投资于国库券时可不必考虑的风险是(   )。

    A. 违约风险   B. 利率风险

    C. 购买力风险   D. 再投资风险

10. 某企业有甲、乙两个投资项目待论证。它们的预期报酬率相等,甲项目的标准差小于乙项目的标准差。对于两个项目可以做出的判断为(   )。

    A. 甲项目取得更高报酬和出现更大亏损的可能性均大于乙项目

    B. 甲项目实际取得更高报酬和出现更大亏损的可能性均小于乙项目

    C. 甲项目实际取得的报酬会高于其预期报酬

    D. 乙项目实际取得的报酬会低于其预期报酬

11. 利用标准差比较不同投资项目风险大小的前提条件是(   )。

    A. 项目所属的行业相同   B. 项目的预期报酬相同

C. 项目的置信区间相同　　　D. 项目的置信概率相同

12. 关于证券投资组合理论的以下表述中,正确的是(　　)。

A. 证券投资组合能消除大部分系统风险

B. 证券投资组合的总规模越大,承担的风险越大

C. 最小方差组合是所有组合中风险最小的组合,所以报酬率最大

D. 一般情况下,随着更多的证券加入到投资组合中,整体风险降低的速度会越来越慢

13. 债券的到期收益率是指(　　)时的贴现率。

A. 未来现金流入现值大于购买价格

B. 未来现金流入现值小于购买价格

C. 未来现金流入现值等于购买价格

D. 未来现金流入现值大于或小于购买价格

14. 南海公司按 12% 的年利率取得 20 万元的借款,在 5 年内每年末等额偿还,每年末的偿付额是(　　)。

A. 50 000　　B. 52 000　　C. 55 482　　D. 55 000

15. 甲公司于 2005 年 4 月 1 日以 10 000 元购得面值 10 000 元的新发行债券,票面利率 12%,两年后一次还本,每年支付一次利息,该公司若持有该债券至到期日,则到期收益率为(　　)。

A. 12%　　　B. 14%　　　C. 16%　　　D. 10%

16. 若某证券的 β 系数等于 1,则说明该证券(　　)。

A. 无风险

B. 有非常高的风险

C. 与金融市场所有证券的平均风险一致

D. 比金融市场所有证券的平均风险大一倍

17. 李某准备在 10 年后开一家书店,为此他现在将 10 000 元存入互助基金,并计划在以后的前五年里每年末存入 3 000 元,而后 5 年的每年末存入 5 000 元。如果年利率为 10%,则 10 年后他将能得到(　　)。

A. 74 780 元　　B. 85 958 元　　C. 44 255 元　　D. 103 256 元

18. 甲公司拟投资购买债券,在名义利率相同的情况下,对甲公司比较有利的复利计息是(　　)。

A. 一年　　　B. 半年　　　C. 一季　　　D. 一月

19. 如果投资项目预期现金流入量的概率分布相同,则(　　)。

A. 现金流量金额越小,其标准差越大

B. 现金流量金额越小,其变化系数越大

C. 现金流量金额越大,其期望值越小

D. 现金流量金额越大,其期望值越大

20. 假设 A 证券的报酬率为 10%,标准差为 12%,B 证券的报酬率为 18%,标准差为 20%,若各投资 50%,相关系数为 0.5,则投资组合的标准差为(　　)。

A. 16%　　　　B. 14%　　　　C. 12.88%　　　D. 13.98%

21. 证券投资者在购买证券时,可以接受的最高价格是(　　)。

A. 出卖市价　　B. 内在价值　　C. 风险价值　　D. 票面价值

22. 假设你现在中了 500 万元彩票,在 20 年内每年收到 250 000 元,如果在今后的 20 年中利率上升,那么对你的彩票的现值会有什么影响?(　　)。

A. 现值将会降低　　　　　　　B. 现值将会增加

C. 不会变化　　　　　　　　　D. 以上均不对

23. 若两种证券是正相关时,由此所形成的证券组合(　　)。

A. 能适当的分散风险

B. 不能分散风险

C. 证券组合风险小于单项证券的风险

D. 可分散全部风险

24. 下列关于风险的论述中正确的是(　　)。

A. 风险越大要求的报酬率越高

B. 风险是无法选择和控制的

C. 随时间的延续,风险将不断加大

D. 有风险就会有损失,二者是相伴而生的

25. 投资风险中,非系统风险的特征是(　　)。

A. 不能被投资多样化所稀释　　B. 不能消除而只能回避

C. 通过投资组合可以稀释　　　D. 对各个投资者的影响程度相同

26. 如果投资组合中包含了全部股票,则投资人(　　)。

A. 只承担特有风险　　　　　　B. 只承担市场风险

C. 只承担非系统风险　　　　　D. 不承担系统风险

二、多选题

1. 货币时间价值是(　　)。

A. 货币经过一定时间的投资而增加的价值

B. 货币经过一定时间的投资和再投资所增加的价值

C. 现在的一元钱和一年后的一元钱的经济效用不同

D. 没有考虑风险和通货膨胀条件下的社会平均资金利润率

2. 关于投资者要求的投资报酬率,下列说法中正确的有(　　)。

A. 风险程度越高,要求的报酬率越低

B. 无风险报酬率越高,要求的报酬率越高

C. 无风险报酬率越低,要求的报酬率越高

D. 它是一种机会成本

3. 下列表述正确的是(　　)。

A. β值测度系统风险,标准差测度非系统风险

B. β值测度财务风险,标准差测度经营风险

C. β值测度系统风险,标准差测度整体风险

D. β值只反映市场风险,而标准差还反映特有风险

4. 东海公司准备发行五年期企业债券,每半年付息一次,票面年利率为6%,面值1 000元,平价发行,以下表述正确的有(　　)。

A. 该债券的实际周期利率为3%

B. 该债券的年实际必要报酬率为6.09%

C. 该债券的名义利率是6%

D. 由于平价发行,该债券的名义利率与名义必要报酬率相等

5. 甲证券的预期报酬率为12%,标准差为15%;乙证券的预期报酬率为18%,标准差为20%。投资于两种组合的机会集是一条曲线,有效边界与机会集重合,以下结论正确的是(　　)。

A. 最小方差组合是全部投资于A证券

B. 最高预期报酬率是全部投资于B证券

C. 两种证券报酬率的相关性较高,风险分散性较弱

D. 可以在有效集曲线上找到风险最小且预期报酬率最高的投资
组合

6. 关于衡量投资方案风险的说法中,正确的是(　　)。

A. 预期报酬率的概率分布越窄,投资风险越小

B. 预期报酬率的概率分布越窄,投资风险越大

C. 预期报酬率的标准差越大,投资风险越大

D. 预期报酬率的变化系数越大,投资风险越大

7. 下列说法正确的是(　　)。

A. 年金终值系数和投资回收系数互为倒数;年金现值系数和偿债基金系数互为倒数

B. 年金终值系数和偿债基金系数互为倒数;年金现值系数和投资回收系数互为倒数

C. 预付年金终值系数与普通年金终值系数相比期数减1,系数加1;预付年金现值系数与普通年金现值系数相比期数加1,系数减1

D. 预付年金终值系数与普通年金终值系数相比期数加1,系数减1;预付年金现值系数与普通年金现值系数相比期数减1,系数加1

8. 关于股票或股票组合的 β 系数的表述,正确的有(　　)。

A. 股票的 β 系数反映个别股票相对于平均风险的变化程度

B. 股票组合的 β 系数是反映股票投资组合相对于平均风险股票的变化程度

C. 股票组合的 β 系数是构成组合的个别 β 系数的加权平均数

D. 股票的 β 系数衡量个别股票的系统风险

9. 下列关于风险的说法正确的是(　　)。

A. 如果投资者选择一项资产并把它加入已有的投资组合中,那么该资产的风险完全取决于它如何影响投资组合的波动性

B. 投资项目的风险大小是客观存在的,但投资人是否冒风险,则是主观决定的

C. 风险是在一定条件下,一定时期内可能发生的各种结果的变动程度

D. 在充分组合的情况下,公司特有风险与决策是不相关的

10. 递延年金有如下一些特点(　　)。

A. 年金的第一次支付发生在若干期以后

B. 没有终值

C. 年金的现值与递延期无关

D. 年金的终值与递延期无关

11. 债券票面利率与到期收益率可能不一致的情况有(　　)。

A. 债券平价发行,每半年付息一次

B. 债券平价发行,每年付息一次

C. 债券溢价发行,每年付息一次

D. 债券折价发行,每年付息一次

12. 年金的收付形式有多种,其中主要有(　　)。

A. 普通年金　　B. 即付年金　　C. 递延年金　　D. 永续年金

13. 按照资本资产定价模型,影响特定股票预期收益率的因素有

(　　)。

A. 无风险的收益率　　　　　　B. 平均风险股票的必要收益率

C. 特定股票的 β 系数　　　　　D. 特定股票在投资组合中的比重

14. 投资决策中用来衡量项目风险的指标可以是下列的(　　)。

A. 预期报酬率

B. 各种可能的报酬率概率分布的离散程度

C. 预期报酬率的方差

D. 预期报酬率的标准差

15. 海山公司拟购置一处房产,付款条件是:从第 4 年开始,每年年初支付 100 万元,连续支付 5 次,共 500 万元,假设公司的资金成本率为 10%,则相当于该公司现在一次付款的金额为(　　)万元。

A. $100 \times (PVIFA_{10\%,7} - PVIFA_{10\%,2})$

B. $100 \times PVIFA_{10\%,5} \times PVIFA_{10\%,2}$

C. $100 \times (PVIFA_{10\%,8} - PVIFA_{10\%,3})$

D. $100 \times PVIFA_{10\%,5} \times PVIFA_{10\%,3}$

16. 计算复利终值所必需的资料有(　　)。

A. 利率　　　　　　　　　　　B. 期数

C. 现值　　　　　　　　　　　D. 每期等额的收付款

17. 下列项目可表现为年金形式的有(　　)。

A. 计提折旧　　B. 收取租金　　C. 购买材料　　D. 上交税金

18. 下列有关证券投资风险的表述中,正确的是(　　)。

A. 证券投资组合的风险有公司特别风险和市场风险两种

B. 公司特别风险是不可分散风险

C. 股票的市场风险不能通过证券组合加以消除

D. 当投资组合中股票的种类特别多时,非系统风险几乎可以全部分散掉

19. 风险分散理论认为,市场风险具有的特征有( )。

A. 不能通过多角化投资来回避,只能靠更高的报酬率来补偿

B. 该类风险来源于公司之外,如通货膨胀,经济衰退

C. 它表现为整个股市平均报酬率的变动

D. 它表现为个股报酬率变动脱离整个股市平均报酬率的变动

20. 风险分散理论认为,以等量资金投资于 A 和 B 两种股票( )。

A. 如果 A 和 B 完全负相关,组合的风险被全部抵消

B. 如果 A 和 B 完全正相关,组合的风险被全部抵消

C. 如果 A 和 B 完全正相关,组合的风险不扩大也不减少

D. A 和 B 组合,只要不是完全正相关就可以降低风险

21. 实际上,如果将若干种股票组成投资组合,下述表达正确的有( )。

A. 不可能达到完全正相关,也不可能完全负相关

B. 可以降低风险,但不能完全消除风险

C. 投资组合包括的股票种类越多,风险越小

D. 投资组合包括全部股票,只承担市场风险,而不承担公司的特有风险

22. 下列关于非系统风险,表述正确的有( )。

A. 它是一种特定公司或个别资产所特有的风险

B. 在充分投资组合的情况下,非系统风险将与资本市场无关

C. 通过分散投资非系统风险可以被完全分散掉

D. 一个充分的投资组合几乎没有非系统风险

23. 普通年金现值系数的用途是( )。

A. 已知年金求现值　　　　　B. 已知现值求年金

C. 已知现值、年金和期数求利率　D. 已知现值、年金和利率求期数

24. 影响折现率的基本因素有( )。

A. 资金成本　　　　　　　　B. 资金供求状况

C. 投资风险　　　　　　　　D. 经济周期

25. 一般而言,资金利率的构成中除了包括纯利率,还包括(　　)。

A. 违约风险　　　　　　　　B. 流动性风险报酬

C. 期限风险报酬　　　　　　D. 通货膨胀补偿

26. 下列关于到期收益率的表述,错误的有(　　)。

A. 在同等价格条件下,若利率不变,那么随着期限的延长,到期收
益率会下降

B. 在同等价格条件下,若利率不变,那么随着期限的延长,到期收
益率会上升

C. 在同等价格条件下,要想得到相同的到期收益率,票面利息率
必须随着期限的延长而提高

D. 在同等价格条件下,要想得到相同的到期收益率,票面利息率
必须随着期限的延长而下降

三、简答题

1. 正确理解资金的时间价值要注意哪几个方面?

2. 什么是单利? 什么是复利? 其终值和现值的计算公式分别为何?

3. 什么是年金? 按照收付时间起点的不同可分为哪几类?

4. 什么是偿债基金系数和投资回收系数? 请推导其计算公式。

5. 什么是预付年金? 预付年金的现值系数与终值系数的计算公式
与普通年金的计算公式有何不同?

6. 什么是递延年金和永续年金? 各有何特点?

7. 风险和不确定性有何区别?

8. 什么是系统风险? 有何特点? 包括哪些内容?

9. 什么是非系统风险? 有何特点? 包括哪些内容?

10. 表示随机变量离散程度的指标有哪些?

11. 什么是 β 系数? 其经济意义为何? 如何计算个别资产的 β 系数?

12. 什么是资本资产定价模型? 它有哪些假设条件?

13. 如何确定合理的折现率?

14. 什么是违约风险? 与利率水平有何关系?

15. 什么是利率的期限结构理论?

16. 什么是到期收益率？债券的到期收益率如何计算？根据其计算公式,你能得出哪些结论？

四、计算题

1. 某公司持有 A、B、C 三种股票构成的证券组合,它们目前的市价分别为 10 元/股、15 元/股和 20 元/股,它们的 β 系数分别为 2.2、1.0 和 0.5,它们在证券组合中所占的比例分别为 50%、40%、10%,若目前的市场收益率为 14%,无风险收益率为 10%。

要求:

(1) 计算持有三种股票投资组合的风险收益率;

(2) 分别计算三种股票的必要收益率;

(3) 计算投资组合的必要收益率。

2. 东海公司投资开发新项目,投资额相同,有甲乙两个方案可供选择,有关资料如下:

表 3 - 1

投资情况	概率	预期收益	
		甲	乙
好	0.3	70	120
中	0.5	50	40
差	0.2	30	−20

请对两个方案的风险程度作出判断。

3. 下列是两种证券过去 6 年收益率的情况:

表 3 - 2

年　　限	证券 A	证券 B
1	1.8%	−7%
2	−0.5%	−1%
3	0.2%	13%
4	−2%	15%
5	5%	20%
6	5%	10%

要求：

（1）计算每种证券的平均报酬率；

（2）计算两种证券之间的相关系数（保留两位小数）；

（3）假设某人拟投资 75% 的 A 证券和 25% 的 B 证券，要求计算投资组合的报酬率。

4. 股票甲和股票乙的资料如下表：

表 3-3

年　　度	X 股票收益率（%）	Y 股票收益率（%）
1	26	13
2	11	21
3	15	27
4	27	41
5	21	22
6	32	32

要求：

（1）分别计算投资于两种股票的平均收益率和标准差；

（2）计算两种股票的收益率的相关系数；

（3）如果投资组合中，X 占 40%，Y 占 60%，该组合的期望收益率和标准差是多少？

5. 假设资本资产定价模型成立，表中的数字是相互关联的，求出表中的空缺。

表 3-4

证券名称	期望报酬率	标准差	与市组合的相关系数	β 值
无风险资产	?	?	?	?
市场组合	?	0.1	?	?
A 股票	0.22	?	0.65	1.3
B 股票	0.16	0.15	?	0.9
C 股票	0.31	?	0.2	?

6. 股票 A 和股票 B 的报酬率如下表所示：

表 3 - 5

年度	股票 A 的报酬率	股票 B 的报酬率
2002	−15%	−10%
2001	5%	−5%
2000	10%	0
1999	25%	15%
1998	40%	35%

要求：

(1) 计算股票 A 和股票 B 的期望报酬率？

(2) 计算股票 A 和股票 B 的标准差？

(3) 计算股票 A 和股票 B 的变化系数。

(4) 假设计算股票 A 和股票 B 的报酬率的相关系数为 0.8，股票 A 的报酬率和股票 B 的报酬率的协方差。

7. 下表给出了四种状况下，"成熟股"和"成长股"两项资产相应可能的收益和发生的概率，假设对两种股票的投资额相同。

表 3 - 6

经济状况	出现概率	成熟股	成长股
差	0.1	−5%	2%
稳定	0.3	5%	4%
适度增长	0.4	7%	10%
繁荣	0.2	10%	20%

要求：

(1) 计算两种股票的期望收益率。

(2) 计算两种股票各自的标准差。

(3) 计算两种股票之间的相关系数。

(4) 计算两种股票的投资组合收益率。

（5）计算两种股票的投资组合标准差。

8. 假设 A 证券的预期报酬率为 10％,标准差为 15％,B 证券的预期报酬率为 15％,标准差为 20％,C 证券的预期报酬率为 20％,标准差为 24％。它们在证券组合中所占的比例分别为 30％,50％,20％,若 A、B,A、C,B、C 之间的相关系数分别为 0.4,0.25,0.3,计算三种证券组合的预期报酬率和三种证券组合的标准差。

9. A、B 两家公司同时于 2000 年 1 月 1 日发行面值为 1 000 元,票面利率为 10％的 5 年期债券。A 公司债券规定利随本清,不计复利;B 公司债券规定每年 6 月底和 12 底付息,到期还本。要求:

（1）若京西公司于 2003 年 1 月 1 日能以 1 020 元购入 A 公司债券,计算复利实际到期收益率;

（2）若京西公司于 2003 年 1 月 1 日能以 1 020 元购入 B 公司债券,计算复利实际到期收益率。

10. 已知 A 股票的预期报酬率为 20％,标准差为 40％;B 股票的预期报酬率为 12％,标准差为 13.3％,投资者将以 25％的资金投资于 A 股票,75％的资金投资于 B 股票。

要求:

（1）计算投资组合的预期报酬率。

（2）若它们的相关系数分别为 1,－1,0 和－0.4,分别计算投资组合的标准差。

（3）对计算结果进行简要说明。

五、论述题

1. 关于资金时间价值的产生和本质,学术界有哪些观点? 这些观点的主要内容有哪些? 区别为何?

2. 试述最优投资组合的推导过程。

3. 1976 年,Ross 提出了套利定价模型,这一理论有哪些内容?

4. 折现率的选择受到哪些因素的影响?

5. 资金利率的构成因素有哪些?

6. 利率的期限结构理论主要解决什么问题? 传统的利率期限结构理论有哪些?

7. 在确定折现率时要注意哪些方面?

8. 试述投资组合理论。

七、案例分析题

1. 华特公司投资方案分析

华特公司目前正在进行一项包括四个待选方案的投资分析工作。各方案的投资期都是一年,对应于三种不同的经济状态估计收益如下表所示:

表 3-7

经济状况	概率	A	B	C	M
衰退	0.2	10%	6%	22%	5%
一般	0.6	10%	11%	14%	15%
繁荣	0.2	10%	31%	-4%	25%

你作为腾飞电子公司的财务分析员,公司财务主管要求你做以下分析:

(1) 求出各方案期望收益率、方差、标准差系数。

(2) 方案 A 是无风险投资吗?

(3) 估计四项待选方案各自的总风险并应用均值——方差判断标准确定是否可以淘汰其中某一方案,说明你的理由。

(4) 经过分析你意识到以上所进行的全部风险分析是以各待选方案的总风险为依据的。你认为还应进行市场风险分析,即系统风险分析。由于待选方案 M 是充分多样化的合营基金资产,故可用来代表市场投资。求各待选方案的 β 系数,然后应用 CAPM 模型评价各方案。

案例来源: 蒋屏编著,《公司财务管理案例精选》,对外经济贸易大学出版社,1998 年。

2. 如何识破以融资为名的骗局

G 公司是一个小型民营企业,原依靠食品贸易业务积累了约 100 万元资金。该公司是传统行业中的食品加工业,还处于起步阶段,而且公司规模偏小,缺乏对大额债务的抵押保障。2002~2003 年收购了一个倒闭的国有食品加工企业,开始了实业投资经营。由于当地的工业比较落后,当地政府对这家民营企业非常重视,列为当地重点扶持的对象,同时以不到市价一半的价钱向该公司提供约 5 万平方米的土地用于冷库和加工场的发展。这项土地的投资花了企业过半的资金。该公司于 2003 年被一家韩国食品公司选中作为合作伙伴,并开始了代理加工业务。由韩国公司提供资金在当地购买材料、加工,并以韩国公司的品牌出口到韩国及美国。G 公司在这项业务中基本上不需要流动资金,基本上没有风险,但利润也有限,只是赚加工费。但由于设备、场地、冷库的限制,目前没法满足对方的订货量。

　　面对这种情况,G 公司老板认为急需实施两个投资计划:尽快启动新园区的建设,扩大产能,包括厂房、冷库和投资设备;向当地政府租赁土地,建设原材料基地。G 公司在 2003 年以出让部分股权的方式吸引到一位香港商人 500 万元的股权投资。原计划余下部分的资金缺口通过土地质押方式向银行贷款。但由于国家宏观调控政策,银行进一步收紧对民营企业的贷款,一笔 2 000 万元的贷款申请在 2004 年被拒绝。

　　正在他到处找贷款的时候,有一位所谓北京国际某投资集团(P 公司)的业务代表找到了他,声称可以通过国外资金帮助解决贷款。G 公司老板喜出望外,给对方提供了一些基本资料。对方很快答复,认为经过初审,G 公司的项目符合美国投资方的要求,需要提交中英文"商业计划书"。P 公司声称,为了符合国际标准,容易被美国投资方接受,他们可以帮助编写并翻译"商业计划书"(收取服务费用)。提交了"商业计划书"以后不久,P 公司即通过 G 公司在北京洽谈并签订"备忘录",声称美国投资方已经同意按照人民币贷款利率 6%,向 G 公司融资 2 000 万元,一经实地考察后即可发放贷款。不过,在准备签"备忘录"的时候,P 公司提出要 G 公司支付 10 万元"诚意金"及实地考察差旅费用。

　　此时,G 公司老板咨询了其融资顾问。顾问搜集了一些数据:下一年,国内的国债和公司债务的年回报率约 4%左右,民间融资利率 12%～15%。顾问认为这个融资备忘不能签。于是 G 公司拒绝了这个条件,备忘录没有签成。不久《南方周末》记者[①]披露同类公司"美国世行集团"以融资为名的诈骗内幕,P 公司及其联系人一夜之间消失。

━━━━━━━━

　　① 庞瑞锋:《醉翁之意不在融资——美国世行集团融资内幕调查》,《南方周末》,2004 年 9 月 2 日;《国际诈骗团伙现身——再揭美国世行集团融资黑幕》,《南方周末》2004 年 9 月 23 日。

问题：如果你是融资顾问，你是否能帮助老板识破骗局？如果能，你的依据是什么？

案例来源：蓝裕平，《企业融资战略：实务操作与案例分析》，广东经济出版社，2005年。

第三节 习题解答与案例分析要点

一、单选题

1. C 本题考查递延年金现值的计算。本题总的期限是 8 年，由于后 5 年每年初有流量，在每 4 到第 8 年的每年初也就是第 3 到第 7 年的每年末有流量。现值 $=50 \times PVIFA_{10\%,5} \times PVIFA_{10\%,2} = 50 \times 3.791 \times 0.826 = 156.6$ 万元

2. C 本题考查实际利率与名义利率的关系。由公式 $i = (1+r/m)^m - 1$，本题 $m=2$，$i=10.25\%$，$r=10\%$，则实际利率高出名义利率 0.25%。

3. D 本题考点是已知现值求年金，即，$100 = A \times PVIFA_{10\%,10}$，$A = 162\,734$ 元。

4. C 设面值为 P，$P = P \times (1 + 3 \times 11.08\%) \times PVIF_{i,3}$，$PVIF_{i,5} = 1/(1 + 3 \times 11.08\%)$，$i = 10\%$。

5. B 对于折价发行，每年付息的债券，其到期收益率高于票面利率；对于溢价发行每年付息的债券，其到期收益率小于票面利率；对于平价发行每年付息的债券，其到期收益率等于票面利率。

6. B 普通年金终值系数为，$FVA = A \cdot \dfrac{(1+i)^n - 1}{i}$，偿债基金系数为 $\dfrac{i}{(1+i)^n - 1}$，两个系数互为倒数关系，且偿债基金系数一般可由普通年金终值系数推导求得。

7. D 证券市场线适用于单个证券和证券组合，不论它是否已经有效地分散了风险，它测度的是证券或证券组合每单位系统风险的超额收益。证券市场线比资本市场线的前提宽松，应用也更广泛。

8. C 本题考查永续年金的计算。请注意题中每个季度收入为 2 000 而非一年。先计算出季度报酬率为 2%。年报酬率为 8%，则实际利率为 $i = (1 + 8\%/4)^4 - 1 = 8.24\%$。

9. A　国债一般不存在违约风险和变现力风险。

10. B　乙项目的风险大于甲项目。高风险可能报酬也高,乙项目的风险和报酬均可能高于甲项目。

11. B　标准差是绝对数指标,在预期报酬率相同的方案之间进行比较。

12. D　在投资组合中,投资项目增加的初期,风险分散的效应比较明显,但增加到一定程度风险分散的效应就会减弱。有经验数据表明,一般当投资组合中的资产数量达到二十个左右时,绝大多数非系统风险均已被消除,此时,如果继续增加投资项目,对分散风险已没有多大实际意义。

13. C　债券的到期收益率是未来现金流入现值等于购买价格时的贴现率。

14. C　已知现值求年金。$200\,000 = A \times PVIFA_{12\%,5}$,$A = 200\,000/3.604\,8 = 55\,482$。

15. A　以面值购得到期收益率等于票面利率。

16. C　本题考查 β 系数的含义。

17. B　本题考查复利终值和年金终值的计算。$10\,000 \times (1+10\%)^{10} + 3\,000 \times 6.1\,051 \times 1.610\,5 + 5\,000 \times 6.106\,1 \approx 859\,58$ 元。

18. D　本题考查名义利率与实际利率的换算公式。在名义利率相同的情况下,一年内复利次数越多,实际利率越高。

19. D　期望值是现金流量取值,以相应的概率为权数的加权平均数。

20. B　考查投资组合标准差的公式。$[0.5^2 \times 0.12^2 + 2 \times 0.5 \times 0.5 \times 0.5 \times 0.12 \times 0.2 + 0.2^2 \times 0.5^2]^{1/2} = 0.14$

21. B　投资者选择投资对象的标准有两个,价格标准和收益率标准,两者最终反映证券投资的内在价值,也就是证券投资预期未来现金流入量的折现值的高低。

22. A　考查年金现值系数与利率的关系。

23. A　只要两种证券不是完全正相关,组合的风险可能降低,相关系数越小,风险分散的越充分。

24. A　投资者冒风险投资,就要有风险报酬作补偿,因此风险越高要求的报酬率就越高。特定投资的风险具有客观性,但你是否去冒风险及冒多大的风险是可以选择的。风险是一定时期的风险,随着时间延续事件的不确定性缩小。风险可以给投资人带来损失,也可以带来预期的收益。

25. C 非系统风险为可分散风险,可以通过多样化投资或投资组合分散。

26. B 组合中的证券种类越多风险越小,如果组合中包括全部股票,则只承担市场风险而不承担特有风险,市场风险为不可分散风险、不可回避风险。

二、多选题

1. BCD 考查货币时间价值的概念。

2. BD 投资人要求的必要报酬率＝无风险报酬率＋风险报酬率,所以无风险报酬率、风险程度越高,要求的报酬率越高。

3. CD 本题考查 β 系数与标准差的区别。β 系数是量度一项资产系统风险的指标,它衡量相对于市场组合而言特定资产的系统风险是多少,反映某种股票与整个股票变动的影响的相关性及其程度;标准差是计量资产整体风险的指标,既包括系统风险(市场风险)也包括非系统风险(特有风险)。

4. ABCD 由于半年付息一次,名义利率 6%,每期利率为 3%,实际利率为 6.09%,对于平价发行,分期付息的债券名义利率与名义必要报酬率相等。

5. ABC 根据题意,有效边界与机会集重合,说明机会集曲线上不存在无效投资组合,整个机会集曲线就是从最小方差组合点到最高报酬率的那个有效集,也就是说在机会集上没有向后弯曲的部分,而 A 的标准差小于 B 的标准差,所以最小方差组合是全部投资于 A 证券,同时说明两种证券报酬率的相关性较高,风险分散化效应较弱;投资组合的预期报酬率是组合中各种资产报酬率的加权平均数,B 的预期报酬率高于 A,所以 B 答案正确;由于前两个答案已表述正确,则 D 答案错误。

6. ACD 预期报酬率的概率分布越窄,投资风险越小,因此 B 不对。标准差与变化系数都是衡量风险大小的,其值越大表明报酬分布越不稳定,风险也越大。

7. BD 考查普通年金终值和现值计算公式,预付年金现值、终值的计算公式与普通年金终值、现值计算公式的关系。

8. ABCD 股票的 β 系数是用来衡量个别股票的系统风险而不能衡量非系统风险。

9. ABCD 在充分组合的情况下,公司的特有风险被多角化投资所抵消,因此与决策无关,风险的存在是客观,是否选择承担风险是主观的。

10. AD 递延年金的终值是指最后一次支付时的本利和,其计算方法与普通年金终值相同,只不过只考虑连续收支期而已。

11. ACD 在发行债券时,按照发行价格不同可分为平价发行、溢价发行、折价发行。平价发行的每年付息一次的债券,其到期收益率等于票面利息率。如果买价和面值不同,则到期收益率和票面利息率不同。如果该债券不是定期付息,而是到期一次还本付息或用其他方式付息,那么即使平价发行,到期收益率也可能与票面利息率不同。

12. ABCD 本题考查年金按照收付形式的分类。

13. ABC 根据资本资产定价模型,影响特定股票预期收益率的因素有 R_m、R_f、β。

14. BCD 预期值是用来衡量预期平均收益水平的,不能衡量风险,但它是计算方差,标准差的基础。风险的衡量需要使用概率和统计方法,一般包括概率、预期值、离散程度、置信区间和置信概率,其中离散程度包括全距,方差,标准差。

15. AB 本题考查递延年金计算的两种方法。递延年金计算的关键是正确确定递延期。

16. ABC 由复利终值的计算公式 $FV = PV(1+i)^n$,可知计算复利终值有三个必需的资料:利率、现值、期数。

17. AB 年金是指等额、定期的系列支付。年限平均法折旧额、等额租金都符合年金的定义。

18. ACD 证券投资风险有市场风险和公司特别风险两种,市场风险是不可以分散的,但公司特别风险是可以通过投资组合加以分散的。投资组合中包括的股票种类越多,风险分散的越充分,当组合中股票种类数量足够多时,公司特别风险几乎可全部分散掉。

19. ABC　市场风险表现为整个市场平均报酬率的变动,而公司特有风险则表现为个股报酬率变动脱离整个股市平均报酬率的变动。

20. ACD　A 和 B 两种股票各占 50%,如果完全负相关,组合的风险被全部抵消。如果 A 和 B 完全正相关,组合的风险不扩大也不减少。

21. ABCD　在实务中,股票间的相关程度在 0.5~0.7 之间,所以投资组合可以降低风险,但是不能完全消除风险。一般而言,组合中股票的种类越多,风险越小。如果投资组合中包括全部股票,则只承担市场风险,而不承担公司特有风险。

22. ABD　通过分散投资,非系统风险可以降低,但不可能被完全分散掉。如果分散充分的话,非系统风险几乎被消除。假设投资人都是理性的,都会选择充分投资组合,非系统风险将与资本市场无关。

23. ABCD　由普通年金现值的计算公式可知:$PVA = A \times \dfrac{1-(1+i)^{-n}}{i}$,式中的 $\dfrac{1-(1+i)^{-n}}{i}$ 为年金现值系数。普通年金现值系数由利率和期数两个参数,当其中一个参数已知时,可根据现值和年金求出另一个参数。答案中的四个选项所涉及的计算应该熟练掌握。

24. ABCD　折现率在净现值计算中所代表的是投资项目可以被接受的最小收益率,也就是项目投资所必须达到的最低报酬水平。它是投资者期望的最低投资收益率。若项目的投资收益率高于这一水平,则项目可被接受;若低于这一水平,则项目将遭拒绝。

一般来说,影响最低投资收益率的基本因素有资金成本、投资项目的性质、经营风险、通货膨胀、经济周期、投资者的风险态度等等。因此,在确定折现率时必须对这些因素加以考虑。

25. ABCD　一般而言,资金的利率由三部分构成:纯利率,通货膨胀补偿和风险报酬。其中,风险报酬又分为违约风险报酬、流动性风险报酬和期限风险报酬三种。

26. BD　根据到期收益率的公式,$P = \displaystyle\sum_{i=1}^{n} \dfrac{M \cdot r}{(1+R)^2} + \dfrac{M}{(1+R)^n}$ 可知,当 P 不变,r 不变时,n 增大,那么 R 就变小;当 P 不变,R 不变,n 增大,那么 r 就提高。

三、简答题

1. 单利是指只对本金计算利息,而不将以前计息期产生的利息累加到本金中去计算利息的一种计息方法,即利息不再生息。单利终值是指现在一笔资金按单利计算的未来价值,其计算公式为:利息:$I = PV \times i \times n$;终值:$FV = PV + I$。单利现值是指若干年以后收入或支出一笔资金按单利计算相当于现在的价值,其计算公式为:$PV = FV \times \dfrac{1}{(1 + i \times n)}$。

2. 复利是指在规定期限内,每期都是以上期的本利和为本金计算利息的一种计息方法,俗称"利滚利",即不仅对本金计算利息,而且对以前时期产生的利息也要计算利息。

复利终值是指现在的一笔资金按复利计算的未来价值,其计算公式为:$FV = PV (1 + i)^n$。

复利现值是复利终值的对应概念,是指未来一定期间的特定资金按复利计算的现在价值,或者说是为取得将来一定本利和现在所需要的本金:$PV = \dfrac{FV}{(1 + i)^n} = FV (1 + i)^{-n}$。

3. 年金是指等额、定期的系列支付。例如,分期付款赊购、分期支付工程款、发放养老金、分期偿还贷款、分期向保险公司交纳保费等,都是年金收付形式。年金的特点是定期、等额、同向的系列收支。这三个特点必须同时具备,才能将其称为年金。例如:定期不等额的系列收支就不能叫做年金;同样,等额但不定期的系列收支也不能叫做年金。按照收付的时间起点不同,年金分为普通年金、预付年金、递延年金和永续年金。

4. 偿债基金是指为使年金终值达到给定金额,每年年末应支付的年金数额(已知终值计算年金)。根据普通年金终值的计算公式:$FVA = A \times \dfrac{(1 + i)^n - 1}{i}$ 推导可知:$A = FVA \times \dfrac{i}{(1 + i)^n - 1}$,$\dfrac{i}{(1 + i)^n - 1}$ 为年金终值系数的倒数,称为"偿债基金系数"。投资回收系数是指为使年金达到既定金额,每年年末应收付的年金数额(已知现值求年金)。根据普通年金现值计算公式:$PVA = A \times \dfrac{1 - (1 + i)^{-n}}{i}$

推导可知：$A = PVA \times \dfrac{i}{1-(1+i)^{-n}}$，$\dfrac{i}{1-(1+i)^{-n}}$ 是普通年金现值系数的倒数，称为投资回收系数。

5. 普通年金是指每期期末收付的年金，又称后付年金。普通年金终值是指一定时期内每期期末等额收付款项的复利终值之和，即已知年金计算终值。$\dfrac{(1+i)^n-1}{i}$ 是普通年金为 1 元、利率为 i、经过 n 期的年金终值系数。普通年金现值是指为在每期期末取得相等金额的款项现在需要投入的金额。$\dfrac{1-(1+i)^{-n}}{i}$ 为年金现值系数。

预付年金是指在每期期初等额支付的年金，又称先付年金或即付年金。预付年金每期的收付正好比普通年金提前一期。$\left[\dfrac{1-(1+i)^{-(n-1)}}{i}+1\right]$ 为预付年金现值系数，或称 1 元的预付年金现值。它与普通年金现值系数相比，期数要减 1，系数要加 1。$\left[\dfrac{(1+i)^{n+1}-1}{i}-1\right]$ 是预付年金终值系数，或称为 1 元的预付年金终值。它与普通年金终值系数相比，期数加 1，系数减 1。

6. 递延年金是指第一次支付发生在第二期或第二期以后的年金。递延年金的终值计算方法和普通年金终值类似，$FVA = A \times \dfrac{(1+i)^n-1}{i}$，式中，$n$ 为实际发生年金的期数。递延年金的现值计算方法有两种：第一种方法：先将递延年金视为 n 期普通年金，求出递延期末的现值，然后再将此现值调整到第一期期初。第二种方法：假设递延期中也存在年金，先求出 $(m+n)$ 期的年金现值，然后，扣除实际并未支付的递延期 (m) 的年金现值，即可得出最终结果。年金的终值与递延期无关。

永续年金是指无限期等额收付的特种年金，可视为普通年金的特殊形式，即期限趋于无穷的普通年金。在实践中，无期限债券、优先股股利、奖励基金都属于永续年金。

由于永续年金持续期无限长，没有终止的时间，因此终值趋于无穷大。所以只需计算其现值。永续年金现值为：

$$PVA = \lim_{n \to \infty} A \cdot \frac{1-(1+i)^{-n}}{i} = \frac{A}{i}$$

7. 风险和不确定性是有区别的：① 风险是在事前可以知道某一行动所有可能的后果,及每一后果出现的概率;不确定性是在事前不知道所有可能的后果或知道可能后果但不知道他们出现的概率。② 风险总是与经济事项的预期价值联系在一起,而不确定性因素总是与市场环境联系在一起。但事实上,在实践中很难对两者加以区分,因为对风险问题的概率往往只能进行估计和测算,而不能准确知道,而对不确定性问题也可以估计一个概率。因此,在实务中,当说到风险时,可能指的是确切意义上的风险,但更可能指的是不确定性,对二者不作区分。

8. 所谓系统风险(systematic risk)又称"市场风险",是指对整个市场上各类公司都产生影响的风险,包括经济周期风险、利率风险、购买力风险、战争风险等。系统风险源于公司之外,在其发生时,所有公司都受影响,表现为整个市场平均收益率的变动。由于这些风险来自企业外部,是企业无法控制和回避的,因此又称"不可回避风险"。同时,这类风险涉及所有的投资对象,对所有的公司产生影响,无论投资哪个公司都无法避免,因而不能通过多角化投资而分散,故又称"不可分散风险"。

9. 所谓非系统风险(non-systemic risk),是指只对某个行业或个别公司产生影响的风险。非系统风险为某一行业或某一企业所特有,它通常是由某一特殊因素引起,只对个别或少数投资的收益产生影响,而与整个市场的投资收益没有系统、全面的联系。如某行业因产品更新换代而逐渐衰退;某公司的产品因市场需求减少而导致盈利下降;某公司因经营不善而发生严重亏损;某公司因工人罢工或新产品开发失败、没有争取到重要合同、诉讼失败等遭受损失。这种因行业或企业自身因素改变而带来的某个投资收益变化与其他投资收益变动没有内在的必然联系,不会因此而影响其他投资收益。这种风险可以通过分散投资来抵消,即发生于一家公司的不利事件可被其他公司的有利事件所抵消,因此这类风险又称"可分散风险"、"可回避风险"或"公司特有风险"。

10. 不可分散风险的程度通过用 β 系数来反映。β 系数表示一种股票的预期报酬随着市场证券组合的预期报酬波动的变异程度,即某个资产的收益率与市场组合之间的相关性。作为整体的证券市场的 β 系数等于 1。如果某种资产的 β 系数等于 1,说明这种证券的系统性风险与整个证券市场的风险基本相当;如果某种资产的 β 系数大于 1,说明这种证券的系统性风险大于整个证券市场的风险;如果某种资产的 β 系数小于 1,说明这种证券的系统性风险小于整个证券市场的风险。

某项证券投资的 β 系数越高,那么该证券的变动幅度就越高,相对风险也会越大;反之,某项证券投资的 β 系数越小,那么该证券的变动幅度就越小,相对风险也会越小。因此,β 系数是进行证券风险分析的重要依据。β 系数,通常是根据历史数据,运用统计方法来确定。一般有两种计算方法:回归法和定义法。回归法是根据数理统计的线性回归原理,β 系数均可以通过同一时期内的资产收益率和市场组合收益率的历史数据,使用线性回归方程预测出来。β 系数就是该线性回归方程的回归系数。按照定义,β 系数可以根据证券与股票指数收益率的相关系数、股票指数的标准差和股票收益率的标准差直接计算。

$$\beta_i = \frac{Cov(R_i, R_m)}{\sigma_m^2} = \frac{R_{im}\sigma_j\sigma_m}{\sigma_m^2} = R_{im}\left(\frac{\sigma_j}{\sigma_m}\right)$$

其中:$Cov(R_i, R_m)$ 是第 j 种证券的收益与市场组合收益之间的协方差。它等于该证券的标准差、市场组合的标准差及两者相关系数的乘积。

11. 特定资产组合的风险报酬取决于两个因素:一是市场平均风险报酬,二是该资产组合的系统风险程度,即 β 系数。所以,特定资产组合的风险报酬可表示为:$\beta(R_M - R_F)$。特定资产组合的必要报酬率可表示为:$R_i = R_F + \beta_i(R_M - R_F)$。这个式子表明了特定资产组合的收益率与系统风险之间的关系,被称为资本资产定价模型(capital asset pricing model,缩写为 CAPM)。

资本资产定价模型是在以下假设基础上形成的,即资本资产定价模型需要存在以下假设条件:① 投资者都是理性投资者,他们选择资产组合的基本依据是有价证券的预期报酬,方差和协方差,所有投资者都是风险回避者。② 投资者可以按照市场给定的无风险利率无限制地借入和贷出资本,借款利率等于贷款利率,并且对有价证券的抛空没有任何限制。③ 所有投资者都有同样的有效边界,即所有投资者对资产的预期报酬,方差和协方差都有齐次预期。④ 所有资产都是可上市交易的,都是完全可分的,都具有均值-方差有效性,并且他们在市场中的供给规模是固定的,并且具有充分的活动性,没有交易成本。⑤ 没有税金且对交易没有任何限制。⑥ 所有投资者都是价格接受者,他们获取相关交易信息的成本为零,他们在市场中的投资行为不会影响有价证券的市场价格。⑦ 所有资产的数量都是给定的和固定不变的。

12. 套利定价模型首先将风险划分为公司特有风险和市场风险两类。公司特有风险,包括那些只影响公司本身的风险;市场风险包括利率、通货膨胀率或其他宏观经济变量等无法预期的变化带来的风险。将这些要素组合到收益模型中去就是:$R = E(R) + m + \varepsilon$,式中,$m$ 为市场性的无法预期的风险要素;ε 为公司特有的风险要素。套利定价模型坚持经济学的基本理论,认为市场风险有多种来源,如国民生产总值、利率、通货膨胀等方面的无法预期的变化等等。套利定价模型运用一系列因子来衡量投资组合对这些变化的敏感度。无法预期的收益率中的市场性要素可以被分解为多个组成部分:

$$R = E(R) + m + \varepsilon$$
$$R = E(R) + (\beta_1 F_1 + \beta_2 F_2 + \cdots + \beta_n F_n) + \varepsilon$$

式中:β_i 为投资组合对由于第 i 要素引起的无法预期的变化的敏感度(叫做因子);F_i 为第 i 要素的无法预期的变化。

13. 首先,必须明确折现率在投资决策中所代表的经济意义。折现率在净现值计算中所代表的是投资项目可以被接受的最小收益率,也就是项目投资所必须达到的最低报酬水平。它是投资者期望的最低投资收益率。若项目的投资收益率高于这一水平,则项目可被接受;若低于这一水平,则项目将遭拒绝。

其次,要清楚投资者要求的"最低投资收益率"受到哪些因素的影响。一般来说,影响最低投资收益率的基本因素有资金成本、投资项目的性质、经营风险、通货膨胀、经济周期、投资者的风险态度等等。因此,在确定折现率时必须对这些因素加以考虑。

在实际中,折现率的量化可参照本行业或本部门的基准收益率,也可以参照银行同期的贷款利率来确定。当投资项目在其寿命周期内处于风险水平较为稳定的情况时,可用资本资产定价模型的理论依据来确定折现率。折现率＝无风险收益率＋β×(市场平均报酬率－无风险报酬率),其中,β为投资项目的风险程度。

14. 违约风险是指借款人无法按时支付利息或偿还本金而给投资人带来的风险。违约风险反映着借款人按期支付本金、利息的信用程度。借款人如经常不能按期支付本利,说明这个借款人的信用程度较低,违约风险较高。为了弥补违约风险,必须提高利率,否则,借款人就无法借到资金,投资人也不会进行投资。国债由政府发行,可以看作没有违约风险,其利率一般较低。企业债券的违约风险则要根据企业信用程度来确定,企业的信用程度可分若干等级。等级越高,信用越好,违约风险越低,利率水平也越低;等级越低,信誉就越差,违约风险也就高,利率水平自然也高。

15. 在现实世界中,折现率是会发生变化的。不同期的证券所要求的收益率往往是不同的,期限越长,要求的收益率往往也越高。所谓利率期限结构(term structure of interest rate)就是指在某个时点不同时期的零息票债券的利率的集合。因为,在零息票债券条件下,债券的到期收益率和利率相等,所以利率期限结构也可以成为到期收益率的集合,或者是到期收益率曲线(yield curve)。其有三种基本类型:类型一是随着到期期限变长,无息票债券利率呈现上升趋势;类型二是随着到期期限变长,无息票债券利率呈下降趋势,类型三中随着到期期限变长,无息票债券利率呈现长短期无息票债券利率水准不受到期期限影响的特征。

16. 到期收益率是指以特定价格购买债券并持有至到期日所能获得的收益率,是使未来现金流量等于债券购入价格的折现率。对于零息票债券,其到期收益率等于零息票债券的利率。对于息票债券,到期收益率与债券票面利息率之间往往存在差异。设 P 为债券的发行价格,I 为每年的利息,r 为年固定利息率,M 为债券面值,n 为债券期数,R 为到期收益率,那么债券到收益率可由下式推出:$P = \sum_{t=1}^{n} \dfrac{M \times r}{(1+R)^t} + \dfrac{M}{(1+R)^n} = \sum_{t=1}^{n} \dfrac{I}{(1+R)^t} + \dfrac{M}{(1+R)^n}$ 或 $= M \times \left[\sum_{t=1}^{n} \dfrac{r}{(1+R)^t} + \dfrac{1}{(1+R)^n} \right]$。根据上式可知,在票面利息率的时期口径与收益率的时期口径一致的条件下,当发行价格大于面值时,到期收益率应小于票面利息率;当发行价格小于面值时,到期收益率应大于票面利息率;当发行价格等于面值时,到期收益率应等于票面利息率。根据到期收益率的推算公式,我们还可以得出结论:① 在同等价格条件下,若利率不变,那么随着期限的延长,到期收益率会下降;② 在同等价格条件下,要想得到相同的到期收益率,票面利息率必须随着期限的延长而提高。

四、计算题

1. (1) 投资 A 股票的必要收益率$=10\%+2.2\times(14\%-10\%)=18.8\%$

投资 B 股票的必要收益率$=10\%+1\times(14\%-10\%)=14\%$

投资 C 股票的必要收益率$=10\%+0.5\times(14\%-10\%)=12\%$

(2) 投资组合的 β 系数$=50\%\times2.2+40\%\times1.0+10\%\times0.5=1.55$

投资组合风险收益率$=1.55\times(14\%-10\%)=6.2\%$

投资组合的必要收益率$=10\%+1.55\times(14\%-10\%)=16.2\%$

2. 由于期望收益不同,所以用变化的系数来衡量。

甲方案:

预期值$=0.3\times70+0.5\times50+0.2\times30=52$

标准差$=\sqrt{(70-52)^2\times0.3\times(50-52)^2\times0.5+(30-52)^2\times0.2}$
$=14$

变化系数$=14/62=0.23$

乙方案:

预期值$=0.3\times120+0.5\times40+0.2\times(-20)=52$

标准差$=\sqrt{(120-52)^2\times0.3\times(40-52)^2\times0.5+(-20-52)^2\times0.2}$
$=50$

变化系数$=50/52=0.96$

3. (1) A 证券的平均报酬率$=(1.8\%-0.5\%+2\%-2\%+5\%-5\%)/6=1.88\%$

B 证券的平均报酬率$=(-7\%-1\%+13\%+15\%+20\%+10\%)/6=8.33\%$

(2) 计算相关系数

$$r = \frac{\sum [(X_i - \overline{X}) \times (Y_i - \overline{Y})]}{\sqrt{\sum (X_i - \overline{X})^2} \times \sqrt{\sum (Y_i - \overline{Y})^2}}$$

$$= \frac{0.397\,3\%}{\sqrt{0.402\,1\%} \times \sqrt{5.273\,3\%}} = 0.27$$

(3) 组合报酬率 $= 1.88\% \times 75\% + 8.33\% \times 25\% = 3.49\%$

组合标准差 $=$

$$\sqrt{(75\% \times 2.84\%)^2 + (25\% + 10.27\%)^2 + 2 \times 75\% \times 2.84\% \times 25\% \times 10.27\% \times 0.27}$$

$= 3.75\%$

4. (1) 股票 X 的平均收益率 $= 22\%$，标准差 $= \sqrt{\dfrac{312}{6-1}} = 7.899\,4\%$

股票 Y 的平均收益率 $= 26\%$，标准差 $= \sqrt{\dfrac{472}{6-1}} = 9.716\,0\%$

(2) 计算相关系数

$$r = \frac{\sum [(X_i - \overline{X}) \times (Y_i - \overline{Y})]}{\sqrt{\sum (X_i - \overline{X})^2} \times \sqrt{\sum (Y_i - \overline{Y})^2}} = \frac{135}{\sqrt{312} \times \sqrt{472}} = 0.351\,8$$

(3) 计算投资组合的期望收益率和标准差

期望收益率 $= 22\% \times 0.4 + 26\% \times 0.6 = 24.4\%$

标准差 $=$

$$\sqrt{(0.4 \times 7.899\,4)^2 + (0.6 \times 9.716\,0)^2 + 2 \times 0.4 \times 7.899\,4 \times 0.6 \times 9.716\,0 \times 0.351\,8}$$

$= 7.545\,1(\%)$

5.

表 3 - 8

证券名称	期望报酬率	标准差	与市组合的相关系数	β 值
无风险资产	0.025	0	0	0
市场组合	0.175	0.1	1.00	1.0
A 股票	0.22	0.2	0.65	1.3
B 股票	0.16	0.15	0.6	0.9
C 股票	0.31	0.95	0.2	1.9

（1）利用 A 股票和 B 股票的数据联立方程

0.22＝无风险资产报酬率＋1.3×（市场组合报酬率－无风险资产报酬率）

0.16＝无风险资产报酬率＋0.9×（市场组合报酬率－无风险资产报酬率）

解得，无风险资产报酬率＝0.025

市场组合报酬率＝0.175

（2）利用 β 系数的计算公式求解 A 股票的标准差。

β＝与市场组合的相关系数×（股票标准差/市场组合标准差）

1.3＝0.65×（标准差/0.1）

标准差为 0.2

（3）利用 β 系数的计算公式求解 B 股票与市场的相关系数

0.9＝相关系数×（0.15/0.1）

相关系数＝0.6

（4）根据资本资产定价模型计算 B 股票的 β 系数

0.31＝0.025＋β（0.175－0.025），β＝1.9

1.9＝0.2×（标准差/0.1），标准差＝0.95

6.（1）股票 A 的期望收益率＝[（－15％）＋5％＋10％＋25％＋40％]/5＝13％

股票 B 的期望收益率＝[（－10％）＋（－5)％＋0％＋15％＋35％]/5＝7％

（2）股票 A 的标准差

$$=\sqrt{\dfrac{\begin{array}{c}(-15\%-13\%)^2+(5\%-13\%)^3+(10\%-13\%)^2+\\(25\%-13\%)^2+(40\%-13\%)^2\end{array}}{5-1}}$$

$$=21\%$$

股票 B 的标准差＝

$$=\sqrt{\dfrac{\begin{array}{c}(-10\%-7\%)^2+(-5\%-7\%)^3+(0\%-7\%)^2+\\(15\%-7\%)^2+(35\%-7\%)^2\end{array}}{5-1}}$$

$$=18\%$$

(3) 股票 A 和股票 B 的变化系数

股票 A 的变化系数＝21％/13％＝1.62

股票 B 的变化系数＝18％/7％＝2.57

(4) 股票 A 的报酬率和股票 B 的报酬率的协方差：

股票 A 的报酬率和股票 B 的报酬率的协方差＝0.8×0.21×18％＝3.02％

7. (1) 成熟股票的期望收益率＝0.1×(−5％)＋0.3×5％＋0.4×7％＋0.2×10％＝5.8％

(2) 成长股票的期望收益率＝0.1×2％＋0.3×4％＋0.4×10％＋0.2×20％＝9.4％

(3) 成熟股票的标准差

$$=\sqrt{\begin{array}{l}(-5％-5.8％)^2×0.1+(5％-5.8％)^2×0.3+\\(7％-5.4％)^2×0.4+(10％-5.4％)^2×0.2\end{array}}$$

$=4.14％$

(4) 成长股票的标准差

$$=\sqrt{\begin{array}{l}(2％-9.4％)^2×0.1+(4％-9.4％)^2×0.3+\\(10％-9.4％)^2×0.4+(20％-9.4％)^2×0.2\end{array}}$$

$=6.07％$

(5) 两种股票之间的协方差

＝(−5％−5.8％)×(2％−9.4％)×0.1＋(5％−5.8％)×(4％−9.4％)×0.3＋(7％−5.8％)×(10％−9.4％)×0.4＋(10％−5.8％)×(20％−9.4％)×0.2

＝0.184 8％

(6) 两种股票之间的相关系数 r ＝0.184 8％/(4.14％×6.07％)

＝0.735

(7) 因为对两种股票的投资额相同，所以投资比重为50％

投资组合收益率＝0.5×5.8％＋0.5×9.4％＝7.6％

(8) 投资组合标准差$=\sqrt{\begin{array}{l}(4.14％×0.5)^2+(6.07％×0.5)^2+2×\\(4.14％×0.5)×(6.07％×0.5)×0.735\end{array}}$

$=4.77％$

8. (1) 组合的预期报酬率 $=10\%\times30\%+15\%\times50\%+20\%\times20\%=14.5\%$

(2) 证券组合的标准差 $=[(0.3\times15\%)^2+(0.5\times20\%)^2+(0.2\times24\%)^2+2\times(0.3\times15\%)\times(0.5\times20\%)\times0.4+2\times(0.2\times24\%)\times(0.3\times15\%)\times0.25+2\times(0.2\times24\%)\times(0.5\times20\%)\times0.3]^{\frac{1}{2}}$

$=14.79\%$

9. (1) $1020=1000\times(1+5\times10\%)\times PVIF_{i,2}$ $PVIF_{i,2}=0.68$

查表可得：

$PVIF_{20\%,2}=0.694\ 4$

$PVIF_{24\%,2}=0.650\ 4$

到期收益率 $=21.31\%$

(2) $1\ 020=1\ 000\times5\%\times PVIFA_{i,4}+1\ 000\times PVIF_{i,4}$

当 $I=5\%$ 时,等式右边 $=50\times3.546+1\ 000\times0.822\ 7=1\ 000$

当 $I=4\%$ 时,等式右边 $=50\times3.629\ 9+1\ 000\times0.854\ 2=1\ 036.295$

到期收益率 $=8.9\%$

实际到期收益率 $=9.10\%$

10. (1) 投资组合的预期报酬率

$=20\%\times20\%+15\%\times80\%$

$=16\%$

(2) 相关系数等于 1 时：组合标准差

$=\sqrt{0.2^2\times0.4^2+2\times0.2\times0.8\times0.4\times0.133+0.8^2\times0.133^2}$

$=\sqrt{0.006\ 4+0.017\ 024+0.011\ 320\ 96}$

$=18.64\%$

相关系数等于 -1 时：组合标准差

$=\sqrt{0.2^2\times0.4^2+(-1)\times2\times0.2\times0.8\times0.4\times0.133+0.8^2\times0.133^2}$

$=\sqrt{0.006\ 4-0.017\ 024+0.011\ 320\ 96}$

$=2.64\%$

相关系数等于 0 时：

组合标准差 $=\sqrt{0.006\ 4+0.011\ 320\ 96}$

$=13.31\%$

相关系数等于—0.4时：

组合标准差

$$= \sqrt{0.2^2 \times 0.4^2 + 2 \times 0.2 \times 0.8 \times (-0.4) \times 0.4 \times 0.133 + \times 0.8^2 \times 0.133^2}$$

$$= \sqrt{0.006\ 4 - 0.006\ 809\ 6 + 0.011\ 320\ 96} = 10.45\%$$

（3）由以上计算可知,资产组合的标准差随相关系数的减小而减小,即相关系数越小分散风险的效应越强。当相关系数等于1时,它们的收益变化的方向和幅度完全相同,不能抵消任何风险。当相关系数为—1时,它们的收益变化方向和幅度完全相反,可以最充分的抵消风险。当相关系数在—1和1之间时,可以部分抵消风险,当相关系为—0.4时,组合的标准差为10.45%,小于完全正相关的标准差20%。以上各种情况下,组合的预期报酬率始终为16%,说明：若干种证券组成的投资组合,其收益是这些股票收益的平均数,但其风险要小于这些股票的加权平均风险。

五、论述题

1. 关于资金时间价值的产生与其本质,学术界存在着许多理论观点,概括起来主要有两种观点：西方经济学价值观和马克思劳动价值观。

西方经济学价值观对资金时间价值比较有影响的是"消费效用递减说"和"资金机会成本说"。"资金机会成本说"认为,股东投资1元钱,就牺牲了当前使用或消费这1元钱的机会或权利,按牺牲时间计算的这种牺牲的代价或报酬,就叫做资金时间价值。经济学家凯恩斯从资本家和消费者心理出发,高估现在货币的价值,低估未来货币的价值。他认为,时间价值在很大程度上取决于灵活偏好、消费倾向等心理因素。

"消费效用递减说"认为：投资者进行投资就必须推迟消费,对投资者推迟消费的耐心应给以报酬,这种报酬的量应与推迟的时间成正比,因此,单位时间的这种报酬对投资的百分率称为资金时间价值。

马克思劳动价值观认为时间价值不可能由"时间"创造,也不可能由"耐心"创造,而只能由工人的劳动创造,即时间价值的真正来源是人类劳动创造的剩余价值。马克思劳动价值论指出："在 G—W—G′中,两极具有量的不同,最后从流通中取出的货币,多于起初投入的货币。

因此,这个过程的完整形式是 G—W—G′,其中的 G′＝G＋ΔG,即等于原预付货币额加上一个增值额。这个增值额或超越原价值的余额叫做剩余价值。可见,原预付价值不仅在流通中保存下来,而且在流通中改变了自己的价值量,加上了一个剩余价值,或者说增值了。"

马克思认为,货币只有当作资本投入生产和流通,与劳动相结合后才能增值。马克思指出:"作为资本的货币流通本身就是目的,因为只是在这个不断更新的运动中才有价值的增值。""如果把它从流通中取出来,那么它就凝固为贮藏货币,即使藏到世界末日,也不会增加分毫。"因此,并不是所有货币都有时间价值,而只有把货币作为资金投入生产经营才能产生时间价值,即时间价值是在生产经营中产生的。

以凯恩斯为代表的西方经济学家认为,时间价值的量在很大程度上取决于灵活偏好、消费倾向、耐心等待等心理因素。显然,这些都是无法计算和计量的。马克思劳动价值论不仅正确地说明了剩余价值的产生和来源,同时,也正确地揭示了剩余价值是如何计算的。在《资本论》中,马克思曾精辟地论述了剩余价值是如何转化为利润,利润又转化为平均利润,最后,投资于不同行业的资金会获得大体相当的投资报酬率或社会平均的资金利润率。因此,在确定时间价值时,应以社会平均的资金利润率或平均投资报酬率为基础。当然,在市场经济条件下,投资都或多或少地带有风险,通货膨胀又是客观存在的经济现象。因此,投资报酬率或资金利润率除包含时间价值以外,还包括风险报酬和通货膨胀贴水。在计算时间价值时,后两部分是不应包括在内的。马克思不仅揭示了时间价值的量的规定性,还指明了时间价值应按复利方法来计算。他认为,在利润不断资本化的条件下,资本的积累要用复利方法计算,因此资本将按几何级数增长。

2. 马科维茨通过对投资者行为特征的研究发现,理性投资者具有两个基本特征:追求收益最大化和厌恶风险。对于厌恶风险的理性投资者来说,要使之接受风险,必然给予相应的风险补偿,风险越大,风险补偿也越高。投资者在进行投资时会综合考虑收益和风险,不同的收益与风险的组合对于投资者的效用是不相同的。现代投资理论利用"无差异曲线"来说明收益和风险对投资者的效用。无差异曲线是给投资者带来同样效用的收益与风险的所有组合所形成的一条曲线。如图所示:

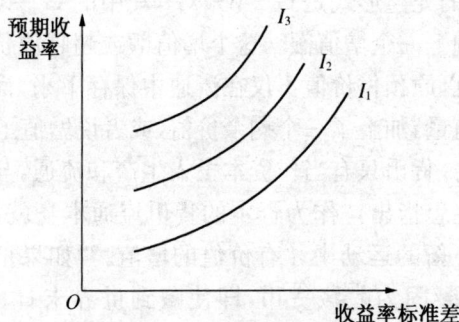

图 3 – 1　投资无差异曲线

投资者的无差异曲线是由一组互不相交的曲线组成的。从无差异曲线来看，随着风险的增加，投资者预期收益率也会提高。而且由于边际效用递减规律的作用，随着投资风险的增加，边际收益越来越大。对于同一个投资者，存在无数条无差异曲线，越是靠上方的无差异曲线赌注效用越大，条件允许情况下，投资者总是选择效用最大的无差异曲线。上图中，I_3 曲线代表的效用最大。

根据对有效集的分析，最优投资组合必然在有效集中。但是，有效集中的哪一个组合是最优组合，需要结合投资者的无差异曲线来确定。一个理性的投资者必然在有效集中选择使自己的投资效用最大化的投资组合。因此，最优投资组合必然是投资者的无差异曲线与投资有准备集的切点。如图所示，切点 Q 点就是最优投资组合。

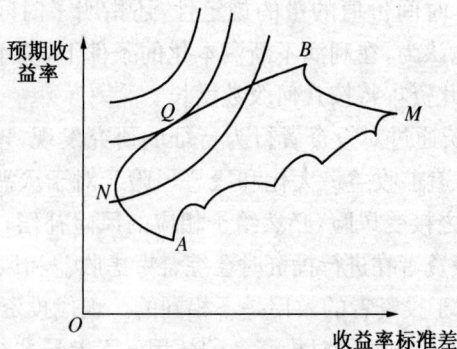

图 3 – 2　最优投资组合示意图

3. 资本资产定价模型中的限制性假设及其对市场投资组合的依赖长期以来一直都被学术界和业界所质疑。70 年代后期，Ross(1976)提出了套利定价模型(arbitrage pricing model，简称 APM)。本题可从模型假定，市场风险的来源，分散投资的影响，预期收益率和 β 值，套利定价模型的实际运用五个方面来阐述，在阐述中加入与资本资产定价模型的对比分析。

4. 本题可以从资金成本、资金供求状况、投资风险、通货膨胀几个重要的方向详细分析。另外，可查找其他的相关资料分析宏观经济形势、财政政策、货币政策、产业政策、国际经济政治关系和投资者个人的风险态度等方面对折现率的确定产生的影响。

在实际中，折现率的量化可参照本行业或本部门的基准收益率，也可以参照银行同期的贷款利率来确定。当投资项目在其寿命周期内处于风险水平较为稳定的情况下时，可用资本资产定价模型的理论依据来确定折现率。

折现率＝无风险收益率＋β×(市场平均报酬率－无风险报酬率)

其中，β 为投资项目的风险程度。

5. 关于实际利率与名义利率的分类通常有两种情况：一是按照利率是否包含物价变动的影响在内，将利率分为实际利率与名义利率；二是按照利率是否与计息期一致，将利率也分为实际利率与名义利率。

(1)按照利率是否包含物价变动因素在内，利率可分为实际利率和名义利率。

实际利率是指在物价不变且资本购买力不变的情况下的利率，或者是指当物价有变化时，扣除通货膨胀补偿以后的利率。

名义利率是指包含对通货膨胀补偿的利率，当物价不断上涨时，名义利率比实际利率高。一般地，物价不断上涨是一种普遍的趋势，所以，名义利率一般都高于实际利率。

一般情况下，我们所看到的利率都是名义利率。

实际利率与名义利率之间的关系是：

$$1+R=(1+r)(1+h)$$
$$R=r+h+rh$$

由于 rh 相对较小，所以可以忽略不计，那么二者的关系变为：

$$R = r + h \text{ 或 } r = R - h$$

例如,在存在 3％的通货膨胀率的情况下,我们看到的利率 5％,实际利率仅相当于 2％。

(2) 按照利率的时间口径与计算期是否一致,利率也分为实际利率与名义利率。

利率一般是以年为计息周期,通常所说的年利率都是指名义利率。在实际运用中,计息周期可以短于一年,当利率标明的时间单位与计息周期不一致时,就出现了名义利率和实际利率的区别。

名义利率与实际利率存在着下述关系(以利率为年利率为例):

(1) 当计息周期为一年时,名义利率与实际利率相等;计息周期短于一年时,实际利率大于名义利率;计息周期长于一年时,实际利率小于名义利率。

(2) 名义利率越大,计息周期越短,实际利率与名义利率的差异就越大

(3) 实际利率 i 与名义利率 r 的关系式为:

$$i = \frac{F - P}{F} = \frac{P(1 + r/m)^m - P}{F} = (1 + r/m)^m - 1$$

(4) 名义利率不能完全反映资本的时间价值,实际利率才能真正反映资本的时间价值。

6. 利率的期限结构理论主要解决期限不同的债券之间的利率差异的形成原因和决定因素。传统的利率期限结构理论主要有预期理论、流动性偏好理论和市场分割理论。并分别论述三大理论的内容。

7. 按照利率的期限结构理论,由于市场环境是不断变化的(通货膨胀、人们的偏好、对待风险的态度等都会随时间的变化而变化),从而对于同一项资产索要的收益率也会随时间而变化。那么,对于同一资产在不同时期产生的现金流量所使用的折现率也应随时间变化而变化,可以使用对应时期的零息票债券的利率作为折现率。

由于无息票债券利率不具平均报酬率的概念,只适用于对同期间个别现金流量折现,故正确的折现方法应是就不同期间的现金流量以对应到期期间的无息票债券利率作为折现率。那么 n 期投资方案的净现值应为:

$$NPV = -C_0 + \sum_{t=1}^{n} \frac{C_t}{(1+r_{0t})^t}$$

其中，r_{0t} 为目前 t 年期零息票债券的利率。

若无适当的零息票债券利率可供使用时，投资决策者计算 n 期投资方案净现值可用 n 年期息票债券到期收益利率（r_{0n}）作为方案期间内各期现金流量单一折现率，而投资方案的净现值为：

$$NPV = -C_0 + \sum_{t=1}^{n} \frac{C_t}{(1+r_{0n})^t}$$

当然，在具体选择折现率时，还要注意风险的对等性，即折现率背后所蕴含的风险必须和投资方案的风险相当。所以，折现率应该由无风险报酬率和风险报酬率组成。无风险报酬率一般指同期国库券利率；风险报酬率是指超过无风险报酬率的那部分投资回报率。在实际测算时，可使用资本资产定价模型法、历史权益资本成本率法、风险溢价法等方法来确定适当的折现率。

8. 组合资产的风险可以分为两种性质完全不同的风险：可分散风险和不可分散风险。可分散风险又叫非系统性风险或公司特有风险，是由于某些因素对单个证券造成经济损失的可能性。由于不同资产的收益波动方向不同，所以选择波动方向相反的资产进行组合可以降低资产收益率的波动幅度，从而起到降低风险的作用。因此，这种风险称为可分散风险。资产组合指两种或两种以上的资产构成的组合，又称投资组合。投资组合理论认为，若干种证券组成的投资组合，其收益是这些证券收益的加权平均数，但是其风险不是这些证券风险的加权平均风险，投资组合能降低风险。

（1）证券组合中的预期报酬率与风险计量

① 预期报酬率

证券组合的预期报酬率实际上是通过各个证券的预期报酬率加权平均而获得的，其权数即为各种投资在总投资中所占的比重。其公式可以表达为：

$$\overline{R}_p = \sum_{i=1}^{m} W_i R_i$$

其中：R_i——证券组合中第 i 种证券的预期报酬率；

W_i——投资者在第 i 种证券上的投资比重。

② 投资组合的风险计量

a. 两项资产投资组合的风险计算

投资组合的风险不是各证券标准差的简单加权平均数,那么它如何计量呢?

两项资产投资组合报酬率的标准差是:

$$\sigma = \sqrt{(w_A\sigma_A)^2 + (w_B\sigma_B)^2 + 2w_Aw_B\sigma_{AB}}$$

式中,σ_{AB}——两种资产期望收益的协方差($\sigma_{AB} = \rho_{AB}\sigma_A\sigma_B$,$\sigma_A$、$\sigma_B$ 分别是资产 A 和 B 各自期望收益的标准差,ρ_{AB} 为两种资产期望收益的相关系数,w 为权重)。

在各种资产的方差给定的情况下,若两种资产之间的协方差(或相关系数)为正,则资产组合的方差就上升,即风险增大;若协方差(或相关系数)为负,则资产组合的方差就下降,即风险减小。由此可见,资产组合的风险更多地取决于组合中两种资产的协方差,而不是单项资产的方差。

b. 多项资产组合的风险计量

多项资产组合的方差的计算公式为:

$$\sigma_p^2 = \sum_{j=1}^{m}\sum_{k=1}^{m}W_jW_k\sigma_{jk}$$
$$= \sum_{j=1}^{m}W_j^2\sigma_j^2 + \sum_{j=1}^{m}\sum_{k=1}^{m}W_jW_k\sigma_j\sigma_k\rho_{jk}(j \neq k)$$

其中:m 为组合内证券种类总数。

公式中第一项是单项资产的方差,反映了单项资产的风险,相当于非系统风险;公式中第二项是两两资产之间的协方差,反映了资产之间的共同风险,相当于系统风险。

由多种资产构成的组合中,只要组合中两两资产的收益之间的相关系数小于1,组合的标准差一定小于组合中各种资产的标准差的加权平均数。

如果两种证券的相关系数等于1,没有任何抵消作用,在等比例投资的情况下该组合的标准差等于两种证券标准差的简单算术平均数,只要两种证券之间的相关系数小于1,证券组合报酬率的标准差就小于各证券报酬率标准差的加权平均数。

（2）两种证券组合的投资比例与有效集

随着两种证券的投资比例的变化，投资组合的收益率和标准差也会发生变化。依上例，假定投资组合发生一系列的变化，就会产生不同的收益率和标准差，以组合的标准差为横坐标，以组合的期望收益为纵坐标，将每一组期望收益与风险绘制于二维坐标系中，将这些坐标点连接后形成的曲线自然数为机会集。这条曲线反映了风险与报酬之间的权衡关系。

（3）多种证券投资组合的风险和报酬

对于两种以上的证券组合，以上原理同样适用。所不同的是，两项资产组合的机会集是一条曲线，而多种资产的所有可能组合是一个面。将所有的证券组合构成的集合称为投资的可行集，可行集在收益与风险的二维坐标中形成一个伞状的区域。

理性的投资者在进行投资组合时往往会遵循两个原则：一是对于同样风险水平的投资组合，投资者会选择预期收益率较大的组合；二是对于同样收益率的投资组合，投资者会选择风险较小的组合。所有能够满足这两条原则的投资组合的集合就是有效集。有效集是可行集的子集。

六、案例分析要点提示

1. 案例一参考要点

（1）A 项目的平均收益率 $EA = 10\% \times 0.2 + 10\% \times 0.6 + 10\% \times 0.2 = 10\%$

$$\sigma_A = \sqrt{(10\% - 10\%)^2 \times 0.2 + (10\% - 10\%)^2 \times 0.6 + (10\% - 10\%)^2 \times 0.2} = 0$$

$q_A = EA / \sigma_A = 0$

同理可知

B 方案：

$EB = 14\%$，　$\sigma_B = 8.7\%$，$q_B = 0.62$

C 方案：

$EC = 12\%$，　$\sigma_C = 8.6\%$　$q_C = 0.72$

M 方案：

$EM=15\%$, $\sigma_M=6.3\%$ $q_M=0.42$

(2) 方案 A 在名义上是无风险投资,因为它的收益率确定,无论经济状态如何,方案 A 的收益率都是 10%,无任何偏离期望值的可能性存在。然而,方案 A 并非绝对无风险,假设下一年度的通货膨胀率预计可达 7%,则该项投资的实际收益率就可能是 3%,一年后,若通货膨胀率实际高达 9%,那么实现的实际收益率就只有 1%。所以,方案 A 只能说名义上无风险,而在实际意义上还是有风险的。

(3) 从各方案的期望收益率,标准差以及标准差系数不难看出:

方案 A 风险最小,若以变化系数为标准,方案 C 风险最大,方案 B 和方案 M 居中。显然,由于方案 C 是左偏分布,故而风险最大,而且还是唯一有可能亏损的方案。但是,要判断方案 B 和方案 M 孰优是困难的,显然方案 B 有较高的标准差和变化系数,但由于它是右偏分布,从而在一定程度上抵消了统计值所反映的风险差异。

如果应用均值—方差判断标准对这些方案进行筛选,可以得知方案 M 优于方案 B 和方案 C,与后两者相比,前者有较高的期望收益和较低的标准差,如此看来,只有方案 M 和方案 A 仍属优化投资集合。当然均值—方差标准要求正态分布条件得以满足,而无论是方案 B 还是方案 C 都不是真正的正态分布。

(4) 方案 M 是市场投资,从而有 $\beta_M=1$。方案 A 是无风险投资,它与市场投资之间的 $\beta_C=0$,此外还不难知道,方案 A 的收益是无风险收益,即 $R_F=10\%$,为了求出方案 B 和方案 C 的 β 系数,我们得分别求出它们各自与市场投资之间的协方差。

方案 B 与市场 M 之间的协方差为 $=50$,同理可求出方案 C 与市场之间的协方差 $=-52$,说明方案 B 与市场的变动趋势相同,方案 C 与市场的变动趋势相反。

为了进一步了解上述变动关系的强度,还要求出相关系数:B 与 M 的相关系数为 0.91

由此可见,这两项变动关系都是强变动关系,方案 B 近似于完全正相关,方案 C 则近似于完全负相关。$\beta_B=1.25$, $\beta_C=-1.3$,由资本资产定价模型,四个方案的必要收益率分别为 10%, 16.3%, 3.5%, 15%。

由此我们可看到,方案 A 和方案 M 均要求期望收益率等于要求收益率,方案 B 的要求收益率比期望收益率高 2.3 个百分点,而方案 C 的要求收益率比期望收益率低 8.5 个百分点。显然,从市场风险的角度看,方案 C 的期望收益远高于其要求收益,选择是合乎情理的。但是,就总风险而言,并且考虑到所有待选方案中唯一可能亏损的项目,也许选择方案 C 风险最大,但是值得注意的是:投资决策,究竟是总风险起决定作用,还是市场风险起决定作用,这并不是一件容易的事。方案 C 的要求收益率小于无风险收益率,若把方案 C 作为一项独立的投资,则未免过于冒险。方案 C 的特点在于,它是一项相对于市场而呈现负相关的投资,具有减少组合投资风险的能力,从而对投资者也很有价值。

2. 案例二参考要点

根据资料所述,外国投资公司的运作方式不合惯例。国际投资者通常是专业化运作,非常理性。在没有亲自对融资方进行尽职调查的情况下,不可能作出决定。另外,正式的投资机构不可能收取“诚意金”,在签协议以前,双方都是平等的。在目前的资本市场条件下,美国投资方不可能以银行贷款利率向一个缺乏足够信用担保的民营企业提供贷款。2004 年,国内的国债和公司债务的年回报率约 4% 左右,民间融资利率 12%~15%。按照资本资产定价模型计算,风险附加值达到8%~11%。根据“投资风险越大,要求的报酬率越高”的原理,P 公司投资的项目风险附加值高,风险高。而 P 公司给予 G 公司的贷款利率为 6%。很难想象,其较低的回报率投资了一个高风险的项目。因此,这种天上掉馅饼的事很有可能是个陷阱。

第四章　营运资金管理理论

第一节　本章知识提要

一、本章知识点

(一)营运资金管理内容

营运资金是指在企业生产经营活动中占用在流动资产上的资金。营运资金的管理既包括流动资产的管理,也包括流动负债的管理。

企业营运资金运动的规律性,从整体上考察主要包括平衡规律、综合规律、增值规律、持续规律。

营运资本需求就是指在营运资金周转过程中企业赖以支持经营活动的"净投资"。

营运资本需求=(应收账款+存货+预付费用)-(应付账款+预提费用)

在做长、短期融资决策时,许多公司应用匹配战略(matching strategy),即长期融资由长期资金支持,短期融资由短期资金支持,通过资产寿命和资金来源期限的匹配,可以减少不协调的风险。

(二)现金管理

企业持有现金主要出于以下五方面的原因:交易性需要、补偿性现金余额需要、预防性需要、潜在的投资需要、投机性需要。

现金持有的成本是指企业为了持有一定数量的现金而发生的费用或者现金发生短缺时所付出的代价,主要包括机会成本、管理成本、转换成本和短缺成本。

现金周期是指从现金投入生产经营开始,到最终转化为现金的过程。大致包括存货周转期、应收账款周转期和应付账款周转期。

现金预算又称现金计划,是根据企业一定时期内的财务情况就现金使用和现金筹集等作出的预算。

现金余额模型的作用在于确定最佳的现金持有额度。常用的现金余额模型主要有成本分析模型、存货决策模型、随机模型、现金周转模型和因素分析模型。

　　现金日常管理的基本思路是：第一，尽快收回应收账款；第二，在保持公司信誉的前提下，尽可能延迟支付账单。

　　（三）存货管理

　　存货是指企业在生产经营过程中为销售或者耗用而储备的物资。不同的部门对存货管理有着不同的要求。存货管理既要生产经营连续性，又要保证尽可能少地占用经营资金，进行存货管理就要尽力在各种存货成本与存货效益之间作出权衡，达到最佳结合。

　　储备存货的有关成本包括取得成本、储存成本和缺货成本

　　存货的决策涉及四个内容：决定进货项目、选择供应单位、决定进货时间和决定进货批量。

　　使存货的总成本最低的批量叫做经济订货量或经济批量。

　　存货控制是对存货的情况进行反映和监督，包括永续存货控制、双堆存货控制、定期存货控制、计划需用量存货控制和 ABC 存货控制。

　　（四）信用管理

　　信用管理主要包括信用政策、信用分析、收账政策等内容。

　　信用政策是指企业为了鼓励和指导信用销售（赊销）而采取的一系列优惠标准和条件。它包括信用标准、信用条件、信用期限、现金折扣政策等。

　　（五）短期融资与财务政策

　　短期融资来源的主要包括商业信用、短期贷款和应计项目。

　　公司为支持投资，可以选择不同的融资结构。根据公司资金来源的构成，一般将公司融资战略与政策分为三种类别：保守型融资政策、激进型融资政策、中庸型融资政策。

　　二、教学重点

　　（一）现金管理

　　1. 现金预算

　　2. 现金余额模型

　　（1）成本分析模型

成本分析模型通过分别计算出各种方案的机会成本、管理成本、短

缺成本之和,再从中选出总成本之和最低的现金持有量即为最佳现金持有量。

（2）存货决策模型

最佳现金持有量公式：$C^* = \sqrt{2Tb/r}$

（3）随机模型

根据公司一定时期内现金的随机支出中的最高支出额和最低支出额,制定一个现金控制区域。

（4）现金周转模型

$$现金周转率 = (1/现金周转期)\times计算期天数$$
$$目标现金持有量 = 年现金需求量/现金周转率$$

（5）因素分析模型

因素分析模型是根据上年现金占用额和有关因素的变动情况,来确定最佳现金余额的一种方法,其计算公式如下：

$$最佳现金余额 = (上年现金平均占用额-不合理占用额)\times(1\pm预$$
$$计销售收入变化的百分比)$$

3. 现金收支管理

（1）加速收款

可采用集中银行、锁箱系统和其他程序进行加速收款。

（2）付款控制

可以合理运用现金浮游,利用商业信用,采用工薪支出模式和力争使现金流出与现金流入同步进行付款控制。

（二）存货管理

1. 经济订货量基本模型

（1）每次最优订货量订货批量：$Q^* = \sqrt{\dfrac{2KD}{K_C}}$

与批量有关的存货总成本：

$$TC(Q^*) = \frac{KD}{\sqrt{\dfrac{2KD}{K_C}}} + \frac{\sqrt{\dfrac{2KD}{K_C}}}{2} \cdot K_C = \sqrt{2KDK_C}$$

经济订货量占用资金：

$$I^* = \frac{Q^*}{2} \cdot U = \frac{\sqrt{\frac{2KD}{K_c}}}{2} \cdot U = \sqrt{\frac{KC}{2K_c}} \cdot U$$

（2）基本模型的扩展

表 4 - 1　经济订货量扩展模型

模　型	假定条件	最优再订货点(s^*)	经济订货量(Q^*)
模型一	瞬时供货； 整批到货； 不允许缺货。	0	$\sqrt{\dfrac{2KD}{K_c}}$
模型二	整批到货； 供货滞后时间为 l； 不允许缺货。	$D \cdot l$	$\sqrt{\dfrac{2KD}{K_c}}$
模型三	陆续供货； 不允许缺货。	0	$\sqrt{\dfrac{2KD}{K_c} \cdot \dfrac{p}{p-d}}$
模型四	瞬时供货； 允许缺货。	$-\sqrt{\dfrac{2KDK_c}{K_q(K_c+K_q)}}$	$\sqrt{\dfrac{2KD}{K_c} \cdot \dfrac{K_c+K_q}{K_q}}$
模型五	陆续供货； 允许缺货。	$-\sqrt{\dfrac{2KDK_c}{K_q(K_c+K_q)} \cdot \dfrac{p-d}{p}}$	$\sqrt{\dfrac{2KD}{K_c} \cdot \dfrac{K_c+K_q}{K_q} \cdot \dfrac{p}{p-d}}$

（3）存货控制

（三）信用管理

信用管理包括信用政策、收款政策、信用分析。

三、教学难点

本章内容涉及不同种类流动资产管理的最优量化模型。读者要充分理解这些模型的假设前提和适用条件，熟练掌握各种模型指标的计算方法。在这些模型中，存货经济批量模型的扩展模型涉及参数较多、较为繁琐，因此是教学难点。这部分内容也是注册会计师财务管理考试科目的重难点，考生应该加以重视并强化巩固。

按照存货管理的目的，需要通过合理的进货批量和进货时间，使存货的总成本最低，这个批量叫做经济订货量或经济批量。有了经济订货量，可以很容易地找出最适宜的进货时间。在经济批量模型的基础上，放宽经济批量模型的假设条件，增加订货提前期、陆续订货条件、允许缺货条件,以及陆续订货并允许缺货等条件,建立了更加贴近实际的模型。表4-1汇总了五种模型的条件以及最优再订货点、经济订货量的计算公式,可以根据此提示,提高记忆的速度和准确性。

第二节 习题部分

一、单选题

1. 应收账款赊销效果的好坏,依赖于企业的信用政策。公司在对是否改变信用政策进行决策时,不考虑的因素是( )。
   A. 等风险投资的最低报酬率　　B. 产品变动成本率
   C. 应收账款坏账损失率　　　　D. 公司的所得税率

2. 各种持有现金的动机中,属于应付未来现金流入和流出随机波动的动机是( )。
   A. 交易动机　　　　　　　　B. 预防动机
   C. 投机动机　　　　　　　　D. 长期投资动机

3. 净营运资本是代表( )。
   A. 流动资产和流动负债之差　　B. 流动资产和长期负债之差
   C. 流动资产和固定资产之差　　D. 流动资产和流动负债总额

4. 在确定最佳现金持有量时,成本分析模式和随机模式均需要考虑的因素是( )。
   A. 持有现金的机会成本　　　　B. 固定性转换成本
   C. 现金短缺成本　　　　　　　D. 现金保管费用

5. 如果一个企业为了能够正常运转,不论在生产经营的旺季或淡季,都需要保持一定的临时性借款时,则有理由推测该企业所采用的营运资金融资政策是( )。
   A. 稳健型融资政策　　　　　　B. 中庸型融资政策
   C. 激进型融资政策　　　　　　D. 配合型或稳健型融资政策

6. 企业4月5日赊购商品时双方约定"2/10,N/20"。在4月10日有能力付款,但直到4月15日才支付这笔款项。其目的是运用现金日常管理策略中的( )。
   A. 力争现金流量同步　　　　　B. 使用现金浮油量

C. 加速收款　　　　　　　　D. 推迟应付款的支付

7. 下面哪个因素不直接影响公司营运资本的投资水平（　　）。

A. 公司的存货和信用政策　　B. 厂房和设备的使用年限

C. 公司的销售水平　　　　　D. 公司的营业周期长度

8. 企业赊销政策的内容不包括（　　）。

A. 确定现金折扣政策　　　　B. 确定信用期间

C. 确定信用条件　　　　　　D. 确定收账方法

9. 下列成本中属于变动性订货成本的是（　　）。

A. 采购人员计时工资　　　　B. 采购部门管理费用

C. 订货业务费　　　　　　　D. 预付定金的机会成本

10. 企业持有一定量的短期有价证券，主要是为了维护企业资产的流动性和（　　）。

A. 非正常情况下的现金需要　B. 正常情况下的现金需要

C. 企业资产的及时变现性　　D. 企业资产的收益性

11. 企业为了使其持有的交易性现金余额降到最低，可采取（　　）。

A. 力争现金流量同步　　　　B. 推迟应付款的支付

C. 使用现金浮油量　　　　　D. 加速收款

12. 甲公司规定在任何情况下其现金余额不能为 4 600 元，现已知现金返回线的数值为 5 850 元，则其现金量的控制上限应为（　　）。

A. 8 350　　　B. 5 250　　　C. 6 250　　　D. 5 000

13. 按照随机模式，确定现金存量的下限时，应考虑的因素有（　　）。

A. 企业现金最高余额　　　　B. 有价证券的日利息率

C. 有价证券的每次转换成本　D. 管理人员的风险承受倾向

14. 某企业全年需要甲种材料 4 800 吨，每次订货成本 800 元，每吨材料年储备成本 24 元，则每年最佳订货次数为（　　）次。

A. 12　　　B. 6　　　C. 4　　　D. 3

15. 某公司目前的信用条件是 N/30，年赊销收入 6 000 万元，变动成本率 60%，资金成本率 15%，为使收入增加 10%，拟将政策改为"2/10,1/20,N/60"客户付款分别为：60%，15%，25%，则改变政策后会使应收账款占用资金的应计利息（　　）。

A. 减少 1.86 万元　　　　　B. 减少 3.6 万元

C. 减少 2.52 万元　　　　　　D. 减少 5.4 万元

16. 某企业在生产经营淡季资产为 500 万元,在生产经营旺季资产为 650 万元,企业的长期负债自发性负债和权益资本可提供的资金为 450 万元,则该企业采取的是(　　　)。

A. 配合性融资政策　　　　　　B. 激进型融资政策

C. 稳健型融资政策　　　　　　D. 均可

17. 为满足投机性而持有过多的现金,使用这种方式更多的是(　　　)。

A. 酒店　　　　B. 企业　　　　C. 农场　　　　D. 投资公司

18. 商业信用筹资最大的优越性在于(　　　)。

A. 是一种短期筹资形式　　　　B. 不负担成本

C. 比较容易取得　　　　　　　D. 期限较短

19. 已知某种存货的需求量为 7 200 个单位,该种存货的再订货点为 1 000 个单位,由其交货间隔时间为(　　　)。

A. 36 天　　　　B. 50 天　　　　C. 40 天　　　　D. 30 天

20. 某企业全年需要甲种材料 10 800 吨,单位 159 元/吨,目前每次的订货量和订货成本分别为 1 200 吨和 550 元,则该企业每年存货的订货成本为(　　　)元。

A. 4 800　　　　B. 5 000　　　　C. 3 600　　　　D. 4 950

21. 采用随机模式控制现金持有量,计算现金返回线 R 的各项参数中不包括(　　　)。

A. 每次现金与有价证券转换时发生的固定转换成本

B. 现金存量的上限

C. 有价证券的日利息率

D. 预期每日现金余额的标准差

22. 在下列各项中,属于应收账款机会成本的是(　　　)。

A. 坏账损失

B. 收账费用

C. 对客户信用进行调查的费用

D. 应收账款占用资金的应计利息

23. 放弃现金折扣的成本大小与(　　　)。

A. 折扣百分比的大小呈反向变化

B. 信用周期的长短呈同向变化

C. 折扣百分比的大小、信用周期的长短均成同向变化

D. 折扣期的长短呈同向变化

24. 某公司持有有价证券的平均年利率为 5%,公司的现金最低持有量为 1 500 元,现金余额的最优返回线为 8 000 元,如果公司现有现金 20 000 元,根据现金持有量随机模型,此时应当投资于有价证券的金额为( )元。

A. 0　　　　B. 6 500　　　　C. 12 000　　　　D. 18 500

25. 根据 5C 系统原理,在确定信用标准时,应掌握客户能力方面的信息,下列各项中最能反映客户"能力"的是( )。

A. 流动资产的数量、质量及与流动负债的比例

B. 获取现金流量的能力

C. 财务状况

D. 获利能力

26. 根据存货陆续供应模式,下列情形中能够导致经济批量降低的是( )。

A. 存货需求量增加　　　　B. 一次订货成本的增加

C. 单位储存变动成本的增加　　D. 每日消耗量的增加

二、多选题

1. 关于营运资金政策的表述中正确的是( )。

A. 营运资金持有政策和融资政策都是对收益和风险的权衡来确定的

B. 宽松的持有政策其机会成本高,紧缩的持有政策会影响企业采购支付能力

C. 适中的持有政策下,一般企业不进行短期有价证券投资

D. 稳健型融资政策下,除自发性负债外,在季节性低谷时也可以有其他流动负债

2. 企业运用存货模式确定最佳现金持有量所依据的假设包括( )。

A. 所需现金只能通过银行借款取得

B. 预算期内现金需要总量比较稳定

C. 现金收入与耗用过程比较均匀、稳定并可预测

D. 证券利率及转换成本可以知悉

3. 企业持有现金主要是为了满足以下（　　）几个方面的需要。

A. 交易性需要　　　　　　　　B. 补偿性现金余额需要

C. 预防性需要和潜在的投资需要　　D. 投机性需要

4. 下列属于营运资金的基本特征的有（　　）。

A. 增值性　　　B. 物质性　　　C. 补偿性　　　D. 灵活性

5. 下列项目中，能够被视作自发性负债的项目有（　　）。

A. 短期借款　　B. 应交税金　　C. 应付水电费　D. 应付工资

6. 放弃现金折扣的成本受折扣百分比、折扣期和信用期的影响，下列各项中，会使放弃现金折扣成本提高的情况有（　　）。

A. 信用期、折扣期不变，折扣百分比提高

B. 折扣期、折扣百分比不变，信用期延长

C. 折扣百分比不变，折扣期、信用期延长

D. 折扣百分比、信用期不变，折扣期延长

7. 商业信用筹资的优点主要是（　　）。

A. 筹资期限长　　　　　　　　B. 筹资成本低

C. 限制条件少　　　　　　　　D. 筹资方便

8. 下列说法正确的是（　　）。

A. 长期筹资与短期筹资的期限、速度、弹性是不同的，不同的筹资结构反映不同的短期财务战略

B. 根据企业资金来源的构成，一般将企业的融资战略与政策分为三种类别：保守型融资政策、激进型融资政策、中庸型融资政策

C. 保守型融资政策下，流动负债较少，营运资金净额和流动比率较高，企业的财务风险及利率风险小

D. 激进型融资政策下，大量使用期限较短的流动负债，使得企业的营运资金净额和流动比率下降，并面临着较大的还债压力

9. 对信用期限的叙述，正确的是（　　）。

A. 信用期限越长，企业坏账风险越大

B. 信用期限越长,表明客户享受的信用条件越优越

C. 延长信用期限,不利于销售收入的扩大

D. 信用期限越长,应收账款的机会成本越低

10. 存货管理的经济订货量基本模型建立于下列哪些假设条件之上( )。

A. 存货能集中到货,而不是陆续入库

B. 需求量稳定,并且能预测

C. 存货单价不考虑销售折扣

D. 企业能及时补充所需存货

11. 在供货企业提供数量折扣的情况下,影响经济订货量的因素是( )。

A. 购置成本　　　　　　　B. 储存成本中的固定成本

C. 储存成本中的变动成本　　D. 订货成本中的变动成本

12. 企业资金运动的规律性,从整体上考察主要包括( )。

A. 平衡规律　　B. 综合规律　　C. 增值规律　　D. 持续规律

13. 下列说法正确的是( )。

A. 企业预防性现金数额大小与企业现金流量的可预测性成反比

B. 企业预防性现金数额大小与企业借款能力强弱成反比

C. 企业预防性现金数额大小与企业业务交易成反比

D. 企业预防性现金数额大小与企业偿债能力成正比

14. 为了提高现金使用效率,企业应当( )。

A. 加速收款并尽可能推迟付款

B. 在不影响信誉的前提下推迟应付款的支付

C. 在使用现金浮游量

D. 力争现金流入与现金流出同步

15. 下列哪些属于交易性需要的现金支出( )。

A. 到期还本付息　　　　　B. 支付工资

C. 交纳税款　　　　　　　D. 支付股利

16. 信用的"5C"系统中,能力指顾客的偿债能力,对其能力的考察主要应分析下列哪些财务比率( )。

A. 流动比率　　　　　　　B. 存货周转率

C. 产权比率   D. 应收账款周转率

17. 下列各项中,企业制定信用标准时应予以考虑的因素是( )。

A. 同行业竞争对手的情况   B. 企业自身的资信程度

C. 客户的资信程度   D. 企业承担违约风险的能力

18. 延长信用期间有可能会使( )。

A. 销售额增加   B. 应收账款占用资金增加

C. 收账费用增加   D. 坏账损失增加

19. 短期负债筹资的特点有( )。

A. 筹资速度快,容易取得   B. 筹资富有弹性

C. 筹资成本较低   D. 筹资风险低

20. 下列属于存货的储存变动成本的是( )。

A. 存货占用资金的应计利息   B. 紧急额外购入成本

C. 存货的破损变质损失   D. 存货的保险费用

21. 引起缺货问题的原因可能有( )。

A. 材料供应中断造成的停工损失

B. 产成品库存短缺造成的拖欠发货损失

C. 丧失销售机会的损失

D. 需要主观估计的商誉损失

22. 下列各项因素中,影响经济订货批量大小的有( )。

A. 仓库人员的固定月工资   B. 存货的年耗用量

C. 存货资金的应计利息   D. 保险储备量

23. 存货模式和随机模式是确定最佳现金持有量的两种方法。对这两种方法表述正确的是( )。

A. 两种方法都考虑了现金交易成本和机会成本

B. 存货模式简单、直观,比随机模式有更广泛的适用性

C. 随机模式可以在企业现金未来需要总量和收支不可预测的情况下使用

D. 随机模式确定的现金持有量,更易受到管理人员主观判断的影响。

24. 在稳健型筹资政策下,临时性流动资产的资金来源可以是( )。

A. 临时性负债   B. 长期负债

C. 自发性负债　　　　　　D. 权益资本

25. 以下关于营运资金筹资政策的表述正确的有(　　)。

A. 采用激进型政策时,企业的风险和收益均较高

B. 如果企业在季节性低谷,除了自发性负债没有其他流动负债,
则其所采用的政策是中庸型政策

C. 采用中庸型筹资政策最符合股东财富最大化

D. 采用稳健型政策时,企业的变现能力比率最高

26. 下列(　　)属于临时性流动资产。

A. 季节性存货　　　　　　B. 最佳现金余额

C. 保险储备存货量　　　　D. 销售旺季的应收账款

三、简答题

1. 什么是营运资金? 有哪些特点? 有哪些规律?

2. 什么是营运资金的匹配战略?

3. 现金持有的动机有哪些? 现金持有成本主要由哪几部分构成?

4. 为达到加速收款可采用哪些措施?

5. 付款控制有哪些策略?

6. 储备存货的相关成本有哪些?

7. 什么是永续存货控制?

8. 什么是"5C"系统?

9. 为合理安排闲置资金,财务上通常的做法有哪些?

10. 存货管理的目的是什么?

11. 什么是信用政策? 包括哪些内容?

12. 什么是双堆存货控制?

13. 什么是现金计划?

14. 什么是信用分析? 国际上常用的信用分析方法有哪些?

15. 商业信用筹资与专门的借款相比具有哪些优点和缺点?

16. 在编制融资计划表时,要注意哪些方面?

四、计算题

1. 某企业每月平均现金需求量为 10 万元,有价证券的月利率为
1‰,假定企业现金管理相关总成本控制目标为 600 万元。

(1)计算有价证券的每次转换成本。

(2) 计算最低现金余额。

(3) 计算最佳有价证券交易间隔期。

2. 假设某公司根据现金流动性要求和有关补偿性余额的协议,该公司的最低现金余额为 10 000 元,每次有价证券的固定转换成本为 200 元,有价证券年利息率为 10%。

表 4-2

概　　率	现金余额
0.2	10 000
0.5	40 000
0.3	100 000

如果一年按 360 天计算,利用随机模型完成以下要求。

(1) 计算最优现金返回线和现金存量的上限。

(2) 若此时现金余额为 25 万元,应如何调整现金?

(3) 若此时现金余额为 28 万元,应如何调整现金?

3. 某公司估计在目前的营运政策下,今年销售将达 20 万件,该公司只销售一种商品,商品销售单价为 10 元,销售变动成本率为 0.8,资金成本为 16%。目前的信用政策为 N/25,即无现金折扣。由于部分客户经常拖欠货款,平均收现期为 30 天,坏账损失为 1%,收账费用为 10 000 元。该公司的财务主管拟改变信用政策,信用条件为 40/N,预期影响如下:销售量增加 2 万件,增加部分的坏账损失比率为 4%,全部销售的平均收现期为 45 天,收账费用为 15 000 元,一年按 360 天计算,设存货周转天数保持 90 天不变,应付账款平均余额占存货余额50%保持不变。

(1) 计算改变信用政策预期营运资金变动额。

(2) 计算改变信用政策预期税前利润变动额。

4. A 公司是一个家用电器零售商,现经营约 500 种家用电器产品。该公司正在考虑经销一种新的家电产品。据预测该产品年销售量为 1 080 台,一年按 360 天计算,平均日销售量为 3 台,固定的储存成本 2 000 元/年,变动的储存成本为 100 元/台(一年);固定的订货成本为 1 000 元/年,变动的订货成本为 74.08 元/次;公司的进货价格为每台

500 元,售价为每台 580 元。

(1) 计算该商品的进货经济批量。

(2) 计算该商品按照经济批量进货时存货所占用的资金(不含保险储备资金)。

(3) 计算该商品按照经济批量进货的全年存货取得成本和储存成本(不含保险储备成本)。

5. 甲公司是一个商业企业。财务部门认为现有的信用政策不利于公司盈利。有员工提出了 A 和 B 两个信用政策的备选方案,有关数据见表 4-3:

表 4-3

项 目	现行政策	A 方案	B 方案
信用政策	N/45	N/60	2/10,N/90
年销售额(万元/年)	4 200	4 500	4 800
收账费用(万元/年)	40	20	10
所有账户平均收账期	2 个月	3 个月	4 个月
所有账户的坏账损失率	2%	2.5%	3%
享受折扣的客户比例(占赊销额)			10%

已知甲公司的销售毛利率为 20%,存货周转天数始终保持 45 天不变,若投资要求的最低报酬率为 15%,坏账损失率是年度坏账损失与销售额的百分比。假设不考虑所得税的影响。

请分析:应否改变现行的收账政策?

6. 某企业以往销售方式采用现金交易,每年销售 12 万件产品,单价 15 元,变动成本率为 60%,固定成本为 10 万元。企业尚有 40%的剩余生产能力,现准备通过给某特殊新客户一定的信用政策,以期达到扩大销售之目的。经过测试可知:如果信用期限为 1 个月该客户愿意购买 30 000 件,预计坏账损失率为 2.5%,收账费用 22 000 元,预计应收账款收款天数为 40 天;如果信用期限为 2 个月,该客户愿意购买 38 400 件,预计坏账损失率为 4%,收账费用为 30 000 元,预计应收账款周转天数为 70 天。假定该特殊客户的购买不会影响企业原有的现销规模,资本成本率为 20%。

(1) 该企业应采用何种方案?

(2) 如果企业采用的信用期限为 1 个月,但为了加速应收账款的回收,决定使用现金折扣的办法,条件为"2/10,1/20,n/30",估计该客户货款的 65% 会在第 10 天支付,客户货款的 20% 会在第 20 天支付,其余货款的坏账损失率估计为 1.5%,其余货款如不考虑坏账损失率的话,估计平均收账期为 40 天。收账费用下降到 15 000 元。试问采用何种方案?

7. 公司拟采购一批零件,供应商报价如下:

(1) 立即付款,价格为 19 260 元;

(2) 30 天内付款,价格为 19 500 元;

(3) 31 至 60 天内付款,价格为 19 740 元;

(4) 61 至 90 天内付款,价格为 20 000 元。

要求:(1) 假设银行短期贷款利率为 15%,每年按 360 天计算,计算放弃现金折扣的成本(比率),并确定对该公司最有利的付款期和价格。

(2) 若目前有一短期投资机会,报酬率为 40%,确定对该公司最有利的付款日期和价格。

8. 某企业全年需用某种零件 22 000 件,每件价格为 3 元,若一次购买量达到 4000 件以上时,则可获 3% 的价格优惠。已知固定订货成本每年为 1 000 元,变动订货成本为每次 30 元,固定储存成本,每年为 5 000 元,变动单位储存成本 1.5 元/年。如自行生产,每件成本为 2.5 元,每天可生产 100 件,每天耗用 62.5 件,固定的生产准备费用每年 1 200 元,变动每次生产准备费用 300 元,自制零件的单位变动储存成本 1.4 元,固定储存成本每年 5 000 元。

(1) 企业每次订购多少件才能使该零件的总成本最低? 外购零件的总成本为多少?

(2) 若自制该零件,应分多少批生产,才能使生产准备成本与储存成本之和最低?

(3) 比较企业自制与外购的总成本,应选择何种方案?

(4) 比较企业自制与外购的存货占用资金。

9. A 公司是一个商业企业。由于目前的收款政策过于严格,不利于扩大销售,且收账费用较高,该公司正在研究修改现行的收账政策。

现有甲和乙两个放宽收账政策的备选方案,有关数据见表4-4:

表4-4

项　目	现行收账政策	甲方案	乙方案
年销售额(万元/年)	2 400	2 600	2 700
收账费用(万元/年)	40	20	10
所有账户的平均收账期	2个月	3个月	4个月
所有账户的坏账损失率	2%	2.5%	3%

已知A公司的销售毛利率为20%,应收账款投资要求的最低报酬率为15%。坏账损失率是指预计年度坏账损失占销售额的百分比。假设不考虑所得税的影响。

要求:通过计算分析回答,应否改变现行的收账政策?如果要改变,应该选择甲方案还是乙方案?

10. 丰宇公司现行的信用政策是40天内全额付款,赊销额平均占销售额的75%,其余的部分为立即付现。目前的应收账款周期天数为45天(一年360天)。管理部门提出,将信用政策改为50天内全额付款,改变信用政策后,预期总销售额可增20%,赊销比例增加到90%,其余部分为立即付现购买。预计应收账款周转天数延长到60天。

改变信用政策预计不会影响存货周转率和销售成本率(销售成本占销售额的70%),工资由目前的200万元,增加到380万元。除工资以外的营业费用和管理费用目前为每年300万元,预计不会因信用政策改变而变化。上年末的资产负债表见表4-5:

表4-5

资　产	金额(万元)	权益	金额(万元)
现金	200	应付账款	100
应收账款	450	银行借款	600
存货	560	实收资本	1 500
固定资产	1 000	未分配利润	10
资产总计	2 210	权益总计	2 210

要求：假设该投资要求的必要报酬率 8.959 7%，公司应否改变信用政策？

五、论述题

1. 现金的余额模型的作用在于确定最佳的现金持有额度，常用的现金余额模型有哪些？

2. 如何确定收账政策？

3. 请比较存货管理中经济订货量模型中的几种扩展模型。

4. 请阐述你对营运资金匹配战略的理解。

5. 试述不同种类的存货控制方法的主要变量特征。

6. 信用管理有哪些内容？

7. 在电子商务环境下对营运资金的管理有何影响？

8. 短期借款是企业最常用的一项短期资金来源，如何衡量其融资成本？请分析其利弊。

六、案例分析题

1. 大湖石油公司收款控制

大湖石油公司处理它的信用卡付款是在芝加哥国内总部。公司正在考虑与洛杉矶银行建立锁箱系统去处理来自 10 个西部州的付款。在这种安排下，从西部的客户付款邮寄时间可以从 3 天下降到 1.5 天，而支票处理和清算时间也可能从 6 天下降到 2.5 天。每年西部地区托收资金是 180 000 000 美元。每年收到的付款总次数是 4 800 000 次（400 000 信用卡客户的平均数×每年 12 次付款）。洛杉矶银行每年处理付款费用是 75 000 美元，再加每笔付款 0.05 美元的手续费，不需要补偿性余额。假设由于实行锁箱系统而抽出的资金可以投资于公司的其他方面，公司可获得税前 10% 的收益。对西部地区建立锁箱系统将使在芝加哥减少付款处理成本，每年达 50 000 美元。请使用这些信息回答下列问题：

（1）由于锁箱系统所抽出的资金总额为多少？

（2）这些资金每年可产生多少税前收益？

（3）公司每年必须付给洛杉矶银行处理付款的费用是多少？

（4）公司由于与洛杉矶银行建立锁箱系统每年可获多少净（税前）收益？

大湖石油公司也从盐湖城市银行收到一份建议书,提出为该公司建立锁箱系统。在这套系统下,公司对西部地区支票平均邮寄时间下降为 2 天,支票处理和清算时间平均是 2.5 天。该城市银行对处理付款不收任何费用,但是它需要石油公司在银行保持平均 1 500 000 美元的补偿性余额,这些资金通常可投资在公司的其他方面而获得 10% 收益,不用在账上保持无息支票。

（5）确定石油公司与城市银行建立锁箱系统所能获得的每年(税前)收益。

（6）公司应选择哪种锁箱系统?

案例来源:蒋屏编著《公司财务管理案例精选》,北京:对外经济贸易大学出版社,1998。

2. 水仙股份的退市之路与营运资金管理

上海水仙电器股份有限公司原为上海洗衣机总厂,创建于 1980 年。1992 年 5 月始进行股份制改组;1993 年 1 月 6 日"水仙电器"(A 股)在上海证券交易所挂牌交易;1994 年 11 月 10 日,"水仙 B 股"上市。"水仙"牌洗衣机曾是上海电器业的骄傲。但是,从 1995 年起,这家上市公司的效益大幅度滑坡,1997 年首次亏损达 6 600 多万元,1998 年又亏损 6 300 多万元,1999 年亏损 1.9 亿元。到 2000 年中期累计达 4.6 亿元,水仙的枯萎已无可救药。2001 年 4 月 23 日,PT 水仙成为中国退市第一股。

冰冻三尺,非一日之寒。水仙的退市之路反映了公司在管理中,特别是财务运作中的多方面的问题。合资的失败、内控的薄弱以及营运资金管理失当都是水仙遭遇退市的内在因素。依据以下一些资料,请对水仙公司的营运资金管理进行分析和评价。

资料一:

表 4 - 6

项　目	1995 年	1996 年	1997 年	1998 年	1999 年	2000 年
资产负债率	57%	58%	62%	62%	85%	112%
速动比率	119%	100%	88%	79%	51%	32%
现金比率	40%	15%	9%	13%	5%	2%
流动资产(万元)	78 924.43	76 797.58	78 150.74	69 641.14	35 686.56	21 320.78

项 目	1995 年	1996 年	1997 年	1998 年	1999 年	2000 年
流动负债(万元)	56 542.06	67 749.49	72 490.82	63 538.90	54 053.57	47 289.18
营运资金(万元)	22 382.37	9 048.09	5 659.92	6 102.24	−18 367.02	−25 968.41
应收账款平均余额(万元)	24 587.01	27 693.28	35 323.79	37 251.34	33 744.11	32 030.56
应收账款周转率	3.75	2.73	1.28	0.5	0.52	0.34

资料二:

公司有关部门似乎也意识到了营运资金管理的重要性,对分布全国的销售部门进行全方位的调研,发现下属销售部门和人员存在克扣修理费、私设小金库等行为,且一些销售部门账目非常混乱,因此不能排除挂账的应收账款已经被水仙公司人员截留的可能。当公司人员催讨应收款时,下属销售人员竟拿出水仙本部人员开出的借条,声称款项已经被总部人员"借走"。

资料三:

水仙公司 1999 年年报显示,公司年末一次性提取坏账准备金 12 701.24 万元,从而使水仙的应收账款净额从 31 565.50 万元下降到了 23 369.95 万元。

在该公司 2000 年年报中的注册会计师的审计报告有如下表述:

"贵公司 1999 年 12 月 31 日应收账款余额 32 712 万元,2000 年 12 月 31 日应收账款余额为 29 355 万元,计提了 18 579 万元坏账准备,根据贵公司的实际情况,我们无法估计贵公司的坏账准备是否足够谨慎而充分。贵公司 2000 年 12 月 31 日存货余额 10 985 万元,计提了 4 744 万元存货跌价准备,根据贵公司的实际情况,我们无法估计贵公司的跌价准备计提金额是否足够谨慎而充分。"

(1) 根据上述资料,分析水仙公司在营运资金管理上,特别是应收账款管理中的问题。

(2) 请你谈谈营运资金管理的重要性和需要改进的措施。

案例来源:裴益政主编《失败的教训》,北京:中国人民大学出版社,2006。

第三节 习题解答与案例分析要点

一、单选题

1. D 应收账款赊销效果的好坏,依赖于企业的信用政策。公司在对是否改变信用期限进行决策时,要考虑的因素有收益的增加、应收账款占用资金应计利息的增加、收账费用和坏账损失,其中计算收益的增加要使用变动成本率,计算应收账款占用资金应计利息的增加时需用等风险投资的最低报酬率。计算坏账损失时需用使用应收账款的坏账损失率。在进行应收账款信用决策时,按照差量分析法只要改变信用政策带来的税前净损益大于零,信用政策的改变就是可行的。

2. B 预防动机是企业为应付意外紧急情况而需要保持的现金支付能力。

3. A 净营运资本为流动资产与流动负债之差。

4. A 成本分析模式只考虑持有现金的机会成本和现金短缺成本,存货模式和随机模式只考虑持有现金的机会成本和固定性转换成本,所以现金的机会成本是均需考虑的因素。

5. C 在生产经营的淡季,采取配合或稳健型政策都没有临时性借款,可以推定只能是激进型。

6. D 推迟应付款的支付,是指企业在不影响自己信誉的前提下,尽可能地推迟应付款的支付期,充分运用供货方所提供的信用优惠。

7. B 考查营运资金的组成范围。

8. D 应收账款的信用政策包括信用期间、信用标准和现金折扣政策,确定收账方法是收账政策的主要内容。

9. C 订货业务费属于订货成本中变动性成本,而采购人员计时工资和采购部门管理费用属于订货成本中的固定性成本,预付定金的机会成本属于储存成本。

10. D 现金是流动资产中流动性最强,但收益性最弱的资产,企业现金管理的目标,就是要在流动性和盈利能力之间作出抉择,以获取最大的长期利润。为了配合现金管理兼顾资产的流动性和收益性,可将暂时闲置的现金投资短期有价证券。

11. A 力争现金流量同步可以使其持有的交易性现金余额降到最低。

12. A 在现金持有量的随机控制模式下,其现金控制量的上限H＝3R－2L。

13. D 企业确定现金存量的下限时,要受企业每日最低现金需要、管理人员的风险承受倾向等因素的影响。

14. B 经济批量＝$(2×2\ 400×400/12)^{\frac{1}{2}}$＝400;最佳订货次数＝$2\ 400/400$＝6。

15. D 原有应收账款平均余额为$6\ 000/360×30$＝500万元。
改变政策后:平均收账期＝$10×60\%+20×15\%+60×25\%$＝24天
应收账款平均余额＝$6\ 600/360×24$＝440万元
应收账款占用资金的应计利息的变动额＝$(440-500)×60\%×15\%$＝-5.4万元

16. B 该企业永久性资产为500万元,自发性负债和权益资本可提供的资金为450万元,说明有50万元的永久性资产的资金需要靠临时性流动负债来解决,所以属于激进型。

17. D 投机性动机是指置存现金用于不寻常的购买机会,比如购入股票或有价证券等,除了金融和投资公司外,一般地讲,其他企业专为投机性需要而置存现金的不多。

18. C 对于多数企业来说,商业信用是一种持续性的信贷形式,且无需正式办理筹资手续。

19. B 再订货点＝平均日需要量×交货期,依题意日需要量为$7\ 200/360$＝20,所以交货间隔时间为$1\ 000/20$＝50天

20. D 年订货次数＝$10\ 800/1\ 200$＝9次
每年存货的订货成本＝$9×550$＝4 950元

21. B 根据最优现金返回线的公式,$R=\sqrt[3]{\dfrac{3b\delta^2}{4i}}+L,H=3R-2L$,这里$b$是指每次现金与有价证券转换时发生的固定转换成本,$\delta$为预期每日现金余额的标准差,$i$为有价证券的日利息率,$L$为现金存量的下限,可以看出,现金存量的上限对最优现金返回线没有影响。

22. D 应收账款占用的资金,将失去投资于其他项目的机会,也

就丧失投资于其他项目的收益。

23. D 由放弃现金折扣成本率的计算公式可知,放弃现金折扣的成本大小与折扣百分比大小、折扣期长短呈同向变化,与信用周期的长短呈反向变化。

24. A $H=3R-2L=21\ 000$,根据现金管理的随机模式,如果现金量在控制上下限之间,可以不必进行现金与有价证券转换。由于现有现金小于最高限,所以不需要投资。

25. A 能力主要指偿债能力。

26. C 根据陆续供应的经济订货量公式 $\sqrt{\dfrac{2KD}{K_c}\cdot\dfrac{p}{p-d}}$,可很快得出结论。

二、多选题

1. ABC 营运资金政策包括持有政策和融资政策。在稳健型融资政策下,在季节性低谷时没有临时性流动负债。

2. BCD 存货模式确定最佳现金持有量所依据的假设之一是企业所需要的现金可通过证券变现取得,且证券变现的不确定性很小。

3. ABCD 现金是流动性最强但营利性最弱的资产。从现金的收益能力看,企业应拒绝持有现金,但出于以上四个方面的需要,任何一个企业都必须保留一定量的现金。

4. ABCD 营运资金的本质特征是流动性,营运资金在不断的流动过程中实现价值的补偿和增值。营运资金周转过程,实际上体现为一种资产的消耗和另一种资产的生成,即营运资金具有物质性。同时,营运资金的来源具有多样性和灵活性。

5. BCD 自发性负债指直接产生于企业持续经营中的负债,如商业信用筹资和日常运营中产生的其他应付款,以及应付工资、应付税金。

6. AD 信用期延长,公式的分母增大,公式的计算结果减少,B不正确;信用期和折扣期等量延长,公式的分母不变,公式的计算结果不变,C不正确。

7. BCD 商业信用筹资随时可以随着购销业务产生,筹资较方便,商业信用条件宽松,无须担保抵押,商业信用一般免费提供,成本很低。

但商业信用期限较短。

8. ABCD 本题考查短期财务战略与政策的基本内容。

9. AB 信用期间是企业允许顾客从购货到付款之间,或者说是企业给予顾客的付款期间,信用期越长,给予顾客信用条件越优惠。延长信用期对销售额增加会产生有利影响,但与此同时应收账款、收账费用和坏账损失也会增加。

10. ABCD 在确定经济订货量是建立在一系列假设条件基础之上,除了答案中的四个选项,还包括无缺货成本;所需存货市场供应充足;企业现金充足,不会因现金短缺而影响进货三个假设。

11. ACD 在供货单位提供数量折扣的情况下,影响存货成本高低的主要因素除了订货成本和储存成本外,购置成本即买价也要考虑。

12. ABCD 资金运动规律是企业营运资金运动中各种经济现象之间存在的必然的、本质的联系。

13. AB 预防性需要是指置存现金以防发生意外的支付。现金流量的不确定性越大,预防性现金的数额也越大,此外预防性现金数额还与企业的借款能力有关,如果企业能够很容易地随时借到短期资金,也可以减少预防性现金的数额。

14. ABCD 现金收支管理的目的在于提高现金使用效率,为达到这一目的,可运用多种方法。

15. ABCD 交易性需要是指持有现金以满足日常支付的需要。

16. ABD 能力,指对方的偿债能力,即对能力的考察主要是看流动资产的数量与质量以及与流动负债的比率。

17. ACD 信用标准是指客户获得企业的交易信用所应具备的条件,制定信用标准主要考虑的是客户的因素、同行业对手情况和企业自身承担违约风险的能力,企业自身的资信程度不应考虑。

18. ABCD 信用期间是企业允许顾客从购货到付款之间的时间,缩短信用期间有可能会使应收账款降低、收账费用降低、坏账损失减少,但也会使销售额降低。

19. ABC 短期负债需在短期内偿还,因而要求筹资企业在短期内拿出足够的资金偿还债务,若企业届时资金安排不当,就会陷入财务危机,风险高。

20. ACD　存货的储存变动成本是指与存货数量相关的成本,包括存货占用资金的应计利息、存货的破损变质损失、存货的保险费用。而紧急额外购入成本属于缺货成本。

21. ABCD　本题的考点是存货管理中的缺货成本问题。

22. BC　选项 A 是固定储存成本与经济订货量无关,保险储备是企业为避免缺货或供应中断损失而额外储备的存货,这一旦确定后就形成企业一个相对固定的储存成本,不影响每次订货量。

23. ACD　确定最佳现金持有量的存货模式考虑了机会成本和转换成本,随机模式考虑了每次有价证券的固定转换成本(交易成本),以及有价证券的日利息率(机会成本)。现金持有量的存货模式是一种简单直观的确定最佳现金持有量的方法,但是由于其假设现金的流出量稳定不变,而实际上这是很少的,因此普遍性较差。

24. BCD　稳健型筹资政策的特点是:临时性负债只融通部分临时性流动资产的资金需要,另一部分临时性流动资产和永久性资产由长期负债和权益资本作为资金来源。

25. AD　企业在季节性低谷时没有临时性流动资产,中庸型政策和稳健型政策此时均没有临时性负债,只有自发性负债。采用稳健型政策,临时性负债只融通部分临时性流动资产的资金需要,该筹资政策的流动负债最少,所以其变现能力比率(流动比率、速动比率)最高。

26. AD　临时性流动资产是指那些受季节性、周期性影响的流动资产。

三、简答题

1. 营运资金是指在企业生产经营活动中占用在流动资产上的资金。营运资金有广义和狭义之分,广义的营运资金又称毛营运资金,是指一个企业流动资产的总额;狭义的营运资金又称为净营运资金,是指流动资产减流动负债后的余额。营运资金的管理既包括流动资产的管理,也包括流动负债的管理。营运资金的本质特征是流动性,营运资金只有在不断流动的过程中才能够实现企业价值的补偿和增值。具体来说,营运资金表现出以下特征:流动性、物质性、补偿性、增值性、变动性、灵活性。营运资金运动规律是指企业营运资金运动中各种经济现象之间存在的必然的、本质的联系。它是建立财务管理原则、体制、方法的依据。企业资金运动的规律性,从整体上考察主要包括平衡规律、综合规律、增值规律、持续规律等。

2. 在做长、短期融资决策时,许多公司应用匹配战略,即长期融资由长期资金支持,短期融资由短期资金支持,通过资产寿命和资金来源期限的匹配,可以减少不协调的风险。不匹配的战略风险大,原因有两点:第一,资金成本会变化;第二,资金的可持续性不稳定,甚至会导致公司不得不卖掉资产以还债。这两类风险分别叫做利率风险和偿债风险,匹配战略会大大降低这两种风险。

3. 现金是流动性最强但营利性最弱的资产。从现金的收益能力看,企业应拒绝持有现金。但事实上任何一个企业都必须保留一定量的现金。企业持有现金主要出于以下五方面的原因:交易性需要、补偿性现金余额需要、预防性需要、潜在的投资需要、投机性需要。

现金持有的成本是指企业为了持有一定数量的现金而发生的费用或者现金发生短缺时所付出的代价,它主要由以下四个部分构成:机会成本、管理成本、转换成本、短缺成本。

4. 企业加速收款的任务不仅是要尽量使顾客早付款,而且要尽快地使这些付款转化为可用现金。为此,必须满足如下要求:① 减少顾客付款的邮寄时间;② 减少企业收到顾客开来支票与支票兑现之间的时间;③ 加速资金存入自己往来银行的过程。为达到以上要求,可采用以下措施:集中银行,锁箱系统对于那些金额较大的货款可采用直接派人前往收取支票并送存银行,以加速收款。

5. 公司在收款时,应尽量加快收款的速度,而在付款时,应尽量延缓现金支出的时间。快速收款与慢速付款相结合,将产生更多的可用现金。付款控制有以下几种策略:合理运用现金浮游、利用商业信用、工薪支出模式、力争使现金流出与现金流入同步。

6. 储备存货的相关成本包括取得成本、储存成本、短缺成本。取得成本指为取得某种存货而支出的成本。其下又分为订货成本和购置成本。储存成本是指为保持存货而发生的成本,包括存货占用资金所应计的利息、仓库费用、保险费用、存货破损和变质损失等。储存成本也分为固定成本和变动成本。短缺成本指由于存货供应中断而造成的损失,包括材料供应中断造成的停工损失、产成品库存短缺造成的拖欠发货损失和丧失销售机会的损失(还应包括需要主观估计的商誉损失等)。如果生产公司以紧急采购代用材料来解决库存材料中断之急,那么短缺成本表现为紧急额外购入成本(紧急额外购入的开支会大于正常采购的开支)。

7. 永续存货控制是对存货数量进行持续记录,并在存货降至某一特定水平时进货。当存货在耗用中降至再订货点时,按经济批量发出订单;在订货提前期内,若每日耗用量正常,存货量降至保险存货量 B 时,新的订货入库,存货量上升到较高水平;若每日耗用量高于正常耗用量,订货提前期结束时,存货量降至 B 以下,到货以后,库存水平比耗用正常的周期低一些;若每日耗用量低于正常水平,新的订货入库前库存水平高于 B,入库后,存量也相对较高。永续系统的主要变量特征是:再订货点是固定的,计算方法为:再订货点=保险库存+每日需要量×订货提前期;订货批量 Q 固定,根据具体情况选择经济订货量模型加以计算确定;订货提前期 L 固定;每日需用量大时,订货间隔缩短,每日需用量少,订货间隔延长;保险库存较小,只满足订货提前期内的超量使用,计算方法为:B=(每日最大需求-每日平均需求)×订货提前期。永续存货控制系统主要适用于单位价值高,领用次数少的存货,或者使用电子计算机的存货控制系统。

8. 企业在设定某一顾客的信用标准时,往往先要评估它赖账的可能性。这可以通过"五 C"系统来进行。所谓"五 C"系统,是评估顾客信用品质的五个方面,即:品质(character)、能力(capacity)、资本(capital)、抵押(collateral)和条件(conditions)。

品质,指顾客的信誉,即履行偿债义务的可能性。这一点经常被视为评价顾客信用的首要因素。能力,指对方的偿债能力,即其流动资产的数量和质量以及与流动负债的比例。应注意顾客流动资产的质量,看是否会出现存货过多过、质量下降、影响其变现能力和支付能力的情况。资本,指顾客的财务实力和财务状况,表明顾客可能偿还债务的背景。抵押,指顾客拒付款项或无力支付款项时被用作抵押的资产。条件,指可能影响顾客付款能力的经济环境。

9. 企业在生产经营过程中,会产生大量的现金,这些现金在用于资本投资或其他业务活动之前,通常会闲置一段时间。这些现金可用于短期证券投资以获取利息收入或资本利得;而当企业现金短缺时,又可以通过出售各种证券获取现金。因此,如果闲置现金管理得当,可为企业增加相当可观的净收益。企业现金管理的目的首先是保证主营业务的现金需求,其次才是使这些现金获得较多的收益。这两个目的要求企业把闲置资金投入到流动性高、风险性低、交易期限短的金融工具中,以期在容易保证主营业务需要的条件下获得较多的收入。财务上通常使用的方法有国库券、通知存款、委托财务管理、商业信用等。

10. 企业之所以要持有存货主要基于两个原因:第一,保证生产或销售的经营需要。第二,出自价格的考虑。零购物资的价格往往较高,而整批购买在价格上常有优惠。进行存货管理,就要尽力在各种存货成本与存货效益之间作出权衡,达到两者的最佳结合。这也就是存货管理的目标。

不同的部门对存货管理有着不同的要求。财务部门希望存货占用的资金越少越好,财务部门非常关注存货的积压,希望尽可能地减少存货;采购部门希望批量采购物资,以便节约运输费用和取得价格上的优惠。采购部门还希望及早进货,减少紧急订货造成的额外支出;生产部门希望能保持较高的存货水平,以避免和减少生产延误,希望大批量均衡地进行生产。销售部门希望有大量的产成品存货,可避免存货短缺而造成的损失,而且现货交易也有利于增加销售,还希望产成品存货的品种齐全或根据客户要求及时改变存货品种。

存货管理既要生产经营连续性,又要保证尽可能少地占用经营资金,进行存货管理就要尽力在各种存货成本与存货效益之间作出权衡,达到最佳结合。

11. 信用政策是指企业为了鼓励和指导信用销售(赊销)而采取的一系列优惠标准和条件。它包括信用标准、信用条件、信用期限、现金折扣政策等。信用标准是指顾客获得企业的交易信用所应具备的条件。如果客户达不到信用标准,便不能享受或只能较少享受公司的信用。信用条件是指企业要求顾客支付赊销款项的条件,包括信用期限、折扣期限和现金折扣。信用期限是企业为顾客规定的最长付款时间,折扣期限是为顾客规定的可享受现金折扣的付款时间,现金折扣是在顾客提前付款时给予的优惠。

12. 双堆存货控制不对存货进行永续记录,而是将存货置于两个空间,当一个空间的存货耗用完后即发出订单,同时从第二个空间供货,第二个空间存货耗完,第一个空间已到货可供使用,如此交替存货,不断循环。双堆存货控制是永续控制的特殊形式,主要变量特征:再订货点与订货批量相同;订货提前期超过订货到货的天数。其他变量特征与永续系统相同。双堆存货节约了永续记录的成本,但由于不逐笔记录,存货容易丢失,因而主要适用于低值、连续使用的标准件或办公用品。

13. 现金计划又称现金预算,是根据企业一定时期内的财务情况就现金使用和现金筹集等作出的预算。现金预算是按收付实现制的会计原则制定的,是财务管理人员对资金实行调控的重要手段之一。

现金预算是企业财务计划体系中的中心环节,其预算期的长短主要取决于企业的销售情况和生产情况。如果企业的销售、生产比较稳定,预算期就可安排得长一些。例如,可按年度编制现金预算。如果企业的销售、生产不稳定,预算期就应尽可能短一些。例如,应逐月、逐周甚至逐日地编制现金预算。这样做的目的是避免因不恰当的现金预算而给企业造成损失。现金预算的编制方法很多,不同的方法采用不同的计划表格形式。

14. 信用分析是对已有客户和潜在客户的信用进行分析。国际上,信用分析的方法较多,但主要有以下几种:① 利用财务报表分析客户的信用,客户在提出信用申请时,往往需要提交审计过的或没有审计过的财务报表。企业可利用这些报表分析客户的信用情况。② 通过信用评估机构了解、分析客户的信用。③ 从客户开户银行了解、分析客户的信用。④ 通过客户以往购货付款情况分析客户的信用。⑤ 通过对客户近期债券价格和股票价格的变动分析客户的信用。⑥ 通过信用打分分析客户的信用。

15. 商业信用筹资与专门的借款相比具有其内在的优越性。

(1)商业信用筹资容易取得。商业信用属于自发性融资行为,对绝大多数企业来讲,商业信用是一种持续性的信用形式。企业如欲取得商业信用,无须办理复杂的手续和支出相关费用。只要企业持续经营,商业信用就会存在。

（2）商业信用筹资具有较好的弹性。取得时间是买方企业决定，什么时候购买商品，什么时候就取得信用；偿还时间往往也在于买方企业的主张。如果企业无力偿还或借债偿还不利时，可以考虑放弃折扣或提出展延。

（3）商业信用筹资的限制条件较少。与短期借款相比，商业信用的约束条件很少，具有一定的灵活性。

（4）商业信用的资本成本较低。

但商业信用也存在缺点：商业信用期限较短；需要放弃现金折扣的好处。

16. 融资计划表可以清楚地反映公司在不同时间所需资金以及解决资金的来源，具有较高的应用价值。在实际编制融资计划表时，要注意以下问题：

（1）要结合财务状况分析进行短期融资，尤其是紧密结合公司短期偿债分析，在筹集资金时，要考虑使公司保持足够的短期偿债能力。

（2）要综合考虑商业信用融资所产生的隐性成本。

（3）短期融资计划的编制要实现动态化，根据现实情况对计划作出适当调整。

四、计算题

1. （1）由公式 $TC = \sqrt{2 \times T \times F \times K}$ 可知，有价证券的每次转换成本为：

$$F = \frac{TC^2}{2 \times T \times K} = \frac{600^2}{2 \times 100\,000 \times 1\%} = 180(元)$$

（2）最低现金余额为 $C = [(2 \times T \times F)/K]^{1/2} = 60\,000$ 元

（3）最佳有价证券交易间隔期：

最佳有价证券交易次数＝100 000/60 000＝1.67（次）

最佳有价证券交易间隔期＝30/1.67＝18（天）

2. （1）现金余额期值＝0.2×10 000＋0.5×40 000＋100 000×0.3

$$= 52\,000 \text{ 元}$$

每日现金流量标准差

$$= \sqrt{(10\,000 - 52\,000)^2 \times 0.2 + (40\,000 - 52\,000)^2 \times 0.5 + (100\,000 - 52\,000)^2 \times 0.3}$$

$$= 33\,407$$

$$现金最优返回线 R = \sqrt[3]{\left(\frac{3b\delta^2}{4i}\right)} + L$$

$$= \sqrt[3]{\frac{3 \times 200 \times 33\,407^2}{4 \times (10\%/360)}} + 10\,000 = 94\,467\,元$$

现金存量上限=3R−2L=3×94 467−2×10 000=263 401(元)

(2) 250 000<263 401,不进行现金调整

(3) 280 000>263 401,应投资 185 533 于有价证券。

3.(1) 原先每日销货=2 000 000/360=5 555.56(元)

原先应收账款资金占用=5 555.56×30×0.8=133 333.44(元)

新的每日销货=2 200 000/360=6 111.11(元)

新的应收账款资金占用=6 111.11×45×0.8=219 999.96(元)

增加应收账款资金占用=219 999.96−133 333.44=86 666.52(元)

存货周转率=360/90=4 次

原先存货资金占用=2 000 000×0.8/4=400 000(元)

新的存货资金占用=2 200 000×0.8/4=440 000(元)

增加的存货资金占用=40 000(元)

原应付账款平均余额=400 000×50%=200 000(元)

新应付账款平均余额=440 000×50%=220 000(元)

增加的应付账款平均余额=20 000(元)

改变信用政策预期总营运资金变动额=86 666.52+40 000−20 000
=106 666.52(元)

(2) 收益增加额=200 000×(1−0.8)=40 000(元)

坏账增加额=200 000×4%=8 000(元)

营运资金占用资金应计利息增加额=106 666.52×16%=17 066.64(元)

收账费用增加额=15 000−10 000=5 000(元)

利润变动额=40 000−8 000−17 066.64−5 000=9 933.36(元)

4.(1) 经济订货量 $= \sqrt{\dfrac{2 \times 年需求量 \times 一次订货成本}{变动储存成本}}$

$$= \sqrt{\frac{2 \times 1\,080 \times 74.08}{100}} = 40(台)$$

(2) 存货占用资金＝平均存量×进货价格＝(40/2)×500＝10 000(元)

(3) 全年取得成本＝固定订货成本＋变动订货成本＋购置成本

$$＝1 000＋(1 080/40)×74.08＋1 080×500$$

$$＝543 000.16(元)$$

全年储存成本＝储存固定成本＋储存变动成本

$$＝2 000＋(40/2)×100＝4 000(元)$$

5. 由于存货周转率＝360/45＝8 次

存货平均余额＝销售成本/存货周转率＝4 200×80％/8＝420(万元)

方案 A：存货平均余额＝4 500×80％/8＝450(万元)

方案 B：存货平均余额＝4 800×80％/8＝480(万元)

现行政策下应收账款平均余额＝4 200/6＝700(万元)

表 4 - 7

项目(单位：万元)	现行收账政策	方案 A	方案 B
销售额	4 200	4 500	4 800
毛利	4 200×0.2＝840	4 500×0.2＝900	4 800×0.2＝960
应收账款周转次数	12/2＝6	12/3＝4	12/4＝3
应收账款平均余额	4 200/6＝700	4 500/4＝1125	4 800/3＝1600
应收账款投资应计利息	700×0.8×15％＝84	1 125×0.8×15％＝135	1600×0.8×15％＝192
存货占用资金应计利息	420×15％＝63	450×15％＝67.5	480×15％＝72
坏账损失	4 200×2％＝84	4 500×2.5％＝112.5	4 800×3％＝144
收账费用	40	20	10
折扣成本			4 800×10％×2％＝9.6
税前收益	569	565	532.4

当现行收账政策的税前收益最高,因此不应改变收账政策。

6.（1）

表 4-8

项　　目	一个月的信用期	两个月的信用期
增加销售额	30 000×15＝450 000	38 400×15＝576 000
增加的边际贡献	450 000×(1－60％)＝180 000	576 000×(1－60％)＝230 400
占用资金应计利息	450 000/360×40×60％×0.2＝6 000	576 000/360×70×60％×0.2＝13 440
坏账损失	450 000×2.5％＝11 250	576 000×4％＝23 040
收账费用	22 000	30 000
税前收益	140 750	163 920

两个月信用期的税前收益较高,因此采用两个月的信用期。

（2）采用现金折扣后：

表 4-9

项　　目	享受折扣
增加销售额	450 000
增加的边际贡献	450 000×(1－60％)＝180 000
占用资金应计利息	[(450 000×65％)×10/360＋(450 000×20％)×20/360＋(450 000×15％)×40/360]×60％×0.2＝2 475
坏账损失	450 000×15％×1.5％＝1 012.5
收账费用	15 000
折扣	450 000×2％×65％＋450 000＋1％×20％＝6 750
税前收益	154 762.5

154 762.5＜163 920 还是应采用信用期为两个月的方案。

7.（1）立即付款：折扣率为(20 000－19 260)/20 000＝3.7％,

放弃现金折扣成本比率＝$\dfrac{3.7\%}{1-3.7\%} \times \dfrac{360}{90-0}$＝15.37％

30 天内付款：折扣率为(20 000－19 500)/20 000＝2.5％

放弃现金折扣成本比率＝$\dfrac{2.5\%}{1-2.5\%} \times \dfrac{360}{90-30}$＝15.38％

60 天内付款：折扣率为(20 000－19 740)/20 000＝1.3%

$$放弃现金折扣成本比率＝\frac{1.3\%}{1-1.3\%}\times\frac{360}{90-60}＝15.81\%$$

最有利的是第 60 天付款，19 740 元。应选择大于贷款利率且利用现金折扣收益率较高的付款期。

(2) 应选择 90 天付款。因短期投资机会报酬率较高，应充分利用折扣期进行短期投资而提高收益性。

8. (1) 经济批量＝$\sqrt{\dfrac{2\times22\,000\times30}{1.5}}$＝938(件)

按经济批量订货存货总成本为：

存货总成本＝年订货成本＋年储存成本＋年购置成本

$\qquad$＝1 000＋5 000＋(2×22 000×30×1.5)$^{1/2}$＋22 000×3

$\qquad$＝73 407.12(元)

按享受折扣的最低订货数量订货时的存货总成本为：

存货总成本＝1 000＋22 000/4 000×30＋5 000＋4 000/2×1.5＋

$\qquad$22 000×3×(1－3%)

$\qquad$＝73 185(元)

因为享受现金折扣时的总成本比经济批量时更低，所以每次应订购 4000 件。

(2) 陆续供货时的经济批量＝$\sqrt{\dfrac{2\times22\,000\times300}{1.4\times(1-62.5/100)}}$＝5 014(件)

22 000/5 014＝4.4(批)

自制该零件时，应分 4.4 批生产，才能使生产准备成本与储备成本之和最低。

(3) 自制总成本

$$＝22\,000\times2.5＋1\,200＋5\,000＋\sqrt{2\times22\,000\times300\times1.4\times\left(1-\frac{62.5}{100}\right)}$$

＝55 000＋1 200＋5 000＋2 632.49

＝63 832.49(元)

自制总成本低于外购总成本，所以应选择自制方案。

(4) 外购存货平均占用资金＝(4 000/2)×3×(1－3%)＝5 820(元)

自制存货平均占用资金＝(5 014/2)×(1－62.5/100)×2.5＝2 350(元)

9.

表 4 - 10

项 目	现行收账政策	方案甲	方案乙
销售额	2 400	2 600	2 700
毛利	2 400×0.2＝480	2 600×0.2＝520	2 700×0.2＝540
应收账款投资应计利息	400×0.8×15％＝48	650×0.8×15％＝78	900×0.8×15％＝108
坏账损失	2 400×2％＝48	2 600×2.5％＝65	2 700×3％＝81
收账费用	40	20	10
边际收益	344	357	341

因此,应采纳甲方案。

10.

表 4 - 11

项 目	当前	变更后	差额
利润变动:			
收入	4 800	5 760	960
销售成本率	70％	70％	
销货成本	3 360	4 032	672
毛利	1 440	1 728	288
固定费用	200	380	180
利润	1 240	1 348	108
应计利息:			
应收账款余额	450	864	414
销售成本率	70％	70％	
应收账款占用资金	315	604.8	289.8
存货金额	560	672	112
营运资金	875	1 276.8	401.8
利息率	8.959 7％	8.959 7％	
应计利息	78.4	114.4	36
净损益			72

（1）现应收账款周转天数为 45 天,现应收账款周转率为＝360/45＝8(次)

现赊销收入＝应收账款周转率×应收账款余额＝8×450＝3 600(万元)

现信用政策年销售收入＝赊销收入/赊销百分比＝3 600/75％＝4 800(万元)

改变信用政策后年销售收入＝4 800×(1＋20％)＝5 760(万元)

现信用政策毛利＝4 800×(1－70％)＝1 440

改变信用政策后的毛利＝5 760×(1－70％)＝1 728(万元)

毛利增加＝1 728－1 400＝288(万元)

（2）固定成本增加＝380－200＝180(万元)

（3）利润增加＝288－180＝108(万元)

（4）新应收账款余额＝日赊销额×平均收现期
$$＝(5\ 760×90％)÷360×60＝864(万元)$$

应收账款余额增加＝864－450＝414(万元)

（5）应收账款占用资金增加＝414×70％＝289.8(万元)

（6）存货周转率＝销售存货/存货＝4 800×70％/560＝6(次)

新存货＝新销售成本/新存货周转率＝5 760×70％/6＝672(万元)

存货增加＝672－560＝112(万元)

（7）应计利息增加＝(289.8＋112)×8.959 7％＝36(万元)

（8）净损益＝108－36＝72(万元)

因此,应当改变信用政策。

五、论述题

1. 现金持有量过多会导致企业盈利水平下降,过少又可能出现现金短缺,从而影响生产经营。因此,最佳现金持有量的确定,必须基于对收益和风险的权衡。

常用的现金余额模型主要有:成本分析模型,存货决策模型,随机模式,现金周转模型,因素分析模型。

（1）成本分析模型是通过分析持有现金的成本,寻找持有成本最低的现金持有量。企业持有的现金有三种成本:机会成本,管理成本,短缺成本。最佳现金持有量的具体计算:先分别计算出各种方案的机会成本、管理成本、短缺成本之和,再从中选出总成本之和最低的现金持有量即为最佳现金持有量。

(2) 存货决策模型也称鲍莫模式,是由美国经济学家威廉·J.鲍莫于1952年首先提出的。这种模式非常类似于存货的经济批量模型。存货决策模型可解决企业库存现金的最佳存量和一定时期内有价证券的变现次数问题。存货模式涉及到的成本主要有:置存成本,交易成本(转换成本)。置存成本是指由于置存现金,便不能投资于证券而丧失的损失。置存成本与现金持有量成正比,随着现金持有量的增大而增大。转换成本是指证券变现要花费的经纪费用。交易成本与现金转换次数有关,转换次数越多,交易成本越高。而交易次数与现金持有量成反比,因此,交易成本与现金持有量成反比。现金持有量越多,交易成本越少。持有现金的总成本就是置存成本与交易成本之和。使持有现金的总成本最低的现金持有量就是最佳现金持有量,

(3) 随机模式就是根据随机现象出现的次数,运用数学中的概率和数理统计方法测算各种可能出现结果的平均水平的一种方法。如果公司的现金支出是随机的,且一定时期内现金需要量事先无法确定,则可根据公司一定时期内现金的随机支出中的最高支出额和最低支出额,制定一个现金控制区域,再确定其平均水平。在控制区域内,当现金金额达到上限时,将现金转换成有价证券,或通过资金市场短期拆借给需用单位、短期投资于其他项目;当现金余额降到下限时,则转让有价证券或贷款拆借。

(4) 现金周转模型是从现金周转的角度出发,根据现金周转速度来确定最佳现金持有量的模式。现金周转模式的使用条件是:① 公司预计期内现金总需要量可以预知;② 现金周转天数与次数可以测算,测算结果应符合实际,保证科学与准确。该模式在运用时包括以下三个步骤:① 计算现金周转期。现金周转期是指公司从购买材料支付现金至销售商品收回现金的时间,即现金周转一次所需要的天数,具体计算公式为:现金周转期=存货周转期+应收账款周转期-应付账款周转期。② 计算现金周转率。现金周转率是指一年或一个经营周期内现金的周转次数,其计算公式为:现金周转率=(1/现金周转期)×计算期天数,现金周转次数与周转期互为倒数。周转期越短,则周转次数越多,在一定

现金需求额下,现金持有量将会越少。③ 计算目标现金持有量。目标现金持有量＝年现金需求量/现金周转率。

(5) 因素分析模型是根据上年现金占用额和有关因素的变动情况,来确定最佳现金余额的一种方法,其计算公式如下：最佳现金余额＝(上年现金平均占用额－不合理占用额)×(1±预计销售收入变化的百分比)。因素分析模型考虑了影响现金余额高低的最基本因素,计算也比较简单。但是这种模型假设现金需求量与营业量同比例增长,有时情况并非完全如此。

以上各种计算模型分别从不同角度来计算最佳现金余额各有优缺点。在实际工作中可结合起来加以运用。另外,现金余额的多少是多种因素作用的结果,数学模型并不能把各种因素的变化都考虑进去,所以,在多数情况下,还需财务管理人员根据经验加以确定。

2. 收账政策是指公司向客户收取逾期未付款的收账策略与措施,包括为此付出的代价。公司收账政策是通过一系列收账程序来完成的,这些程序包括给客户打电话、发传真、发信、拜访客户,以及融通、法律行动等。

公司的信用政策影响着坏账损失,为了避免或减少坏账损失,提高收款的效率,公司对不同客户应制定相应的收款政策。但不论公司采用何种方式对拖欠账款进行催收,都要付出一定的代价,即收账费用。在一定范围内,收账费用与坏账损失率呈反向变动,收账费用适当增加,坏账损失会减少,但二者并非呈直线线性关系。初期投入一定的收账费用只能减少很少的坏账损失;此后,随着收账业务的展开,坏账损失明显减少;随着收账费用的逐渐增加,坏账损失继续减少,但速度减慢;到一定限度时,继续增加收账费用对减少坏账损失的作用变得非常微弱,这个限度称为饱和点,如图 4－1 所示。

在实际操作中,公司可以根据收账费用、坏账损失以及应收账款的平均收回天数三者的关系,制定收账政策。另外,在制定收账政策时,还要考虑收账政策对客户积极性的影响。如果公司制定的收账政策过宽,会导致逾期未付款项的客户拖延时间更长,对公司不利;如果收账政策过严,催收过急,又可能伤害无意拖欠的客户,影响公司未来的销售和利润。因此,公司在制定收账政策时必须十分谨慎,做到宽严适

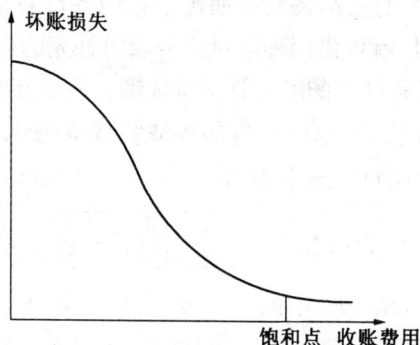

图 4 - 1

度。例如：对过期较短的客户,不予过多打扰,以免将来失去这一市场;对于过期稍长的客户,措辞委婉地写信催款;对于过期较长的客户,频繁的信件催款并电话催询;对于超过期很长的顾客,可以催款时措辞严厉,必要时提请有关部门仲裁或提请诉讼。总之,制定收账政策要坚持成本收益原则,即收回应收账款的收益要大于所付出的代价。

3. 经济订货量基本模型有较多的假设前提,与实际情况有较大差距。在此模型的基础上,通过对其假设条件的放宽拓展出一些其他模型,更贴近实际。

(1) 订货提前期。一般情况下,企业的存货不能做到随用随时补充,因此不能等存货用光再去订货,而需要在没有用完时提前订货。在提前订货的情况下,企业再次发出订货单时,尚有存货的库存量,称为再订货点,用 R 表示。再订货点的数量等于交货时间(L)和每日平均需用量(d)的乘积：R=交货时间×每日平均需用量=L·d。

(2) 陆续供货条件下的经济订货量模型。在建立基本模型时,假设存货一次全部入库,故存货增加时存量变化为一条垂直的直线。事实上,各批存货可能陆续入库,使存量陆续增加。尤其是产成品入库和在产品转移,几乎总是陆续供应和陆续耗用的。

陆续供应条件下的经济订货量模型,还可以用于自制和外购的选择决策。自制零件属于边送边用的情况,单位成本可能较低,但每批零件投产的生产准备成本比一次外购订货的订货成本可能高出许多。外购零件的单位成本可能较高,但订货成本可能比较低。要在自制零件和外购零件之间作出选择,需要全面衡量它们各自的总成本,才能得出正确的结论。这时,就可借用陆续供应或瞬时补充的模型。

(3) 允许缺货条件下的经济订货量模型。假定年存货需要量 D 一定,瞬时到货,允许缺货,单位存货的年缺货成本为 K_q,单位存货的年储存成本为 K_c,每次订货成本为 K,

最优订货点(s^*)为:$s^* = -\sqrt{\dfrac{2DKK_c}{K_q(K_c + K_q)}}$

(4) 陆续供货、允许缺货条件下的经济订货量模型。假定年存货需要量 D 一定,陆续供货,每天供货量(供货率)为 p,每天耗用量(耗用率)为 d,允许缺货,单位存货的年缺货成本为 K_q,单位存货的年储存成本为 K_c,每次订货成本为 K,经济订货量和再订货点的公式为:

$$Q^* = \sqrt{\frac{2KD}{K_c} \cdot \frac{K_c + K_q}{K_q}}$$

$$s^* = -\sqrt{\frac{2DKK_c}{K_q(K_c + K_q)} \cdot \frac{p - d}{p}}$$

以上模型的归纳见表 4 - 12:

表 4 - 12

模型	假定条件	最优再订货点(s^*)	经济订货量(Q^*)
模型一	瞬时供货; 整批到货; 不允许缺货。	0	$\sqrt{\dfrac{2KD}{K_c}}$
模型二	整批到货; 供货滞后时间为 l; 不允许缺货。	$D \cdot l$	$\sqrt{\dfrac{2KD}{K_c}}$
模型三	陆续供货; 不允许缺货。	0	$\sqrt{\dfrac{2KD}{K_c} \cdot \dfrac{p}{p - d}}$
模型四	瞬时供货; 允许缺货。	$-\sqrt{\dfrac{2KDK_c}{K_q(K_c + K_q)}}$	$\sqrt{\dfrac{2KD}{K_c} \cdot \dfrac{K_c + K_q}{K_q}}$
模型五	陆续供货; 允许缺货。	$-\sqrt{\dfrac{2KDK_c}{K_q(K_c + K_q)} \cdot \dfrac{p - d}{p}}$	$\sqrt{\dfrac{2KD}{K_c} \cdot \dfrac{K_c + K_q}{K_q} \cdot \dfrac{p}{p - d}}$

4. 在做长、短期融资决策时,许多公司应用匹配战略(matching strategy),即长期融资由长期资金支持,短期融资由短期资金支持,通过资产寿命和资金来源期限的匹配,可以减少不协调的风险。

不匹配的战略风险大,原因有两点:第一,资金成本会变化;第二,资金的可持续性不稳定,甚至会导致公司不得不卖掉资产以还债。这两类风险分别叫做利率风险和偿债风险,匹配战略会大大降低这两种风险。

但是,让资金结构与资产有效期的结构完全匹配并不是所有公司在所有的时间的最佳策略。有时如果预期短期利率会下降,那么一些公司可能会愿意冒利率风险和偿债风险。另一方面,如果一些公司非常保守,就会让贷款期限比资产有效期长很多。

从表面上看,营运资本需求是短期融资,因为它是流动资产减流动负债所构成,这两者的有效期都在一年以内。但是,不能这么简单地看,尽管营运资本需求可归入流动资产和流动负债,但它们是不断更新的,所以只要企业存在,营运资本就存在,因此,营运资本需求本质上需要通过是长期融资来实现。在匹配战略下,营运资本需求应由长期负债和权益资本来支持。但是,从现实情况,在所有的时间里,公司都能够实现由长期资金与长期融资相匹配、短期资金与短期融资相匹配是很困难的。因此,营运资本的来源有长期资金和短期资金两种。

就长期资金看,由于固定资产净值来自长期融资,长期融资超过固定资产净值的部分是可以作为 i 营运资本需求的资金,这部分叫长期融资净值。长期融资净值＝长期融资－固定资产净值。就短期资金看,超过现金的那部分短期资金可以作为营运资本需要的资金,这部分短期融资叫做短期融资净值。短期融资净值＝短期融资－现金;营运资本需求＝长期融资净值＋短期融资净值。用于营运资本需求的长期融资净值越多,所占用的短期融资净值就越少。因此,在其他条件不变的情况下,营运资本需求中的长期融资比重越大,公司的流动能力就越强。企业实施何种匹配战略,营运资本需求有多大的比重来源于长期融资,很大程度上取决于企业所处的行业、企业经营状况等因素。如果某公司的经营既有长期增长的趋势又呈季节性波动,公司可以按照营业额的一定比例保持营运资本需求,那么营运资本需求也会有同样的变化趋势。根据匹配战略,营运资本需求中长期增长的部分应由长期资本支持,季节性波动部分应由短期资本支持,这种融资策略会同时降低利率风险和偿债风险。

5. 存货控制是对存货的情况进行反映和监督,报告当前存货的水平,提供进货决策所需要的信息,使存货数量在不断变化中维持足够好的状态。

(1) 永续存货控制是对存货数量进行持续记录,并在存货降至某一特定水平时进货。

永续系统的主要变量特征为:

① 再订货点是固定的,计算方法为:再订货点=保险库存+每日需要量×订货提前期;② 订货批量 Q 固定,根据具体情况选择经济订货量模型加以计算确定;③ 订货提前期 L 固定;④ 每日需用量大时,订货间隔缩短,每日需用量小时,订货间隔延长;⑤ 保险库存较小,只满足订货提前期内的超量使用,计算方法为:

$$B=(每日最大需求-每日平均需求)×订货提前期。$$

永续存货控制系统主要适用于单位价值高,领用次数少的存货,或者使用电子计算机的存货控制系统。

(2) 双堆存货控制不对存货进行永续记录,而是将存货置于两个空间,当一个空间的存货耗用完后即发出订单,同时从第二个空间供货,第二个空间存货耗完,第一个空间已到货可供使用,如此交替存货,不断循环。双堆存货控制是永续控制的特殊形式,主要变量特征:① 再订货点与订货批量相同;② 订货提前期超过订货到货的天数。其他变量特征与永续系统相同。双堆存货节约了永续记录的成本,但由于不逐笔记录,存货容易丢失,因而主要适用于低值、连续使用的标准件或办公用品。

(3) 定期存货控制,按固定的间隔时间对存货数量进行检查,凡领用过的存货都作补充,订货量即最高存货量与当前存货量的差额。定期控制的主要变量特征是:① 有一个固定的检查期 T,事先确定每年检查存货的次数 N,$T=360/N$。② 保险库存量较大,需要克服检查期与订货提前期内的需求波动。保险库存量的计算:$B=$(每日最大需求

－每日平均需求)×(检查期＋订货提前期)。③ 订货的批量是变动的：$Q=E-$检查时存量。④ 再订货点的变动。凡是检查时被领用过的存货，即小于最高储存量的存货都要订货。⑤ 订货提前期可能是固定的，也可能是变动的。

定期控制可以减少订货次数，若干件存货一起订货可以合并运输，节约成本。但要求保险储量大，因此，主要适用于货源集中于少数供应者，以及使用集中仓库的情况。

（4）计划需用量存货控制，按最终产品和生产计划安排进货时间和数量。使用这种控制的前提条件，是预知各种存货使用的数量和时间。就工业企业来讲，需要知道最终产品的交货期以及构成的零部件数量，还需要知道每个零部件所需要材料的时间和数量。这就需要有完备的存货使用计划。计划需要量控制能做到"工完料尽"，节约资金，但是计划变动便会造成积压或短缺。适用于按合同生产或计划比较完善、可靠的情况。

（5）ABC 分析法是对存货各项目（如原材料、在产品、产成品等）按种类、品种或规格分清主次、重点控制的方法。ABC 分析法的操作步骤如下：将存货占用资金巨大、品种数量较少的确定为 A 类；将存货占用资金一般、品种数量相对较多的确定为 B 类；将存货品种数量繁多但价值金额较小的确定为 C 类。

一般来说，A 类存货的品种、数量约占全部存货的 5%～20%，资金约占存货总金额的 60%～80%；B 类存货的品种、数量约占全部存货的 20%～30%，资金约占存货总金额的 15%～30%；C 类存货的品种、数量约占全部存货的 60%～70%，资金约占存货总金额的 5%～20%；对于 A 类存货，应保持严格控制，经常检查库存，详细、科学、准确地确定这类存货的经济批量；对于 C 类存货，可采用比较简化的方法进行管理，如集中采购，适当加大安全储备等；B 类存货的控制介于 A 类与 C 类之间，可根据其在生产中的重要性程度和采购的难度具体确定控制方法。

6. 应收账款是企业营运资金的一个重要项目，应收账款的产生与商业信用的提供密切相关。因此，信用管理是营运资金管理的重要内容。信用管理主要包括信用政策、信用分析、收账政策等内容。

(1) 信用政策是指企业为了鼓励和指导信用销售（赊销）而采取的一系列优惠标准和条件。它包括信用标准、信用条件、信用期限、现金折扣政策等。信用标准是指顾客获得企业的交易信用所应具备的条件。如果公司的信用标准定得较高，一方面可以降低坏账损失，应收账款的机会成本降低，但另一方面也会丧失一部分客户的销售收入和销售利润。因此，信用标准的制定需要公司权衡得失，对实施信用的成本与收益进行比较，较为客观地对不同客户规定相应的信用标准。信用条件是指企业要求顾客支付赊销款项的条件，包括信用期限、折扣期限和现金折扣。信用期限是企业为顾客规定的最长付款时间，折扣期限是为顾客规定的可享受现金折扣的付款时间，现金折扣是在顾客提前付款时给予的优惠。提供比较优惠的信用条件能增加销售量，但也会带来额外的负担，会增加应收账款的机会成本、坏账成本、现金折扣成本等。

(2) 收款政策应收账款发生后，企业应采取各种措施，争取按期收回账款，否则会发生坏账，蒙受损失，这些措施包括对应收账款回收情况的监督和制定适当的收账政策。

一般来讲，拖欠时间越长，款项收回的可能性越小，形成坏账的可能性越大。因此，通过对应收账的账龄分析可以一定程度上起到监督应收账款回收状况的作用。编制账龄分析表是应收账款账龄分析的常用方法。

公司收账政策是通过一系列收账程序来完成的，这些程序包括给客户打电话、发传真、发信、拜访客户，以及融通、法律行动等。在实际操作中，公司可以根据收账费用、坏账损失以及应收账款的平均收回天数三者的关系，制定收账政策。另外，在制定收账政策时，还要考虑收账政策对客户积极性的影响。如果公司制定的收账政策过宽，会导致逾期未付款项的客户拖延时间更长，对公司不利；如果收账政策过严，催收过急，又可能伤害无意拖欠的客户，影响公司未来的销售和利润。因此，公司在制定收账政策时必须十分谨慎，做到宽严适度。

(3) 信用分析是对已有客户和潜在客户的信用进行分析。国际上，信用分析的方法较多，但主要有以下几种：① 利用财务报表分析客户的信用;② 通过信用评估机构了解、分析客户的信用;③ 从客户开户银行了解、分析客户的信用;④ 通过客户以往购货付款情况分析客户的信用;⑤ 通过对客户近期债券价格和股票价格的变动分析客户的信用;⑥ 通过信用打分分析客户的信用。信用打分后得到的加权平均分越高,说明客户的信用越高,企业对其提供的信用也相应越高。

7. 答题思路:可查阅电子商务环境对传统经营环境在信息传递方面的影响。开放性题目,言之有理即可。

8. 企业获得短期借款,必然要付出相应的代价,即支付融资成本,而这种成本既有显性的一面,也有隐性的一面,必须全面考虑。

(1) 短期无担保借款的融资成本。短期无担保借款的融资成本主要是支付借款的利息,在周转信用协议下还要就未使用的信用额度支付协议费。利息的支付方式主要有以下几种:① 单利法。企业在借款到期时按照设定利率一次向银行还本付息。② 贴现法。银行在向企业提供贷款时,先从本金中扣除利息部分,到期时再由企业偿还全部本金。此时,借款的实际利率要高于名义利率,因为企业可利用的借款额只是本金减去利息后的差额。实际利率的计算公式如下:实际利率＝利息／(借款金额－预扣利息)

(2) 短期担保借款的融资成本。短期担保借款时的融资成本,除要考虑显性的利息费用以外,还要考虑到由于担保而发生的各项相关费用也应计入到融资成本中,如:银行收取的服务费、收账费用、代理费用、仓储管理费用、办理有关手续的费用等。

短期借款的优点主要有:① 筹资效率较高,企业可以在较短的时间内获得所需现金;② 筹资弹性较好,企业可以在急需现金时借入,现金充裕时偿还,从而便于灵活安排现金流量,在信用额度和周转信用协议下尤为如此。

短期借款的缺点主要有:① 在补偿性余额以及担保借款(需支付管理及服务费用)下,实际利率较高;② 与商业信用相比,限制较多。

综合上述分析,企业在选择短期融资本来源时,必须综合考虑各方面因素,这些因素有资本成本、各种短期融资方式的时间性、限制性和灵活性等方面。

六、案例分析

1. 分析要点：

（1）缩减的托收时间＝邮寄时间的缩减＋处理和清算时间的缩短

$$=(3.0-1.5)+(6.0-2.5)=5（天）$$

平均每天托收＝年赊销额/365＝180 000 000/365＝493 151（美元）

抽出资金总额＝平均每日托收×托收时间的减少

$$=493\ 151×5$$

$$=2\ 465\ 755（美元）$$

（2）抽出资金的每年税前收益＝抽出资金总额×利率＝2 465 755×0.10＝246 576（美元）

（3）年银行处理费用＝固定成本＋每年付款次数×每次付款变动成本

$$=75\ 000+4\ 800\ 000×0.05$$

$$=315\ 000（美元）$$

（4）净（税前）收益

＝抽出资金（税前）收益＋公司付款处理成本的减少额－每年银行
  处理费用

$$=246\ 576+50\ 000-315\ 000=-18\ 424（美元）$$

（5）减少的托收时间＝(3.0-2.0)+(6.0-2.5)＝4.5（天）

平均每天托收＝493 151 美元

抽出资金净额＝平均每天托收×托收时间的减少－银行要求的补
  偿性余额

$$=493\ 151×4.5-1\ 500\ 000$$

$$=719\ 180（美元）$$

净（税前）收益＝抽出资金净额×利率＋公司付款处理成本减少

$$=719\ 180×0.10+50\ 000$$

$$=121\ 918$$

（6）由于城市银行的锁箱建议为企业提供了较大的净收益，因此该公司应该选择这一方案。

2. 分析要点：

（1）从数据资料中可以看出，水仙公司营运资金情形每况愈下，特别是 1998～1999 年，公司营运资金变成－18 367 万元，企业经营形势已经异常严峻。与此相对应,反映企业偿债能力的正向指标流动比率、速动比率和现金比率都逐年下降;资产负债率逐年上升,到 2000 年,资产负债率超过了 100%,达到了资不抵债的状况。

理论上,变现能力较强的应收账款,在水仙公司变成了变现率极低的垃圾资产。从 1998 年开始,应收账款周转率不足一次。而且,水仙公司的应收账款并非因公司加大催收力度而大幅减少,只是通过一次性计提高额坏账准备而降低了公司应收账款在 1999 年年末的余额。因此,并未真正改善公司应收账款的流动性。与此同时,水仙公司内部管理体系混乱,更不用说建立一个有效的应收账款的信用管理体系。公司内部没有严格明晰的账款核算制度。下属人员截留应收款的随意性加重了应收账款回收的负担。这些都酿成了应收账款周转率下降的现实。存货的情况与应收账款相似,通过跌价准备的计提减少了期末余额。总之,流动资产的主体部分应收账款和存货的质量尚且如此,有效的营运资金在上述分析的基础上当然还必须打一个很大的折扣。此时的水仙公司周转资金极度匮乏。

(2)营运资金是为维持公司正常运作所必需的血液,营运资金越多,表明企业使用资金的自由度越高,企业就能够把握未来良好的经营机会,如为未来销售囤积更多的存货等;相反,如果没有足够的营运资金,公司在经营中必然捉襟见肘,甚至面临无米下锅的困境。更为严重的是,如果营运资金小于零,则企业不仅无钱可用,而且还会面对债权人催还债务,终止进一步的贷款额度,从而成为企业财务失败的导火线。营运资金的管理失调加剧了公司合资失败、连年亏损的风险,并最终走向失败。

从水仙的案例可知,企业为维持持续经营必须保持适量的营运资金。企业的流动比率至少应当大于 1,当企业经营收入面临持续降低的困境时,企业应当压缩其固定资产投资和对外投资;此外,企业的流动资产质量也是营运资金管理的重要内容,水仙公司的应收账款和存货质量的低下严重影响了营运资金的变现能力。企业应当采取如销售和应收账款的不相容职务分离,完善账册制度,定期与客户对账等手段加强应收款的管理;建立存货的审批、购买、保管、记录等一系列制度保证存货的质量和价值。

第五章　融资管理

第一节　本章知识提要

一、本章知识点

（一）融资管理概述

筹资决策就是关于公司对各种筹资方式的资金代价进行比较和决策的行为,其核心在于公司在多种渠道和多种方式进行筹资时,如何利用不同的筹资方式,力求获得最经济、资金成本最低的资金来源。

资金筹集的一般原则:合理确定资金需要量,及时筹集资金;投融资相结合,提高再融资能力;正确选择资金来源,降低资金成本;确定资本结构,适度负债;遵守有关法律法规,维护各方合法权益。

筹资渠道体现着资金的源泉和流量,是公司取得资金的来源和途径。筹资渠道主要有:国家财政资金、银行信贷资金、非银行金融机构资金、其他公司的资金、民间资金、公司内部留存资金和境外资金等。

筹资方式是公司筹集资金的具体形式,体现着资金的属性。筹资方式主要有吸引直接投资、发行股票、发行债券、金融机构贷款、商业信用、发行短期融资债券、租赁、联营和内部积累。

（二）公司资金需求预测

定性预测法是指利用有关资料,依靠个人经验、主观分析和判断能力,对公司未来的资金需要量作出预测的方法。

销售百分比法是根据公司与选定的资产负债表与损益表之间的比例关系,按照计划销售的增长来预测短期资金需要量的方法。

资金习性预测法就是对资金习性进行分析,将资金进一步划分为变动和不变资金两部分,再根据资金和产销量之间的数量关系建立数学模型,再根据历史资料预测资金的需要量。

二、教学重点

（一）运用销售百分比法预测资金需要量

1. 预计公司内部资金来源增加额

（1）收集基年实际损益表的资料，计算损益表各项目与销售收入之间的比例。

（2）取得预测年度销售收入的预计数，并将这一预计数与基年实际损益表项目和实际销售收入的比例相乘，计算出预测年度预计损益表各项目的预计数，编制损益表。

（3）根据预测年度税后利润的预计数和公司预定的留用比例，计算出留用利润的数额。

2. 预计预测年度外部资金需要量

（1）取得基年资产负债表的资料，并计算出敏感项目与销售收入的百分比。

（2）根据已经确定的预测年度销售收入预计数，编制预测年度资产负债表。

（3）利用预测年度预计资产负债表中预计资产总额和预计负债及所有者权益总额的差额，测算预测年度所需的外部筹资数额。

（二）运用资金习性预测法预测资金需要量

预测采用的基本模型为：$Y=a+bX$

常用的区分不变资金和变动资金的方法有回归分析法、高低点法等。

三、教学难点

从总体上说，教材中融资管理一章篇幅较短，只有两个章节，因此较容易掌握；从内容上说，融资管理又是企业财务管理的三大核心内容之一，需要加以重视。公司根据生产经营和其他方面的需要，通过筹资渠道和金融市场，结合恰当的筹资方式，经济有效地筹措资金的财务活动是融资管理的精髓。良好的融资管理能为公司广开财源，促进公司运作规模的扩张。

企业的资金需要量是有效融资的前提，为筹集资金提供数量依据。因此，本章的难点是运用销售百分比法和资金习性预测法等方法来预测资金需要数量。这部分内容涉及大量数据分析与处理，需要熟练记忆和运用公式。

销售百分比法是根据公司与选定的资产负债表与损益表之间的比例关系,按照计划销售的增长来预测短期资金需要量的方法。这个方法的难点在于计算出敏感项目与销售收入的百分比,利用预测年度预计资产负债表中预计资产总额和预计负债及所有者权益总额的差额,测算预测年度所需的外部筹资数额。

资金习性预测法就是对资金习性进行分析,将资金进一步划分为变动资金和不变资金两部分,根据资金和产销量之间的数量关系建立数学模型,再根据历史资料预测资金的需要量。常用的资金习性预测法有回归分析法、高低点法等。在回归分析法中,要熟练记忆参数 a 与 b 的计算公式,不但便于解答计算题,也会加快选择题的做题速度。高低点法需要注意的地方是准确地选取高低点:$b=$(最高资金占用量-最低资金占用量)/(最高销售收入-最低销售收入);$a=Y-bX$。

第二节　习题部分

一、单选题

1. 关于融资管理的以下表述中,不正确的是(　　)。

A. 融资管理是企业财务管理的三大核心内容之一

B. 融资是公司根据生产经营和其他方面的需要,经济有效地筹措资金的财务活动

C. 筹集到的资金只需要能满足公司正常的经营和特定投资计划的要求

D. 熟悉和掌握各种方式取得资金的代价,作出正确的筹资决策,是公司融资管理中极为重要的问题

2. 筹资决策是指(　　)。

A. 提出长期投资方案并进行分析、选择的过程

B. 权衡财务风险和杠杆利益之间的利与弊,以确定最佳的目标资本结构

C. 根据企业一定时期内的财务情况就现金使用和现金筹集等作出的决策

D. 关于公司对各种筹资方式的资金代价进行比较和决策的行为

3. 筹资决策的核心是( )。

A. 获得最多的资金

B. 获得最经济、资金成本最低的资金来源

C. 找出资本成本最低的筹资方式

D. 旨在利用少量的筹资渠道和方式进行筹资

4. 资金的预测是财务预测的主要内容,哪项不属于资金预测的内容( )。

A. 经营性资金 B. 应付账款 C. 投资性资金 D. 销售收入

5. 下列不是目前公司可以利用的筹资方式的是( )。

A. 租赁   B. 发行股票

C. 发行债券   D. 银行信贷资金

6. 下面哪些是企业的筹资渠道( )。

A. 国家财政资金   B. 联营

C. 公司内部留存资金   D. 境外资金

7. 从筹资的角度来看,下列筹资方式中筹资风险较小的是( )。

A. 债券   B. 长期借款   C. 融资租赁   D. 普通股

8. 商业信用筹资的最大优越性在于( )。

A. 不负担成本   B. 期限较短

C. 容易取得   D. 是一种短期筹资形式

9. 下列不属于自发性融资的是( )。

A. 应付债券   B. 应付票据   C. 应付账款   D. 预收账款

10. 出租人既出租某项资产,又以该项资产为担保借入资金的租赁方式是( )。

A. 直接租赁   B. 售后回租   C. 杠杆租赁   D. 经营租赁

11. 长期借款筹资与长期债券筹资相比,其特点是( )。

A. 利息能节税   B. 筹资弹性大

C. 筹资费用大   D. 债务利息高

12. 一般而言,企业资金成本最高的筹资方式是( )。

A. 发行债券   B. 长期借款

C. 发行普通股   D. 利用留存收益

13. 采用销售百分率法预测资金需要量时,下列项目中被视为不随销售收入的变动而变动的是(   )。

A. 现金　　　　B. 应付账款　　C. 存货　　　　　D. 公司债券

14. 不变资金是指(   )。

A. 随产销量的变动而成比例变动的资金

B. 虽受产销量影响,但并不成比例变动的资金

C. 与产量完全无关的资金

D. 在一定的产销量范围内,不受产销量变动影响而保持固定不变的资金

15. 比率预测法进行企业资金需要量预测,所采用的比率不包括(   )。

A. 存货周转率　　　　　　　　B. 应收账款周转率

C. 权益比率　　　　　　　　　D. 资金与销售额之间的比率

16. 在财务管理中,将资金划分为变动资金与不变资金两部分,并据以预测企业未来资金需要量的方法称为(   )。

A. 定额预测法　　　　　　　　B. 比率预测法

C. 资金习性预测法　　　　　　D. 成本习性预测法

17. 相对于负债融资方式而言,采用吸收直接投资方式筹措资金的优点是(   )。

A. 有利于降低资金成本　　　　B. 有利于集中企业控制权

C. 有利于降低财务风险　　　　D. 有利于发挥财务杠杆作用

18. 相对于借款购置设备而言,融资租赁设备的主要缺点是(   )。

A. 筹资速度较慢　　　　　　　B. 融资成本较高

C. 到期还本负担重　　　　　　D. 设备淘汰风险大

19. A公司2004年销售收入为500万元,销售成本为300万元,销售税金及附加为25万元,销售费用、财务费用和管理费用合计为50万元。已知2005年该公司的预计销售收入为650万元,公司的所得税税率为50%。2005年的预计净利润为(   )。

A. 81.25　　　B. 82　　　C. 80　　　　D. 81.75

20. 接上题资料,企业留存收益率为40%,每增加100元销售收入,需增加30元资产,2004年末留存收益为5万元,则2005年外部筹

集额为（　　）万元。

  A. 5   B. 10   C. 15   D. 20

二、多选题

1. 融资管理的主要内容包括（　　）。

A. 明确具体的财务目标

B. 科学预测公司的资金需求量

C. 选择合理的筹资渠道和方式

D. 确保资金结构的合理性

2. 筹资的决策过程包括从初始目标确定到筹资方案选定时为止。主要涉及哪几个方面的内容（　　）。

  A. 确定筹资目标   B. 筹资预算与分析

  C. 决定具体的筹资规模与组合   D. 选择筹资具体方法

3. 资金的预测是财务预测的主要内容,属于资金预测的内容是（　　）。

  A. 成本费用   B. 偿债资金   C. 收益分配   D. 折旧和摊销

4. 筹资组合是由相应的筹资渠道和方式组合而成,其中筹资公司的筹资可以采取（　　）。

  A. 吸收直接投资   B. 发行股票

  C. 发行债券   D. 融资租赁

5. 对筹集渠道和筹资方式两者之间的关系描述正确的是（　　）。

A. 筹资的渠道是指公司取得资金的来源,筹集方式是指公司取得资金的具体形式,二者既有联系又有区别

B. 同一来源的资金往往可以采用不同的筹资方式取得

C. 一种筹资方式只能通过某种筹资渠道去筹措资金

D. 同一筹资方式又可以从不同的来源渠道去筹措资金

6. 下列属于来源于国家财政资金渠道的资金（　　）。

A. 国家政策性银行提供的政策性贷款形成的资金

B. 国家财政直接拨款形成的资金

C. 国家给予企业的"税前还贷"优惠形成的资金

D. 国家对企业减免各种税款形成的资金

7. 筹资渠道体现着资金的源泉和流量,是公司取得资金的来源和

途径,下面哪些是企业的筹资渠道( )。

    A. 公司内部留存资金   B. 其他公司的资金

    C. 非银行金融机构资金   D. 银行信贷资金

  8. 筹资方式是公司筹集资金的具体形式,体现着资金的属性。下列是目前公司可以利用的筹资方式的有( )。

    A. 吸引直接投资   B. 商业信用

    C. 发行短期融资券   D. 发行股票

  9. 股份公司申请股票上市,一般出于( )的目的。

    A. 使资本集中

    B. 提高股票的变现能力

    C. 筹措新的资金

    D. 提高公司的知名度,吸引更多顾客

  10. 对企业而言,发行股票筹集资金的优点有( )。

    A. 增强公司筹资能力   B. 降低公司财务风险

    C. 降低公司资金成本   D. 没有使用约束

  11. 企业在持续经营过程中,会自发地、直接地产生一些资金来源,部分地满足企业经营需要,如( )。

    A. 预收账款   B. 应付工资

    C. 根据周转信贷协议取得的限额内借款   D. 应付债券

  12. 长期借款筹资与普通股筹资相比的特点表现在( )。

    A. 筹资风险较高   B. 借款成本较高

    C. 限制条件较多   D. 筹资数量有限

  13. 与公司债券相比较,政府发行的国库券的特点是( )。

    A. 风险小   B. 到期还本付息的要求严格

    C. 抵押代用率高   D. 可享受免税优惠

  14. 按照国际惯例,大多数长期借款合同中,为了防止借款企业偿债能力下降,都严格限制借款企业租赁固定资产的规模,其目的是( )。

    A. 限制现金外流

    B. 避免或有负债

    C. 防止公司负担巨额租金而导致削弱其偿债能力

D. 防止企业摆脱对其资本支出和负债的约束

15. 资金习性是指资金的变动与产销量的变动之间的依存关系。根据资金习性可以将资金分为(　　)。

A. 不变资金　　B. 固定资金　　C. 变动资金　　D. 半变动资金

16. 运用销售百分比法,一般需借助(　　)。

A. 预计损益表　　　　　　　　B. 预计资产负债表
C. 预计现金流量表　　　　　　D. 预计所有者权益变动表

17. 敏感项目是指资产负债表中与销售有直接关系的项目。其中敏感资产项目包括(　　)。

A. 现金　　　　B. 实收资本　　C. 应收账款　　D. 存货

18. 敏感负债项目包括(　　)。

A. 对外投资　　B. 短期借款　　C. 应付账款　　D. 应付费用

19. 不变资金是指在一定的产销量范围内,不受产销量变动影响而保持固定不变的资金,包括(　　)。

A. 原材料的保险储备
B. 为维持营业而占用的最低额度现金
C. 必要的产品储备,厂房、机器设备等固定资产占用的资金
D. 直接构成产品实体的原材料

20. 变动资金则是指随产销量的变动而成比例变动的资金。一般包括(　　)。

A. 一些辅助材料所占用的资金　B. 直接构成产品实体的原材料
C. 外购件等占用的资金　　　　D. 原材料的保险储备

三、简答题

1. 简述融资管理的主要内容。
2. 什么是筹资决策?
3. 简述筹资决策的意义。
4. 简述筹资决策的程序。
5. 筹资决策要解决的问题有哪些?
6. 简述资金筹集的一般原则。
7. 资金的筹资渠道有哪些?
8. 资金的筹资方式有哪些?

9. 什么是定性预测法? 怎样用定性预测法预测资金需要量?

10. 怎样用定性预测法预测资金需要量?

11. 什么是销售百分比法? 怎样用销售百分比法预测资金需要量?

12. 怎样用销售百分比法预测资金需要量?

13. 什么是资金习性预测法?

14. 怎样用回归分析法预测资金需要量?

15. 怎样用高低点法预测资金需要量?

16. 销售百分比法中,权益性资金与销售额之间有什么关系?

四、计算题

1. 已知:某公司 2005 年销售收入为 20 000 万元,销售净利率为 12%,净利润的 60% 分配给投资者。2005 年 12 月 31 日的资产负债表(简表)如下:

表 5-1　资产负债表(简表)

2005 年 12 月 31 日　　　　　　　　单位:万元

资　　产	期末余额	负债及所有者权益	期末余额
货币资金	1 000	应付账款	1 000
应收账款净额	3 000	应付票据	2 000
存货	6 000	长期借款	9 000
固定资产净值	7 000	实收资本	4 000
无形资产	1 000	留存收益	2 000
资产总计	18 000	负债与所有者权益总计	18 000

该公司 2006 年计划销售收入比上年增长 30%,为实现这一目标,公司需新增设备一台,价值 148 万元。据历年财务数据分析,公司流动资产与流动负债随销售额同比率增减。公司如需对外筹资,可按面值发行票面年利率为 10%、期限为 10 年、每年年末付息的公司债券。假定该公司 2006 年的销售净利率和利润分配政策与上年保持一致,公司债券的发行费用可忽略不计,适用的企业所得税税率为 33%。

(1) 计算 2006 年公司需增加的营运资金。

(2) 预测 2006 年需要对外筹集资金量。

2. 某企业过去 5 年的产销量和资金占用数量的有关资料如下,该企业 2005 年预计产销量为 9.5 万件,2006 年预计产销量为 10 万件。

表 5-2

年度	产销量 X 万件	资金占用量 Y 万元	XY	X²
2000	8	650	5 200	64
2001	7.5	640	4 800	56.25
2002	7	630	4 410	49
2003	8.5	680	5 780	72.25
2004	9	700	6 300	81
合计	40	3 300	26 490	322.5

（1）用高低点法预计 2005 年的资金需要总量及 2006 年比 2005 年需增加的资金。

（2）用回归直线法预计 2005 年的资金需要总量及 2006 年比 2005 年需增加的资金。

（3）说明两种方法计算出现差异的原因。

3. 光华公司 2005 年 12 月 31 日的资产负债表如下:

表 5-3 资产负债表

2005 年 12 月 31 日 单位:万元

资　产	金　额	负债及所有者权益	金　额
现金	10	应付费用	10
应收账款	30	应付账款	20
存货	60	短期借款	50
固定资产	60	公司债券	20
		实收资本	40
		留存收益	20
合计	160	合计	160

表中资产方前三项为敏感性项目,负债方前两项为敏感性项目。2005 年销售收入为 200 万元,现在还有剩余生产能力。销售净利润率 10%,利润留存比率为 40%。2006 年预计销售收入 240 万元。

要求：按照销售百分比法预测 2006 年末留存收益余额、需向外界筹集的资金数额和增加的营运资金。

4. A 公司 2004 年有关的财务数据如下：

表 5 - 4

项　　目	金额（万元）	占销售额的百分比
流动资产	1 400	35%
长期资产	2 600	65%
资产合计	4 000	
短期借款	600	无稳定关系
应付账款	400	10%
长期负债	1 000	无稳定关系
实收资本	1 200	无稳定关系
留存收益	800	无稳定关系
负债及所有者权益合计	4 000	
主营业务收入净额	4 000	100%
主营业务净利	200	5%
现金股利	60	

预计 2005 年的主营业务收入净额比上年增长 25%。为此需要增加固定资产投资 25 万元。假定该企业 2005 年的主营业务净利率和股利支付率与上年保持一致。2005 年企业需要增加对外筹资由投资者增加投入解决。

(1) 计算 2005 年公司需增加的营运资金。

(2) 预计 2005 年年末留存收益的金额。

(3) 预测 2005 年需要对外筹集的资金量。

5. 某企业 2005 年的销售收入为 4 000 000 元，净利润为 480 000 元，向投资者分配股利 288 000 元，年末资产负债表（摘要）如下：

表 5 - 5　资产负债表

资　　产	期末余额	负债及所有者权益	期末余额
现金存款	160 000	短期借款	110 000
应收账款	320 000	应付账款	240 000

续 表

资 产	期末余额	负债及所有者权益	期末余额
存货	480 000	应付票据	160 000
待摊费用	120 000	应付费用	120 000
固定资产	850 000	长期负债	202 000
无形资产	150 000	股东权益	1 248 000
总额	2 080 000	总额	2 080 000

公司计划 2006 年实现销售收入 4 800 000 元,销售净利率与股利发放率保持不变。就下列可能的事项分别预测公司 2006 年对外资金需求量:

(1)公司没有剩余生产能力,当年有固定资产折旧 86 000 元,新增零星开支 24 000 元。

(2)公司尚有剩余生产能力,当年有固定资产折旧 86 000 元,新增零星开支 24 000 元,并增加应收票占销售收入的 5%。

(3)公司生产能力已经饱和,当年有固定资产折旧 86 000 元,其中 40%用于更新改造。新增零星开支 24 000 元,计划存货占销售收入的百分比下降 1%,应付票据占销售收入的百分比上升 2%。

6. 某公司在 2005 年度的销售收入为 1 600 000 元,销售净利率 15%,股利发放率为 40%,随销售收入变动的资产占销售收入的比例为 45%,随销售收入变动的负债占销售收入的比例为 35%,计划 2006 年的销售收入比 2005 年增加 400 000 元,销售净利率和股利发放率与 2005 年保持不变,随销售收入变动的资产占销售收入的比例为 42%,随销售收入变动的负债占销售收入的比例 30%,固定资产的折旧为 40 000 元,新增投资项目所需资金 150 000 元。

(1)计算 2006 年资金需求量及对外资金需求量。

(2)计算计划 2006 年销售净利率上升 1%时对外资金需求量。

7. 某企业 1999 年至 2003 年的销售量和资金需要量的历史资料如下表所示。假定 2004 年的销售量预计为 220 件。

表 5 - 6

年度	销售量(x 件)	资金需要量(y 元)	xy	x^2
1999	40	12 000	480 000	1 600
2000	160	24 000	3 840 000	25 600
2001	120	27 000	3 240 000	14 400
2002	80	22 000	1 760 000	6 400
2003	200	40 000	8 000 000	40 000
$N = 5$	$\sum X = 600$	$\sum Y = 125\,000$	$\sum XY = 17\,320\,000$	$\sum X^2 = 88\,000$

要求：按资金习性分析法预测 2004 年的资金需要量。

8. 某公司根据历史资料统计的经营业务量与资金需求量的有关情况如下：

表 5 - 7

经营业务量(万件)	10	8	12	11	15	14
资金需求量(万元)	20	21	22	23	30	28

要求分别用回归直线法和高低点法预测公司在经营业务量为 13 万件时的资金需求量。

9. 某公司根据历史资料统计的业务量与资金需求量的有关情况如下：

表 5 - 8

	2004 年	2005 年	2006 年
业务量(万件)	15	18	23
资金需求量(万元)	120	138	156

已知该公司 2007 年预计的业务量为 29 万件。

(1) 采用高低点法预测该公司 2007 年的资金需求量。

(2) 假设不变资金为 54 万元，采用回归直线法预测该公司 2007 年的资金需求量。

(3) 假设单位业务量(万件)所需变动资金为 5 万元，采用回归直线

法预测该公司 2007 年的资金需求量。

五、论述题

1. 为什么要进行融资管理？
2. 筹资决策要解决的问题有哪些？
3. 论述资金筹集的一般原则。
4. 筹集渠道和筹资方式有什么不同？怎样选择筹资组合？
5. 对公司资金需求进行预测主要有哪些方法？怎样选用？

六、案例分析题

1. 跃进汽车制造公司筹集资金案例

跃进汽车制造公司是一个多种经济成分并存，具有法人资格的大型企业集团。公司现有 58 个生产厂家，还有物资、销售、进出口、汽车配件等 4 个专业公司，一个轻型汽车研究所和一所汽车工学院。公司现在急需 1 亿元的资金用于轿车技术改造项目。为此，总经理赵广斌于 2004 年 5 月 10 日召开由生产副总经理张望、财务副总经理王朝、销售副总经理林立、某信托投资公司金融专家周民、某经济研究中心经济学家武教授、某大学财务学者郑教授组成的专家研讨会，讨论该公司筹资问题。下面摘要他们的发言和有关资料如下：

总经理赵广斌首先发言："公司轿车技术改造项目经专家、学者的反复论证已于 2003 年被国家正式批准立项。这个项目的投资额预计为 4 亿元，生产能力为 4 万辆。项目改造完成后，公司的两个系列产品的各项性能可达到国际同类产品的先进水平。现在项目正在积极实施中，但目前资金不足，准备在 2004 年 7 月前筹措 1 亿元资金，请大家发表自己的意见，谈谈如何筹措这笔资金。"

生产副总经理张望说："目前筹集的 1 亿元资金，主要是用于投资少、效益高的技术改进项目。这些项目在两年内均能完成建设并正式投产，到时将大大提高公司的生产能力和产品质量，估计这笔投资在改造投产后三年内可完全收回。所以应发行五年期的债券筹集资金。"

财务副总经理王朝提出了不同意见，他说："目前公司全部资金总额为 10 亿元，其中自有资金 4 亿元，借入资金 6 亿元，自有资金比率为 40%。负债比率为 60%，这种负债比率在我国处于中等水平，与世界发达国家如美国、英国等相比，负债比率已经比较高了，如果再利用债券筹集1亿元资金,负债比率将达到64%,显然负债比率过高,财务风险太大。所以,不能利用债券筹资,只能靠发行普通股或优先股筹集资金。"

但金融专家周民却认为:"目前我国资金市场还不够完善,证券一级市场和二级市场尚处于发展初期,许多方面还很不规范,投资者对股票投资还没有充分的认识,再加之今年股市的'扩容'速度过快。因此,在目前条件下要发行1亿元普通股是很困难的。发行优先股还可以考虑,但根据目前的利率水平和生产情况,发行时年股息不能低于16.5%,否则也无法发行。如果发行债券,因要定期付息还本,投资者的风险较小,估计以12%的利率便可顺利发行债券。"

来自某经济研究中心的武教授认为:"目前我国经济建设正处于改革开放的大好时期,我国已经加入世界贸易组织,汽车行业可能会受到冲击,销售量会受到影响。在进行筹资和投资时应考虑这一因素,不然盲目上马,后果将是不够理想的。"

公司的销售副总经理林立认为:"将来一段时期内销售量不成问题。这是因为公司生产的中档轿车和微型车,这几年来销售量情况一直很好,畅销全国29个省、市、自治区,2002年受进口汽车的影响,全国汽车滞销,但公司的销售状况仍创历史最高水平,居全国领先地位。在近几年全国汽车行业质量评比中,连续获奖。至于我国入关后,关税将大幅度下降,确实会对我国汽车行业带来冲击,但这种冲击已通过国家近期来的逐步降低关税得以逐步消化,外加在入关初期,国家对轿车行业还准备采取一定的保护措施。所以,入关不会产生大的影响。"

财务副总经理王朝说:"公司属于股份制试点企业,目前所得税税率为33%,税后资金利润率为16%,若这项技术改造项目上马,由于采用了先进设备,投产后预计税后资金利润率将达到18%。"所以,他认为这一技术改造项目应付诸实施。

来自某大学的财务学者郑教授听了大家的发言后指出:"以16.5%的股息率发行优先股不可行,因为发行优先股所花费的筹资费用较多,把筹资费用加上以后,预计利用优先股筹集资金的资金成本将达到19%,这已高于公司税后资金利润率16%,所以不可行。但若发行债券,由于利息可以在税前支付,实际成本大约在9%左右。"他还认为,目前我国正处于通货膨胀时期,利息率比较高,这时不宜发行较长时期的负担较高的利息或股息。所以,郑教授认为,应首先向银行筹措1亿元的技术改造贷款,期限为一年,一年以后,再以较低的股息率发行优先股股票来替换技术改造贷款。

财务副总经理王朝听了郑教授的分析后,也认为按16.5%的股息率发行优先股,的确会给公司带来沉重的财务负担。但他不同意郑教授后面的建议,他认为,在目前条件下向银行筹措1亿元技术改造贷款几乎不可能;另外,通货膨胀在近一年内不会消除,要想消除通货膨胀,利息率有所下降,至少需要两年时间。金融学家周民也同意王朝的看法,他认为一年后利息率可能还要上升,两年后利息率才会保持稳定或有所下降。

案例来源:王化成《财务管理教学案例》,中国人民大学出版社,2001年。

(1)归纳一下这次筹资研讨会上提出哪几种筹资方案?

(2)企业在进行筹资决策时应注意哪些问题?

(3)你若在场的话,听了与会同志的发言后,应该如何作出决策。

2. 田大妈借钱难

位于成都市近郊新津县,拥有2亿多资产,占有全国泡菜市场60%份额的新蓉新公司,近年来却被流动资金的"失血"折磨得困苦不堪。企业创始人、总经理田玉文(人称"田大妈")目前在由成都市委宣传部、统战部和市工商联联合召开的一次座谈会上大倒苦水。这位宣称"除了'田玉文'认不识多少字"的企业家当场发问:"我始终弄不懂:像我们这样的企业,一年上税三四百万,解决了附近十几个县的蔬菜出路,安排了六七千农民就业,从来没有烂账,为啥就贷不到款?!"

新蓉新最近的流动资金状况的确很成问题。四、五月份正是蔬菜收购和泡菜出厂的旺季,该公司这段时间每天从农民手中购进价值70余万元的大蒜、萝卜等蔬菜,但田大妈坦言,她已经向农民打了400多万元的"白条"。

这种状况让田大妈非常苦恼。她能有今天——据她自己说——全靠她一诺千金。在她看来,"白条"所带来的信誉损失是难以接受的。新蓉新从零开始做到如今的2亿多,历史上只有工行的少量贷款,大部分资金是"向朋友"借的。也正是为了维护这种民间信用关系,田大妈近日一气偿还了"朋友"的借款共 2000 多万元。据说,现在,新蓉新的民间借款几乎已经偿清。

这也正是新蓉新目前面临流动资金困境的主要原因之一。此外,为了引进设备建一个无菌车间,田大妈新近花 100 多万元,购进土地 110 亩。近日,田大妈同她的长子、新蓉新董事长陈卫东为此发愁:如果弄不到 800 万元贷款,下一步收购四季豆就没法了。

田大妈说,一周前,公司已向工商行提出了 800 万元贷款申请,但目前还没有动静。

据田大妈说,新蓉新现有资产 2.63 亿元,资产负债率 10%左右。另据新津县委办公室负责人介绍,该公司目前已签了 3 亿多供货合同,在国内增加了几百个网点,预计年内市场份额能达到 80%。像这样的企业,银行为何惜贷呢?

案例来源:《成都商报》1999 年 5 月 3 日新闻报道。

第三节 习题解答与案例分析要点

一、单选题

1. C 筹集到的资金不仅要能满足公司正常的经营和特定投资计划的要求,而且要能满足公司到期还本付息以及支付股利方面的需要。所以 C 选项不正确。

2. D 筹资决策就是关于公司对各种筹资方式的资金代价进行比较和决策的行为,其核心在于公司在多种渠道和多种方式进行筹资时,如何利用不同的筹资方式,力求获得最经济、资金成本最低的资金来源。

3. B 筹资决策核心在于公司在多种渠道和多种方式进行筹资时,如何利用不同的筹资方式,力求获得最经济、资金成本最低的资金来源。

4. B 关于资金的预测是财务预测的主要内容,主要包括对经营性资金、投资性资金、销售收入、成本费用、偿债资金、收益分配等方面的预测,最后汇总得出公司的筹资预测总额。应付账款不属于资金预测的内容。

5. D　银行信贷资金属于筹资渠道。

6. B　联营属于筹资方式。

7. D　从各种筹资方式来看,普通股的筹资风险较小,因其没有还本付息的压力.

8. C　对于多数企业来说,商业信用是一种持续性的信贷形式,且无需正式办理筹资手续。

9. A　企业经营过程中,由于商业信用的使用,会形成一些所谓的"自发性融资",包括应付账款、应付票据、预收账款等,但不包括应付债券。

10. C　杠杆租赁,这种情况下,出租人既是资产的出借人,同时又是贷款的借入人,通过租赁既要收取租金,又要支付借贷债务。由于租赁收益大于借款成本,出租人借此获得财务杠杆的好处,因此,这种租赁形式被称为杠杆租赁。

11. B　借款时企业与银行直接交涉,有关条件可谈判确定,用款期限发生变动,也可与银行再协商。而债券融资面对的是社会广大投资者,协商改变融资条件的可能性小。

12. C　一般来说个别资金成本由低到高的排序为长期借款、发行债券、发行优先股、发行普通股。由于普通股股利由税后利润负担,不能抵税,且其股利不固定,求偿权后,普通股股东投资风险大,所以其资金成本较高。

13. D　通常认为对外投资、短期借款、长期负债、实收资本、留存利润等均不属于敏感项目,所以公司债券被视为不随销售收入的变动而变动。

14. D　不变资金是指在一定的产销量范围内,不受产销量变动影响而保持固定不变的资金。

15. C　权益比率与销售收入不相关,因此不属于敏感项目,所以在预测时是假定不变的。

16. C　资金习性预测法是指根据资金的变动与产销量的变动之间的依存关系来进行资金需求的预测。

17. C　降低资金成本、发挥财务杠杆作用和集中企业控制权属于负债融资方式的优点。

18. B 融资租赁租金的构成包括设备价款和租息,租息中不仅包括了融资成本,还包括手续费(租赁承办租赁设备的营业费用和租赁公司承办租赁设备的一定的盈利)。

19. A

表 5 - 9

项 目	2004 年实际数 (万元)	占销售收入的百分比 (%)	2005 年预计数 (万元)
销售收入	500	100	650
减:销售成本	300	60	390
销售税金及附加	25	5	32.5
销售费用、管理费用、 财务费用	50	10	65
税前利润	125	25	162.5
减:所得税	62.5		81.25
净利润	62.5		81.25

20. A 2004 年净利润为 62.5 万元,留存收益增加 25 万元,则 2005 年初留存收益为 40 万元,销售收入增加 150 万元,需增加固定资产 45 万元,则 2005 年外部筹集额为 5 万元。

二、多选题

1. ABCD 融资管理的主要内容包括明确具体的财务目标、科学预测公司的资金需求量、选择合理的筹资渠道和方式、确保资金结构的合理性。

2. ABCD 筹资的决策过程包括从初始目标确定到筹资方案选定时为止,主要涉及确定筹资目标、筹资预算与分析、决定具体的筹资规模与组合和选择筹资具体方法这四个方面的内容。

3. ABC 资金的预测是财务预测的主要内容,主要包括对经营性资金、投资性资金、销售收入、成本费用、偿债资金、收益分配等方面的预测,最后汇总得出公司的筹资预测总额。折旧和摊销不属于资金预测的内容。

4. ABCD 筹资组合是由相应的筹资渠道和方式组合而成,其中筹资公司的筹资可以采取多种方式和从多种渠道而来,具体可采用吸收直接投资、发行股票、发行债券、借入各类长短期款项、融资租赁和信用筹资等方式来获得所需资金。

5. ABD　筹资的渠道是指公司取得资金的来源,筹集方式是指公司取得资金的具体形式。二者既有联系又有区别。同一来源的资金往往可以采用不同的筹资方式取得,而同一筹资方式又可以从不同的来源渠道去筹措资金。

6. AB　国家政策性银行提供的政策性贷款形成的资金和国家财政直接拨款形成的资金是直接的对企业的投资,而国家给予企业的"税前还贷"优惠形成的资金和国家对企业减免各种税款形成的资金并不构成国家对企业的投资。

7. ABCD　筹资渠道体现着资金的源泉和流量,是公司取得资金的来源和途径。随着经济体制改革的深入开展和证券市场的发展与成熟,我国公司的资金来源有了巨大的变化。总结起来主要有以下几种:国家财政资金、银行信贷资金、非银行金融机构资金、其他公司的资金、民间资金、公司内部留存资金、境外资金。

8. ABCD　筹资方式是公司筹集资金的具体形式,体现着资金的属性。目前公司可以利用的筹资方式主要有以下几种:吸引直接投资、商业信用、发行短期融资券、租赁、联营、内部积累、金融机构贷款、发行债券、发行股票。

9. BCD　申请股票上市目的之一是使资本大众化,分散风险。所以 A 表述不正确,其他表述是正确的。

10. ABD　股票筹资的资金成本一般较高。

11. AB　企业经营过程中,由于商业信用的使用,会形成一些所谓的"自发性融资",包括应付账款、应付票据、预收账款等,但不包括应付债券和根据周转信贷协议取得的限额内借款。

12. ACD　长期借款利率一般低于债券利率,利息又可在所得税前列支,而且筹资费用也较少,所以 B 应排除。长期借款要到期还本付息,故筹资风险较高。长期借款筹资数量有限,不能像发行股票、债券那样,可以一次筹集到大笔资金。

13. ACD　政府债券具有高度的信用地位与足够的支付能力,能够严格地按照发行契约还本付息。而且国库券发行量巨大,有发达的二级市场,是理想的抵押代用品。税法还规定国库券收益可以免税。

14. CD 一般长期借款保护性条款中对企业租赁固定资产的规模限制的主要目的在于防止公司负担巨额租金而导致削弱其偿债能力,还在于防止企业摆脱对其资本支出和负债的约束。

15. ACD 资金习性是指资金的变动与产销量的变动之间的依存关系。根据资金习性可以将资金分为不变资金,变动资金和半变动资金。

16. AB 运用销售百分比法,一般需借助预计损益表和预计资产负债表。通过前者可以预测公司内部资金(如盈余公积金、公益金和未分配利润等)来源的增加额;而通过后者可以预测公司资金需要总额和外部筹资的增加额。

17. ACD 敏感资产项目包括现金、应收账款、存货、固定资产净值等;通常认为对外投资、短期借款、长期负债、实收资本、留存利润等均不属于敏感项目。

18. CD 敏感负债项目包括应付账款、应付费用等。

19. ABC 不变资金包括:为维持营业而占用的最低额度现金,原材料的保险储备,必要的产品储备,厂房、机器设备等固定资产占用的资金。

20. BC 变动资金则是指随产销量的变动而成比例变动的资金。一般包括:直接构成产品实体的原材料及外购件等占用的资金,此外,在最低储备以外的现金、存货、应收账款等也具备变动资金的性质。原材料的保险储备属于半变动资金。

三、简答题

1. 融资管理的主要内容:① 明确具体的财务目标,以实现公司价值最大化为最终目标,公司在具体经营管理过程中必须确定具体的财务目标;② 根据公司具体的经营方针、发展阶段和投资规模,运用科学合理的预测方法,正确地测定公司在某一时期的资金需要量;③ 选择合理的筹资渠道和方式;④ 确保资金结构的合理性,必须充分考虑公司实际的经营和市场竞争力,适度负债,追求最佳的资本结构。

2. 筹资决策就是关于公司对各种筹资方式的资金代价进行比较和决策的行为,其核心在于公司在多种渠道和多种方式进行筹资时,如何利用不同的筹资方式,力求获得最经济、资金成本最低的资金来源。

3. 在市场经济体制下,随着证券市场的形成与发展,现代公司的融资渠道日益拓宽,除了财政拨款、银行借款以外,还可以通过发行股票、债券、租赁等多种方式进行融资。在产权关系逐步清晰化的基础上,公司必须相应承担起不同筹资方式带来的成本与风险。

公司财务管理的目标在于实现公司价值最大化,而筹资决策的优劣将关系到公司价值最大化的目标能否实现。在筹资决策时,公司将根据自身风险的承受能力和资金成本的大小,确定合理的资本结构,并以各种可能的渠道筹措公司生产经营活动所需要的资本。

4. 公司的筹资决策程序主要包括筹资的准备阶段、筹资的决策过程和筹资实现阶段。

(1) 筹集的准备阶段是从公司筹资构思开始到初步拟出决策目标为止。一般涉及以下三个方面的内容:① 对公司内部因素的分析,主要是对公司是否具备进一步筹资的能力的分析;② 关于公司目标的分析,即分析公司筹资所需达到的产品目标、市场占有率目标和财务目标等;③ 对环境因素的分析,主要是对公司筹资机会成熟与否进行判断,为以后的筹资决策提供依据。

(2) 筹资的决策过程包括从初始目标确定到筹资方案选定时为止。主要涉及四个方面的内容:① 初步确定筹资目标。也就是根据前面对公司目标的分析和各种内外部因素的综合分析,初步确定公司需要的资金种类、数量以及时期。② 筹资预算与分析。即进一步分析公司的财务状况,以具体分配和核算所需资金。③ 决定具体的筹资规模与组合。通过前面步骤中所得到的预算与分析等资料,具体拟定筹资方案,确定筹资的组合和规模。④ 选择筹资具体方法。即将前述筹资方案落实到具体的方法上去,这是狭义筹资决策过程的最后一步。

(3) 筹资实现阶段从确定筹资规模、组合和具体的方法一直到检查评估效果为止,一共涉及三个方面的内容:编制筹资计划;执行筹资计划;检查与评估实施效果。

5. (1) 确定具体财务目标。公司具体财务目标主要受当时公司的经济环境、法律环境、税务环境和金融环境等财务管理环境的变化的影响。同时,在制定具体的财务目标时,公司必须充分考虑处理好内部和外部的各项财务关系,只有确保各利害关系方的利益不受伤害,才能保证公司在协调有效的基础上实现具体的财务目标。

(2) 预测资金的需要量。公司的财务部门必须根据公司当时的具体经营方针和投资规模,运用科学的预测方法,来正确地测算公司在某一时期的资金需求量。

(3) 建立全面预算制度。要确保公司财务预测的正确和合理性,必须不断加强公司的各项基础管理工作,其中之一就是要根据公司各个职能管理部门,建立完备的全面预算制度。通过财务的价值管理体系,将公司的各项经营活动所引起的资金增减变动情况汇总体现在公司的全面预算之中。

(4) 选择合理的筹资组合。筹资组合是由相应的筹资渠道和方式组合而成。其中筹资公司的筹资可以采取多种方式和从多种渠道而来。但是究竟采取哪一种渠道和方式对公司的长远发展最有利,这就是财务筹资决策的重要内容。

财务管理人员应根据公司特定的经营目标和管理要求,将不同的筹资方式与不同的筹资渠道进行最有效的组合,即筹资组合,以确保财务筹资的效益实现最佳。

6. 资金筹集的一般原则:① 合理确定资金需要量,及时筹集资金;② 投融资相结合,提高再融资能力;③ 正确选择资金来源,降低资金成本;④ 确定资本结构,适度负债;⑤ 遵守有关法律法规,维护各方合法权益。

7. 筹资渠道体现着资金的源泉和流量,是公司取得资金的来源和途径。资金的筹资渠道主要有以下几种:① 国家财政资金;② 银行信贷资金;③ 非银行金融机构资金;④ 其他公司的资金;⑤ 民间资金;⑥ 公司内部留存资金;⑦ 境外资金。

8. 筹资方式是公司筹集资金的具体形式,体现着资金的属性。目前公司可以利用的筹资方式主要有以下几种:① 吸引直接投资;② 发行股票;③ 发行债券;④ 金融机构贷款;⑤ 商业信用;⑥ 发行短期融资券;⑦ 租赁;⑧ 联营;⑨ 内部积累。

9. 定性预测法是指利用有关资料,依靠个人经验和主观分析、判断能力,对公司未来的资金需要量作出预测的方法。这种方法一般是在公司缺乏完整准确的历史资料下采用的。

10. 用定性预测法预测资金需要量的具体过程是：先由熟悉财务情况和生产经营的专家，根据以往所积累的经验，进行分析判断，提出初步的预测意见；然后再通过召开座谈会或发出各种表格等形式，对预测的初步意见进行修正补充。如有必要则多次进行，最后得出预测的最终结果。

11. 销售百分比法是根据公司与选定的资产负债表与损益表之间的比例关系，按照计划销售的增长来预测短期资金需要量的方法。即根据不变的比例关系可以预测出未来一定销售额下某项目的资金需要量。

12. 运用销售百分比法，一般需借助预计损益表和预计资产负债表。具体步骤如下：

(1) 预计公司内部资金来源增加额。

① 收集基年实际损益表的资料，计算损益表各项目与销售收入之间的比例。

② 取得预测年度销售收入的预计数，并将这一预计数与基年实际损益表项目和实际销售收入的比例相乘，计算出预测年度预计损益表各项目的预计数，编制损益表。

③ 根据预测年度税后利润的预计数和公司预定的留用比例，计算出留用利润的数额。

(2) 预计预测年度外部资金需要量。

根据资产负债表与销售收入之间的关系，编制预计资产负债表，计算出预测期总资金需要量，并进一步预测出公司需要的外部资金的数额。具体的步骤为：

① 取得基金资产负债表的资料，并计算出敏感项目与销售收入的百分比。

② 根据已经确定的预测年度销售收入预计数，编制预测年度资产负债表。

③ 利用预测年度预计资产负债表中预计资产总额和预计负债及所有者权益总额的差额，测算预测年度所需的外部酬资数额。

13. 资金习性是指资金的变动与产销量的变动之间的依存关系。根据资金习性可以将资金分为不变资金、变动资金和半变动资金。

所谓不变资金是指在一定的产销量范围内,不受产销量变动影响而保持固定不变的资金。包括:为维持营业而占用的最低额度现金,原材料的保险储备,必要的产品储备,厂房、机器设备等固定资产占用的资金。相反,变动资金则是指随产销量的变动而成比例变动的资金。一般包括:直接构成产品实体的原材料及外购件等占用的资金,此外,在最低储备以外的现金、存货、应收账款等也具备变动资金的性质。至于半变动资金是指虽受产销量影响,但并不成比例变动的资金,例如一些辅助材料所占用的资金。半变动资金可以采用一定的方法划分为不变资金和变动资金。

14. 回归分析法是运用最小二乘法原理,用回归直线方程求得 a、b,然后预测资金需要量。回归直线方程的公式为:

$$\sum Y = na + b\sum X, \sum XY = a\sum X + b\sum x^2$$

15. 高低点法就是通过对公司一定时期相关范围内产销量的最高、最低点之差和与之对应的资金占用额之差的比较,计算出单位产销量所需的变动资金,再分解出资金占用总额中的不变资金和变动资金。

16. 留存收益是一个比较特殊的项目,它虽然也随产销量的增长而增长,但两者之间并没有一定的比例关系。

确定留存在企业内部的资金额是这个问题的关键。首先,根据基年税后净利润占基年销售额的比例,乘以计划销售额,确定计划年度税后净利润的数额;然后分情况判断:如果计划年度不对投资者分配利润,则税后净利润就是留存收益的增加额;如果计划年度对投资者分配利润,则留存收益的增加额=税后净利润×(1—股利分配率)。

四、计算题

1. (1) 流动资产占销售收入的百分比=(1 000+3 000+6 000)/20 000×100%=10 000/20 000×100%=50%

流动负债占销售收入的百分比=(1 000+2 000)/20 000×100%=3 000/20 000×100%=15%

增加的销售收入=20 000×30%=6 000(万元)

增加的营运资金=6 000×50%—6 000×15%=2 100(万元)

或:增加的流动资产=10 000×30%=3 000(万元)

增加的流动负债=3 000×30%=900(万元)

增加的营运资金＝3 000－900＝2 100（万元）

（2）增加的资产＝3 000＋148＝3 148（万元）

增加的负债＝900（万元）

增加的留存收益＝20 000×（1＋30％）×12％×（1－60％）＝1 248（万元）

对外筹集资金量＝3 148－900－1 248＝1 000（万元）

2.（1）高低点法：

$b＝(700－630)/(9－7)＝35$（万元/万件）

$a＝700－35×9＝385$（万元）

$Y＝385＋35X$

2005 年的资金需要总量＝385＋35×9.5＝717.5（万元）

2006 年需增加的资金＝35×（10－9.5）＝17.5（万元）

（2）回归直线法：

代入：$a＝\dfrac{\sum x_i^2 \sum y_i － \sum x_i \sum x_i y_i}{n\sum x_i^2 －(\sum x_i)^2}$，$b＝\dfrac{\sum y_i － na}{\sum x_i}$

解得：$a＝(322.5×3 300－40×26 490)/(5×322.5－40×40)$
$＝372$（万元）

$b＝(3 300－5×372)/40＝36$（万元/万件）

$Y＝372＋36X$

2005 年的资金需要总量＝372＋36×9.5＝714（万元）

2006 年需增加的资金＝36×（10－9.5）＝18（万元）

（3）由于高低点法只考虑了两点资料，代表性差，而回归直线法考虑了全部各点资料，精确性相对较高。

3. 计算 2006 年公司需要增加的营运资金

增加的资产＝销售的变动额×（基期随销售变化的资产/基期销售额）
＝40×100/200
＝20（万元）

增加的负债＝销售的变动额×（基期随销售变化的负债/基期销售额）
＝40×30/200
＝6（万元）

增加营运资金＝20－6＝14（万元）

（2）计算 2006 年年末留存收益余额

2006 年增加的留存收益

＝预测期销售额×预测期销售净利率×预测期收益留存比率

＝240×10％×40％

＝9.6(万元)

预测 2006 年末留存收益＝20＋9.6＝29.6(万元)

(3)预测 2006 年需要对外筹集的资金量

对外融资需求＝资产增长－负债自然增长－留存收益增长

$$=20-6-9.6$$

$$=4.4(万元)$$

4. (1)计算 2005 年公司需要增加的营运资金

增加的资产＝销售的变动额×(基期随销售变化的资产/基期销售额)

$$=4\,000×25％×100％=1\,000(万元)$$

增加的负债＝销售的变动额×(基期随销售变化的负债/基期销售额)

$$=4\,000×25％×10％=100(万元)$$

增加营运资金＝900(万元)

(2)计算 2005 年年末留存收益余额

2005 年增加的留存收益

＝预测期销售额×预测期销售净利率×预测期收益留存比率

＝4 000×(1＋25％)×5％×(1－60/200)

＝5 000×5％×70％

＝175(万元)

预测 2005 年末留存收益＝800＋175＝975(万元)

(3)预测 2005 年需要对外筹集的资金量

对外融资需求＝资产增长－负债自然增长－留存收益增长

$$=900-175$$

$$=725(万元)$$

5. (1)公司没有剩余生产能力,当年有固定资产折旧 86 000 元,新增零星开支 24 000 元。

对外资金需求量＝(480－400)×[(16＋32＋48＋85)－(24＋16＋12)]/400－480×(48/400)×(1－28.8/48)－8.6＋2.4＝－3.44(万元)

(2)公司尚有剩余生产能力,当年有固定资产折旧 86 000 元,新增零星开支 24 000 元,并增加应收票据占销售收入的 5%。

对外资金需求量 $= (480-400) \times [(16+32+48)-(24+16+12)]/400-480 \times (48/400) \times (1-28.8/48)-8.6+2.4+480 \times 5\% = 3.56$(万元)

(3)公司生产能力已经饱和,当年有固定资产折旧 86 000 元,其中 40% 用于更新改造。新增零星开支 24 000 元,计划存货占销售收入的百分比下降 1%,应付票据占销售收入的百分比上升 2%。

对外资金需求量 $= (480-400) \times (181-52)/400-480 \times (48/400) \times (1-28.8/48)-8.6 \times (1-40\%)+2.4-480 \times 1\%-480 \times 2\% = -14.40$(万元)

6. 资金需求量 $= 400\ 000 \times (45\%-35\%) = 40\ 000$(元)

对外资金需求量 $= 40\ 000-(1\ 600\ 000+400\ 000) \times 15\% \times (1-40\%)-40\ 000+150\ 000-(1\ 600\ 000+400\ 000) \times (45\%-42\%)+(1\ 600\ 000+400\ 000) \times (35\%-30\%) = 10\ 000$(元)

净利率上升 1% 时对外资金需求量 $= 400\ 000 \times (45\%-35\%)-(1\ 600\ 000+400\ 000) \times (15\%+1\%) \times (1-40\%)-40\ 000+150\ 000-2\ 000\ 000 \times (45\%-42\%)+2\ 000\ 000 \times (35\%-30\%) = -2\ 000$(元)

7. 依题意解得:

$$b = (n\sum xy - \sum x \sum y)/[n\sum x^2-(\sum x)^2]$$
$$= (5 \times 17\ 320\ 000-600 \times 125\ 000)/(5 \times 88\ 000-360\ 000) = 145$$
$$a = (\sum y-b\sum x)/n = (125\ 000-145 \times 600)/5 = 7\ 600$$

所以,$y = 7\ 600+145x$

则 2004 年的资金需要量 $= 7\ 600+145 \times 220 = 39\ 500$(元)

8. 回归直线法:

表 5-10

	经营业务量(x 万件)	资金需要量(y 万元)	xy	x^2
1	10	20	200	100
2	8	21	168	64
3	12	22	264	144

	经营业务量(x万件)	资金需要量(y万元)	xy	x^2
4	11	23	253	121
5	15	30	450	225
6	14	28	392	196
N=6	$\sum X = 70$	$\sum Y = 144$	$\sum XY = 1\,727$	$\sum X^2 = 850$

$$b = (n\sum xy - \sum x \sum y)/[n\sum x^2 - (\sum x)^2]$$
$$= (6 \times 1727 - 70 \times 144)/(6 \times 850 - 70^2) = 1.41$$
$$a = (\sum y - b\sum x)/n = (144 - 1.41 \times 70)/6 = 7.55$$

所以，$y = 7.55 + 1.41x$，当经营业务量为 13 万件时，

对外资金需求量：$y = 7.55 + 1.41 \times 13 = 25.88$(万元)

高低点法：

$$b = (30 - 21)/(15 - 8) = 1.29$$
$$a = 30 - 1.29 \times 15 = 10.65$$

所以，$y = 10.65 + 1.29x$，当经营业务量为 13 万件时，

对外资金需求量：$y = 10.65 + 1.29 \times 13 = 27.42$(万元)

9.（1）依据高低点法预测：

单位变动资金 $b = (156 - 120)/(23 - 15) = 4.5$(元 / 件)

将 $b = 4.5$，代入高点方程可求得不变资金 $a = 156 - 23 \times 4.5 = 52.5$(万元)

则 $y = 52.5 + 4.5x$

将 $x = 29$ 万件代入上式，求得 $y = 183$(万元)。

（2）$a = 54$ 万元，则：

$$b = (\sum y - na)/\sum x = [(120 + 138 + 156) - 3 \times 54]/(15 + 18 + 23) = 4.5(元 / 件)$$

$y = 54 + 4.5x$

将 $x = 29$ 万件代入上式，求得 $y = 184.5$(万元)。

（3）$b = 5$ 元/件，则：

$$a = (\sum y - b \sum x)/n = [(120 + 138 + 156) - 5 \times (15 + 18 + 23)]/3$$
$$= 44.67(万元)$$

$y = 44.67 + 5x$

将 $x = 29$ 万件代入上式,求得 $y = 189.67$(万元)。

五、论述题

1. 融资管理是企业财务管理的三大核心内容之一。融资是公司根据生产经营和其他方面的需要,通过筹资渠道和金融市场,结合恰当的筹资方式,经济有效地筹措资金的财务活动。筹集到的资金不仅要能满足公司正常的经营和特定投资计划的要求,而且要能满足公司到期还本付息以及支付股利方面的需要。所以公司必须要对融资活动加以管理,以满足公司实际的需要。

进行融资管理,可以明确具体的财务目标,科学预测公司的资金需求量,选择合理的筹资渠道和方式,从而确保资金结构的合理性。

2. 一般来讲,筹资决策要解决以下几个方面的问题:

(1) 确定具体财务目标。

公司的最终财务目标是公司价值最大化,但是由于具体的经营环境的变化及公司特定的经营管理要求的改变,在确定公司的筹资方针时,必须确定具体的财务管理目标。这种具体的财务目标主要受当时公司的经济环境、法律环境、税务环境和金融环境等财务管理环境的变化的影响。同时,在制定具体的财务目标时,公司必须充分考虑处理好内部和外部的各项财务关系,只有确保各利害关系方的利益不受伤害,才能保证公司在协调有效的基础上实现具体的财务目标。公司一定时期具体财务目标的建立,对有效实施财务的筹资管理职能具有直接的指导作用。

(2) 预测资金的需要量。

公司的筹资不是盲目的,必须"筹为所用",正如前面所讲的,是投资决定筹资而不是相反。所以公司的财务部门必须根据公司当时的具体经营方针和投资规模,运用科学的预测方法,来正确地测算公司在某一时期的资金需求量。例如,在成长和扩张期,公司的资金需求量将会非常大,如果筹资不足将会使公司失去良好的赢利机会,甚至可能导致经营失败;而稳定和收缩性公司的资金需求量将会大大下降,如果盲目过量筹资,将会造成资金的浪费,提高资金的使用成本,进一步还会降低公司的盈利能力。

关于资金的预测是财务预测的主要内容,主要包括对经营性资金、投资性资金、销售收入、成本费用、偿债资金、收益分配等方面的预测,最后汇总得出公司的筹资预测总额。在资金预测过程中,管理人员必须注意要掌握正确的预测数据,并采用科学的预测方法,一旦因为其预测的失误,可能会导致财务管理的失控,最终引发公司经营和投资的失败,后果严重。

(3) 建立全面预算制度。

要确保公司财务预测的正确和合理性,必须不断加强公司的各项基础管理工作,其中之一就是要根据公司各个职能管理部门,建立完备的预算制度。通过财务的价值管理体系,将公司的各项经营活动所引起的资金增减变动情况汇总体现在公司的全面预算之中。只有这样才能保证公司资金预测的正确性和财务控制的有效性,并能为以后的财务考核和评价提供直接的依据。

(4) 选择合理的筹资组合。

筹资组合是由相应的筹资渠道和方式组合而成。其中筹资公司的筹资可以采取多种方式和从多种渠道而来。如可以采用吸收直接投资、发行股票、发行债券、借入各类长短期款项、融资租赁和信用筹资等方式来获得所需资金。但是究竟采取哪一种渠道和方式对公司的长远发展最有利,这就是财务筹资决策的重要内容。

对于不同的筹资渠道来讲,不同来源的资金,其所能筹集的总量、资金占用时期的长短、资金成本的大小、限制条款的宽严均不相同。这就要求财务管理人员,根据公司特定的经营目标和管理要求,将不同的筹资方式与不同的筹资渠道进行最有效的组合,即筹资组合,以确保财务筹资的效益实现最佳。

3. 资金筹集的一般原则有:

(1) 合理确定资金需要量,及时筹集资金。

为了满足发展、还债或是调整资本结构的需要,公司需要通过一定的渠道和方式来筹集资金。在筹集前应预先确定合理的资金需要量,在此基础上制定筹资计划,使资金的筹集量和需要量达到平衡。这样既能避免因资金筹集不足,影响生产经营等活动的正常进行,又可以防止因资金筹集过多而降低使用效果。此外,因同等的资金在不同时点上的价值是不同的,因此公司要根据具体情况合理安排,以使资金的筹集和运用在时间上相互衔接,避免超前筹资造成使用前的闲置或者滞后筹资而错过资金投放的最佳时机。

(2) 投融资相结合,提高再融资能力。

公司筹资主要是为了满足投资的需要,在一般情况下,总是根据公司发展的需要及可能的条件确定投资方向,在选择有利的投资项目的基础上,再选择适当的筹资渠道、方式以及筹资数量。因此公司不必依据和适应投资的要求来决定筹资策略;同时,投资的效果也将影响着公司再融资的能力,一旦发生投资失误或者达不到预期效果,将直接损害公司的形象和信誉,并最终给公司的再融资带来负面作用。

(3) 正确选择资金来源,降低资金成本。

在市场经济的条件下,公司无论从什么渠道、采用什么方式筹集和使用资金都会面临着资金成本的问题。资金成本是对公司筹资效益的一种预先扣除,采用不同的方式筹集资金的资金成本是不同的。在其他条件基本相同的前提下,资金成本的高低是决定筹资方式或者组合的主要标准。公司必须综合考察影响资本成本的各种因素,以尽可能低的资金成本筹集生产经营所需要的资金。

(4) 确定资本结构,适度负债。

公司的资本结构一般由权益资金和债务资金构成。前者的多少反映了公司的资金实力,而后者则在公司的投资利润率高于利息率时能带给公司杠杆效应,但是同时也增加了财务风险。因此,公司在筹集资金时,要合理地安排债务资金和权益资金的比例,从总体上优化资本结构,使既能充分利用负债经营带来的财务杠杆作用,提高权益资金的收益水平,同时又能尽可能降低财务风险,保持适当的偿债能力。

(5) 遵守有关法律法规,维护各方合法权益。

筹资活动是一种社会经济行为,必然要受到法律法规的约束。公司在筹集资金的过程中,涉及到市场上众多参与方的经济利益。公司筹集必须接受国家国家宏观调控、遵守国家有关法律法规和相关制度,遵循公开、公平和公正原则,切实维护各方合法利益,以使社会经济运行秩序良好。

4. 筹资渠道是指公司取得资金的来源,筹集方式是指公司取得资金的具体形式。二者既有联系又有区别。同一来源的资金往往可以采用不同的筹资方式取得,而同一筹资方式又可以从不同的来源渠道去筹措资金。因此要合理确定资金来源的结构就必须分析二者的特点,合理地选择筹资组合。

筹资组合是由相应的筹资渠道和方式组合而成。其中筹资公司的筹资可以采取多种方式和从多种渠道而来。如可以采用吸收直接投资、发行股票、发行债券、借入各类长短期款项、融资租赁和信用筹资等方式来获得所需资金。但是究竟采取哪一种渠道和方式对公司的长远发展最有利,这就是财务筹资决策的重要内容。

对于不同的筹资渠道来讲,不同来源的资金,其所能筹集的总量、资金占用时期的长短、资金成本的大小、限制条款的宽严均不相同。这就要求财务管理人员,根据公司特定的经营目标和管理要求,将不同的筹资方式与不同的筹资渠道进行最有效的组合,即筹资组合,以确保财务筹资的效益实现最佳。

5. 对公司资金需求进行预测的主要方法有定性预测法和定量预测法,定量预测法主要包括销售百分比法和资金习性预测法。

定性预测法是指利用有关资料,依靠个人经验和主观分析、判断能力,对公司未来的资金需要量作出预测的方法。

销售百分比法是根据公司与选定的资产负债表与损益表之间的比例关系,按照计划销售的增长来预测短期资金需要量的方法。

资金习性预测法就是对资金习性进行分析,将资金进一步划分为变动资金和不变资金两部分,根据资金和产销量之间的数量关系建立数学模型,再根据历史资料预测资金的需要量。

定性预测方法在公司缺乏基本资料的情况下不失为一种有价值的预测方法,但是它不能解释出资金需要量和有关因素之间的数量关系,缺乏客观依据,容易受到预测人员的主观判断的影响,因此预测的准确性较差。如果公司在历史、现在和未来的数据资料比较完备、准确可信的情况下,应尽量采用定量预测法,即销售百分比和资金习性预测法等来预测资金需要量。

六、案例分析

1. 分析要点:

(1) 这次筹资研讨会上有三个筹资方案:长期债券筹资、发行普通股、发行优先股筹资。

（2）从案例可以看出企业在进行筹资时不但要考虑企业自身财务状况、项目本身的回报率，还要考虑市场的宏观环境等方面的诸多因素。具体来说，宏观环境包括：证券市场的发达程度、股市行情、市场竞争程度、公司产品的市场占有率、通货膨胀水平、市场利率水平、筹资费用率。企业自身财务状况包括公司的资本结构、资产负债率、财务风险，以及企业的付息能力。这些都会影响到企业筹资成本的大小，项目未来获利能力，从而决定项目是否可行。

（3）凭个人观点作答。

2. 分析要点：

融资渠道和方式有很多，但适用于中小企业的却很少。像田大妈这样的民营企业融资方式不规范，融资渠道狭窄，求贷无门的案例在我国经济生活中还相当普遍。

民营企业贷款难的主要原因有：国有银行对民营企业的所有制歧视、银行发放贷款偏好大型企业的大笔贷款、中小企业资信较差可供抵押的物品少、财务会计不规范等。因此，要解决民营企业贷款难问题，从外部条件来看：一是政府出面组建民营企业担保基金，推进国有银行的观念转变和机制转换，在立法上对国有银行对民营企业的贷款比例提出要求。二是建立民营企业募集股份、发行债券渠道，大力发展柜台交易并加以规范。三是鼓励成立地区性、社区性和民间性质的合作金融组织，积极引进外资银行。四是大力发展金融中介服务机构，如小企业诊断所等，为银行贷款提供专业化信息服务。

从民营企业自身来看，要积极推进内部管理水平的提高，规范财会工作，加强内部控制制度建设；强化产品创新，提高产品的科技含量和知识含量，着力增强企业无形资产投资，有效阻止竞争者的介入；提高盈利水平，注重留利，降低对外部资本的依赖度；改善用人制度，积极引进管理、技术方面的人才；树立良好的财务形象，给股东和债权人满意的回报，为进一步融资和降低资本成本创造条件；在房地产、设备方面舍得投入，增强企业的可供抵押品比重；充分利用租赁、商业信用、民间信用、吸收直接投资等现有融资渠道，搞好与政府、银行的关系，争取银行的理解和支持；通过并购扩大企业规模，增强企业的融资能力。

第六章 资本成本理论

第一节 本章知识提要

一、本章知识点

(一)什么是资本成本

资本成本是企业为筹集和使用资金而付出的代价,体现为融资来源(主要为资金所有者和中介机构)所要求的报酬率。广义的资本成本是指企业全部资金的成本;狭义的资本成本仅指筹集和使用长期资金(包括长期负债和权益资本)的成本

资本成本包括使用费用和筹集费用两部分,资金使用费用即企业因使用资本而需支付的费用。资金筹集费用即企业在资本的筹集过程中所发生的费用。

按表示方法分类,资本成本可分为绝对资本成本和相对资本成本;按资金来源分类,资本成本可分为负债资本成本和权益资本成本;按资本成本用途分类,资本成本可分为个别资本成本、加权平均资本成本和边际资本成本。

资本成本对于企业筹资管理、投资管理,甚至整个财务管理和经营管理都有重要的作用。在市场经济环境中,决定企业资本成本的高低的主要因素有:总体经济环境、证券市场条件,企业内部的经营和融资状况、项目融资规模等。

(二)个别资本成本

个别资本成本是某种单一长期资本的资本成本,如长期借款成本、长期债券成本、优先股成本、普通股成本和留存收益成本等。长期借款成本和长期债券成本为债务成本,优先股成本、普通股成本和留存收益成本为权益成本。

(三)加权平均资本成本

企业加权平均成本率是以各类资本在资本总额中所占的比重为权

数形成的各类资本成本率的加权平均成本（weighted average cost of capital，WACC），企业加权平均资本成本率用公式表示如下：

$$K_W = \sum_{j=1}^{n} K_j W_j$$

（四）边际资本成本

边际资本成本是企业追加筹措资金的资本成本率，即企业每新筹措一个单位资本而增加的成本。在企业追加筹集资金时，为提供与决策相关的信息，应考虑边际资本成本率即企业追加筹集资金的成本，并与各投资项目的投资报酬率进行比较，以选择最佳的投资和筹资额。边际资本成本率一般采用加权平均法进行计算。

二、教学重点

（一）个别资本成本的计算

1. 长期借款资本成本率的计算

（1）每年结息一次，到期一次还本的长期借款资本成本率的计算。

用资本成本率等于资金使用费用除以有效筹资额的公式计算，每年结息一次，到期一次还本的长期借款的资本成本率为：

$$K_L = \frac{I_L(1-T)}{Q_L - F_L - A_L}$$

根据折现模型，长期借款资本成本率用公式表示为：

$$Q_L - F_L - A_L = \sum_{t=0}^{n} \frac{I_L(1-T)}{(1+K_L)^t} + \frac{Q_L - A_L}{(1+K_L)^n}$$

（2）每年结息次数超过一次，到期一次还本的长期借款资本成本率的计算。

每年结息次数超过一次时，借款实际利率会高于名义年利率，从而会影响到资本成本率的计算，这时，年实际利息额的计算公式为：

$$I_L = L \times \left[\left(1 + \frac{i}{m} \right)^m - 1 \right]$$

这样，每年结息次数为 m 次，到期一次还本的长期借款资本成本率的计算公式为：

$$K_L = \frac{L \times \left[\left(1 + \frac{i}{m} \right)^m - 1 \right](1-T)}{Q_L - F_L - A_L}$$

（3）一次性借入，本息在若干年内等额归还的长期借款资本成本计算。

根据折现模型，一次性借入，本息在若干年内等额归还的长期借款的税前资本成本率用公式表示为：

$$Q_L - F_L = \sum_{t=0}^{n} \frac{A}{(1+K'_L)^t}$$

一次性借入，本息在若干年内等额归还的长期借款的税后资本成本率用公式表示如下：

$$K_L = K'_L \times (1-T)$$

（4）分期等额借入，到期一次归还本息的长期借款资本成本计算。

根据折现模型，计算分期等额借入，到期一次归还本息的长期借款的资本成本率，首先要计算到期应支付的利息额，到期应支付的利息额为：

$$I_L = \sum_{t=0} Q_t \times [(1+i)^{n-t} - 1]$$

分期等额借入，到期一次归还本息的长期借款的税前资本成本率的计算公式如下：

$$\sum_{t=0}^{n-1} Q_t \times (1+K'_L)^{n-t} - F_L \times (1+K'_L)^n = Q_L + I_L$$

分期等额借入，到期一次归还本息的长期借款的税前资本成本率用公式表示如下：

$$K_L = K'_L \times (1-T)$$

2. 长期债券资本成本率的计算

（1）用资本成本率等于资金使用费用除以有效筹资额公式计算。

分期付息，到期一次还本的长期债券的资本成本率为：

$$K_B = \frac{I_B(1-T)}{Q_B - F_B}$$

（2）用折现模型计算。

如果对资本成本率计算结果的精确度要求较高，仍可以采用折现模型的方法进行计算。分期付息，一次还本的债券资本成本计算公式为：

$$Q_B - F_B = \sum_{t=0}^{n} \frac{I_B(1-T)}{(1+K_B)^t} + \frac{P}{(1+K_B)^n}$$

3. 融资租赁资本成本率的计算

融资租赁承租方的税前资本成本率计算公式如下：

$$Q_{lea} = \sum_{i=1}^{t} \frac{A_t}{(1+K'_{lea})} + \frac{V}{(1+K_{lea})^t} + A_{lea}$$

融资租赁承租方的税后资本成本率计算为：

$$K_{lea} = K'_{lea}(1-T)$$

4. 优先股资本成本率的计算

优先股资本成本率计算公式为：

$$Q_P - F_P = \sum_{t=0}^{n} \frac{D_P}{(1+K_P)^t}$$

当 $n \to \infty$ 时，优先股资本成本率的计算公式为：

$$Q_P - F_P = \frac{D_P}{K_P}$$

$$K_P = \frac{D_P}{Q_P - F_P}$$

5. 普通股资本成本率的计算

普通股资本成本率的估算方法主要有股利固定增长模型、资本资产定价法（CAPM 法）、债券收益率加风险溢价法、调整的市盈率模型、已实现的投资者收益率模型等。

（1）股利固定增长模型。

普通股资本成本率的基本计算公式为：

$$p_0 = \sum_{t=1}^{n} \frac{D_t}{(1+K_S)^t}$$

股利固定增长模型假定公司预期的普通股股利每年按相同的速度增长，假定其增长速度为 g，则普通股股票的资本成本率可通过如下公式求解：

$$p_0 = \sum_{t=1}^{n} \frac{D_0(1+g)^t}{(1+K_S)^t}$$

当 $n \to \infty$ 时，$K_S = \dfrac{D_1}{P_0} + g$。

（2）调整的市盈率模型。

调整的市盈率模型假定公司维持一个稳定的留存收益政策，且公司在此留存收益上的报酬率并不能产生更高的收益，因此，实际收益会根据留存收益增长。在此假设下，普通股票成本可以由下面的公式得出：

$$K_S = \frac{1}{P_E} \times \frac{P_0}{P_0 - b \times EPS}$$

若用 K_e 表示现行市盈率的倒数，则普通股票成本可以表示为：

$$K_S = \frac{K_e}{1 - b \times K_e}$$

（3）资本资产定价模型法（CAPM 法）。

根据资本资产定价模型，普通股资本成本率也就是普通股股东所要求的投资收益率，即等于无风险收益率加上与市场风险相关的风险溢价。用公式表示如下：

$$K_S = R_S = R_f + \beta(R_m - R_f)$$

（4）债券收益率加风险溢价法。

根据"投资风险越大，要求的报酬率越高"的原理，公司普通股股东的投资风险高于债券投资人，因而会在债券投资人要求的收益率的基础上再要求一定的风险溢价，则普通股资本成本率的计算公式为：

$$K_S = K_B + RP_S$$

（5）已实现的投资者收益率模型。

已实现的投资者收益率模型是指用一段长时期内已实现的投资者收益率来估计普通股票的资本成本率。已实现的投资者收益率是指一段长时期（如 10 年）的平均股利收益率加上平均资本收益率。普通股投资者除了可以从股利中获得的收益外，还可以从股票的价格变化中获得资本收益，已实现的投资者收益率考虑了过去一段时间里普通股投资者从股票中获得的两种收益。在长期中，我们可以假定过去的平均收益等于未来要求的收益，因此，已实现的投资者收益率也反映了普通股投资者预期或者要求的股票报酬率。

对于单一的企业来说，计算出的已实现的投资收益率可能不太稳定，因此，可以考虑计算一组类似的企业的已实现的投资收益率，再计算其平均值。

6. 留存收益资本成本率的计算

留存收益资本成本率的计算方法与普通股类似，计算普通股资本成本率的计算方法基本上都适用于留存收益资本成本率的计算。但不同之处在于留存收益不存在筹资费用,因此,留存收益的资本成本率会低于普通股的资本成本率。

(二)加权平均资本成本的计算

1. 企业全部资本的加权资本成本率的计算

企业加权平均成本率是以各类资本在资本总额中所占的比重为权数形成的各类资本成本率的加权平均成本(weighted average cost of capital,WACC),企业加权平均资本成本率用公式表示如下:

$$K_W = \sum_{j=1}^{n} K_j W_j$$

从公式可以看出,加权平均资本成本率是由个别资本成本率和各类资本的权重决定的。在计算加权平均资本成本率时,可分为三个步骤进行:① 计算个别资本成本率;② 计算各资本的权重;③ 利用上面的公式计算加权平均资本成本率。

2. 企业分部或项目的加权平均资本成本率

企业分部或投资项目的加权平均资本成本率的计算方法与企业全部资本的加权平均资本成本率的计算方法基本上是一致的,具体计算步骤如下:首先,按照公司全部资本的资本结构确定各类资本的个别资本成本率,其特殊的地方在于需要寻找一家与该分部或投资项目有相似的产品和经营特征的且具有代表性的公司,然后根据该公司由市场决定的股票和债券资本成本作为分部或投资项目的股票和资本成本的替代;第二,按照公司全部资本的各类资本成本的权重作为分部或投资项目各类资本的权重;第三,计算企业分部或投资项目的加权平均资本成本率。

另外,也可以采用资本资产定价模型(CAPM)来计算企业分部或投资项目的资本成本率。用 CAPM 模型计算企业分部或投资项目的资本成本率,我们必须首先确定该分部或投资项目的 β 系数,然后根据公式 $K = R_f + \beta(R_m - R_f)$ 计算其资本成本率。

(三)边际资本成本的计算

在计算边际资本成本率的过程中,应考虑个别资本成本率的变动。由于资金是一种稀缺性资源,当筹资数额的增加超过一定限度时,其个别资本成本率也会相应提高。个别资本成本率的变化必然会引起加权平均资本成本率的变化,因此,应分别考虑不同筹资范围的资本成本,即计算边际资本成本率,从而为筹资和投资决策提供有用的信息。

1. 追加筹资的个别资本成本保持不变时的边际资本成本率的计算

当新增的个别资本成本保持不变时,则新筹措资金的边际资本成本取决于资本结构的变化,若追加筹资仍保持原来的资本结构时,则边际资本成本与原来的加权平均资本成本相等;若追加筹资改变了原来的资本结构,则边际资本成本就会与原来的加权平均资本成本不同,这时,我们就需要根据新的资本结构计算边际资本成本率。

2. 追加筹资的资本成本变化时的边际资本成本率的计算

当资本成本随着筹资额增加而发生变化时,边际资本成本率计算可按以下步骤进行:① 确定目标资本结构;② 确定各类资本的成本分界点;③ 计算筹资总额分界点。筹资总额分界点的计算公式如下:

$$筹资总额分界点 = \frac{某种资本的成本分界点}{该种资本在目标资本结构中所占的比重}$$

④ 计算边际资本成本率。根据计算出的筹资总额分界点,可以列出相应的筹资范围。这样,就可以在各筹资范围内分别计算边际资本成本率,以供筹资和投资决策的需要。

三、教学难点

资本成本是企业为筹集和使用资本而付出的代价,它是影响企业筹资和投资决策的重要因素之一。教材分别介绍了个别资本成本率、加权平均资本成本率和边际资本成本率的计算方法。本章的教学任务是熟练掌握不同筹资来源的个别资本成本率的计算,特别是留存收益资本成本的计算比较容易遗漏。读者可以通过列表或对比的方法理解记忆。

在上述几个重点中,边际资本成本率的计算,特别是追加筹资的资本成本变化时的边际资本成本率的计算步骤最为繁琐,因此是本章的难点。当资本成本随着筹资额增加而发生变化时,边际资本成本率计算可按以下步骤进行:① 确定目标资本结构;② 确定各类资本的成本分界点;③ 计算筹资总额分界点;

$$筹资总额分界点 = \frac{某种资本的成本分界点}{该种资本在目标资本结构中所占的比重}$$

④ 计算边际资本成本率　根据计算出的筹资总额分界点,可以列出相应的筹资范围。熟练掌握这四个步骤就抓住了这类题的解题思路。

第二节　习题部分

一、单选题

1. 从资金的价值属性看,资金成本属于(　　)范畴。
A. 成本　　　　B. 利润　　　　C. 资金　　　　D. 投资

2. 在筹资突破点范围内筹资,原来的资本成本率不会改变;超过筹资突破点筹集资金,即使维持现有的资本结构,其资本成本率也(　　)。
A. 会增加　　　B. 不会增加　　C. 可能降低　　D. 维持不变

3. 依据投资于股票其收益率将不断增长的理论,进行留存收益资本成本估算的方法是(　　)。
A. 风险溢价法　　　　　　　B. 风险收益率调整法
C. 资本资产定价模型法　　　D. 股利增长模型法

4. 反映企业全部长期资金总成本的概念是(　　)。
A. 普通股成本　　　　　　　B. 加权平均资本成本
C. 边际资本成本　　　　　　D. 资本成本

5. 计算资金成本时可以作为筹资金额的扣除项是(　　)。
A. 筹资费用　　B. 借款利息　　C. 股票股息　　D. 债券利息

6. 企业财务人员在进行追加筹资决策时,所使用的资本成本是(　　)。
A. 个别资本成本　　　　　　B. 综合资本成本
C. 边际资本成本　　　　　　D. 所有者权益资本成本

7. 在个别资本成本的计算中,不用考虑筹资费用影响因素的是(　　)。
A. 长期借款成本　　　　　　B. 债券成本
C. 留存收益成本　　　　　　D. 普通股成本

8. 资本成本是企业的投资者对投入企业资本所要求的收益率,从企业的角度看,资金成本是投资项目的(　　)。
A. 实际成本　　B. 预测成本　　C. 机会成本　　D. 计划成本

9. 在其他因素不变的条件下,债券溢价发行与折价发行的资金成本( )。

A. 相等   B. 前者大于后者

C. 后者大于前者   D. 说不定

10. 某笔银行借款,年利息率为 6%,筹资费用率为 1%,所得税率为 33%,则该笔银行借款的资金成本( )。

A. 4.06%   B. 4.10%   C. 9.05%   D. 12.53%

11. 某公司发行总面额 1 000 万元,票面利率为 20%,偿还期限 4 年,发行费率 4%,所得税率为 50% 的债券,该债券发行价 1 075.385 4 万元,则债券税后资本成本为( )。(折现模型)

A. 8%   B. 8.74%   C. 9%   D. 9.97%

12. 某公司债券溢价发行 105 万(面值 100 万),票面利率为 11%,偿还期限 3 年,发行费率 2%,所得税率为 30%。则债券资金成本为( )。(折现模型)

A. 6.60%   B. 8.28%   C. 8.48%   D. 7.60%

13. 某企业发行面值为 100 元的债券 10 000 张,每张发行价格为 120 元。票面利率为 12%,假设没有筹资费用,所得税税率为 33%,则这批债券的成本是( )。

A. 12%   B. 10%   C. 8.04%   D. 6.7%

14. 某公司计划发行债券 500 万元,年利息率为 10%,预计筹资费用率为 5%,预计发行价格为 600 万元,则该券的成本为( )。(所得税税率 33%)

A. 10%   B. 7.05%   C. 5.88%   D. 8.77%

15. 某公司拟发行优先股 100 万元,每股利率 10%,预计筹资费用 4 万元,则该优先股的资金成本为( )。

A. 10%   B. 14%   C. 10.42%   D. 6.98%

16. 某公司普通股每股发行价格 10.40 元,筹资费用平均每股 0.40 元,预计第一年每股股利 1.50 元,以后每年递增率为 4%,则该普通股的资金成本为( )。

A. 18.3%   B. 22.27%   C. 14.27%   D. 19%

17. 公司增发的普通股的市价为 12 元/股,筹资费用率为市价的

6%,本年发放股利每股 0.6 元,已知同类股票的预计收益率为 11%,则维持此股价需要的股利年增长率为( )。

A. 5% B. 5.39% C. 5.68% D. 10.34%

18. 某公司发行普通股股票 600 万元,上年股利率为 14%,预计股利每年增长 5%,所得税率 33%,该公司年末留存 50 万元未分配利润用作发展之需,则这笔留存收益的成本为( )。

A. 14.74% B. 19.7% C. 19% D. 20.47%

19. 某公司股票目前发放的股利为每股 2 元,股利按 10% 的比例固定递增,据此计算出的资本成本为 15%,则该股票目前的市价为( )元。

A. 44 B. 13 C. 30.45 D. 35.5

20. A 企业负债的市场价值为 35 000 万元(与其面值一致),股东权益的市场价值为 65 000 万元。债务的平均利率为 15%,β 权益为 1.41,所得税率为 30%,市场的风险溢价是 9.2%,国债的利率为 3%。则加权平均资本成本为( )。

A. 11.31% B. 1.23% C. 14.06% D. 18%

21. 某企业希望在筹资计划中确定期望的加权平均资本成本,为此需要计算个别资本占全部资本的比重。此时,最适宜采用的计算基础是( )。

A. 目前的账面价值 B. 目前的市场价值
C. 预计的账面价值 D. 目标市场价值

22. 某企业的产权比率为 0.6,债务平均利率为 15.15%,权益资本成本是 20%,所得税率为 34%。则加权平均资本成本为( )。

A. 16.25% B. 16.75% C. 18.45% D. 18.55%

23. A 企业负债的市场价值为 4 000 万元,股东权益的市场价值为 6 000 万元。债务的平均利率为 15%,β 权益为 1.41,所得税率为 34%,市场的风险溢价是 9.2%,国债的利率为 11%。则加权平均资本成本为( )。

A. 23.97% B. 9.9% C. 18.34% D. 18.67%

24. 已知某企业目标资本结构中长期债务的比重为 20%,债务资金的增加额在 0～10 000 元范围内,其利率维持 5% 不变。该企业与此相关的筹资突破点为( )。

    A. 5 000   B. 20 000   C. 50 000   D. 200 000

    25. 更适用于企业筹措新资金的综合资金成本是按( )计算的。

    A. 账面价值   B. 市场价值   C. 目标价值   D. 任一价值

    26. 关于资本成本,下列正确的说法是( )。

    A. 资本成本等于筹资费用与用资费用之和与筹资数额之比

    B. 一般而言,债券的筹资成本要高于银行借款的筹资成本

    C. 在各种资本成本中,普通股的资本成本不一定是最高的

    D. 使用留存收益不必付出代价,故其资本成本为零

二、多选题

    1. 下列项目中,属于资本成本中筹资费用内容的是( )。

    A. 债券利息   B. 股利

    C. 借款手续费   D. 债券发行费

    E. 股票印刷费

    2. 下列项目中,属于用资费用的有( )。

    A. 借款手续费   B. 借款利息

    C. 普通股股利   D. 优先股股利

    E. 债券发行费

    3. 企业债券筹资费用主要包括( )。

    A. 债券印刷费   B. 债券发行手续费

    C. 债券的发行价   D. 债券利息

    E. 债券注册费

    4. 影响优先股资本成本的主要因素有( )。

    A. 企业所得税税率   B. 优先股筹资费率

    C. 优先股股利   D. 优先股总额

    E. 普通股股利

    5. 在计算资本成本时,通常依据资金占用费用来计算把资金筹集费用作为筹资金额的一项扣除,这是因为( )。

    A. 资金占用费数额大   B. 资金筹集费一次性发生

    C. 资金筹集费发生的数额不易确定   D. 资金筹集费在资金使用前发生

    6. 债券资本成本一般应包括下列哪些内容( )。

A. 债券利息 　　　　　　　　 B. 发行印刷费

C. 发行注册费 　　　　　　　 D. 上市费用及摊销费用

7. 在市场经济条件下,决定企业资本成本水平的因素有(　　)。

A. 证券市场上证券流动性强弱及价格波动程度

B. 整个社会资金供应和需求情况 　C. 企业内部的经营和融资状况

D. 企业融资规模 　　　　　　 E. 整个社会的通货膨胀水平

8. 计算资金成本时占用费可以在税前扣除的是(　　)。

A. 借款利息 　B. 股票利息 　C. 债券利息 　D. 留存收益

9. 下列说法正确的是(　　)。

A. 资本成本通常用相对数表示,即用资本占用成本与资本取得成本之和除以筹资总额

B. 通常将资本成本视为投资项目的"最低收益率",只要预期报酬率大于资本成本,投资项目就具有经济上的可行性

C. 一般而言,债券成本要高于长期借款成本

D. 综合资本成本是指企业全部长期资本成本中的各个个别资本成本的平均数

10. 决定加权平均资本成本的因素是(　　)。

A. 个别资本成本 　　　　　　 B. 边际资本成本

C. 资金筹资渠道 　　　　　　 D. 各种资金所占的权重

11. 以下事项中,会导致公司加权平均资本成本降低的有(　　)。

A. 因总体经济环境变化,导致无风险报酬率降低

B. 公司固定成本占全部成本的比重降低

C. 公司股票上市交易,改善了股票的市场流动性

D. 发行公司债券,增加了长期负债占全部资本的比重

12. 以下说法正确的是(　　)。

A. 边际资金成本是追加筹资时所使用的加权平均成本

B. 企业无法以某一固定的资金成本来筹措无限的资金

C. 当企业缩小其资本规模时,无需考虑边际资本成本

D. 当企业筹集的各种长期资金同比例增加时,资金成本应保持不变

13. 在计算加权平均资本成本时,如果股票、债券的市场价格波动较大,个别资本占全部资本的比重应采用(　　)计算。

A. 资本的目标价值　　　　B. 资本的内在价值

C. 资本的账面价值　　　　D. 资本的市场价值

14. 在股利增长的情况下,计算企业留存收益成本时需要考虑的因素包括(　　)。

A. 筹资费用　　　　　　　B. 股利年增长率

C. 普通股金额　　　　　　D. 第一年发放的股利

15. 若预计其投资收益率将不稳定变动进行留存收益成本估算的方法可以采用(　　)。

A. 资本资产定价模型法　　B. 股利增长模型法

C. 风险溢价法　　　　　　D. 风险收益率调整法

16. 下列说法中,正确的有(　　)。

A. 在固定成本不变的情况下,经营杠杆系数说明销售额增长(减少)所引起的利润增长(减少)的程度

B. 当销售额达到盈亏临界点时,经营杠杆系数趋近于无穷大

C. 财务杠杆表明债务对投资者收益的影响

D. 财务杠杆系数表明息税前盈余增长所引起的每股盈余的增长幅度

E. 经营杠杆程度较高的公司不宜在较低的程度上使用财务杠杆

17. 公司债券筹资与普通股筹资相比较(　　)。

A. 普通股筹资的风险相对较高

B. 公司债券筹资的资金成本相对较低

C. 普通股筹资不可以利用财务杠杆的作用

D. 公司债券利息可以税前列支,普通股股利必须是税后支付

18. 从理论上看债务成本的估算并不困难,但是实际上往往很麻烦,因为债务的形式具有多样性,例如(　　)都会使债务成本的估计复杂化。

A. 浮动利率债务　　　　　B. 利息和本金偿还时间不固定的债务

C. 可转换债券　　　　　　D. 附带认股权的债务

19. 关于计算留存收益成本的风险溢价法的下列说法不正确的是(　　)。

A. 风险溢价是准确计算出来的

B. 当市场利率达到历史性高点时,风险溢价也达到高点

C. 通常情况下,常常采用4%的平均风险溢价

D. 风险溢价指的是留存收益成本超出本企业自己发行的债券成本的差额

20. 关于留存收益的相关说法正确的是( )。

A. 留存收益实质上是股东对企业追加投资

B. 由于留存收益是内部筹资,不需要付出代价,因此,留存收益没有成本

C. 可以风险溢价法计算留存收益成本,即根据"无风险利率+风险溢价"计算

D. 可以根据资本资产定价模型计算留存收益成本

21. 计算加权平均资本成本时,如果资本的账面价值与市场价值差别较大时,为了缩小计算结果与实际的差距,可以按照( )确定个别资本占全部资本的比重。

A. 账面价值 B. 市场价值 C. 目标价值 D. 评估价值

22. 以下说法正确的是( )。

A. 边际资本成本是追加筹资时所使用的加权平均成本

B. 当企业筹集的各种长期资金同比例增加时,资金成本应保持不变

C. 当企业缩小其资本规模时,无需考虑边际资本成本

D. 企业无法以某一固定的资金成本来筹措无限的资金

23. 关于加权平均资本成本的权数,表述正确的是( )。

A. 账面价值权数、市场价值权数、目标价值权数作用相同

B. 账面价值权数资料容易取得

C. 按市场价值权数计算的加权平均资本成本能反映企业目前的实际状况

D. 目标价值权数能体现期望的资本结构

24. 一般说来,下列( )是降低资本成本的途径。

A. 积极利用负债经营

B. 提高企业信誉,积极参与信用等级评估

C. 加强技术革新,降低产品制造成本

D. 合理利率预期

E. 合理安排筹资期限

25. 边际资本成本是( )。

A. 资金每增加 1 个单位而增加的成本

B. 各种筹资范围内的综合资本成本

C. 追加筹资时所使用的加权平均资本成本

D. 保持资本结构不变时的综合资本成本

E. 保持个别资本成本率不变时的综合资本成本

26. 下述关于边际资本成本的说法中,正确的有( )。

A. 边际资本成本也要按加权平均法计算

B. 边际资本成本取决于追加资本的结构

C. 边际资本成本取决于追加资本的个别成本水平

D. 当企业筹资规模扩大和筹资条件发生变化时,应计算边际资本成本

E. 追加筹资的边际资本成本不可能等于追加筹资前的综合资本成本

三、简答题

1. 如何理解资本成本的概念及其内容。

2. 资本成本在财务管理中具有什么作用?

3. 怎样对资本成本进行分类?

4. 债务成本和权益成本的个别资本成本的计算方法有什么不同?

5. 怎样用折现模型来估算个别资本成本?

6. 为什么计算长期借款资本成本率时要考虑保护性存款?

7. 怎样估算长期债券的资本成本率?

8. 怎样计算融资租赁资本成本率?

9. 怎样计算优先股资本成本率?

10. 怎样计算普通股资本成本率?

11. 什么是股利固定增长模型?

12. 什么是调整的市盈率模型?

13. 怎样根据资本资产定价模型估算普通股资本成本率?

14. 怎样根据债券收益率加风险溢价法估算普通股资本成本率?

15. 怎样根据已实现的投资者收益率模型估算普通股资本成本率?

16. 怎样计算留存收益资本成本率?

四、计算题

1. 某企业发行期限为 10 年的 1 000 万元债券,票面利率 12%,每年支付利息,发行费用率 3%,所得税 40%。计算:

（1）债券按面值发行的资本成本率；

（2）债券按 1∶1.1 的溢价发行的资本成本率；

（3）债券按 1∶0.9 的折价发行的资本成本率；

（4）若半年复利一次，按票面发行的资金成本率。

2. 某普通股发行价为 100 元，筹资费为 5%，预计第一年末发放股利 12 元，以后每年增长 4%。求该普通股资本成本。

3. 某公司的贝他系数 β 为 1.45，无风险利率为 10%，股票市场平均报酬率为 16%，求该公司普通股的资本成本率。

4. 某公司拟追加筹资 2 500 万元。其中发行债券 1 000 万元，筹资费率 3%，债券年利率为 5%，两年期，每年付息，到期还本，所得税率为 20%；优先股 500 万元，筹资费率为 4%，年股利率 7%；普通股 1 000 万元，筹资费率为 4%，第一年预期股利为 100 万元，以后每年增长 4%，试计算该筹资方案的综合资本成本。

5. A 公司有关信息如下：

（1）公司银行借款利率当前是 10%，明年将下降为 8.93%。

（2）公司原有债券本年末即将到期，如果公司按 850 元发行面值为 1 000 元，票面利率为 8%，期限为 5 年，分期付息的公司债券，发行成本为市价的 4%

（3）公司普通股面值为 1 元，本年派发现金股利 0.35 元，股票获利率为 6.36%，预计每股收益增长率维持 7%，并保持 25% 的股利支付率；

（4）公司当前（本年）的资本结构如表 6-1：

表 6-1

银行借款	150 万元
长期债券	650 万元
普通股	400 万元
保留盈余	420 万元

（5）公司所得税率为 40%；

（6）公司普通股预期收益的标准差为 4.708，整个股票市场组合收益的标准差为 2.14，公司普通股与整个股票市场间的相关系数为 0.5；

（7）当前国债的收益率为 5.5%，整个股票市场上普通股组合收益率为 13.5%。

要求：

(1) 计算银行借款的税后资本成本。

(2) 计算债券的税后成本。

(3) 分别使用股票股利估价模型(评价法)和资本资产定价模型估计内部股权资本成本，并计算两种结果的平均值作为内部股权资本成本。

(4) 如果仅靠内部融资增加资金总额，明年不增加外部融资规模，计算其加权平均的资本成本。

6. 某公司的有关资料如下：

(1) 税息前利润 800 万元；

(2) 所得税率 40%；

(3) 预期普通股报酬率 15%；

(4) 总负债 200 万元，均为长期债券，平均利息率 10%；

(5) 发行股数 600 000 股(每股面值 1 元)；

(6) 每股账面价值 10 元。

假设该公司产品市场相当稳定，预期无成长，所有盈余全部用于发放股利，并假定股票价格与其内在价值相等。

要求：

(1) 计算该公司每股盈余及股票价格。

(2) 计算该公司的加权平均资本成本(以账面价值为权数)。

7. 某企业打算进行筹资决策，现有两方案备选，有关资料如表 6-2，要求分别计算两种方法的综合资本成本，从中选择较优方案。

表 6-2

筹资方式	甲方案		乙方案	
	筹资额	资本成本	筹资额	资本成本
长期借款	80	8%	50	7%
公司债券	100	10%	30	8%
优先股	30	12%	110	9%
普通股	40	15%	60	15%
合计	250		250	

8. 某股份公司拥有资金 600 万元,其中,银行借款 180 万元,普通股 420 万元,该资本结构为企业的最优资本结构。该公司为满足投资的需要计划筹集新的资金,并维持目前的资本结构不变。随筹资额增加,各筹资方式的资本成本如表 6 - 3:

表 6 - 3

筹资方式	新筹资额(万元)	资本成本
银行借款	0~15	7%
	15~45	8%
	45 以上	9%
普通股	42 以下	13%
	42 以上	14%

要求:计算各投资突破点及相应各筹资范围内资金的边际资本成本。

9. 某公司拥有长期资金 400 万元,其中长期借款 100 万元,普通股 300 万元。该资本结构为公司理想的目标结构。公司拟筹集新的资金 200 万元,并维持目前的资本结构,随筹资额增加,各种资本成本的变化如表 6 - 4:

表 6 - 4

资金种类	新筹资额	资本成本
长期借款	40 及以下	4%
	40 以上	8%
普通股	75 及以下	10%
	75 以上	12%

要求:计算各投资突破点及相应各筹资范围内资金的边际资本成本。

五、论述题

1. 如何理解资本成本的性质?
2. 影响资本成本的因素有哪些?
3. 为什么要计算企业分部或项目的加权平均资本成本率?

4. 为什么要计算边际资本成本率?

5. 怎样利用边际资本成本进行投资项目的选择?

6. 简述资本成本、综合资本成本、边际资本成本的定义、作用及其相互关系。

7. 试根据资本结构的原理对我国目前实行的"债转股"进行评价。

六、案例分析题

1. 新建工厂项目分析

假设你是F公司的财务顾问。该公司是目前国内最大的家电生产企业,已经在上海证券交易所上市多年。该公司正在考虑在北京建立一个工厂,生产某一新型产品,公司管理层要求你为其进行项目评价。

F公司在两年前曾在北京以500万元购买了一块土地,原打算建立北方区配送中心,后来由于收购了一个物流企业,解决了北方地区产品配送问题,便取消了配送中心的建设项目。公司现计划在这块土地上兴建新的工厂,目前该土地的评估价值为800万元。

预计建设工厂的固定资产投资成本为1 000万元。该工程将承包给另外的公司,工程款在完工投产时一次付清,即可以将建设期视为零。另外,工厂投产时需要营运资本750万元。

该工厂投入运营后,每年生产和销售30万台产品,售价为200元/台,单位产品变动成本160元;预计每年发生固定成本(含制造费用、经营费用和管理费用)400万元。

由于该项目的风险比目前公司的平均风险高,管理当局要求项目的报酬率比公司当前的加权平均税后资本成本高出2%。

该公司目前的资本来源状况如下:负债的主要项目是公司债券,该债券的票面利率为6%,每年付息,5年后到期,面值1 000元/张,共100万张,每张债券的当前市价959元;所有者权益的主要项目是普通股,流通在外的普通股共10 000万股,市价22.38元/股,贝他系数0.875。其他资本来源项目可以忽略不计。

当前的无风险收益率5%,预期市场风险溢价为8%。该项目所需资金按公司当前的资本结构筹集,并可以忽略债券和股票的发行费用。公司平均所得税率为24%。新工厂固定资产折旧年限平均为8年(净残值为零)。土地不提取折旧。

该工厂(包括土地)在运营 5 年后将整体出售,预计出售价格为 600 万元。假设投入的营运资本在工厂出售时可全部收回。

解题所需的复利系数和年金现值系数如表 6-5:

表 6-5

利率($n=5$)	5%	6%	8%	9%	10%	11%	12%	13%
复利现值系数	0.7835	0.7473	0.6806	0.6499	0.6209	0.5935	0.5674	0.5428
年金现值系数	4.3295	4.2124	3.9927	3.8897	3.7908	3.6959	3.6048	3.5172

要求:

(1) 该公司当前的加权平均税后资本成本(资本结构权数按市价计算)。

(2) 计算项目评价使用的含有风险的折现率。

(3) 计算项目的初始投资(零时点现金流出)。

(4) 计算项目的年经营现金净流量。

(5) 计算该工厂在 5 年后处置时的税后现金净流量。

(6) 计算项目的净现值。

案例来源:2004 年 CPA 真题

2."免费午餐"与资本成本辨析

厦门国贸集团股份有限公司的基本资料:

(1) 股本的形成

1993 年 2 月 19 日,经厦门市经济体制改革委员会批准,由原厦门经济特区国际贸易信托公司独家发起,通过定向募集方式设立了厦门国贸集团股份有限公司,公司发行股份 17 000 万股,每股面值 1 元。经厦门市财政局及厦门市体改委确认,其中国家股 7 000 万股,由原厦门经济特区国际贸易信托公司以经评估确认后可实际投入股份公司的净资产存量 141 584 402.98 元折成(另有 7 000 万元作为公司资本公积金,1 584 402.98 元作为专项基金上缴市财政列入产权基金户);内部职工股 10 000 万股(发行价格 2 元),超过面值部分作为股份公司的资本公积)。1996 年 4 月提出关于减资及变更股本结构的议案,根据该方案,为了使公司现有股本结构符合《公司法》规定的发行与上市要求,公司以每股 2 元的价格购回每个股东持有本公司股份数的 60%部分,并予以注销。减资后,公司总股本为 6 800 万股,构成为:国家股 2 800 万股,占总股本的 41.18%,内部职工持股 4 000 万股,占总股本的 58.82%。经中国证监会批准,公司于 1996 年 9 月 18 日在上海证券交易的以上网定价方式向社会公众发行每股面值为 1 元人民币普通股 1 000 万股,每股发行价 10.68 元,共募集股款人民币 10 680 万元,扣除发行费用 450 万元后,净额为人民币 10 230 万元。上述款项已于 1996 年 9 月 23 日由本次股票发行的主承销商转入公司开立的银行账户,其中 1 000 万元记入"股本"账户,其余 9 230 万元记入"资本公积"账户。

(2)

表 6-6   新股上市前后公司股本结构

	新股发行前		新股发行上市后	
	股数	比例	股数	比例
国家持股(万股)	2 800	41.18%	2 800	35.90%
内部职工持股(万股)	4 000	58.82%	3 000	38.46%(预计 3 年后上市)
社会公众持股(万股)			2 000	25.64%(含原定向募集内部职工股 1 000 万股)
总股本	6 800	100.00%	7 800	100.00%

(3) 公司各年股利发放情况如下:

1993 年每股派发现金 0.20 元,1994 年每股派发现金 0.30 元,1995 年每股派发现金 0.30 元,1996 年 10 送 4 股,1997 年 10 送 2 股转增 4 股,1998 年不分配不转增。

问题:

(1) 权益资本是否为"免费午餐"。

(2) 该案例对你有何启示。

案例来源:万得资讯系统。

第三节　习题解答与案例分析要点

一、单选题

1. B　资金成本作为企业的一种成本,具有一般商品成本的基本属性,又有不同于一般商品成本的某些特性。之所以叫成本,强调它是企业在筹资用资中的付费,其实质是企业向股东债权人分配的收益,因此,资金成本属于利润的范畴。

2. A 筹资总额分界点是指在现有资本结构下,保持某资本成本率的条件下,可以筹集到的资金总限度。在筹资总额分界点范围内筹资,原来的资金成本率不会改变;一旦筹资额超过筹资突破点,即使维持现有的资本结构,其资金成本率也会增加。

3. D 留存收益资本成本率的计算方法与普通股类似,依据投资于股票其收益率将不断增长的理论,推导出普通股资本成本。即,当 $n\rightarrow\infty$ 时,$K_S = \dfrac{D_1}{P_0} + g$。同理,进行留存收益资本成本估算的方法可以是股利增长模型法。

4. B 企业加权平均成本率是以各类资本在资本总额中所占的比重为权数形成的各类资本率的加权平均成本。加权平均资本成本包含了企业全部长期资金总成本。

5. A 筹资费用一般是在筹资时一次性发生的,与筹资的次数有关,属于固定性的资本成本,可视为筹资额的一项扣除。

6. C 当企业追加筹资时,需要知道随着筹资额的增加,加权平均资本成本率会发生怎样的变化。因此,企业在追加筹资时要考虑边际资本成本率的高低及其变动,即企业每新筹措一个单位资本而增加的成本。

7. C 留存收益是指留存在企业使用的那部分税后利润,其实质是股东对企业的追加投资,其与普通股资本成本的区别是留存收益不存在筹资费用。

8. C 资本成本是选择资金来源、确定筹资方案的重要依据,但是它并未实际付出,是机会成本。

9. C 根据,可知溢价发行 Q_B 比折价发行 Q_B 要大,K_B 要小,因此,折价发行的债务成本较高。

10. A $K=6\% \times (1-33\%)/(1-1\%) = 4.06\%$

11. C $1\,075.385\,4 \times (1-4\%) = 1\,000 \times 20\% \times (1-50\%) \times PVIFA_{i,4} + 1\,000 \times PVIF_{i,4}$ 即:$1\,032.37 = 100 \times PVIFA_{i,4} + 1\,000 \times PVIF_{i,4}$

利用试错法:当 I=9%,

$100 \times PVIFA_{9\%,4} + 1\ 000 \times PVIF_{9\%,4} = 100 \times 3.239\ 7 + 1\ 000 \times 0.708\ 4 = 1\ 032.37$

所以:债券税后资本成本=9%。

12. A $105 \times (1-2\%) = 100 \times 11\% \times (1-30\%) \times PVIFA_{i,3} + 100 \times PVIF_{i,3}$ 即:$102.9 = 7.7 \times PVIFA_{i,3} + 100 \times PVIF_{i,3}$。当 I=6% 时,$7.7 \times PVIFA_{i,3} + 100 \times PVIF_{i,3} = 104.54$;当 I=7%时,$7.7 \times PVIFA_{i,3} + 100 \times PVIF_{i,3} = 7.7 \times 2.6243 + 100 \times 0.8163 = 101.84$,插值法求得 I=6.60%。

13. D 这批债券的成本=$[100 \times 10\ 000 \times 12\% \times (1-33\%)/(120 \times 10\ 000)] \times 100\% = 6.7\%$。

14. C 该券的成本=$[500 \times 10\% \times (1-33\%)/600 \times (1-5\%)] \times 100\% = 5.88\%$

15. C 优先股的资金成本=$[100 \times 10\%/(100-4)] \times 100\% = 10.42\%$

16. D 普通股的资金成本=$[1.5/(10.4-0.40) + 4\%] \times 100\% = 19\%$

17. B 根据股利固定增长模型 $p_0 = \sum_{t=1}^{n} \dfrac{D_0(1+g)^t}{(1+K_S)^t}$,当 $n \to \infty$时,

$K_S = \dfrac{D_1}{P_0} + g$,$11\% = [0.6(1+g)]/[12 \times (1-6\%)] + g$,$g = 5.39\%$。

18. B 留存收益成本率=(预计第一期股利/股票发行总额)+股利逐年增长率=$[14\% \times (1+5\%)] + 5\% = 19.7\%$

19. A 根据股利模式,普通股成本可计算如下:

普通股成本=预期股利/市价+股利递增率,

即:$15\% = [2 \times (1+10\%)]/x + 10\%$ $x=44$(元)

20. C 权益资本成本=$3\% + 1.41 \times 9.2\% = 15.97\%$,

负债的资本成本=$15\% \times (1-30\%) = 10.5\%$,

加权平均资本成本=$15.97\% \times 65\% + 10.5\% \times 35\% = 14.06\%$

21. D 加权平均资本成本计算公式中个别资本占全部资本的比重,是按账面价值确定的,但当资本的账面价值与市场价值差别较大

时,计算结果与实际有较大的差异,所以最适宜采用的计算基础是目标价值。

22. A 产权比率为0.6,负债比例＝0.6/(1+0.6)＝0.375,加权平均资本成本＝0.375×15.5%×(1－34%)+20%×(1－0.375)＝16.25%。

23. C 权益资本成本＝11%+1.41×9.2%＝23.97%

负债的资本成本＝15%×(1－34%)＝9.9%

加权平均资本成本＝4 000/(4 000＋6 000)×9.9%＋6 000/(4 000＋6 000)×23.97%＝18.34%

24. C 筹资突破点＝$\dfrac{第i种筹资方式的成本分界点}{目标资本结构中第i种筹资方式所占的比例}$＝$\dfrac{10\ 000}{20\%}$＝50 000。

25. C 在计算综合资本成本时,其权数可用账面价值权数、市场价值权数和目标价值权数,而前两者只反映过去和目前的综合资本成本,目标价值权数则适用于筹措新资金的综合资本成本的计算。

26. B 资本成本包括企业因使用资本而需要支付的费用以及企业在资本的筹集过程中所发生的费用。企业资金使用费用与有效筹资额之间的比率为资本成本率,其计算公式,资本成本率＝每年的用资费用/(筹资数额－筹资费用)。所以A答案不准确。在各种资本成本中,普通股的资本成本最高。C答案不正确企业破产后,股东的求偿权位于最后,与其他投资者相比,普通股股东现金股利的方式取得这部分留存收益而让企业留用,股东承受着机会成本,因此留存收益也存在资本成本的计算问题。D答案错误。一般而言,债券的筹资成本要高于银行借款的筹资成本,因为债券利率水平通常要高于银行借款,同时债券发行费用较高。B正确。

二、多选题

1. CDE 筹资费用是企业在资本的筹集过程中所发生的费用。包括支付给银行的借款手续费和发行债券、股票等的发行费用等。债券利息和股利属于资本成本中是资金使用费而非筹资费用。

2. BCD 用资费用是企业因使用资本而需支付的费用,包括借款利息、普通股股利、优先股股利等。

3. ABE 债券的发行价不属于资本成本,债券利息是用资费用。

4. BCD 根据优先股资本成本计算公式,$Q_P - F_P = \sum\limits_{t=0}^{n} \dfrac{D_P}{(1+K_P)^t}$,可知优先股资本成本的大小与优先股筹资费率、优先股股利、优先股总额相关。

5. BCD 由于资金使费用在筹资时一次性发生,与筹资的次数有关,属于固定性的资本成本,在计算资本成本时,通常依据资金占用费用来计算把资金筹集费用作为筹资金额的一项扣除。

6. ABCD 债券资本成本包括资金占用费和资金筹集费用。A 项属于资金占用费用,B、C、D 项则属于资金筹集费用范畴。

7. ABCDE 由于融资活动本身与外部环境的复杂性,因此,上述因素均对企业资本成本水平构成影响。

8. AC 借款和债券的利息费用可以在税前扣除是计算债务成本的重要特点。

9. BCD 一般采用个别资本成本率,即企业资金使用费用与有效筹资额之间的比率,来表示个别资本成本的大小。资本成本率＝每年的用资费用/(筹资数额－筹资费用)。A 答案表述错误。

10. AD 根据加权平均资本成本的计算公式 $K_w = \sum\limits_{j=1}^{n} K_j W_j$,可知决定加权平均资本成本的因素包括个别资本成本和各种资金所占的权重。

11. ABC 导致公司加权平均资本成本降低的有:总体经济环境的变化反映在无风险报酬率的降低上;公司股票上市交易,提高了股票的市场流动性,使得股票的变现风险减小,股东要求的报酬率也下降,即权益资本成本降低,导致公司加权平均资本成本降低;公司固定成本占全部成本的比重降低,使得企业经营风险(经营杠杆系数)降低,从而使得资本成本也降低;发行公司债券,增加了长期资本占全部资本的比重,长期资本来源相对于短期资金来源而言,资本成本较高,所以会导致公司加权平均资本成本提高。

12. AB 各种长期资金突破各自筹资突破点后,其资金成本会改变。边际资本成本是指资金每增加一个单位而增加的成本,无论增资或减资都要考虑边际资本成本。

13. AD 运用市场价格确定个别资本权重,能反映企业当时的实际情况,而资本的目标价值能体现期望的资本结构。

14. BCD 留存收益资本成本率的计算方法与普通股类似,留存收益资本成本受到第一年股利、普通股金额、股利增长率的影响。

15. ACD 股利增长模型法适宜于股票投资收益率将持续稳定增长;而其他三种方法是依据某项投资风险越大,要求的报酬率越高的原理来考虑股票资金成本率计算的。

16. ABCD A、B、C、D表述均正确。E不正确,因为若经营杠杆较大,表明企业经营风险较大,此时若财务杠杆较高,则企业的财务风险也会较高,企业的总体风险会较大。

17. BCD 普通股筹资没有固定的到期还本付息压力,所以筹资风险小,故A不正确;按财务制度规定,普通股从税后支付,债券利息是作为费用从税前支付,具有抵税作用,所以资金成本相对较低,故B、D是正确的;财务风险是指因借款而增加的风险,而财务杠杆是指债券对投资者收益的影响,故C是正确的。

18. ABCD 在现实中,浮动利率债务、利息和本金偿还时间不固定的债务、可转换债券和附带认股权的债务等,对于债券利息的计算、发行债券实际筹资总额都会有影响,从而使债务成本的估计复杂化。

19. AB 根据风险溢价法,留存收益的成本公式为: $K_S = K_{DT} + R_{PC}$,即留存收益的成本=税后债务成本+股东比债权人承担更大风险所要求的风险溢价。风险溢价是凭经验估计的。一般认为,某企业普通股风险溢价对其自己的债券来讲,大约在 $3\%\sim5\%$ 之间,当市场利率达到历史性高点时,风险溢价通常较低。通常情况下,以 4% 为平均风险溢价。

20. AD 留存收益是企业缴纳所得税后形成的,其所有权属于股东。股东将这一部分未分派的税后利润留存于企业,实质上是对企业追加投资。由于股东放弃通过现金股利的方式取得这部分留存收益而让企业留用,股东承受着机会成本,因此留存收益也存在资本成本的计算问题。按照资本资产定价模型法,留存收益成本为 $K_S = R_F + \beta(R_M - R_F)$,也可以用风险溢价法计算留存收益的资本成本。

21．BC 如果资本的账面价值与市场价值差别较大时，可以按照市场价值或目标价值确定个别资本占全部资本的比重。

22．AD 企业无法以某一固定的资本成本筹集到无限的资金，当其筹资的资金超过一定的限度时，即使保持原有的资本结构不变，原来的资本成本率也会提高。而边际资本成本率是衡量企业追加筹措资金的资本成本率，即企业每新筹措一个单位资本而增加的成本；当筹资数额较大时，或在既定的目标资本结构下，企业往往需要同时采用多种筹资方式，所以边际资本成本率一般采用加权平均法进行计算。

23．BCD 要计算加权平均资本成本率，确定各种个别资本在全部资本中的权重是关键。个别资本占全部资本的权重可以账面价值、市场价值和目标价值进行确定。账面价值各企业一般都有详细的记载，且会在期末编制的资产负债表中列示。因此，账面价值权数资料易取得。当资本的账面价值与市场价值相差较大时，股票的市场价值呈现较大的波动性，从决策的相关性而言，以市场价值权数为基础更能反应企业的实际情况。以企业各类资本目标价值为权数计算的企业加权平均资本成本率可以体现企业期望的资本结构。

24．ABDE 加强技术革新，降低产品制造成本与降低资本成本无直接联系。

25．AC 边际资本成本是衡量企业追加筹措资金的资本成本，即企业每新筹措一个单位资本而增加的成本；当筹资数额较大时，或在既定的目标资本结构下，企业往往需要同时采用多种筹资方式，所以边际资本成本一般采用加权平均法进行计算。

26．ABCD 当新增的资本成本保持不变时，则新筹措资金的边际资本成本取决于资本结构的变化，若追加筹资仍然保持原来的资本结构时，则边际资本成本与原来的加权平均资本成本相等；若追加筹资改变了原来的资本结构时，则边际资本成本就会与原来的加权平均资本成本不同，这时，需要根据新的资本结构计算边际资本成本。

三、简答题

1．所谓资本成本，是指企业为取得和长期占有资本而付出的代价，它包括资本的筹资费用和占用成本。资本的筹资费用是指企业在资本筹措过程中所发生的各种费用，如：证券的印刷费、发行手续费、行政费用、律师费、资信评估费、公证费等。筹资费用与筹资的次数相关,与所筹资本的数量关系不大,一般属于一次性支付项目,可以看作固定成本。

资本的占用成本是指企业因占用资本而向资本提供者支付的代价,如长期借款的利息、长期债券的利息、优先股的股息、普通股的红利等等。资本占用成本具有经常性、定期性支付的特征,它与筹资金额、使用期限成同向变动关系,可视为变动成本。

2. 资本成本在财务管理中处于至关重要的地位。资本成本不仅是资本预算决策的依据,而且还是许多其他类型决策包括租赁决策、债券偿还决策,以及制定有关营运资本管理政策的直接依据。① 资本成本是选择筹资方式、进行资本结构决策的依据。首先,个别资本成本是比较各种筹资方式的依据,其次,综合资本成本是衡量资本结构合理性的依据。最后,边际资本成本是选择追加筹资方案的依据。② 资本成本是评价投资方案、进行投资决策的重要标准。③ 资本成本是评价企业经营业绩的重要依据。

3. 资本成本可按多种标准进行分类:

(1) 按照表示方法分类,资本成本可分为绝对资本成本和相对资本成本,绝对资本成本是用绝对数表示的资本成本,而相对资本成本是用相对数表示的资本成本即资本成本率,它是指企业资本使用费用与有效筹资额之间的比率,一般用百分比表示。在企业的筹资和投资决策中,通常采用相对资本成本。

(2) 按资金来源分类,资本成本可分为负债资本成本和权益资本成本。负债资本成本包括长期借款成本、债券成本等,负债资本成本主要表现为支付的利息,可在企业所得税前扣除,因此具有抵税效应;权益资本成本包括优先股成本、普通股成本、留存收益成本等,权益资本成本主要表现为支付给股东的股利,在企业所得税后扣除,不具有抵税效应。

(3) 按资本成本用途分类,资本成本可分为个别资本成本、加权平均资本成本和边际资本成本。个别资本成本是某种单一长期资本的资本成本。加权平均资本成本是在个别资本成本的基础上通过加权后得到的资本成本。边际资本成本是企业追加筹集资金的资本成本,在计算时也需要进行加权平均,边际资本成本主要用于追加筹资的决策。

4. 根据企业税法的规定,企业债务的利息允许从税前利润中扣除,从而在企业盈利的情况下可以抵减企业所得税。因此,企业实际负担的债务成本应当考虑所得税因素,计算税后债务成本率,即:$K = \dfrac{I(1-T)}{Q-F}$。其中:K 表示债务资本成本率,用百分率表示;I 表示债务资本利息;T 表示企业所得税税率;Q 表示所筹集的资金额;F 表示资金筹集费用;$(Q-F)$ 表示有效筹资额。而企业的权益资本报酬,如股利,是以企业的税后利润支付的,因此不会减少企业所得税的缴纳,因此,按照公式 $K = \dfrac{D}{Q-F}$ 计算的资本成本率即为权益资本成本率,而此时的 D 表示股利的发放。

5. 在充分考虑货币的时间价值和投资风险的情况下,个别资本成本可以采用折现模型来估算。在折现模型中,个别资本成本率则表示由筹资活动所引起的,是净现金流量为 0(现金流出量与现金流入量相等)时的折现率。而在筹资活动中,现金流入量一般是在期初一次性流入,而现金流出量则是在使用过程中在不同时期分次流出。因此,根据折现模型,个别资本成本率用公式表示就是:$CI_0 = \sum\limits_{t=0}^{n} \dfrac{CO_t}{(1+i)^t}$,其中:$CI$ 表示实际现金流入量;CO 表示实际现金流出量;t 表示现金流动的期间数,在长期资本成本率的计算中,一般以年表示;i 表示个别资本成本率。上述方程式可采用逐次测试法求解。

6. 保护性存款是指银行等借款方为了保证其贷款的安全性和变相提高借款利息率等方面的原因,在借款合同中规定的借款方须将借款金额的一部分存入银行,这一部分存款就是保护性存款。保护性存款一般是按所借款金额的一定百分比计算的,因此又称保护性存款比率。保护性存款的存在,实际上减少了企业的可动用的筹资额,因此在计算长期借款资本成本率时应从企业筹资额中扣除。

7. 长期债券的资本成本会受到总体经济环境、证券市场条件、企业内部的经营和融资状况、融资规模等因素的影响,但最终是由市场确定的。市场会评价企业的财务状况,审查偿债记录,评估企业风险,再根据市场上同类债券的情况确定企业债券的资本成本。

因此,企业债券资本成本的粗略估计一般有两种方法:一是由信用评级机构如标准普尔和穆迪公司确定,评级机构会通过分析企业的财务状况和过去的信用记录,为企业发行的债券确定一个信用等级,依此来衡量不同固定收益证券的相对风险;二是寻找一家与该企业具有相同的资本结构和风险特点的公司进行比较,然后为企业债券确定一个相近的资本成本水平。而一旦企业债券的利率水平和发行方式等确定下来,就可以采用资本成本率等于资金使用费用除以有效筹资额公式或折现模型方法进行资本成本率的计算。

8. 根据折现模型,融资租赁承租方的税前资本成本就是在租赁开始日,能使其未来现金流出量现值等于实际筹资额时的折现率。

承租人的未来现金流出量现值是指包括在租赁谈判和签约过程中发生的佣金和律师费等租赁手续费、最低租赁付款额的现值和融资租赁由承租人或第三方担保的余值(或承租人到期依约履行承租资产选择权所支付的金额)的现值之和,而实际筹资额是其融资租入固定资产现时公允价值,也是融资租入固定资产的入账价值。

融资租赁承租方的税前资本成本率计算公式如下:

$$Q_{lea} = \sum_{i=1}^{t} \frac{A_t}{(1 + K'_{lea})} + \frac{V}{(1 + K_{lea})^t} + A_{lea}$$

其中:Q_{lea} 表示融资租赁方资产的现时公允价值;A_t 表示承租人第 t 年支付的租金额;K'_{lea} 表示融资租赁承租方的税前资本成本率;V 表示融资租赁由承租方或第三方担保的余值(或承租人到期依约履行承租资产选择权所支付的金额);A_{lea} 表示融资租赁手续费。

融资租赁承租方的税后资本成本率计算为:$K_{lea} = K'_{lea}(1 - T)$。其中:$K_{lea}$ 表示融资租赁承租方的税后资本成本率;T 表示承租方的企业所得税率。

9. 优先股的特点是定期支付固定股利,无到期日,股利是从公司的税后利润中支付的。同时,公司利用优先股筹资需花费发行费用。因此,优先股资本成本率计算公式为:$Q_P - F_P = \sum_{t=0}^{n} \frac{D_P}{(1 + K_P)^t}$。其中:$Q_P$ 表示优先股价格或实收股金;F_P 表示优先股筹资费用;t 表示现金流动的期间数,在优先股资本成本率的计算中,一般以年表示;D_P 表示优先股年股息额,金额等于优先股票面值与票面利率的乘积;K_P表示优先股资本成本率。当 $n \to \infty$ 时,优先股资本成本率的计算公式为:
$$K_P = \frac{D_P}{Q_P - F_P}。$$

10. 普通股的特点与优先股基本相同,也是无到期日,股利从公司的税后利润中支付,其不同之处在于普通股每年支付的股利不固定,存在极大的不确定性。另外,普通股股票的价格波动性较大。因此,普通股资本成本率很难准确确定。为了解决普通股资本成本率的确定问题,人们设计了不同的方法,如股利固定增长模型、资本资产定价法(CAPM 法)、债券收益率加风险溢价法、调整的市盈率模型、已实现的投资者收益率模型等。

以上五种计算普通股资本成本率的方法都是在一定假设前提下估计的结果,五种方法得出的结果不尽相同。财务管理人员应根据企业具体情况,判断各种方法估计的合理性和可靠性,选择一种最为合理和可靠的方法计算本公司的普通股资本成本率。在实务中,很多分析人员会同时选用多种方法,然后计算几种结果的平均值,作为公司的普通股资本成本率。

11. 普通股资本成本率的基本计算公式为:$p_0 = \sum_{t=1}^{n} \frac{D_t}{(1+K_S)^t}$。其中:$p_0$ 表示普通股价格或实收股金,已扣除发行费用;t 表示现金流动的期间数,在普通股资本成本率的计算中,一般以年表示;D_t 表示普通股第 t 年所发放的股利;K_S 表示普通股资本成本率。由于预期的未来股利很难准确地估计,因此,也就难以直接按上面的公式来计算普通股股票的资本成本率。

股利固定增长模型假定公司预期的普通股股利每年按相同的速度增长,假定其增长速度为 g,则普通股股票的资本成本率可通过如下公式求解:$p_0 = \sum_{t=1}^{n} \frac{D_0(1+g)^t}{(1+K_S)^t}$。当 $n \to \infty$ 时,$K_S = \frac{D_1}{P_0} + g$。其中,$D_1$ 表示预期年股利额;g 表示股利预期增长率。

12. 调整的市盈率模型假定公司维持一个稳定的留存收益政策,且公司在此留存收益上的报酬率并不能产生更高的收益,因此,实际收益会根据留存收益增长。在此假设下,普通股票成本可以由下面的公式得出：$K_S = \dfrac{1}{P_E} \times \dfrac{P_0}{P_0 - b \times EPS}$。其中：$K_S$ 表示普通股资本成本率；P_E 表示现行市盈率；P_0 表示现行价格；b 表示留存收益比率；EPS 表示每股收益。若用 K_e 表示现行市盈率的倒数,则普通股票成本可以表示为：$K_S = \dfrac{K_e}{1 - b \times K_e}$。

13. 根据资本资产定价模型,普通股资本成本率也就是普通股股东所要求的投资收益率,即等于无风险收益率加上与市场风险相关的风险溢价。

用图形表示如下：

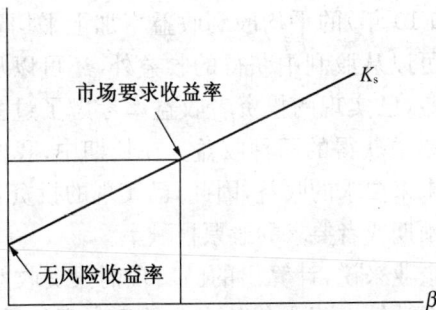

图 6-1 资本成本率

用公式表示如下：

$$K_S = R_S = R_f + \beta(R_m - R_f)$$

其中：K_S——普通股资本成本率；R_S——普通股股东要求的收益率；R_f——无风险收益率；R_m——市场要求收益率；β——系统性风险系数,即某公司股票收益相对于市场上所有股票收益的变动幅度。

14. 根据"投资风险越大,要求的报酬率越高"的原理,公司普通股股东的投资风险高于债券投资人,因而会在债券投资人要求的收益率的基础上再要求一定的风险溢价。则普通股资本成本率的计算公式为：

$$K_S = K_B + RP_S$$

其中：K_S——普通股资本成本率；K_B——长期债券资本成本率；RP_S——股东比债券投资人承担更大风险所要求的风险溢价。

公司的债务成本(长期借款成本、债券成本等)比较容易获得,关键在于风险溢价的确定。风险溢价可以凭借经验估计。实证研究表明,公司普通股风险溢价对其自身发行的债券来说,大约在3%～5%之间,在利率稳定时期,风险溢价也相对稳定,当利率变化较大时,风险溢价变化也相对较大。一般来说,当市场利率达到历史性高点时,风险溢价通常较低,在3%左右;当市场利率达到历史性低点时,风险溢价一般较高,在5%左右。通常情况下,常常采用4%的平均风险溢价。

15. 已实现的投资者收益率模型是指用一段长时期内已实现的投资者收益率来估计普通股票的资本成本率。已实现的投资者收益率是指一段长时期(如10年)的平均股利收益率加上平均资本收益率。普通股投资者除了可以从股利中获得的收益外,还可以从股票的价格变化中获得资本收益,已实现的投资者收益率考虑了过去一段时间里普通股投资者从股票中获得的两种收益。在长期中,我们可以假定过去的平均收益等于未来要求的收益,因此,已实现的投资者收益率也反映了普通股投资者预期或者要求的股票报酬率。

对于单一的企业来说,计算出的已实现的投资收益率可能不太稳定,因此,可以考虑计算一组类似的企业的已实现的投资收益率,再计算其平均值。

16. 留存收益是指留存在公司使用的那部分税后利润,其所有权属于股东,其实质是股东对企业的追加投资。由于股东放弃通过现金股利的方式取得这部分留存收益而让公司留用,股东承受着机会成本,因此留存收益也存在资本成本的计算问题。

留存收益资本成本率的计算方法与普通股类似,计算普通股资本成本率的计算方法一般都适用于留存收益资本成本率的计算。但不同之处在于留存收益不存在筹资费用,因此,留存收益的资本成本率会低于普通股的资本成本率。

四、计算题

1. (1) $[12\%\times(1-40\%)]/(1-3\%)=7.42\%$

(2) $[1\,000\times12\%(1-40\%)]/[1\,100\times(1-3\%)]=6.75\%$

(3) $[1\,000\times12\%(1-40\%)]/[900(1-3\%)]=8.25\%$

(4) $i=(1+12\%/2)^2-1=12.36\%$

$K=[12.36\%\times(1-40\%)]/[(1-3\%)]=7.65\%$

2. $K=12/[100\times(1-5\%)]+4\%=16.63\%$

3. $K=10\%+1.45\times(16\%-10\%)=18.7\%$

4. (1) 该筹资方案中,各种资金来源的比重及其个别资本成本为:

设债券资本成本为 K,则:

$1\,000\times(1-3\%)=1\,000\times5\%\times(1-20\%)\times PVIFA_{k,2}+1\,000\times$ $PVIF_{k,2}$ 即 $970=1\,000\times5\%\times(1-20\%)\times PVIFA_{5\%,2}+1\,000\times$ $PVIF_{5\%,2}$ 设贴现率 K 为 5%,得:

$1\,000\times5\%\times(1-20\%)\times PVIFA_{5\%,2}+1\,000\times PVIF_{5\%,2}$

$=981.38>970$

设贴现率 K 为 6%,得:

$1\,000\times5\%\times(1-20\%)\times PVIFA_{6\%,2}+1\,000\times PVIF_{6\%,2}$

$=40\times1.833\,4+1\,000\times0.89=963.34<970$

利用插值法可得:

$$\frac{(K-5\%)}{(6\%-5\%)}=\frac{(970-981.38)}{(963.34-981.38)}$$

解得:$K=5.63\%$

优先股资金成本$=7\%/(1-4\%)=7.29\%$

普通股资金成本$=10\%/(1-4\%)+4\%=14.42\%$

债券比重$=1\,000/2\,500=0.4$

优先股比重$=500/2\,500=0.2$

普通股比重$=1\,000/2\,500=0.4$

(2) 该筹资方案的综合资金成本$=5.63\%\times0.4+7.29\%\times0.2+14.42\%\times0.4=9.48\%$

5. (1) 银行借款成本$=8.93\%\times(1-40\%)=5.36\%$

(2) 设债券成本为 K,

$850\times(1-4\%)=1\,000\times8\%\times(1-40\%)\times PVIFA_{k,5}+1\,000\times PVIF_{k,5}$ $816=48\times PVIFA_{k,5}+1\,000\times PVIF_{k,5}$,设贴现率 K 为 10%:

$48\times PVIFA_{10\%,5}+1\,000\times PVIF_{10\%,5}$

即:$48\times3.790\,8+1\,000\times0.620\,9=802.86<816$

设贴现率 K 为 9%：$48 \times PVIFA_{9\%,5} + 1\,000 \times PVIF_{9\%,5}$

即：$48 \times 3.889\,7 + 1\,000 \times 0.649\,9 = 836.61 > 816$

$$\frac{K - 9\%}{10\% - 9\%} = \frac{816 - 836.61}{802.86 - 836.61}$$

解得：K = 9.61%

（3）股票市价 = 0.35/6.36% = 5.5（元/股）

股利增长模型：

内部股权资本成本 = [0.35 × (1 + 7%)/5.5] + 7%

                        = 6.81% + 7%

                        = 13.81%

资本资产定价模型：

公司股票的 $\beta = r_{JM} \times \sigma_J / \sigma_M = 0.5 \times (4.708/2.14) = 1.1$

股票的预期报酬率 = 5.5% + 1.1 × (13.5% − 5.5%) = 14.3%

普通股平均成本 = (13.8% + 14.3%)/2 = 14.05%

（4）计算保留盈余数额

因为：股利支付率 = 每股股利/每股收益

25% = 0.35/每股收益

明年每股净收益 = (0.35/25%) × (1 + 7%) = 1.498（元/股）

预计明年留存收益增加 = 1.498 × 400 × (1 − 25%) = 449.4（万元）

保留盈余数额 = 420 + 449.4 = 869.4（万元）

计算加权平均资本成本：

表 6 - 7

项目	金额	占百分比	单项成本	加权平均资本成本
银行借款	150	7.25%	5.36%	0.39%
长期债券	650	31.41%	9.61%	3.02%
普通股	400	19.33%	14.05%	2.72%
保留盈余	869.4	42.01%	14.05%	5.90%
合计	2 069.4	100%	—	12.03%

6. （1）

表 6 - 8

税息前利润	800 万元
利息（200×10%）	20 万元
税前利润	780 万元
所得税（780×40%）	312 万元
税后利润	468 万元

每股盈余＝468/60＝7.8（元）

股票价格＝7.8/0.15＝52（元）

（2）所有者权益＝60 万股×10 元＝600（万元）

加权平均资金成本

＝10%×（1－40%）×[200/（600＋200）]＋15%×[600/（600＋200）]

＝1.5%＋11.25%

＝12.75%

7. 甲方案

（1）各种筹资额占筹资总额的比重：

长期借款：80/250＝32%

公司债券：100/250＝40%

优先股：30/250＝12%

普通股：40/250＝16%

（2）综合资本成本：8%×32%＋10%×40%＋12%×12%＋15%×16%＝10.40%

乙方案

（1）各种筹资额占筹资总额的比重：

长期借款：50/250＝20%

公司债券：30/250＝12%

优先股：110/250＝44%

普通股：60/250＝24%

（2）综合资本成本：7%×20%＋8%×12%＋9%×44%＋15%×24%＝9.92%

两方案进行比较，乙方案的综合资本成本较低，故乙方案较优。

8. (1)筹资总额的分界点为：

银行借款：15/30%＝50(万元)

45/30%＝150(万元)

普通股：42/70%＝60(万元)

(2) 各筹资总额范围内资金的边际成本如下：

银行借款筹资突破点：15/30%＝50(万元)；45/30%＝150(万元)

普通股筹资突破点：42/70%＝60(万元)

表 6 - 9

筹资总额的范围(万元)	边际资本成本
0～50	7%×30%＋13%×70%＝11.2%
50～60	8%×30%＋13%×70%＝11.5%
60～150	8%×30%＋14%×70%＝12.2%
150 以上	9%×30%＋14%×70%＝12.5%

9. 长期借款筹资突破点(1)＝40/25%＝160(万元)

普通股筹资突破点(2)＝75/75%＝100(万元)

边际资本成本(0～100 万元)＝25%×4%＋75%×10%＝8.5%

边际资本成本(100～160 万元)＝25%×4%＋75%×12%＝10%

边际资本成本(160 万以上)＝25%×8%＋75%×12%＝11%

五、论述题

1. 资本成本存在的客观基础是在商品经济条件下资金的使用权与所有权相分离。因此，资本成本不仅存在于资本主义经济中，同样也存在于社会主义经济中。

对资金使用者来说，资本成本是其为取得资金的使用权并赢得了运用资金使用权获利的机会而付出的代价；对资金的所有者来说，资本成本是其让渡资金的使用权并相应承担了一定的风险而得到的补偿(即投资报酬)。所以，资本成本概念的存在，是商品经济条件下资金的所有权与使用权相分离的必然结果。

资本成本作为企业的一种成本，具有一般商品成本的基本属性，又有不同于一般商品成本的某些特性。在企业的正常生产经营过程中，一般商品的生产成本是其生产所耗费的直接材料、直接人工和制造费用之和,对于这种商品的成本,企业需从其收入中予以补偿。资本成本也是企业的一种耗费,也需要企业的未来收益补偿,但它是为使用资本、获得收益而付出的代价,通常并不直接表现为生产成本。此外,产品成本需要计算实际数,而资本成本则只要求计算预测数或估计数。在财务核算上,一部分资本成本(如利息)计入成本费用,而一部分资本成本(如股利等)则直接作为利润分配处理。

资本成本与货币的时间价值既有联系,又有区别。货币的时间价值是资本成本的基础,而资本成本既包括货币的时间价值,又包括投资的风险溢价,是资金时间价值和风险溢价的统一。

2. 在市场经济环境中,多方面因素的综合作用决定着企业资本成本的高低,其中主要的有:总体经济环境、证券市场条件、企业内部的经营和融资状况、项目融资规模等。

(1) 总体经济环境决定了资本的供应和需求,以及预期通货膨胀水平。总体经济环境的影响,反映在无风险报酬率上。如果整个社会的货币需求增加,而供给没有相应增加,资金所有者就会提高其投资收益率,企业的资本成本就会上升;反之,资金所有者就会降低其要求的投资收益率,而企业的资本成本就会下降。而如果预期通货膨胀率上升,则预期货币购买力将会下降,投资者也会相应提出更高的收益率来补偿其预期的投资损失,从而导致企业资本成本的上升。

(2) 证券市场条件会影响证券投资的风险。当投资者购买的某种证券风险很大时,投资者必然会要求提高其收益率。随着风险的上升,投资者要求的收益率也会上升,这种上升称为收益的风险溢价。当投资者要求提高其收益率时公司的资本成本也随之上升。证券市场条件主要包括证券的市场流动难易程度和价格波动程度。如果某种证券的市场流动性不好,投资者想买进和卖出该证券相对比较困难,变现风险加大,要求的收益率就会提高;或者虽然存在某证券的需求,但其价格波动较大,投资的风险大,要求的收益率也会相应提高。

(3) 企业内部的经营和融资状况,将影响企业的经营风险和财务风险的大小。经营风险是指企业因经营上的原因而导致利润波动的风险;而财务风险是指企业在经营活动中与筹资有关的风险,尤其指举债经营可能导致企业股权资本所有者收益下降,甚至导致企业资不抵债而破产的风险。企业总风险是经营风险和财务风险共同作用的结果。如果企业的风险较高,投资者便会有较高的收益率要求,以补偿其较高的投资风险。这样,公司的资本成本就会随之上升。

(4)融资规模是影响企业资本成本高低的另一个因素。当公司融资需求增加时,资本成本会上升,公司的实际得到的资金将会减少。同时,当公司向市场索取相对于公司自身规模来说金额较大的资本时,投资者出于风险的考虑还会要求更高的收益率。而且,证券发行规模的增大还会降低其发行价格,由此也会增加企业的资本成本。

3. 计算某一个投资项目的资本成本率,可以为投资项目确定合理的折现率,确保投资项目可行性研究的正确性。为企业某一分部计算其加权平均资本成本,除有利于该分部选择筹资和投资方案外,还有利于企业对该分部的考核,有利于企业制定科学合理的管理方案。

分部或投资项目的资本成本由分部的风险确定,分部或投资项目的风险与企业的风险可能相等,也可能与企业不等。如果分部或投资项目风险与企业风险相等,则企业的加权平均资本成本就是分部或投资项目的加权平均资本成本,可以用企业的加权平均资本成本作为折现率来计算分部或投资项目的净现值。当分部的风险与企业的风险不相等时,那么期望从分部或投资项目中得到的回报率也会与期望从企业平均水平获得的报酬率不等,这时就要对分部或投资项目的加权平均资本成本进行计算。

4. 企业无法以某一固定的资本成本筹集到无限的资金,当其筹集的资金超过一定的限度时,即使保持原有的资本结构不变,原来的资本成本率也会提高。当企业追加筹资时,需要知道随着筹资额的增加加权平均资本成本率会发生怎样的变化,因此,企业在追加筹资时要考虑边际资本成本率的高低及其变动。

边际资本成本是企业追加筹措资金的资本成本率,即企业每新筹措一个单位资本而增加的成本。企业追加筹资时可能采取某一种筹资方式,而当筹资数额较大时,或在既定的目标资本结构下,企业往往需要通过同时采用多种筹资方式以筹集到所需资金。因此,边际资本成本率一般采用加权平均法进行计算。

5. 利用边际资本成本可以进行投资项目的选择,以判断有利的投资与筹资机会,选择投资方案的方法是:首先选择盈利能力(投资报酬率)最高的项目,然后根据盈利水平对其余的投资项目从高到低进行排序,依次从中选择获利能力最高的项目,直到某一投资项目的投资报酬率正好等于公司的边际资本成本率为止。这种选择方法的理论依据是资本的边际收益率递减规律,即随着投入资本的增加,增量资本的获利能力是递减的。当递减的投资报酬率与递增的边际资本成本率相等时,就不应该再进行投资了。

随着投资项目的增加,其投资报酬率是递减的,而投资项目越多,所需筹集的资金就会越多,因此,随着投资额和融资额的增加,边际资本成本率必然会上升。在某一点上,递增的边际资本成本率曲线会和下降的投资报酬率曲线相交,即边际资本成本率与投资报酬率相等。投资额和融资额如果超过这个交点,那么增加的投资额和筹资额将会无利可图,因此,应该在这一点停止投资和筹资。

6.(1)资本成本是企业为筹集和使用资金而付出的代价,资本成本包括使用费用和筹集费用两部分。作用:资本成本是选择筹资方式、进行资本结构决策和选择追加筹资方案的依据,是评价投资项目,比较投资方案和进行投资决策的标准,可用作衡量企业经营成果的尺度。

(2)综合资本成本也叫加权平均资本成本,是在个别资本成本的基础上通过加权后得到的资本成本。综合资本成本的主要作用在于确定计算企业价值时所使用的折现率和企业的最优资本结构。

(3)边际资本成本是企业追加筹集资金的资本成本,在计算时也需要进行加权平均。边际资本成本主要用于追加筹资的决策。

(4)资本成本是企业进行融资决策过程中必须考虑的成本,企业在具体融资过程中,力求找到综合资本成本和边际资本成本的最佳结合点。通常来说,边际成本越低,相应的综合成本也就越低,但是如果只是一味地寻求最低的边际资本成本,那么会给企业带来巨大的财务风险,反而提高了综合资金成本。因此,边际资本成本和综合资本成本作为资本成本的两种具体表现形式,它们具有一致性,但在某些情况下,它们却出现背离。企业这时所需要做的就是在两者之间寻求权衡,使综合资金成本降到最低。

7. 资本结构的决策就是根据若干个可行的资本结构优化方案,从中选取企业最佳资本结构方案的过程。所谓最佳资本结构,是指在一定时期内能使企业综合资本成本最低和企业价值最大的资本结构。从理论上讲,任何企业都应存在最佳资本结构,但是,在实践中企业很难准确地确定这一最佳时点。而各种资本结构理论也只是提供了对企业资本结构优化问题进行分析研究的基本思路和框架,在实际工作中,不能机械地依据纯理论模型进行分析,而必须充分考虑企业实际情况和所处的客观经济环境,在认真分析研究影响企业资本结构优化的各种因素基础上,进行资本结构优化政策。企业进行资本结构优化过程中,受很多因素的影响:

(1)资本成本因素。因为资本结构优化决策的根本目的之一就是使企业综合资本最低,而不同筹资方式的资本成本又是不相同的,资本结构优化决策必须充分考虑资本成本因素。

(2)财务风险因素。企业在追求财务杠杆利益时,必然会加大负债资本筹集力度,使企业财务风险增大。如何把财务风险控制在企业可承受的范围内,是资本结构优化决策必须充分考虑的重要问题。

(3)企业经营的长期稳定性。企业经营的长期稳定性是企业自下而上发展的重要保证。企业对财务杠杆的运用,必须限制在不危及其自身长期稳定经营的范围以内。

(4)贷款人和信用评级机构的态度。贷款人和信用评级机构的态度主要体现在对企业信用等级的认识上,而企业信用等级的高低,在很大程度上影响着企业筹资活动乃至经营活动。

(5)经营风险因素。如果管理部门决定在整个风险不超过某一限度的前提下,降低经营风险,企业就必须承担较高的财务风险;反之亦然。因此,销售额的稳定性和经营杠杆这些影响企业经营风险的因素,也会影响到企业的资本结构。

(6)储备借贷能力。企业应当努力维持随时可能发生借贷的能力。为了储备借贷能力,企业更倾向于在正常情况下使用较少的借款,从而表现出完美的财务形象。就短期而言,这样做可能有利,但就长期而言,却并非较好的选择。

(7)企业控制权。通常情况下,企业控制权因素并不对企业资本筹集产生绝对的影响。但当企业管理控制状况没有保障时,资本结构优化决策对企业控制权因素也应当予以考虑。

（8）企业的成长性。在其他因素相同的情况下,发展速度较慢的企业可能会通过内部积累补充资本,而发展速度较快的企业必须依赖于外部资本,特别是负债资本。

（9）企业获利能力。具有较高获利能力的企业使用的负债资本相对较少,因为它可以通过较多的内部积累来解决筹资问题。

（10）税收因素。由于负债资本利息属于免税费用,因此企业所得税税率越高,负债资本抵税利益就越大,税收因素对增加负债资本的客观刺激作用也就越明显。

（11）企业资产结构。不同资产结构的企业利用财务杠杆的能力不同,房地产公司的抵押贷款较多,而以技术开发为主的公司则较少。

（12）行业因素。由于不同行业以及同一行业的不同企业,在运用财务杠杆时所采取的策略和政策大不相同,从而使各行业的资本结构也产生较大的差别。

对于我国国有企业,负债率的水平与企业融资水平或二者之间的构成是决定其资本结构是否优化和能否走出困境的关键。单纯将降低负债率当成国有企业扭亏脱困的办法是不能解决问题的。对于目前普遍认可的"债转股"举措,一些人错误地认为,将债务转为股本金,企业经济困难的问题就迎刃而解了。当然,债转股后,企业的利息支出下降。还本压力不存在了,扭亏增盈的可能性也大为增加,但从企业融资的角度看,负债率的变化只会使企业的财务风险结构发生变化,而并不是企业扭亏与否的决定性因素。在资本总额已决定的情况下,负债率高低不影响税前整体效益。相反,由于利息的支出是在税前执行的,高负债率还可以增加税后利润分配;对于一个借入资本为100％的企业来说,如果税前的还本付息都有困难,就是将借入资本全部转为本金,即便能够扭亏为盈,也不可能使企业的股权回报率高于利息率。在这种低资本收益的情况下,投资者宁愿将钱存入银行获取风险较低的利息,也不愿做股权投资,这样,企业仍然没有存在的基础。如果企业长期经营困难或者发生亏损,其真正原因肯定不是高负债率。仅仅将债务转为股本金,而不对企业资本结构作更深层次的调整、组合,那也只不过是对企业的财务风险结构作出的调整,并不能从分配上解决问题。其实,日本、韩国经济高速发展时期,企业负债率长期高达 70%。美国制造业的负债率也维持在 65% 左有。避免高负债率是同东方民族的储蓄习惯和经济发展初始阶段资本市场不发达密切相关的,那种认为只有负债率降低到 50% 才算安全的观点是不对的。不能将资本结构优化简单理解为负债率和资本权益各为 50%,高负债率如果能够带来高收益也可认定为资本结构是优化的。

六、案例分析

1. 分析要点:

(1) 设税后债券资本成本为 i

$$959 = 1\,000 \times 6\% \times (1 - 24\%) \times PVIFA_{i,5} + 1\,000 \times PVIF_{i,5}$$

$$959 = 45.6 + 1\,000 \times PVIF_{i,5}$$

设 $I = 5\%$ 时:

$$45.6 \times PVIFA_{5\%,5} + 1\,000 \times PVIF_{5\%,5} = 45.6 \times 4.329\,5 + 1\,000 \times$$
$$0.783\,5 = 980.93 > 959$$

设 $I = 6\%$ 时:

$$45.6 \times PVIFA_{6\%,5} + 1\,000 \times PVIF_{6\%,5} = 45.6 \times 4.212\,4 + 1\,000 \times$$
$$0.747\,3 = 939.39 < 959$$

利用内插法得:$i = 5.53\%$

股票资本成本 $= 5\% + 0.875 \times 8\% = 12\%$

资本结构权数:负债价值 $= 959 \times 100 = 95\,900$(万元)

股权价值 $= 22.38 \times 10\,000 = 223\,800$(万元)

总价值 $= 319\,700$(万元)

负债比重 $= 95\,900 / 319\,700 = 30\%$

权益资金比重 $= 223\,800 / 319\,700 = 7\,090$

加权资本成本 $= 5.53\% \times 30\% + 12\% \times 70\% = 10.06\%$

(2) 项目评价使用的含有风险的折现率

$=$ 目前加权平均资本成本 $+$ 项目风险溢价

$= 10.06\% + 2\% = 12.06\%$

(3) 项目的初始投资 $= 800 - (800 - 500) \times 24\% + 1\,000 + 750$
$$= 2\,478(万元)$$

（4）项目的年经营现金净流量

折旧＝1 000/8＝125（万元）

项目的年经营现金净流量

＝净利润＋折旧

＝（30×200－30×160－400）×（1－24％）＋125＝733（万元）

（5）固定资产账面价值＝1 000－5×125＝375（万元）

5 年后处置设备和土地的税后现金净流量

＝出售收入－出售收益×所得税率

＝出售收入－（出售收入－固定资产账面价值－土地账面价值）×
　　所得税率

＝600－（600－375－500）×24％＝666（万元）

5 年后回收的现金流量＝666＋750＝1 416（万元）

（6）项目的净现值＝$733×PVIFA_{12.06\%,5}＋1 416×PVIF_{12.06\%,5}－$
$$2 478$$

$$＝733×3.599 4＋1 416×0.565 9－2 478$$

$$＝961.67（万元）$$

2. 分析要点：

（1）权益资本并非"免费午餐"。

首先，现金股利的派发会形成权益资本成本。从理财的角度看，公司对股东发放股利与公司向债权人支付利息没有本质上的差异，都是实实在在的现金流出，所差异的仅仅是会计的账户处理不同而已。以厦门国贸集团股份有限公司为例，如果公司向所有股东发放现金股利，则 1993、1994、1995 三年分别要向股东支付 3 400 万、5 100 万、5 100 万元的现金。因此我们不能认为权益资本是一项"免费午餐"，并可无节制、无条件地予以利用。

其次，股本扩容也有权益资本成本。公司以送股或转增方式进行股利分配，表面上看，公司并没有支付任何现金，从而可以不必承担任何负担。但送股和转增的结果，都将使公司的股本随之扩容。在未来的任何时候，只要公司发放现金股利，其现金股利的计算基数也将随股本的扩容而增大。因此，公司并没有真正不必支付任何代价而免费使用权益资本，其实质仅仅是打一个"时间差"，即将现金股利的支付时间往来推移,"以时间换取生存空间"。在国家证券监管部门对上市公司现金股利发放尚未出台有效监管措施之前,上市公司利用送股或转增的非现金股利分配方式进行股利分配,确实可以使公司争取一定的时间,但这并不意味着公司就此可以永久性地免费使用权益资本。以厦门国贸集团股份有限公司为例,随公司送股或转增,公司股本也随之增大,由原来的 7 800 万股则分别增加到10 920万股和17 472 万股。如果每股发放 0.2 元的现金股利,则公司现金股利的发放额也将随股本的扩容而分别由 1 560 万元增加到 2 184 万元和 3 494.4 万元。由此可见,公司并没有真正可以免费使用权益资本,送股和转增所起的作用仅仅是将现金股利的支付时间往后推移。

(2)公司没有"免费午餐",公司的任何长期资本都是有代价的。因此,必须合理有效使用企业的资本,才能实现企业理财目标。

第七章 杠杆原理

第一节 本章知识提要

一、本章知识点

（一）经营风险与经营杠杆

经营风险是指企业因经营上的原因而导致利润波动的风险，也可以理解为生产经营上的不确定性带来的风险。影响企业经营风险的因素主要有产品销售市场、生产要素市场、企业所处的行业、企业内部条件、固定成本所占比重。

经营杠杆是指在某一固定成本比重的作用下，销售量变动对利润产生的影响。由于固定成本总额并不随业务量的变化而变化，单位产品所分摊的固定成本额会随着业务量的增多而下降，因此，在其他条件不变的条件下，企业利润变动的幅度会大于业务量或者销售额变动的幅度。

由于固定成本的存在，在相关范围内，随着业务量或销售额的增加，单位业务量所分摊的固定成本额会相对减少，给企业带来额外的利润。因此，企业可以通过增加业务量或提高销售额从而降低单位业务量分摊的固定成本额来较大幅度地提高企业利润，从而获得经营杠杆收益。

同时，由于固定成本的存在，在相关范围内，随着业务量或销售额的减少，单位业务量所分摊的固定成本额相对增加，从而给企业带来额外的利润减少。这就是说，在相关范围内，随着业务量或销售额的下降，息税前利润会以更快的速度下降，从而形成经营风险。

（二）经营杠杆系数

企业经营杠杆的高低通常用经营杠杆系数（degree of operating leverage，简称 DOL）来衡量。经营杠杆系数是企业息税前利润的变动率相对于业务量或销售额变动率的比率。经营杠杆系数反映了经营杠杆的作用程度，可用来衡量经营杠杆收益的大小和经营杠杆风险的高低。

（三）财务风险与财务杠杆

财务风险是指企业在经营活动中与筹资有关的风险，尤其指负债经营可能导致企业股权资本所有者收益下降，甚至导致企业因资不抵债而破产的风险。

财务杠杆是指由于固定性利息费用的存在，企业运用债务资本使得股权资本收益的变动幅度大于息税前利润变动幅度。

财务杠杆与经营杠杆都有放大企业利润波动的功能，但两者具有明显的区别，具体表现在财务杠杆更具有可控性，并且两者在放大企业利润波动时所处的环节不同。

财务杠杆收益是指企业利用财务杠杆而给股权资本带来的额外收益。财务杠杆收益表现在两个方面：一方面，当企业的息税前利润率高于债务资本的税后利息率时，股权资本会获得额外的收益；另一方面，在企业的资本规模和资本结构一定的条件下，企业从息税前利润中支付的债务利息是相对固定的，当息税前利润提高时，企业的股权资本收益（表现为税后利润或每股收益）会以更快的速度增长，从而给企业股权资本所有者带来额外的收益。

财务杠杆风险是指企业利用财务杠杆可能导致股权资本所有者收益下降，甚至可能导致企业因资不抵债而破产的风险。财务杠杆风险也表现在两个方面：一方面，当企业的息税前利润率低于债务资本的税后利息率，甚至当企业出现亏损的局面时，企业支付的债务利息却不会减少，此时，股权资本所有者会遭受额外的损失；另一方面，在企业的资本规模和资本结构一定的条件下，当息税前利润下降时，企业的股权资本收益（表现为税后利润或每股收益）会以更快的速度下降，从而给企业股权资本所有者带来额外的损失。

（四）财务杠杆系数

财务杠杆系数是指企业税后利润或每股收益额变动率相对于息税前利润变动率的比率。财务杠杆系数反映了财务杠杆的作用程度，可用来估计财务杠杆收益的大小和财务杠杆风险的高低。

（五）总风险与联合杠杆

总风险是企业经营风险和财务风险联合作用的结果。

联合杠杆，也叫总杠杆，是指经营杠杆与财务杠杆的联合作用。在联合杠杆的作用下,企业业务量或销售额的较小变动会造成税后利润或每股收益较大幅度的变动。

在企业的债务资本比重既定和业务量的相关范围内,当业务量或销售额增长时,企业的税后利润或每股收益会以更大的幅度增长,形成联合杠杆收益;当业务量或销售额下降时,企业的税后利润或每股收益会以更大的幅度下降,形成联合杠杆风险。因此,企业应分析联合杠杆的作用,合理权衡风险与收益,把企业的总体风险保持在合理的水平。

（六）联合杠杆系数

联合杠杆系数是指企业税后利润或每股收益额变动率相对于业务量或销售额变动率的比率。联合杠杆系数反映了经营杠杆和财务杠杆综合作用程度的大小,它是经营杠杆系数与财务杠杆系数的乘积。

二、教学重点

（一）经营杠杆系数的计算

经营杠杆系数的计算公式为:

$$DOL = \frac{\Delta EBIT/EBIT}{\Delta Q/Q} = \frac{\Delta EBIT/EBIT}{\Delta S/S}$$

如果假定公司的成本－业务量－利润之间存在线性关系,可变成本在销售收入中所占的比例不变,固定成本也保持稳定,上述公式可以变换为:

$$DOL_Q = \frac{\Delta EBIT/EBIT}{\Delta Q/Q} = \frac{\Delta Q(P-b)/[Q(P-b)-F]}{\Delta Q/Q}$$

$$= \frac{Q(P-b)}{Q(P-b)-F}$$

或　　$$DOL_S = \frac{Q(P-b)}{Q(P-b)-F} = \frac{S-C}{S-C-F}$$

（二）财务杠杆系数的计算

财务杠杆系数的计算公式为:

$$DFL = \frac{\Delta EAT/EAT}{\Delta EBIT/EBIT} = \frac{\Delta EPS/EPS}{\Delta EBIT/EBIT}$$

上述公式也可变换为: $DFL = \dfrac{\Delta EPS/EPS}{\Delta EBIT/EBIT} = \dfrac{EBIT}{EBIT-I}$

（三）联合杠杆系数的计算

联合杠杆系数的计算公式为:

$$DCL = DOL \times DFL = \frac{\Delta EPS/EPS}{\Delta Q/Q} = \frac{\Delta EPS/EPS}{\Delta S/S}$$

也可以表示为：

$$DCL = \frac{Q(P-b)}{Q(P-b)-F-I} \quad 或 \quad DCL = \frac{S-C}{S-C-F-I}$$

其中：DCL——联合杠杆系数。

三、教学难点

（一）经营杠杆与经营收益、经营风险的关系

经营杠杆本身并不是企业经营风险的来源。经营风险是由企业生产经营上的不确定性引起的，而经营杠杆只是放大了生产经营上的不确定因素对息税前利润的影响程度。若公司的销售水平保持稳定，成本结构也固定不变，那么经营杠杆再高也没有意义。

实际上，经营杠杆只是显示了一种潜在的收益或者风险，即只有在销售额和产品成本发生变动从而带来经营收益或经营风险的前提下，才会由于经营杠杆的存在，而放大这种收益或风险。

（二）财务杠杆与经营杠杆的区别

财务杠杆与经营杠杆都有放大企业利润波动的功能，但两者具有明显的区别，具体表现在以下两方面：

（1）财务杠杆更具有可控性。财务杠杆是可以选择的，而经营杠杆在通常情况下却不能选择。企业的经营杠杆往往由企业所属的行业特点和企业经营的客观需要所决定，企业无法随意作出选择。而企业却可以根据实际需要选择财务杠杆，可以选择通过需要固定支付的长期负债和优先股来为企业融资，也可以选择完全通过发行普通股和留存收益的方式。因此，企业管理者应充分利用财务杠杆的可控性，分析财务杠杆，对财务风险进行控制。

（2）财务杠杆与经营杠杆在放大企业利润波动中所处的环节不同。经营杠杆放大了业务量或销售额变动对息税前利润的影响，这是两步利润放大过程中的第一步；而财务杠杆在经营杠杆对息税前利润放大的基础上，进一步导致对股东收益变动的放大，它处于两步利润放大过程中的第二步。

第二节　习题部分

一、单选题

1. 在销售额处于盈亏平衡点后阶段,DOL 系数随销售额的增加而( )。

A. 增加　　　　B. 无穷大　　　　C. 递减　　　　D. 无穷小

2. 固定成本不变的情况下,销售额越大( )。

A. DOL 系数越小,经营风险越大

B. DOL 系数越大,经营风险越大

C. DOL 系数越小,经营风险越小

D. DOL 系数越大,经营风险越小

3. 经营杠杆给企业带来的风险是指( )风险。

A. 成本波动

B. 利润波动

C. 业务量变动导致息税前利润更大变动的

D. 业务量变动导致税前利润同比例变动的

4. 某企业产品的变动成本率为30%,销售利润率为30%,且企业资产负债率为50%,则企业( )。

A. 只存在经营风险　　　　　B. 只存在财务风险

C. 经营风险与财务风险呈负相关　D. 存在经营风险和财务风险

5. 某企业销售收入为 800 万元,变动成本率为 65%,固定成本为 90 万元,其中利息 20 万元,则经营杠杆系数为( )。

A. 1.33　　　B. 1.84　　　C. 1.59　　　D. 1.25

6. 已知经营杠杆系数为 1.5,固定成本为 5 万元,利息费用为 2 万元,则已获利息倍数为( )。

A. 2　　　　B. 5　　　　C. 1.5　　　　D. 1

7. 只要企业存在固定成本,当企业息税前利润大于零时,那么经营杠杆系数必( )。

A. 恒大于 1　　　　　　　B. 与销售量成正比

C. 与固定成本成反比　　　　D. 与风险成反比

8. 息税前利润变动率一般（　　）产销量变动率。

A. 大于　　　　　B. 小于　　　　　C. 等于　　　　　D. 无法确定

9. 通过企业资金结构的调整,可以（　　）。

A. 降低经营风险　　　　　　　B. 影响财务风险

C. 提高经营风险　　　　　　　D. 不影响财务风险

10. 财务杠杆效应是指（　　）。

A. 提高债务比例导致的所得税降低

B. 利用现金折扣获取的利益

C. 利用债务筹资给企业带来的额外收益

D. 降低债务比例所节约的利息费用

11. 能带来杠杆效应,又具有抵税效应的筹资方式是（　　）。

A. 发行债券　　　　　　　　　B. 发行优先股

C. 发行普通股　　　　　　　　D. 使用内部留存

12. 某公司全部资本为 200 万元,当销售额为 100 万元时,息税前利润为 30 万元,负债比率为 40%,负债利率 12%,则该公司的财务杠杆系数为（　　）。

A. 1.25　　　　B. 1.47　　　　C. 1.43　　　　D. 1.56

13. 某企业息税前利润为 300 万元,本期的财务杠杆系数为 1.5,则本期的实际利息费用为（　　）万元。

A. 250　　　　B. 100　　　　C. 300　　　　D. 350

14. 某公司当前的已获利总倍数为 4,没有发行优先股,则财务杠杆系数为（　　）。

A. 1.33　　　　B. 1.5　　　　C. 2.5　　　　D. 0.2

15. 下列各项中,（　　）与财务杠杆系数正相关。

A. 息税前利润　B. 所得税率　C. 利息　　D. 优先股股利

16. 随着财务杠杆系数的增大,财务风险（　　）。

A. 会增加　　B. 会减少　　C. 不变　　D. 不确定

17. 每股盈余变动率除以销售额变动率,表示的是（　　）。

A. 财务杠杆系数　　　　　　　B. 经营杠杆系数

C. 总杠杆系数　　　　　　　　D. 营业杠杆系数

18. 某公司财务杠杆系数为 2,经营杠杆系数为 1.5,年营业收入为

500万元,变动成本率为40%。如果固定成本增加50万元,那么,总杠杆系数将变为(　　)。

  A. 2.4   B. 3   C. 6   D. 8

  19. 某企业资本总额为2 000万元,经营杠杆系数为2,当前销售额1 000万元,息税前利润为200万。负债和权益筹资额的比例为2：3,债务利率为12%,则总杠杆系数为(　　)。

  A. 1.15   B. 1.24   C. 3.12   D. 1.32

  20. 当边际贡献超过固定成本后,下列措施有利于降低复合杠杆系数,从而降低企业复合风险的是(　　)。

  A. 降低产品销售单价   B. 提高资产负债率
  C. 节约固定成本支出   D. 减少产品销售量

二、多选题

  1. 财务杠杆和经营杠杆之间的关系是(　　)。

  A. 没有经营杠杆就没有财务杠杆

  B. 没有财务杠杆就没有经营杠杆

  C. 二者之积为总杠杆

  D. 只要企业存在固定成本和利息,财务杠杆与经营杠杆就同时存在

  2. 关于财务杠杆系数,下列说法正确的是(　　)。

  A. 若企业负债为0,则财务杠杆系数为0

  B. 财务杠杆系数等于息税前利润除以税前利润(不考虑优先股)

  C. 财务杠杆系数越大,财务风险越大

  D. 当息税前利润趋向于无穷大时,财务杠杆系数趋向于1

  3. 下列各项,会产生经营风险的是(　　)。

  A. 企业过度借债   B. 原材料价格变动
  C. 企业产品更新周期过长   D. 企业产品的质量不稳定

  4. 对财务杠杆的论述,正确的是(　　)。

  A. 在资本总额及负债比例不变的情况下,财务杠杆系数越大,每股盈余增长越快

  B. 财务杠杆效益是利用债务筹资给企业自有资金带来的额外收益

C. 与财务风险无关

D. 财务杠杆系数与财务风险成正比

5. 下列关于总杠杆系数的说法正确的有（　　　）。

A. 总杠杆能够起到财务杠杆和经营杠杆的综合作用

B. 总杠杆系数越大，企业财务风险越大

C. 总杠杆能够表达企业边际贡献与税前盈余的比率

D. 总杠杆系数越大，企业经营风险越大

E. 总杠杆能够估计出销售额变动对每股收益的影响

6. 影响企业经营风险的因素主要有（　　　）。

A. 产品售价　　　　　　　　　B. 产品成本

C. 固定成本比重　　　　　　　D. 利润

7. 关于经营杠杆系数的说法正确的是（　　　）。

A. 它反映销售变动所引起的每股收益的变动

B. 在固定成本不变的情况下，销售额越大，经营杠杆系数越小

C. 若销售额达到盈亏平衡点，经营杠杆系数趋于无穷大

D. 恒大于1

E. 利息会影响经营杠杆系数

8. 下列说法正确的是（　　　）。

A. 经营杠杆影响息税后利润，财务杠杆影响息税前利润。

B. 在没有负债和优先股的情况下，财务杠杆系数为1。

C. 财务杠杆系数恒大于1。

D. 提高所得税率可能使财务杠杆系数增大。

E. 假定企业的负债筹资为零，则该企业不承担财务风险。

9. 产生财务杠杆作用的因素包括（　　　）。

A. 企业的固定性行政管理费用　　B. 固定性销售费用

C. 固定性生产费用　　　　　　　D. 企业负债的利息费用

E. 优先股股利。

10. 影响复合杠杆的因素有（　　　）。

A. 固定成本总额　　　　　　　B. 单位变动成本

C. 销售价格　　　　　　　　　D. 销售数量

E. 债务利息

11. 可以增强财务杠杆效应的财务活动是( )。

A. 发行优先股 B. 发行债券

C. 增发普通股 D. 增加流动资金借款

12. 对经营杠杆系数有正向影响的是( )。

A. 银行提高利息率 B. 员工加薪

C. 购置新的固定资产 D. 增加原材料储备

13. 下列可以降低财务风险的是( )。

A. 用自有资金归还债务 B. 将可转换债券转换为普通股

C. 以公积金转赠资本金 D. 发行股票,偿还债务

14. 降低企业总风险,可采用( )措施。

A. 降低固定成本 B. 降低负债比率

C. 降低变动成本 D. 提高单价

15. 企业降低经营风险的途径一般有( )。

A. 增加销售量 B. 降低变动成本

C. 提高产品售价 D. 增加固定成本比例

16. 总杠杆可用于( )。

A. 估计销售额变动对每股盈余造成的影响

B. 揭示企业面临的风险对企业投资的影响

C. 估计销售变动时对息税前利润的影响

D. 揭示经营杠杆与财务杠杆之间的相互关系

17. 负债比例对于企业十分重要,原因在于( )。

A. 适度负债有利于降低企业资金成本

B. 负债有利于提高企业净利润

C. 负债比例影响财务杠杆作用的大小

D. 负债比例反映企业财务风险的大小

18. 若某企业的经营处于盈亏临界点状态,正确的说法是( )。

A. 此时的营业销售利润率为零

B. 此时的经营杠杆系数近于无穷大

C. 此时的边际贡献等于固定成本

D. 此时的销售额正处于销售收入线与总成本线的交点

19. 下列关于经营杠杆系数的说法,不正确的有( )。

A. 在产销量的相关范围内,提高固定成本总额,能够降低企业的经营风险

B. 在相关范围内,产销量上升,经营风险加大

C. 在相关范围内,经营杠杆系数与产销量呈反方向变动

D. 对于某一特定企业而言,经营杠杆系数是固定的,不随产销量的变动而变动

20. 财务杠杆不影响企业的( )。

A. 税前利润　　B. 税后利润　　C. 息税前利润　D. 财务费用

三、简答题

1. 什么是经营风险,影响企业经营风险的因素有那些?

2. 什么是经营杠杆,其作用原理是怎样的?

3. 什么是经营杠杆收益,什么是经营杠杆风险?

4. 分析企业的经营杠杆有什么作用?

5. 什么是财务风险?

6. 什么是财务杠杆,其作用原理是怎样的?

7. 财务杠杆与经营杠杆有什么不同?

8. 什么是财务杠杆收益,什么是财务杠杆风险?

9. 什么是经营杠杆系数,什么是财务杠杆系数?

10. 分析企业的财务杠杆有什么作用?

11. 什么是企业的总风险?

12. 什么是联合杠杆,其作用原理是怎样的?

13. 为什么有不同经营杠杆和财务杠杆的企业,其联合杠杆系数却可能相同? 这对我们有何启发?

14. "由于公司债务的成本低于股东权益的成本,从而可以降低资本成本,因此,权益投资者在收益额相同的情况下,更愿意购买负债公司的股票。正是由于这个原因,负债将增加公司的价值。"请对上述论断加以评价。

15. 试说明联合杠杆的财务意义。

16. 影响经营杠杆系数的因素有哪些? 如何才能降低营业风险?

四、计算题

1. 某公司目前发行在外普通股 100 万股(每股 1 元),已发行 10%

利率的债券 400 万元,该公司打算为一个新的投资项目融资 500 万元,新项目投产后公司每年息税前利润增加到 200 万元。现有两个方案可供选择:按 12% 的利率发行债券(方案 1),按每股 20 元发行新股(方案 2),公司适用所得税率 40%。

要求:

(1) 计算两个方案的每股利润。

(2) 计算两个方案的每股利润无差别点息税前利润。

(3) 计算两个方案的财务杠杆系数。

2. 某公司 DFL=1.5,每股收益目前为 2 元,如果其他条件不变,企业 EBIT 增长 50%,那么下年预计的每股收益为多少?

3. 某企业年销售净额 280 万元,息税前利润 80 万元,固定成本 32 万元,变动成本率为 60%,资本总额为 200 万元,债务比率为 40%,债务利率 12%。试分别计算该企业的经营杠杆系数、财务杠杆系数和联合杠杆系数。

4. 某企业计划期销售收入将在基期基础上增加 40%,其他有关资料如表 7-1:(单位:元)

表 7-1

项 目	基 期	计 划 期
销售收入	400 000	(1)
边际贡献	(2)	(3)
固定成本	240 000	240 000
息税前利润	(4)	(5)
每股利润	(6)	3.5
边际贡献率	75%	75%
经营杠杆系数	(7)	
财务杠杆系数	(8)	
总杠杆系数	7.5	
息税前利润增长率	(9)	
每股利润的增长率	(10)	

要求:计算表中未填列的数字,并列出计算过程。

5. A公司是一个生产和销售通讯器材的股份公司。假设该公司适用的所得税税率为40%。对于明年的预算出现三种意见:

第一方案:维持目前的生产和财务政策。预计销售45 000件,售价为240元/件,单位变动成本为200元,固定成本为120万元。公司的资本结构为400万元负债(利息率5%),普通股20万股。

第二方案:更新设备并用负债筹资。预计更新设备需投资600万元,生产和销售量不会变化,但单位变动成本将降低至180元/件,固定成本将增加至150万元。借款筹资600万元,预计新增借款的利率为6.25%。

第三方案:更新设备并用股权筹资。更新设备的情况与第二方案相同,不同的只是用发行新的普通股筹资。预计新股发行价为每股30元,需要发行20万股,以筹集600万元资金。

要求:计算三个方案下的每股收益、经营杠杆、财务杠杆和总杠杆请将结果填写在表7-2中。

表7-2

方　案	1	2	3
营业收入			
变动成本			
边际贡献			
固定成本			
息税前利润			
利息			
税前利润			
所得税			
税后净收益			
股数			
每股收益			
经营杠杆			
财务杠杆			
总杠杆			

6. A公司作为一投资中心，2002年资产的平均总额为4 000万元，其总资产报酬率为20%，权益乘数为4，负债平均利率为10%，包括利息费用在内的固定成本总额为600万元，所得税率为40%。

要求：

（1）计算2002年的净资产收益率、已获利息倍数。

（2）计算2003年的经营杠杆系数、财务杠杆系数、联合杠杆系数；

7. 某公司目前年销售额10 000万元，变动成本率70%，全部固定成本和费用为2 000万元，总优先股股息24万元，普通股股数为2 000万股，该公司目前总资产为5 000万元，资产负债率40%，目前的平均负债利息率为8%，假设所得税率为40%。该公司拟改变经营计划，追加投资4 000万元，预计每年固定成本增加500万元，同时可以使销售额增加20%，并使变动成本率下降至60%。

该公司以提高每股收益的同时降低总杠杆系数作为改进经营计划的标准。

要求：

（1）计算目前的每股收益、利息保障倍数、经营杠杆系数、财务杠杆系数和总杠杆系数。

（2）所需资金以追加股本取得，每股发行价2元，计算追加投资后的每股收益、利息保障倍数、经营杠杆系数、财务杠杆系数和总杠杆系数，判断是否改变经营计划。

（3）所需资金以10%的利率借入，计算追加投资后的每股收益、利息保障倍数、经营杠杆系数、财务杠杆系数和总杠杆系数，判断是否改变经营计划。

（4）若不考虑风险，两方案相比，哪种方案较好。

8. 某企业资本总额为250万元，负债比率为45%，负债利率为14%，该企业年销售额为320万元，息税前利润为80万元，固定成本为48万元，变动成本率为60%。

要求：

（1）计算保本销售额。

（2）计算经营杠杆系数、财务杠杆系数、总杠杆系数。

9. 某企业只生产和销售A产品，其总成本习性模型为$y=10\,000+3x$。

假定该企业 1998 年度 A 产品销售量为 10 000 件,每件售价为 5 元;按市场预测,1999 年 A 产品的销售数量将增长 10%。

要求:

(1) 计算 1998 年该企业的边际贡献总额。

(2) 计算 1998 年该企业的息税前利润。

(3) 计算销售量为 10 000 件时的经营杠杆系数。

(4) 计算 1999 年息税前利润增长率。

(5) 假定企业 1998 年发生负债利息 5 000 元,且无优先股股息,计算联合杠杆系数。

10. 某公司原有资产 1 000 万元,权益乘数为 2。普通股每股面值 10 元,每股净资产 16 元。公司的边际贡献率为 40%,全部固定成本和费用(不包括债务利息,下同)为 200 万元,债务资金成本平均为 10%。公司所得税率为 33%。

公司拟追加投资 300 万元扩大业务,每年固定成本增加 30 万元,并使变动成本率降低至原来的 75%。其筹资方式有两种:

(1) 全部发行着通股 30 万股(每股面值 10 元);

(2) 按面值发行公司债券 300 万,票面利率 12%。

要求:

(1) 计算每股收益无差别点以及此时的每股收益;

(2) 上述两种筹资方式在每股收益无差别点条件下的经营杠杆系数、财务杠杆系数和总杠杆系数分别为多少? 说明了什么问题?

(3) 若下年度公司的销售额可达到 800 万元,则宜采用上述何种筹资方式(以提高每股收益和降低总杠杆为标准)?

五、论述题

1. 经营杠杆风险和财务杠杆风险有何不同? 影响财务杠杆风险和经营杠杆风险的因素都有哪些?

2. 存在优先股的情况下,财务杠杆如何计算? 优先股股息是税后支付的,它具有财务杠杆作用吗? 既然财务杠杆反映的是负债比率变化带来的财务风险,为什么要考虑优先股股息?

3. 为什么说经营杠杆本身并不是企业经营风险的来源?

4. 什么是财务杠杆? 说明权益回报率的财务杠杆、资产回报率和负债利率的关系,以及财务风险与经营风险的关系。

六、案例分析题

1. 大宇神话的破灭

韩国第二大企业集团大宇集团 1999 年 11 月 1 日向新闻界正式宣布,该集团董事长金宇中以及 14 名下属公司的总经理决定辞职,以表示"对大宇的债务危机负责,并为推行结构调整创造条件"。韩国媒体认为,这意味着"大宇集团解体进程已经完成","大宇集团已经消失"。

大宇集团于 1967 年开始奠基立厂,其创办人金宇中当时是一名纺织品推销员。经过 30 年的发展,通过政府的政策支持、银行的信贷支持和在海内外的大力购并,大宇成为直逼韩国最大企业——现代集团的庞大商业帝国:1998 年底,总资产高达 640 亿美元,营业额占韩国 GDP 的 5%;业务涉及贸易、汽车、电子、通用设备、重型机械、化纤、造船等众多行业;国内所属企业曾多达 41 家,海外公司数量创下过 600 家的记录,鼎盛时期,海外雇员多达几十万,大宇成为国际知名品牌。大宇是"章鱼足式"扩张模式的积极推行者,认为企业规模越大,就越能立于不败之地,即所谓的"大马不死"。据报道,1993 年金宇中提出"世界化经营"战略时,大宇在海外的企业只有 15 家,而到 1998 年底已增至 600 多家,"等于每 3 天增加一个企业"。还有更让韩国人为大宇着迷的是:在韩国陷入金融危机的 1997 年,大宇不仅没有被危机困倒,反而在国内的集团排名中由第 4 位上升到第 2 位,金宇中本人也被美国《幸福》杂志评为亚洲风云人物。

1997 年底韩国发生金融危机后,其他企业集团都开始收缩,但大宇仍然我行我素,结果债务越背越重。尤其是 1998 年初,韩国政府提出"五大企业集团进行自律结构调整"方针后,其他集团把结构调整的重点放在改善财务结构方面,努力减轻债务负担。大宇却认为,只要提高开工率,增加销售额和出口就能躲过这场危机。因此,它继续大量发行债券,进行"借贷式经营"。1998 年大宇发行的公司债券达 7 万亿韩元(约 58.33 亿美元)。1998 年第四季度,大宇的债务危机已初露端倪,在各方援助下才避过债务灾难。此后,在严峻的债务压力下,大梦方醒的大宇虽作出了种种努力,但为时已晚。1999 年 7 月中旬,大宇向韩国政府发出求救信号;7 月 27 日,大宇因"延迟重组",被韩国 4 家债权银行接管;8月11日,大宇在压力下屈服,割价出售两家财务出现问题的公司;8月16日,大宇与债权人达成协议,在1999年底前,将出售盈利最佳的大宇证券公司,以及大宇电器、大宇造船、大宇建筑公司等,大宇的汽车项目资产免遭处理。"8月16日协议"的达成,表明大宇已处于破产清算前夕,遭遇"存"或"亡"的险境。由于在此后的几个月中,经营依然不善,资产负债率仍然居高,大宇最终不得不走向本文开头所述的那一幕。

大宇集团为什么会倒下? 在其轰然坍塌的背后,存在的问题固然是多方面的,但不可否认有财务杠杆的消极作用在作怪。大宇集团在政府政策和银行信贷的支持下,走上了一条"举债经营"之路。试图通过大规模举债,达到大规模扩张的目的,最后实现"市场占有率至上"的目标。1997年亚洲金融危机爆发后,大宇集团已经显现出经营上的困难,其销售额和利润均不能达到预期目的,而与此同时,债权金融机构又开始收回短期贷款,政府也无力再给它更多支持。1998年初韩国政府提出"五大企业集团进行自律结构调整"方针后,其他集团把结构调整的重点放在改善财务结构方面,努力减轻债务负担。但大宇却认为,只要提高开工率,增加销售额和出口就能躲过这场危机。因此,它继续大量发行债券,进行"借贷式经营"。正由于经营上的不善,加上资金周转上的困难,韩国政府于7月26日下令债权银行接手对大宇集团进行结构调整,以加快这个负债累累的集团的解散速度。由此可见,大宇集团的举债经营所产生的财务杠杆效应是消极的,不仅难以提高企业的盈利能力,反而因巨大的偿付压力使企业陷入难以自拔的财务困境。从根本上说,大宇集团的解散,是其财务杠杆消极作用影响的结果。

案例来源:中国财税服务网。

要求:试对财务杠杆进行界定,并对"财务杠杆效应是一把'双刃剑'"这句话进行评述。

2. "秦池"为何昙花一现

1996年11月8日下午,中央电视台传来一个令全国震惊的新闻:名不见经传的秦池酒厂以3.2亿元人民币的"天价",买下了中央电视台黄金时间段广告,从而成为令人炫目的连任二届"标王"。1995年该厂曾以6 666万元人民币夺得"标王"。

秦池酒厂是山东省临朐县的一家生产"秦池"白酒的企业。1995年;临朐县人口 88.7 万,人均收入 1150 元,低于山东省平均水平。1995 年厂长赴京参加第一届"标王"竞标,以 6 666 万元的价格夺得中央电视台黄金时段广告"标王"后,引起大大出乎人们意料的轰动效应,秦池酒厂一夜成名,秦池白酒也身价倍增。中标后的一个多月时间里,秦池就签订了销售合同 4 亿元;头两个月秦池销售收入就达 2.18 亿元,实现利税 6 800 万元,相当于秦池酒厂建厂以来前 55 年的总和。至 6 月底,订货已排到了年底。1996 年秦池酒厂的销售也由 1995 年只有 7 500 万元一跃为 9.5 亿元。事实证明,巨额广告投入确实带来了惊天动地的效果。对此,时任厂长十分满意。

然而,新华社 1998 年 6 月 25 日报道:"秦池目前生产、经营陷入困境,今年亏损已成定局……"

秦池为什么在这么短的期间就风光不再而陷入困境?近年各种文章资料从多个方面将秦池作为典型案例作了多角度的分析。那么,我们能否从财务管理的角度对此进行剖析?

从现代企业理财的角度看,秦池在企业理财的运作上以下几个方面值得认真推敲:

(1)巨额广告支出使经营杠杆作用程度加大,给企业带来更大的经营风险。

由利润的基本公式可以看出,产品单价由市场竞争决定,单位变动成本和固定成本总额在一定的生产能力范围内固定不变。因此,这三个要素基本属于常数性质,公式中唯一的变量实际上只有产品销售量。由此可见,企业利润的高低在很大程度上取决于产品销售量的大小。而产品销售量的大小,又在一定程度上取决于产品的市场份额。当同类产品很多而又难分上下的情况下,树立企业产品的品牌是争取市场份额的较好途径,甚至是唯一有效的捷径。在某种特定的情况下,品牌、市场份额和利润三者之间关系可以表现为:品牌=市场份额=利润。因而在中国"泰斗"级的媒介——中央电视台展开角逐,奋力夺取"标王",在"好酒也怕巷子深"的白热化竞争环境下,不能不谓是树立产品品牌从而提高企业产品市场份额的较佳方案。问题是做广告、树品牌必须具备两个条件:一流的品牌必须以一流的质量作保证;做广告是一条不归路,必须有长时间承受巨额广告支出的能力。否则,企业的市场份额会很容易随风飘走。我们知道,巨额广告支出作为一项固定性期间费用,它本身不受企业产品销售量变动的影响,但巨额广告支出将改变企业原有的成本结构,使固定成本在产品成本中的比例增大,由此使企业的经营杠杆作用程度也随之增大。经营杠杆对企业的作用也是双方面的:当销售量增加时,企业的利润因经营杠杆的正面作用而大幅度提高;而当销售量减少时,企业的利润也将因经营杠杆的负面作用而大幅度下降。由此可见,"标王"不仅增加了企业的巨额广告负担,更重要的是它加大了企业经营杠杆的作用程度,从而也加大了企业的经营风险。只要企业产品市场稍有风吹草动,就会使企业的经营陷入困境。

事实也正是如此。秦池以 6 666 万元的价格第一次夺得广告"标王"后,广告的轰动效应,使秦池酒厂一夜成名,秦池的品牌地位基本确立,市场份额也相应增加。1996 年秦池酒厂销售量的大幅度增加使经营杠杆产生积极(正面)作用,企业利润也以更大幅度增加。但这种局面并没有维持多久,1997 年秦池能否可持续发展已经成为十分突出的问题。其原因在于:① 4 万余家白酒生产企业使白酒的生产量远大于销售量(约有 50%的产量过剩);同时洋酒的进入使白酒在酒业消费中的比例下降。到 1997 年白酒销量"滑坡"的势头更加严重。秦池的市场份额面临着严峻的考验。② 一流的品牌没有一流的产品质量作保证。1996 年 12 月《××参考报》4 篇关于秦池沿川藏公路两侧收购散酒勾兑秦池的报道,不仅使秦池陷入巨大的媒体危机之中,而且使刚树立的秦池形象遭受了损害,因而在一定程度上影响了其市场份额。③ 1997 年 3.2 亿元巨额广告费用对秦池来说是一个巨大的包袱。它一方面使秦池的现金流动产生困难,另一方面大大地放大了企业利润对销售量的依赖程度。只有稳定的市场份额,才能确保企业的可持续发展。1997 年和 1998 年的市场竞争和秦池自身问题使其市场份额产生了波动。正是波动不定的市场份额使秦池陷入了严重而难以自拔的经营风险之中。1997 年秦池在中央电视台播出的广告时间折算成货币为应付 1.5 亿元左右,而秦池实际支付仅为 4800 万元。

(2)资产结构的失衡,导致盈利能力与流动能力矛盾恶化。

企业理财原理告诉人们,企业资产的盈利性与流动性之间存在着矛盾。企业流动资产具有变现能力强、流动性高,但盈利能力低的特点;而企业的固定资产等长期性资产属于盈利性资产,可以为企业带来利润,但变现能力低,流动性差。由此,要求企业在盈利性与流动性之间加以权衡,并根据企业自身的特点,作出相应的选择,以保证企业盈利性与流动性的适度平衡,从而确保企业的健康稳定发展。

秦池成名之前作为一个县级企业,其总资产规模和生产能力有限。面对"标王"之后滚滚而来的订单,它不可能弃之不管,但仅凭其现有生产能力又难于应付。其出路只有两条:

第一,加大资金投入力度,对现有厂房设备进行更新改造或扩建新的厂房设备,以此提高企业生产能力。但这种做法受两个因素制约:① 资金制约。巨额广告投入已使企业现金流动能力受到较大影响,企业扩大生产能力所需大量资金的来源更成问题。企业只有依靠银行贷款解决这个问题,而贷款将使企业的资产负债比例提高,还贷压力加大。同时,生产规模的扩大,也会使企业总资产中固定资产比例提高,而流动资产比例下降,由此将使企业的流动能力和变现能力受到影响,企业资产结构失去平衡。② 生产周期的制约。即使企业完全有能力扩大生产规模、提高生产能力,但无论是厂房设备的购建,还是白酒的酿造,都需要一定的周期,因而难于在较短的期间内立即满足眼前的客户订单。

第二,面对上述两个因素的制约,秦池要在短时间内满足客户订单需求,其另一条可能的出路是与周边地区的白酒企业横向联合或收购其他企业的白酒进行勾兑。但无论是横向联合还是勾兑,两者都很难保证产品的质量。如果产品质量出现问题,不仅会影响其品牌和市场份额,而且还会影响其销售产品的资金回笼。因而,其品牌和市场份额的维持更需要一流的质量作保证。

上述两条出路使当时的秦池酒厂陷入了提高企业盈利能力和维持一定现金流动能力相互矛盾的进退两难的境地,但面对客户订单的它必须作出选择。不管秦池最后选择了哪条路,其结果都将使企业的经营风险不断加大。

(3)财务资源有限性制约企业持续发展。

按照企业理财的基本原理,企业持续发展需要有持续的财务资源的支持。其基本前提是:① 资产结构与资本结构的有机协调;② 现金流动上形成良性的"造血"功能机制。即生产经营活动所产生的现金流入量与现金流出量在时间、数量和速度上保持有机协调。秦池一方面在扩大生产规模、提高生产能力,从而提高固定资产等长期性资产比例的同时,使流动资产在总资产中的比例相应下降,由此降低了企业的流动能力和变观能力。另一方面,巨额广告支出和固定资产上的投资所需资金要求企业通过银行贷款解决,按当时的银行政策,此类贷款往往为短期贷款,这就造成了银行的短期贷款被用于资金回收速度比较慢、周期较长的长期性资产上,由此使企业资产结构与资本结构在时间和数量上形成较大的不协调性,并因此而形成了"短贷长投"的资金缺口压力。在此情况下,如果企业有比较健全的造血功能机制——良好的经营活动现金流动机制,此种资金缺口通过健全的现金预算安排和合理的资金调度可以部分化解其压力。但只要稍有不慎就有可能使企业资金的周转发生困难,从而使企业陷入难以自拔的财务困境。而此时秦池所面临的现实问题是:在流动资产相对不足从而使企业现金流动能力产生困难的同时,年内到期的巨额银行短期贷款又要求偿还,从而陷入了"到期债务要偿还而企业又无偿还能力"的财务困境。

案例来源:中国会计师网。

　　要求:试从企业理财的角度总结"秦池"的盛衰经验和教训。

第三节　习题解答与案例分析要点

一、单选题

1. C　在销售额处于盈亏平衡点前阶段,DOL 系数随销售额的增加而增加;在销售额处于盈亏平衡点后阶段,DOL 系数随销售额的增加而减少。

2. C　$DOL = \dfrac{(S-VC)}{(S-VC-F)} = \dfrac{1}{1-\dfrac{F}{S-VC}}$,S 增大,导致 DOL

减小;同时,S 增大,表明企业承受各方面打击的能力增强,经营风险减小。

3. C　经营杠杆风险是指由于固定成本的存在,在相关范围内,随着业务量或销售额的减少,单位业务量所分摊的固定成本额相对增加,从而给企业带来额外的利润减少。这即是说,在相关范围内,随着业务量或销售额的下降,息税前利润会以更快的速度下降,从而形成经营风险。

4. D 企业只要在市场经济条件下经营,实际上总有经营风险。但企业如果不借钱,全部使用股东资本,那么该企业只有经营风险,没有财务风险。由于该企业属于负债经营,因此,既有经营风险又有财务风险。根据以上分析,A、B 选项错误,D 选项正确。财务风险是由于企业借款而增加的风险,只是加大了经营风险。两者是相加的关系,不存在抵消,故 C 选项错误。

5. A 经营杠杆系数=800×(1−65%)/[800×35%−(90−20)]=1.33。本题的关键在于,计算经营杠杆系数的分母是息税前利润,必须扣除利息。

6. B $DOL = \dfrac{(S-VC)}{(S-VC-F)}$ $\qquad$ $1.5 = \dfrac{(S-VC)}{(S-VC-5)}$

所以边际贡献 $= S-VC = 15$

所以 $EBIT = 15-5 = 10$;已获利息倍数 $= 10/2 = 5$

7. A 经营杠杆系数的计算公式为:

$$经营杠杆系数 = \dfrac{(销售额-变动成本总额)}{(销售额-变动成本总额-固定成本)}$$

从公式中可看出,只要固定成本存在,分母就一定小于分子,比值则恒大于1。经营杠杆系数与销售量成反比,与固定成本成正比,与经营风险成正比。

8. A 由于经营杠杆的存在,导致息税前利润变动率一般大于产销量变动率。

9. B 经营风险是由于生产经营中的不确定性因素引起的,而财务风险是由于负债筹资引起的,企业资金结构的调整,会影响负债比重,从而会影响财务风险。

10. C 在企业资本结构一定的条件,企业从息税前利润中支付债务利息、优先股股息等资本结构是相对固定的,当息税前利润增长时,每一元利润所负担的固定成本就会减少,从而使普通股的每股收益以更快的速度增长。

11. A 发行债券的利息费用在税前支付,因此能够带来抵税效应,若企业的综合资金收益率大于债券利息率,发行债券也能带来杠杆效应。优先股的股利在税后支付,因此只有杠杆效应,没有抵税效应;普通股和使用内部留存既无杠杆效应也无抵税效应。

12. B 财务杠杆 $= EBIT/(EBIT - I) = 30/(30 - 200 \times 40\% \times 0.12) = 1.47$。

13. B 财务杠杆系数 $= \dfrac{\text{息税前利润}}{\text{息税前利润} - \text{利息}} = \dfrac{300}{300 - \text{利息}} = 1.5$,所以利息 $= 100$ 万元。

14. A 财务杠杆系数 $= \dfrac{EBIT}{EBIT - I} = \dfrac{1}{1 - \dfrac{I}{EBIT}} = \dfrac{1}{1 - \dfrac{1}{4}} = 1.33$。

15. A $\dfrac{EBIT}{EBIT - I} = \dfrac{1}{1 - \dfrac{I}{EBIT}}$。

16. A 财务杠杆系数是指企业税后利润或每股收益额变动率相对于息税前利润变动率的比率。财务杠杆越大,企业税后利润或每股收益额变动率相对于息税前利润变动率的比率变动越大,企业的财务风险也越大。

17. C 总杠杆系数是指企业税后利润或每股收益额变动率相对于业务量或销售额变动率的比率。

$$DCL = DOL \times DFL = \dfrac{\Delta EPS/EPS}{\Delta Q/Q} = \dfrac{\Delta EPS/EPS}{\Delta S/S}$$

18. C $\dfrac{\text{营业收入} - \text{变动成本}}{\text{营业收入} - \text{变动成本} - \text{固定成本}} = 1.5$,固定成本 $= 100$,

$\dfrac{1}{1 - \dfrac{I}{EBIT}} = 2, I = 100$,

$$DCL = \dfrac{EBIT}{EBIT - F - I} = \dfrac{500(1 - 40\%)}{500(1 - 40\%) - 150 - 100} = 6$$。

19. C 债务资本 $= 2\,000 \times (1 - 60\%) = 800$(万元),债务利息(I) $= 800 \times 12\% = 72$(万元),财务杠杆系数(DFL) $= EBIT/(EBIT - I) = 200/(200 - 72) = 1.56$。则总杠杆系数 $= 2 \times 1.56 = 3.12$。

20. C 节约固定成本支出可以降低经营杠杆,从而可以降低复合杠杆。

二、多选题

1. CD 经营杠杆和财务杠杆独立存在,两者之间没有影响,两者之积为总杠杆。

2. BCD 财务杠杆系数 $= \dfrac{1}{1-\dfrac{I}{EBIT}}$。

3. BCD 企业过度借债会引起利息费用的增加,会导致财务风险。原材料价格变动、企业产品更新周期过长、企业产品的质量不稳定等问题会引起企业销售量和固定资产的变化,会引起经营风险。

4. ABD 财务风险是指全部资本中债务比率的变化带来的风险。当债务资本比率较高时,投资者将负担较多的债务成本,并经受较多的财务杠杆作用所引起的收益变动的冲击,从而加大财务风险,可见财务杠杆与财务风险是有关的,所以 C 表述错误,其余正确。

5. ACE 总杠杆系数由财务杠杆系数乘以经营杠杆系数得出。因此,总杠杆系数大,不一定说明财务杠杆系数就一定大,即企业的财务风险不一定就大。同样道理,总杠杆系数大,并不表示企业经营风险就大。

6. ABC $DOL_Q = \dfrac{\Delta EBIT/EBIT}{\Delta Q/Q} = \dfrac{\Delta Q(P-b)/[Q(P-b)-F]}{\Delta Q/Q} = \dfrac{Q(P-b)}{Q(P-b)-F}$,由公式可以知道 A、B、C 选项变动会影响经营杠杆系数,它们也就是影响企业经营风险的因素。

7. BCD 经营杠杆系数是企业息税前利润的变动率相对于业务量或销售额变动率的比率。

8. BE 经营杠杆影响息税前利润,财务杠杆影响息税后利润。在没有负债和优先股的情况下,财务杠杆系数为1。提高所得税率会使企业财务杠杆系数降低。

9. DE
$$DFL = \dfrac{\Delta EAT/EAT}{\Delta EBIT/EBIT}$$
$$= \dfrac{\Delta EBIT(1-T)/[(EBIT-I)\times(1-T)]}{\Delta EBIT/EBIT}$$
$$= \dfrac{EBIT}{EBIT-I}$$

所以产生财务杠杆作用的为 D、E 选项，A、B、C 选项产生的是经营杠杆作用。

10. ABCDE $DCL = \dfrac{Q(P-b)}{Q(P-b)-F-I}$，联合杠杆受 A、B、C、D、E 选项的影响。

11. ABD A、B、D 选项会引起利息费用的增加，增发普通股不会有影响。

12. BCD 员工加薪、购置新的固定资产、增加原材料储备会引起固定成本的增加，会导致经营杠杆增加。

13. ABD 用自有资金归还债务、将可转换债券转换为普通股、发行股票偿还债务均会减少利息费用，也就会降低财务风险。以公积金转赠资本金不会对财务风险产生影响。

14. ABD 根据总杠杆的计算公式，降低固定成本、降低负债比率、提高单价能降低企业总风险；降低变动成本会增加企业总风险。

15. ABC 经营杠杆可以衡量经营风险，通过经营杠杆的公式：$DOL = (S-VC)/(S-VC-F)$，可以看出降低经营风险，应降低固定成本，所以 D 选项不正确。

16. AD 总杠杆可用于估计销售额变动对每股盈余造成的影响、揭示经营杠杆与财务杠杆之间的相互关系。但不能揭示企业面临的风险对企业投资的影响以及估计销售变动时对息税前利润的影响。经营杠杆可以用来估计销售变动时对息税前利润的影响

17. ACD 财务杠杆 $DFL = EBIT/(EBIT-I)$，因此负债比例越大，债务利息会越多，财务杠杆也会越大，所以负债比例影响财务杠杆作用的大小；因债务筹资的利息在税前列支，可以抵税，所以适度负债有利于降低企业资金成本，但负债比例过大会加大财务风险，所以负债不一定能有利于提高企业净利润，因而 A、C 选项正确，B 选项不正确。财务风险是指由于负债筹资引起的风险，因此负债比例反映企业财务风险的大小，D 选项正确。

18. BCD 若某企业的经营处于盈亏平衡点，此时的经营杠杆系数趋近于无穷大。

19. ABD 经营杠杆是指在某一固定成本比重下，销售量变动对

利润变动的作用。在固定成本不变的情况下,产销量越大,经营杠杆系数越小,经营风险也就越小;反之,产销量越小,经营杠杆系数越大,经营风险也就越大,因此 A、B、D 选项是错误的。

20. ACD 财务杠杆是指由于固定性利息费用的存在,企业运用债务资本使得股权资本收益的变动幅度大于息税前利润变动幅度。营业杠杆影响企业的息税前利润。

三、简答题

1. 经营风险是指企业因经营上的原因而导致利润波动的风险,也可以理解为生产经营上的不确定性带来的风险。影响企业经营风险的因素很多,主要有以下几个方面:

(1) 产品销售市场。产品销售市场会影响到产品的销售数量和销售价格,给企业的利润带来波动,进而影响企业的经营风险。

(2) 生产要素市场。生产要素市场的变化会对产品的成本产生影响,产品成本是收入的递减项,成本不稳定,则会导致利润不稳定,因而生产要素市场的变化也可能造成经营风险。

(3) 企业所处的行业。企业所处的行业不同,面临的经营风险也会有所不同。一般来说,从事传统制造业的企业,固定成本水平相对较低,市场比较成熟,因而其经营风险相对较低;而从事新产品开发的企业,固定成本水平相对较高,市场还不成熟,面临的销售市场和要素市场均不稳定,因而其经营风险相对较高。

(4) 企业内部条件。企业经营管理水平、科研开发能力、决策水平、生产设备的先进程度,以及企业文化等因素均会影响到企业的收入与费用,对利润产生影响,进而影响企业的经营风险。

(5) 固定成本所占比重。在企业全部成本中,固定成本所占比重较大时,单位产品分摊的固定成本就较多。

2. 经营杠杆是指在某一固定成本比重的作用下,销售量变动对利润产生的影响。当公司存在固定成本时,就出现了经营杠杆。

由于固定成本总额并不随业务量的变化而变化,单位产品所分摊的固定成本额会随着业务量的增加而下降,因此,其他条件不变情况,企业息税前利润变动的幅度会大于业务量或者销售额变动的幅度。固定成本就相当于一个支点,由于固定成本的存在,业务量或销售额的较小变动就会引起息税前利润的较大变动。因此,企业可以通过增加业务量从而降低单位业务量分摊的固定成本额来较大幅度地提高企业息税前利润,这就形成了经营杠杆收益。但是,我们应该看到,经营杠杆是一把"双刃剑",在其他条件不变的情况下,由于企业固定成本的存在,企业业务量较小幅度的下降也会引起企业利润较大幅度的下滑,从而形成经营杠杆风险。

3. 由于固定成本的存在,在相关范围内,随着业务量或销售额的增加,单位业务量所分摊的固定成本额会相对减少,给企业带来额外的利润。因此,企业可以通过增加业务量或提高销售额从而降低单位业务量分摊的固定成本额来较大幅度地提高企业息税前利润,从而获得经营杠杆收益。

经营杠杆风险是指由于固定成本的存在,在相关范围内,随着业务量或销售额的减少,单位业务量所分摊的固定成本额相对增加,从而给企业带来额外的利润减少。这即是说,在相关范围内,随着业务量或销售额的下降,息税前利润会以更快的速度下降,从而形成经营杠杆风险。

4. 企业经营杠杆的主要作用在于控制企业的经营风险和制定投资报酬率。产品业务量的变动、售价的变动、单位成本的变动等,都会影响到经营杠杆系数的大小,尤其是产品业务量的控制对企业来说具有切实的可行性。企业完全可以通过改进产品质量,提高产品的知名度来增加业务量,降低单位产品分摊的固定成本额,降低经营风险。在固定成本总额不变的情况下,业务量越大,经营杠杆系数就越小,经营风险也相应较低。通过对经营杠杆的分析,一方面,有利于在企业制定经营方针时,就将企业的经营风险控制在适度的范围内;另一方面,有利于企业在生产经营过程中,大力开拓市场,增加业务量,提高销售收入,以充分利用经营杠杆来降低经营风险。通过对企业经营杠杆的分析,还可以掌握企业经营风险的大小,这就为合理确定投资报酬率提供了依据。通过比较企业的经营风险与社会或行业的平均经营风险,确定合理的风险补偿率,就可以根据社会或行业的平均投资报酬率估算出企业的投资报酬率。

5. 财务风险是指企业在经营活动中与筹资有关的风险,尤其指负债经营可能导致企业股权资本所有者收益下降,甚至导致企业因资不抵债而破产的风险。

债务利息是固定不变的,因而当债务资本比率较高时,企业固定的现金流出量也会增加,从而大大增加了企业丧失偿债能力的可能性,甚至可能造成企业因资不抵债而破产。另外,若企业利润率下降,而企业要支付的债务利息却不会减少,因此较高的负债率会引起对股东收益变动的较大冲击,这就形成了较高的财务风险。

6. 财务杠杆是指由于固定性利息费用的存在,企业运用债务资本使得股权资本收益的变动幅度大于息税前利润变动幅度。

由于不管企业盈利多少,债务利息是固定不变的,因此,企业利用财务杠杆会对股权资本的收益产生某种影响。当企业息税前利润率高于债务资本的税后利息率时,股权资本的所有者会获得额外的收益,形成财务杠杆收益;而当企业息税前利润率低于债务资本的税后利息率时,股权资本的所有者会遭受额外的损失,形成财务杠杆风险。

7. 财务杠杆与经营杠杆都有放大企业利润波动的功能,但两者具有明显的区别,具体表现在以下两方面:

(1) 财务杠杆更具有可控性,财务杠杆是可以选择的,而经营杠杆在通常情况下却不能选择。企业的经营杠杆往往由企业所属的行业特点和企业经营的客观需要所决定,企业往往无法随意作出选择。而企业却可以根据实际需要选择财务杠杆,企业可以选择利用需要固定支付的长期负债和优先股,也可以选择完全通过发行普通股和利用留存收益来为企业融资。因此,企业管理者应充分利用财务杠杆的可控性,对财务杠杆进行分析,对财务风险进行控制。

(2) 财务杠杆与经营杠杆在放大企业利润波动中所处的环节不同。经营杠杆放大了业务量或销售额变动对息税前利润的影响,这是两步利润放大过程中的第一步;而财务杠杆在经营杠杆对息税前利润放大的基础上,进一步导致对股东收益变动的放大,它处于两步利润放大过程中的第二步。

8. 财务杠杆收益是指企业利用财务杠杆而给股权资本带来的额外收益。财务杠杆收益表现在两个方面:一方面,当企业的息税前利润率高于债务资本的税后利息率时,股权资本会获得额外的收益;另一方面,在企业的资本规模和资本结构一定的条件下,企业从息税前利润中支付的债务利息是相对固定的,当息税前利润提高时,企业的股权资本收益(表现为税后利润或每股收益)会以更快的速度增长,从而给企业股权资本所有者带来额外的收益。

财务杠杆风险是指企业利用财务杠杆可能导致股权资本所有者收益下降,甚至可能导致企业因资不抵债而破产的风险。财务杠杆风险也表现在两个方面:一方面,当企业的息税前利润率低于债务资本的税后利息率,甚至当企业出现亏损的局面时,企业支付的债务利息却不会减少,此时,股权资本所有者会遭受额外的损失;另一方面,在企业的资本规模和资本结构一定的条件下,当息税前利润下降时,企业的股权资本收益(表现为税后利润或每股收益)会以更快的速度下降,从而给企业股权资本所有者带来额外的损失。

9. 经营杠杆系数是企业息税前利润的变动率相对于业务量或销售额变动率的比率。经营杠杆系数反映了经营杠杆的作用程度,可用来估计经营杠杆收益的大小和经营杠杆风险的高低。

财务杠杆系数是指企业税后利润或每股收益额变动率相对于息税前利润变动率的比率。财务杠杆系数反映了财务杠杆的作用程度,可用来估计财务杠杆收益的大小和财务杠杆风险的高低。

10. 分析企业财务杠杆的主要作用在于利用财务杠杆收益,规避财务杠杆风险。

财务杠杆收益突出表现在:当企业的息税前利润率高于债务资本的税后利息率时,股权资本会获得额外的收益。因此,企业通过分析财务杠杆,就可以根据预期的息税前利润率的高低作出最有利的筹资决策。当企业预期的息税前利润率高于债务资本的税后利息率时,企业就可以充分利用负债筹资,增大债务资本的比例,获得财务杠杆带来的收益;反之,当企业预期的息税前利润率低于债务资本的税后利息率时,企业就应减少负债筹资,缩小债务资本的比例。

另外,通过分析财务杠杆,有利于企业把握财务风险的大小,根据自身情况作出控制财务风险的决策。首先,在企业制定负债筹资决策时,通过财务杠杆的分析,可以测定负债资金能给企业带来财务杠杆收益的成本范围,确保企业预期的息税前利润率高于债务资本的税后利息率,避免出现企业预期息税前利润率低于债务资本的税后利息率从而造成财务杠杆风险的情况;其次,降低财务杠杆风险的方法除了减少债务资本外,还可以通过提高息税前利润率来实现,而提高息税前利润率与前面所讲的降低经营风险紧密相连。

11. 总风险是企业经营风险和财务风险联合作用的结果。在企业的生产经营过程中,一般同时存在着固定成本和固定性财务费用,因此也会同时存在着经营风险与财务风险。经营杠杆会放大业务量下降对于降低息税前利润的风险,财务杠杆会进一步放大息税前利润下降对于降低税后利润或每股收益的风险。经营杠杆和财务杠杆联合作用形成了放大业务量下降对于降低税后利润或每股收益的风险,即总风险。因此,对于经营风险较小的企业,可以使用较大的财务杠杆,以使股权资本所有者的收益有较大幅度的提高;而对于经营风险较大的企业,则不宜采用较大的财务杠杆,以免企业面临较高的总风险。

12. 联合杠杆,也叫总杠杆,是指经营杠杆与财务杠杆的联合作用。经营杠杆是利用企业经营中固定成本的作用影响息税前利润,而财务杠杆是利用债务资本中固定性财务费用的作用影响税后利润或每股收益。经营杠杆和财务杠杆最终都会影响到企业税后利润或每股收益,表现为业务量或销售额的变动对税后利润或每股收益的影响,也就是联合杠杆的影响。在联合杠杆的作用下,企业业务量或销售额的较小变动会造成税后利润或每股收益较大幅度的变动。在企业既定的债务资本比重和业务量的相关范围内,当业务量或销售额增长时,企业的税后利润或每股收益会以更大的幅度增长,形成联合杠杆收益;当业务量或销售额下降时,企业的税后利润或每股收益会以更大的幅度下降,形成联合杠杆风险。因此,企业应分析联合杠杆的作用,合理权衡风险与收益,把企业的风险保持在合理的水平。

13. 联合杠杆系数在数值上为经营杠杆系数和财务杠杆系数的乘积,因此,有不同经营杠杆和财务杠杆的企业,联合杠杆系数却可能是相同的。这说明为了达到某一联合杠杆系数,经营杠杆系数和财务杠杆系数可以有很多不同的组合。因此,经营杠杆系数较高的公司可以选择较低的财务杠杆系数,而经营杠杆系数较低的公司则可以选择较高的财务杠杆系数。

14. 在企业利用财务杠杆时,即使债务成本本身不变,但由于加大的权益的风险,也会使权益资本成本上升,但在一定程度上不会完全抵消利用成本低的债务所获得的好处,因此会使加权资本成本下降,企业的总价值上升。但是超过一定程度使用财务杠杆,权益成本的上升就不能被债务的低成本所抵消,加权资本成本就会上升,企业总价值下降。

15. 答:联合杠杆作为一项财务指标具有重要的财务意义:① 能够估计出销售额变动对每股收益造成的影响;② 能够寻找经营杠杆与财务杠杆之间的关系。

16. 经营杠杆系数是企业息税前利润的变动率相对于业务量或销售额变动率的比率。经营杠杆系数反映了经营杠杆的作用程度,可用来估计经营杠杆收益的大小和经营杠杆风险的高低。

经营杠杆系数用公式表示如下:

$$DOL = \frac{\Delta EBIT / EBIT}{\Delta Q / Q} = \frac{\Delta EBIT / EBIT}{\Delta S / S}$$

$$= \frac{\Delta Q(P-b) / [Q(P-b) - F]}{\Delta Q / Q}$$

$$= \frac{Q(P-b)}{Q(P-b) - F} = \frac{S - C}{S - C - F}$$

影响经营杠杆的主要因素有产品的边际贡献和固定成本。一般来说,产品的边际贡献同经营杠杆系数成反比,边际贡献越大,企业的经营杠杆系数越小,企业的经营风险越低;而固定成本则同经营杠杆系数成正比,固定成本越高,企业的经营杠杆系数越大,企业的经营风险越高。

企业降低经营风险的途径有:可以通过增加销售额,降低产品单位变动成本,从而提高企业单位产品的边际贡献使企业的经营杠杆系数下降,降低经营风险。企业还可以加快资产的周转,降低固定资产在整个资产中的比重,采取这一措施,也能使营业杠杆下降,降低营业风险。

四、计算题

1. (1)

表 7-3

项　　目	方案 1	方案 2
息税前利润	200	200
目前利息	40	40

项 目	方案1	方案2
新增利息	60	
税前利润	100	160
税后利润	60	96
普通股数	100(万股)	125(万股)
每股利润	0.6(元)	0.77(元)

(2) $\dfrac{(\text{EBIT}-40-60)\times(1-40\%)}{100}=\dfrac{(\text{EBIT}-40)(1-40\%)}{125}$

EBIT$=340$(万元)

(3) 方案1财务杠杆系数$=200/(200-40-60)=2$

方案2财务杠杆系数$=200/(200-40)=1.25$

2. 下年预计的每股收益$=2\times(1+1.5\times50\%)=3.5$(元)

3. 经营杠杆系数$=(80+32)/80=1.4$

财务杠杆系数$=80/(80-200\times40\%\times12\%)=1.14$

复合杠杆系数$=1.4\times1.14=1.6$

4. (1) 计划期销售收入$=400\,000\times(1+40\%)=560\,000$(元)

(2) 基期边际贡献$=400\,000\times75\%=300\,000$(元)

(3) 计划期边际贡献$=560\,000\times75\%=420\,000$(元)

(4) 基期息税前利润$=300\,000-240\,000=60\,000$(元)

(5) 计划期息税前利润$=420\,000-240\,000=180\,000$(元)

(6) $\dfrac{(\text{计划期每股利润}-\text{基期每股利润})}{\text{基期每股利润}}=\text{每股利润增长率}$

所以,基期每股利润$=\dfrac{3.5}{4}=0.875$

(7) 经营杠杆系数(DOL)$=300\,000/60\,000=5$

(8) 财务杠杆系数(DFL)$=\dfrac{\text{总杠杆系数(DTL)}}{\text{经营杠杆系数(DOL)}}=\dfrac{7.5}{5}=1.5$

(9) 息税前利润增长率$=(180\,000-60\,000)/60\,000=200\%$

(10) 每股利润增长率$=$息税前利润增长率$\times$财务杠杆系数$=200\%\times1.5=300\%$(或3)

5. 计算三个方案下的每股收益、经营杠杆、财务杠杆和总杠杆。

表 7 - 4

方　案	1	2	3
销量(件)	45 000	45 000	45 000
单价(元)	240	240	240
营业收入	10 800 000	10 800 000	10 800 000
单位变动成本	200	180	180
变动成本	9 000 000	8 100 000	8 100 000
边际贡献	1 800 000	2 700 000	2 700 000
固定成本	1 200 000	1 500 000	1 500 000
息税前利润	600 000	1 200 000	1 200 000
原负债	4 000 000	4 000 000	4 000 000
原负债利率	5％	5％	5％
原负债利息	200 000	200 000	200 000
新增负债		6 000 000	
新增负债利率		6.25％	
新增负债利息		375 000	
利息合计	200 000	575 000	200 000
税前利润	400 000	625 000	1 000 000
所得税率	40％	40％	40％
所得税	160 000	250 000	400 000
税后利润	240 000	375 000	600 000
股数	200 000	200 000	400 000
每股收益	1.20	1.88	1.50
经营杠杆	3.00	2.25	2.25
财务杠杆	1.50	1.92	1.20
总杠杆	4.50	4.32	2.70

6. (1) 权益乘数为 4,则资产负债率为 75%

2002 年资产的平均总额为 4 000 万元,则负债的平均总额为 3 000 万元,股东权益的平均总额为 1 000 万元。

EBIT =资产的平均总额×总资产报酬率

  =4 000×20%=800(万元)

I=3 000×10%=300(万元)

净利润=(800-300)(1-40%)=300(万元)

2002 年的净资产收益率=300/1 000=30%

2002 年的已获利息倍数=800/300=2.67

(2) 2003 年的经营杠杆系数=(EBIT+a)/EBIT=(800+600-300)÷800=1.38

2003 年的财务杠杆系数=EBIT/(EBIT-I)=800÷(800-300)=1.6

2003 年的联合杠杆系数=1.38×1.6=2.21

7. (1)目前净利润=(10 000-10 000×70%-2 000)×(1-40%)=600(万元)

每股收益=(600-24)/2 000=0.29(元/股)

目前负债总额=5 000×40%=2 000(万元)

目前每年利息=2 000×8%=160(万元)

目前每年固定成本=2 000-160=1840(万元)

息税前利润=10 000-10 000×70%-1840=1160(万元)

利息保障倍数=1160/160=7.25

经营杠杆系数

=(10 000-10 000×70%)/(10 000-10 000×70%-1840)

=3 000/1160=2.59

财务杠杆系数=1160/[1160-160-24/(1-40%)]=1.21

总杠杆系数=2.59×1.21=3.13

(2) 增资后的净利润=[10 000×(1+20%)×(1-60%)-(2 000+500)]×(1-40%)=1380(万元)

每股收益=(1 380-24)/(2 000+2 000)=0.34(元/股)

息税前利润=12 000×(1-60%)-(1 840+500)=2460(万元)

利息保障倍数＝2 460/160＝15.38

经营杠杆系数＝[12 000×(1－60%)]/2 460＝4 800/2460＝1.95

财务杠杆系数＝2 460/[2 460－160－24/(1－40%)]＝1.09

总杠杆系数＝1.95×1.09＝2.13

因为与筹资前相比每股收益提高,总杠杆系数降低,所以应改变经营计划。

(3) 每年增加利息费用＝4 000×10%＝400(万元)

每股收益＝{[10 000×(1＋20%)×(1－60%)－(2 000＋500＋400)]×(1－40%)－24}/2 000＝0.56(元/股)

息税前利润＝12 000×(1－60%)－(1 840＋500)＝4 800－2 340
＝2 460(万元)

利息保障倍数＝2 460/(400＋160)＝4.39

经营杠杆系数＝(12 000×40%)/[12 000×40%－(1 840＋500)]
＝4 800/2 460＝1.95

财务杠杆系数＝2 460/[2 460－(400＋160)－24/(1－40%)]＝1.32

总杠杆系数＝1.95×1.32＝2.57

因为与筹资前相比每股收益提高,总杠杆系数降低,所以应改变经营计划。

(4) 若不考虑风险,因为借入资金方案的每股收益更大,所以应当采纳借入资金的经营计划。

8. (1) 保本销售额＝480 000/(1－60%)＝120(万元)

(2) 经营杠杆系数＝(320－320×60%)/(320－320×60%－48)
＝1.6

负债额＝250×45%＝112.5

利息＝112.5×14%＝15.75

财务杠杆系数＝80/(80－15.75)＝1.25

总杠杆系数＝1.6×1.25＝2

9. (1)边际贡献总额＝(5－3)×10 000＝20 000

(2) 息税前利润＝(5－3)×10 000－10 000＝10 000

(3) 经营杠杆系数＝20 000/10 000＝2

（4）息税前利润增长率＝10％×DOL＝20％

（5）联合杠杆系数＝20 000/[10 000－5 000]＝4

10.（1）公司原来资产负债率＝1－1/2＝50％

公司原有负债＝1 000×50％＝500(万元)

公司原有股票＝(1 000－500)/16＝31.25(万股)

融资后的变动成本率＝(1－40％)×75％＝45％

融资后的固定成本＝200＋30＝230(万元)

设每股收益无差别点为 S,则：

$$\frac{[S×(1-45\%)-230-500×10\%](1-33\%)}{(31.25+30)}$$

$$=\frac{[S×(1-45\%)-230-500×10\%-300×12\%](1-33\%)}{31.25}$$

S＝642.73(万元)

每股收益$=\frac{[642.73(1-45\%)-230-500×10\%](1-33\%)}{31.25+30}$

$\qquad =0.26(元)$

（2）在全部发行普通股时：

$DOL=[642.73×(1-45\%)]/[642.73×(1-45\%)-230]=2.86$

$DFL=[642.73×(1-45\%)-230]/[642.73×(1-45\%)-230$

$\qquad -500×10\%]$

$\qquad =1.68$

$DTL=2.86×1.68=4.80$

按面值发行公司债券后：

$DOL=[642.73×(1-45\%)]/[642.73×(1-45\%)-230]=2.86$

$DFL=[642.73×(1-45\%)-230]/[642.73×(1-45\%)-230$

$\qquad -500×10\%-300×12\%]$

$\qquad =3.29$

$DTL=2.86×3.29=9.41$

上述两种筹资方式在每股收益无差别点,由于销售收入、价格、变动成本和固定成本等影响经营风险的因素没有变动,故经营杠杆相同;按面值发行债券使公司的负债增加,使财务风险加大,企业总风险也就随之增大,故财务杠杆增大,由 1.68 上升到 3.29,总杠杆由 4.80 上升到 9.41。

(3) 在销售额达到 800 万元时

在全部发行普通股方式下：

$$每股收益=\frac{[800×(1-45\%)-230-500×10\%]×(1-33\%)}{31.25+30}$$

$$=1.75(元)$$

$$\begin{aligned}
DTL&=DOL×DFL\\
&=[(S-VC)/(S-VC-F)]×[EBTT/(EBIT-I)]\\
&=(S-VC)/(EBTT-I)\\
&=800×55\%/(800×55\%-230-500×10\%)\\
&=2.75
\end{aligned}$$

按面值发行公司债券方式下：

$$每股收益=\frac{[800(1-45\%)-230-500×10\%-300×12\%](1-33\%)}{31.25}$$

$$=5.65(元)$$

$$\begin{aligned}
DTL&=DOL×DFL\\
&=[(S-VC)/(S-VC-F)]×[EBTT/(EBTT-I)]\\
&=(S-VC)/(EBTT-I)\\
&=800×55\%/(800×55\%-230-500×10\%-300×12\%)\\
&=3.55
\end{aligned}$$

由以上计算结果可得：全部发行普通股可使每股收益由 0.8 提高到 1.75 元，总杠杆由 4.80 下降到 2.75；按面值发行公司债券每股收益由 0.8 元提高到 2.65 元，总杠杆由 9.41 下降到 3.55，因此应以发行公司债券的方式来筹集。

五、论述题

1. 经营杠杆风险是经营杠杆所带来的负面效应。它是指由于固定成本的存在，使得企业经营利润的下降幅度大于产销量的下降幅度。影响经营杠杆风险的主要因素有：固定成本比重、产品需求的变动、产品销售价格的变动、单位产品变动成本的变化等。

当息税前利润减少时，每一元利润所负担的固定资本成本就会相应增加，从而导致普通股的每股收益以更快的速度下降。这种由于筹集资本的成本固定引起的普通股每股收益的波动幅度大于息前税前利润的波动幅度现象称为财务杠杆风险。影响财务杠杆风险的主要因素有：利率水平的变动、盈利能力的变化、资本供求的变化、负债率的变化等。运用财务杠杆可以获得财务杠杆利益，同时也承担相应的财务风险，对此可用财务杠杆系数来衡量。

2. 在有优先股的情况下，财务杠杆的计算公式为：

$$DFL=EBIT/[EBIT-I-d/(1-T)]$$

其中：$EBIT$ 是息税前利润；I 是债务利息；$d/(1-T)$ 是税前的优先股利。

优先股股息的确是税后支付的，但它是一个可以预计的固定数额。杠杆作用产生的原因是固定支付，而不在于税前还是税后支付。不随销售收入比例变动的固定成本费用、固定的利息和固定的优先股股息，都会产生杠杆作用。准确地讲，财务杠杆是指固定成本融资引起的，包括负债和优先股。财务杠杆被定义为"每股收益对息税前利润变动的敏感程度"，或"息税前利润变动1％所引起的每股收益变动百分比"。虽然负债比率越高财务杠杆系数越高，但"财务杠杆反映的是负债比率变化带来的财务风险"的表达是不准确的。首先，财务杠杆不仅仅是负债引起的，还有优先股；其次，只要负债存在，即使负债比率不"变化"，财务风险依然存在。

3. 经营杠杆本身并不是企业经营风险的来源。经营风险是由企业生产经营上的不确定性引起的，而经营杠杆只是起到了放大生产经营上的不确定因素对息税前利润的影响程度。若公司的销售水平保持稳定，成本结构也固定不变，那么经营杠杆再高也没有意义。

实际上，经营杠杆只是显示了一种潜在的收益或者潜在的风险，即只有在销售和产品成本发生变动从而带来经营收益或经营风险的前提下，才会由于经营杠杆的存在，而放大这种收益或风险。

公司的管理者，应充分认识到经营杠杆的作用，并很好地利用这种作用。如果预计公司销售增长前景看好，那么管理者可以适当考虑提高固定成本比重，以增大经营杠杆对于息税前利润增长的促进作用，获得经营杠杆收益；相反，如果销售前景不容乐观，那么管理者应设法降低经营杠杆的消极作用，规避经营杠杆风险。

4.（1）财务杠杆亦称筹资杠杆，是指企业在筹资活动中对资本成本固定的债权资本的利用。企业的全部长期资本是由股权资本和债权资本构成的。股权资本是变动的,在企业扣除所得税后以利润支付;而债权资本成本通常是固定的,并在企业所得税前扣除。不管企业息税前利润是多少,都要先扣除利息等债权资本成本,然后才归属股权资本成本,因此企业利用财务杠杆会对股权资本的收益产生一定的影响,有时会给股权资本的所有者带来额外的收益即财务杠杆利益,有时可能会造成一定的损失即财务杠杆损失。

(2) 权益回报率的财务杠杆系数公式为:

$$DFL = EBIT/(EBIT - I)$$

其中:DFL 是权益回报率的财务杠杆系数;$EBIT$ 是息税前利润;I 是债务利息。

可以看出:在资本总额、息税前盈余相同的情况下,债务利率越高,债务利息也就越大,则权益回报率的财务杠杆系数也就越大,财务风险也就越大,但是资产回报率也就越高。

这里面的财务风险指由于财务杠杆增加而增加的丧失偿债能力的可能,这种风险随着负债比率的提高而增大。其衡量标准是财务杠杆。

经营风险是指企业因为经营上的原因导致利润变动的风险。影响经营风险的因素有:产品需求、产品销售、产品成本、调整价格的能力及固定成本的比重。其衡量标准是经营杠杆。

(3) 财务风险与经营风险的关系主要体现在财务杠杆和经营杠杆的关系上面。财务杠杆和经营杠杆的连锁作用叫做总杠杆,为了达到某一总杠杆系数,经营杠杆和财务杠杆可以有不同的组合,比如,经营杠杆较高的公司可以在较低的程度上使用财务杠杆,经营杠杆较低的公司可以在较高的程度上使用财务杠杆。通常公司是在考虑了各种有关因素后作出选择。

六、案例分析题

1. 分析要点:

所谓财务杠杆是指由于固定性财务费用的存在,使企业息税前利润(EBIT)的微量变化所引起的每股收益(EPS)大幅度变动的现象。也就是,银行借款规模和利率水平一旦确定,其负担的利息水平也就固定不变。因此,企业盈利水平越高,扣除债权人拿走某一固定利息之后,投资者(股东)得到的回报也就愈多。相反,企业盈利水平越低,债权人照样拿走某一固定的利息,剩余给股东的回报也就愈少。当盈利水平低于利率水平的情况下,投资者不但得不到回报,甚至可能倒贴。

由于利息是固定的,因此,举债具有财务杠杆效应。而财务杠杆效应是一把"双刃剑",既可以给企业带来正面、积极的影响,也可以带来负面、消极的影响。其前提是:总资产利润率是否大于利率水平。当总资产利润率大于利率时,举债给企业带来的是积极、正面的影响;相反,当总资产利润率小于利率时,举债给企业带来的是负面、消极的影响。

2. 分析要点:

从企业理财的角度,"秦池"的盛衰有以下经验和教训:

第一,固定成本的存在使企业在产生经营杠杆作用的同时,也带来相应的经营风险。经营杠杆的作用并不都是积极的,只要企业销售量不能持续增长,经营杠杆所产生的作用就将是负面的。要确保销售量的持续增长,做广告、树立品牌是一种比较有效的方式。但广告投资应与企业的销售业绩保持适度的平衡,否则会给企业带来巨大的经营风险。

第二,财务管理的重点在资产负债表的左边即资产的管理。企业资金筹措当然是企业理财的重要内容,但外来资金对企业的发展来说仅仅起到一种"输血"功能,它可以解决企业一时的资金难题,但举债经营对企业的影响是双方面的,其关键问题是总资产利润率能否大于借款利率。只有当总资产利润率大于借款利率时,才会给企业带来有利的、积极的财务杠杆作用;反之,将会给企业带来负面、消极的影响。任何企业不能无条件地从事举债经营。企业的长期稳定发展,必须依靠形成一种来自于企业经营活动的良性"造血"功能机制,唯有如此,企业的发展方有持续的财务资源支持。而"造血"功能机制的形成只能依靠企业资产合理有效的利用,保证现金流入与流出在时间、数量和速度上的协调一致。

第三,合理的资金调度需要以资产结构的平衡、资本结构的平衡以及资产负债表左右双方的结构性平衡为前提。这三方面任何一方失衡,都将导致企业资金流动发生困难,从而使企业陷入一定的财务困境。

第八章 资本结构理论

第一节 本章知识提要

一、本章知识点

（一）早期资本结构理论

早期资本结构理论分为三类：净利理论、营业净利理论和介于两者之间的传统折中理论。

（二）MM理论

MM理论标志着具有划时代意义的现代资本结构理论的开端，其后的许多金融学家沿着MM理论的思路，在逐步放宽MM理论中的若干假设条件的基础上，进一步发展了现代资本结构理论。MM理论包括无公司税的MM模型，有公司税的MM理论和米勒模型，其中米勒模型在考虑了公司所得税的基础上还考虑了个人所得税。

（三）权衡理论

权衡理论认为寻找公司最优资本结构就是在债务的税收收益与破产成本现值之间进行权衡。权衡理论从时间上大体可以分为早期权衡理论和后权衡理论。

（四）不对称信息与新资本结构理论

不对称信息理论力图通过信息不对称理论中的"信号"、"契约"、"激励"等概念，从公司的"内部因素"方面来深入展开对资本结构问题的分析与讨论。相对完善的以信息不对称理论为核心的新资本结构理论体系的主干学派有四个：新优序融资理论、代理成本说、财务契约论和信号模型，其中优序融资理论影响最大。

（五）自由现金流量假说

通过造就自由现金流量的概念，自由现金流量假说成功地将代理成本理论和公司控制权市场理论联系起来，为后来形成的公司控制权市场理论提供了基础。

（六）公司控制权市场理论

公司控制权市场理论主要是指 20 世纪 80 年代，即公司兼并与收购的十年内所形成的关于收购与兼并的各学派理论与实证检验的证据。

（七）收益分配理论

收益分配理论主要研究盈余分配的一般顺序、股利政策以及股利分配与股票价格之间的相关关系。股利理论主要包括沃尔特模型、MM 不变性定理和股利相关论。

（八）最佳资本结构

最佳资本结构就是指在一定条件下，能使公司的加权资本成本最低、公司价值最大的负债比例或资本结构。

二、教学重点

（一）MM 理论

1. 无公司税的模型

MM 理论首先是在无公司税的前提下开始分析的。在一系列直接或间接的假设条件下，MM 理论得到了关于财务杠杆与资本成本以及与公司价值关系的两个命题：

（1）任何公司的市场价值与其资本结构无关，而是取决于按风险程度相对应的纯粹权益流量资本化率（ρ_k）进行资本化的期望收益。

用公式表示：$V_j = (S_j + D_j) = X_j / \rho_k$

（2）股票每股预期收益率应等于与处于同一风险等级程度的纯粹权益流量相适应的资本化率，再加上与其财务风险相联系的溢价。其中财务风险是以负债权益比率与纯粹权益流量资本化率和利率之间的差价的乘积来衡量。

用公式表示：$K_S = \rho_k + (\rho_k - r)D/S = \rho_k + RP$

将上述两个命题联系起来可以看出，在无公司税情况下，公司的资本结构不会影响公司的价值和资本成本。

2. 有公司税的 MM 理论

MM 将公司所得税对资本结构的影响引入原来的分析之后发现，负债会因为税盾效应而增加公司的价值，公司的负债率越高越好。有公司税的 MM 理论同样也给出了以下两个命题：

（1）一旦引入所得税后，杠杆公司的价值会超过无杠杆公司的价值，且负债越多，两者差异越大。极端地说，当负债达到100％时，公司的价值达到最大。

（2）在考虑所得税情况下，杠杆公司的权益资本成本等于同一风险等级下无杠杆公司的权益资本成本加上根据无杠杆公司的权益资本成本和债务资本成本之差以及公司税率决定的风险报酬。

用公式表示：$K_S = \rho_k + (\rho_k - K_b)(1 - T_C)(B/S)$

3. 米勒模型

米勒（1977）提出了一个把公司所得税和个人所得税都包括在内的模型来估计财务杠杆对公司价值的影响。他得出的结论是：个人所得税的存在在某种程度上抵消了债务利息的税盾效应，但是在正常税率条件下，负债的税盾效应不会因此而完全消失。

（二）新优序融资理论

新优序融资理论认为，投资者对资本结构的兴趣源于"信息效应"，即公司资本结构的变化会引起股票价格的波动。从总的平均水平来看，公司债务资本水平的变化向市场传递了一个关于公司价值变化的信号，当公司权益资本随着债务资本增加而减少时，公司的再融资能力增强，公司的价值也随之增加。反之亦然。基于此，该理论提出：资本结构作为一种信息，在信息不对称情况下会对投资、融资次序产生影响，同时不同的融资次序也会对资本结构产生影响。

新优序融资理论提出的融资准则为：

（1）优先选择内部融资；

（2）如果需要外部融资，首先发行最安全的证券，即债券优于股票。

具体地说，融资首选内部资金融资，主要是利润再投资；其次是发行新债券，从安全性的债券到较有风险的债券；若有必要，在发行股票之前先发行可转换证券或优先股股票，即最后一招才轮到发行股票。

（三）自由现金流量假说

1. 自由现金流量的定义

根据自由现金流量概念的首创者詹森提出的定义，自由现金流量是指满足所有正的净现值的投资项目所需资金后多余的那部分现金流量，其中这些投资项目的净现值按相关资本成本贴现计算得出。从这一表述来看,该定义很难从财务报表上直接推算出来。

科普兰和维斯顿也曾经给出一个自由现金流量的等式。虽然从表面上看是数学形式,但是实际上仍然没有能够量化出自由现金流量的概念。

自由现金流量=(销售收入-变动成本-固定成本-折旧)×(1-公司所得税率)+折旧-投资

布里利和梅耶斯在界定自由现金流量时首先指出,没有被留存及再投入到经营中的现金经常被称为自由现金流量。进一步二人又从量化的角度提出:自由现金流量=收入-成本-投资。尽管该定义极为简洁,但是仍然无法为实证研究者采用。

2. 自由现金流量假说的基本内容

(1)自由现金流量的代理成本

在自由现金流量的使用上,股东和管理者之间存在着利益上的冲突,尤其在自由现金流量巨大时,冲突更加严重,对股东而言,就必须对管理者的行为进行监督和约束,这就不可避免地会带来成本,也就是代理成本。可见正是在这个层面上,自由现金流量的概念与代理成本的理论相互联系起来。

(2)自由现金流量与债务控制机制

自由现金流量假说提出,负债是提高公司效率和监督管理者的有效控制机制。因为从原则上讲,债权人可以通过在债券法律契约里写入各类限制性条款以限制管理者产生一些降低债券价值的行为。而在没有负债约束时,如果管理者在公司留有大量现金时公告从今以后将"永久性"地增加股东的股利,将来即使他们失信,由于股利政策的承诺并没有法律约束力,股东并没有能力将他们送上法庭。由此,该假说又进一步指出:债务是股利的一种替代品,可以迫使管理者不去浪费现金。

(3)自由现金流量与公司收购决策

根据自由现金流量假说,收购是公司花掉现金流量的方式之一。自由现金流量假说对公司收购决策的影响在于:该理论可以预计哪一类并购可以创造价值而不是摧毁价值;同时也表明了收购在成为股东与管理者利益冲突的证据时同时也是解决该冲突的方法。

（四）收益分配理论

1. 股利政策理论

（1）剩余股利政策

该政策以"剩余股利理论"为基础，认为公司股利分配政策受到投资机会和资本成本的影响。在公司投资机会的预期报酬率高于股东要求的必要报酬率时，根据目标资本结构的要求，先将税后净利用于满足投资所需的权益资本，然后将剩余的用于股利分配。

（2）稳定股利额政策

这种股利政策是指不管公司的收益如何变动，每年发放的股利均固定在一个额度或一个比率上。

（3）固定股利支付率政策

这是一种公司确定一个股利支付率，长期按照此比率支付股利的政策。在这一政策下，各年股利额随公司经营好坏而上下波动。

（4）低正常股利加额外股利政策

这是介于稳定股利和变动股利之间的一种股利政策。具体是指公司每年都会支付较低的固定股利，当公司盈余增长时再加付额外股利。不过额外股利并不固定，而是根据盈余的实际情况决定。

2. 股利理论

（1）沃尔特模型

公司的股票价格与每股股利之间的关系可表示为：

$$P = [D + (E - D)R/K]/K$$

在沃尔特模型中，公司的最佳支付比例完全取决于未来的投资收益率或公司面临的投资机会。如果公司有大量的投资机会而且投资收益率大于资本成本率，则应将盈余留存于公司进行再投资，以获得更高的收益；如果投资机会不多或者投资收益率低于资本成本率，则应将多余的盈余全部分配给股东。此时公司的股利政策只是其融资决策的一个组成部分，股东所得到的股利实际上是公司的"剩余"资金。

（2）MM不变性定理

MM不变性定理的关键在于存在一种套利机制，这种套利机制使支付股利与外部筹资两项经济业务所产生的收益和成本恰好相互抵消。

MM的结论是:公司价值只取决于其获利能力,公司如何分配实现的税后利润与公司价值没有直接联系。一个公司可以选择保留它的利润,用其内部产生的现金来满足投资项目所需的资金;或者选择把部分或全部利润作为股利发放出去,然后通过发行新股来筹集投资项目所需要的资金。任何一种举措所产生的公司股票总体市场价值是一样大的。

(3)股利相关论

"一鸟在手"理论:该理论认为,在其他条件相同的情况下,投资者宁愿出较高的价格购买那些能为其提供当期高股利的股票,从而导致该类股票价格上涨。

投资者类别效应论:该理论认为,投资者会因为自己的不同类别、不同偏好选择股利政策不同的公司,高收入阶层选择高股利政策公司的股票,低收入阶层选择低股利政策公司的股票。

信息效应论:该理论认为,在信息不对称情况下,现金股利的分配就成了一个难得的信号,股利政策因此也就有了信息效应。

(五)最佳资本结构决策

1. 比较资本成本法

公司根据经营规模拟定的资金需要量,可以通过多种筹资方式获得。在资金总额确定时,各种筹资方式就面临不同的资本结构方案,进而产生不同的加权资本成本。比较资本成本法就是指通过计算和比较各种预案的加权平均资本成本,以具有最低加权平均资本成本的方案所对应的资本结构为最佳资本结构。具体可以分为初始资本结构决策和追加筹资资本结构决策两种。

2. 每股盈余分析法

根据无差别点,可以分析判断在什么样的销售水平下适用的资本结构。即当预计销售水平下的 $EBIT$ 大于无差别点的 $EBIT$ 时,选择债务资金的追加筹资方式可以提高每股盈余,因此相对应的资本结构即为最佳资本结构。反之,则上一选择权益的追加筹资方式对应的资本结构是最佳资本结构。

三、教学难点

MM 理论

MM 理论作为现代西方财务理论的核心,于 1958 年由莫迪里安尼和米勒发表论文"资本成本、公司财务与投资理论"后,逐渐演变到资本结构理论上来,形成了 MM 理论的经典框架。同时,放宽假设条件,产生了 MM 无关论与 MM 相关论,对此后的财务经济学研究产生重要影响,是现代财务理论的重大突破之一。

第二节 习题部分

一、单选题

1. 企业资本结构研究的主要问题是( )。

A. 权益资本结构问题

B. 长期资金与短期资金的比例问题

C. 负债资金占全部资金的比例问题

D. 长期负债与短期负债的比例问题

2. 最佳资本结构是指( )。

A. 企业价值最大的资本结构

B. 企业目标资本结构

C. 加权平均资本成本最低的目标资本结构

D. 加权平均资本成本最低,企业价值最大的资本结构

3. 下列关于资本结构说法错误的是( )。(2003 年 CPA)

A. 在进行融资决策时,不可避免地要依赖人的经验和主观判断

B. 能够使企业预期价值最高的资本结构,不一定是预期每股收益最大的资本结构

C. 按照净利理论,负债越多则企业价值越大

D. 迄今为止,仍难以准确地揭示出资本结构与企业价值之间的关系

4. 下列各项中,运用每股收益无差别点确定最佳资本结构时,需计算的指标有( )。(2005 年中级会计资格考试)

A. 息税前利润 B. 营业利润 C. 净利润 D. 利润总额

5. 下列对最佳资本结构的表述,正确的有( )。

A. 最佳资本结构是使企业税后利润最大,同时加权平均资本成本最低的资本结构

B. 最佳资本结构是使企业每股盈余最大,同时加权平均资本成本最低的资本结构

C. 最佳资本结构是使企业息税前利润最大,同时加权平均资本成本最低的资本结构

D. 最佳资本结构是使企业价值最大,同时加权平均资本成本最低的资本结构

6. 下列资本结构调整的方法中,属于减量调整的有(　　)。(2005年中级会计资格考试)

  A. 债转股   B. 发行新债

  C. 提前归还借款   D. 增发新股偿还债务

7. 以下哪种资本结构理论认为负债越多则企业价值越大(　　)。

  A. 净利理论   B. 传统理论

  C. 营业净利理论   D. 权衡理论

8. 要使资本结构达到最优,应使企业价值最大,同时使下列哪项成本达到最低(　　)。

  A. 综合资本成本   B. 资金的边际成本

  C. 债务资本成本   D. 自有资本成本

9. 利用比较资本成本法来确定资本结构的决策标准是(　　)。

  A. 每股利润的高低   B. 加权资本成本的高低

  C. 各个资本成本的高低   D. 边际资本成本的高低

10. 每股利润无差别点是指在两种筹资方式下,普通股每股利润相等的(　　)。

  A. 成本总额   B. 利润总额

  C. 筹资总额   D. 息税前利润总额

11. 甲公司设立于 2005 年 12 月 31 日,预计 2006 年年底投产。假定目前的证券市场属于成熟市场,根据新优序融资理论的原理,甲公司在确定 2006 年筹资顺序时,应当优先考虑的筹资方式是(　　)。

  A. 内部筹资   B. 发行债券

  C. 增发股票   D. 向银行借款

12. 调整企业资本结构并不能(　　)。

  A. 降低财务风险   B. 降低经营风险

C. 降低资本成本　　　　　　　　D. 增强融资弹性

13. 按照新优序融资理论,企业筹资的优先顺序是(　　)。

A. 首先是内部筹资,其次是债务筹资,最后是股权筹资

B. 首先是债务筹资,其次是内部筹资,最后是股权筹资

C. 首先是股权筹资,其次是债务筹资,最后是内部筹资

D. 首先是内部筹资,其次是股权筹资,最后是债务筹资

14. 下列项目中,同优先股成本率成反比关系的是(　　)。

A. 优先股年股利　　　　　　　　B. 发行优先股总额

C. 所得税税率　　　　　　　　　D. 优先股筹资费率

15. 下列项目中,同普通股成本率负相关的是(　　)。

A. 普通股股利　　　　　　　　　B. 普通股筹资额

C. 年固定增长率　　　　　　　　D. 普通股筹资费率

16. 债券成本率一般要低于普通股成本率,这是因为(　　)。

A. 债券的发行量小

B. 债券的筹资费用少

C. 债券的利息固定

D. 债券利息可以在利息总额中支付,具有节税效应

17. 调整企业资本结构并不能(　　)。

A. 降低经营风险　　　　　　　　B. 降低财务风险

C. 降低企业风险　　　　　　　　D. 降低资本成本

18. 银行借款的利息、债券的债息、股票的股息和红利属于(　　)。

A. 用资费用　　B. 筹资费用　　C. 固定费用　　D. 变动费用

19. 下列对最佳资本结构描述不正确的是(　　)。

A. 所谓最佳资本结构就是指在一定条件下,能使公司的加权资本
成本最低、公司价值最大的负债比例或资本结构

B. 从理论上讲,最佳资本结构是存在的

C. 事实上,最佳资本结构只是在综合各种影响因素的基础上建立
起来的一个目标资本结构

D. 最佳资本结构的说法是绝对的

20. 关于股票购回,下列说法正确的是(　　)。

A. 股票购回后股东得到的资本利得,需交纳资本利得税,发放现

金股利后股东则需交纳一般所得税;在前者高于后者的情况下,股东将得到纳税上的好处

B. 公司拥有购回的股票,只可用来交换被收购或被兼并公司的股票,不可用来满足认股权证持有人认购公司股票或可转换证券持有人转换公司普通股的需要

C. 股票购回可改变公司的资本结构,加大负债比例,发挥财务杠杆的作用

D. 公司拥有购回的股票,不可在需要现金时将库藏股重新售出

二、多选题

1. 企业在确定资本结构时,需要考虑的因素包括(   )。

A. 资本成本   B. 企业市场价值

C. 财务风险   D. 企业预期的获利能力

2. 如果企业调整资本结构,则企业的资产总额(   )。

A. 可能同时增加   B. 可能同时减少

C. 可能保持不变   D. 一定会发生变动

3. 企业调整资本结构的方法有(   )。

A. 存量调整 B. 增量调整 C. 以股抵债 D. 减量调整

4. 调整企业的资本结构可能达到的效果包括(   )。

A. 降低资本成本   B. 降低财务风险

C. 降低经营风险   D. 增加筹资风险

5. 资本结构中的负债比例对企业来说十分重要,原因在于(   )。

A. 负债有利于提高企业净利润

B. 适度负债有利于降低企业资本成本

C. 负债比例影响财务杠杆作用的大小

D. 负债比例反映企业财务风险的大小

6. 下列关于资本结构的说法,正确的是(   )。

A. 按照净利理论,不存在最佳资本结构

B. 能够使企业预期价值最高的资本结构,不一定是预期每股利润最大的资本结构

C. 按照修正的 MM 理论,在考虑所得税的情况下,负债越多,企业价值越大

D. 按照代理理论,负债越多则企业价值越大

7. 利用每股盈余无差别点进行企业资本结构分析时,( )。

A. 当息税前利润大于每股利润无差别点时,采用权益筹资方式比采用负债筹资方式有利

B. 当息税前利润大于每股利润无差别点时,采用负债筹资方式比采用权益筹资方式有利

C. 当息税前利润小于每股利润无差别点时,采用权益筹资方式比采用负债筹资方式有利

D. 当息税前利润小于每股利润无差别点时,采用负债筹资方式比采用权益筹资方式有利

8. 最佳资本结构的判断标准有( )。

A. 加权平均资本成本最低   B. 资本规模最大

C. 筹资风险最小   D. 企业价值最大

9. 企业的资产结构影响资本结构的方式有( )。(2003年全国会计专业技术资格考试)

A. 拥有大量的固定资产的企业主要通过长期负债和发行股票筹集资金

B. 拥有较多流动资产的企业,更多依赖流动负债筹集资金

C. 资产适用于抵押贷款的公司举债额较多

D. 以技术研究开发为主的公司负债较少

10. 下列各项中,可用于确定企业最优资本结构的方法有( )。

A. 资金习性法   B. 公司价值分析法

C. 比较资本成本法   D. 每股利润无差别点法

11. 下列关于资金结构调整的方法中,属于存量调整的有( )。(2005年中级会计资格考试《财务管理》科目试题)

A. 增发新股偿还债务   B. 资本公积转增股本

C. 进行融资租赁   D. 股票回购

12. 在事先确定企业资本规模的前提下,吸收一定比例的负债资金,可能产生的结果有( )。

A. 降低企业资本成本   B. 降低企业财务风险

C. 加大企业财务风险   D. 提高企业经营能力

13. 关于资本结构的以下表述中,正确的有(   )。(2007 年中级会计资格考试)

   A. 根据净利理论,负债程度越高,加权平均资本成本越低,企业价值越大

   B. 根据营业净利理论,无论负债程度如何,加权平均资本成本不变,企业价值不变

   C. 根据传统折中理论,超过一定程度地利用财务杠杆,会带来权益资本成本的上升,债务成本也会上升,使加权平均资本成本上升,企业价值就会下降

   D. 根据平衡理论,当边际负债税额庇佑利益恰好与边际财务危机成本相等时,企业价值最大,资金结构最优

14. 企业边际利润可按如下公式计算(   )。

   A. 销售收入－变动成本

   B. 销售收入－变动成本－固定成本

   C. (单位售价－单位变动成本)×销售数量

   D. 单位边际利润×销售数量

15. 在个别资本成本率中,属于权益资本成本率的是(   )。

   A. 银行借款成本率   B. 债券成本率

   C. 普通股成本率   D. 留存收益成本率

16. 下列因素中,影响资本结构的基本因素是(   )。

   A. 销售增长率因素   B. 企业规模

   C. 信用因素   D. 税收因素

17. 按照成本习性,通常可以将成本划分为(   )。

   A. 变动成本   B. 固定成本   C. 混合成本   D. 资本成本

18. 资本成本是企业取得和使用资本付出的代价,它包括(   )。

   A. 资金筹集费   B. 资金占用费

   C. 管理费用   D. 经营费用

19. 下列关于新优序融资理论的优势描述正确的有(   )。

   A. 能说明为什么公司盈利能力与财务杠杆之间存在很强的负相关关系

   B. 能说明为什么公司的权益资本几乎全部来自于内部留存收益

　　而不是来自发行股票

C. 能解释为什么公司在公告发行股票时,其市场价格会应声下跌

D. 能说明为什么债转股和股转债会引起市场价格的不同变化

20. 股利的支付方式一般有(　　)。

A. 现金股利　　B. 财产股利　　C. 股票股利　　D. 债权股利

三、简答题

1. 早期资本结构理论主要包括哪些内容?

2. 什么是 MM 理论? MM 理论有什么意义?

3. 简述无公司税的 MM 理论。

4. 简述有公司税的 MM 理论。

5. 简述米勒模型及对米勒模型的评价。

6. 什么是破产成本? 什么是财务困境成本?

7. 什么是外部股权代理成本? 什么是对外负债代理成本?

8. 为什么运用负债融资可以弥补外部股权的代理成本?

9. 什么是代理成本说?

10. 什么是财务契约论?

11. 什么是信号模型?

12. 新优序融资理论的主要内容是什么?

13. 公司控制权市场理论的主要内容是什么?

14. 盈余分配的一般顺序是什么?

四、计算题

1. 甲公司 2006 年销售商品 50 000 件,每件销售单价为 100 元,单位变动成本为 40 元,全年固定经营成本为 1 000 000 元。该公司资产总额为 6 000 000 元,负债占 55%,债务资金的平均利息率为 8%,每股净资产为 4.5 元。该公司适用的所得税税率为 33%。

计算:

(1) 单位边际贡献;

(2) 边际贡献总额;

(3) 息税前营业利润;

(4) 利润总额;

(5) 净利润;

（6）每股收益。

2. 某公司今年年底的所有者权益总额为9 000万元，普通股6 000万股。目前的资本结构为长期负债占55%，所有者权益占45%，没有需要付息的流动负债。该公司的所得税税率为30%。预计继续增加长期债务下会改变目前的11%的平均利率水平。

董事会在讨论明年资金安排时提出：

（1）计划年度分配现金股利0.05元/股；

（2）为新的投资项目筹集4 000万元的资金；

（3）计划年度维持目前的资本结构，并且不增发新股，不举借短期借款。

要求：测算实现董事会上述要求所需要的息税前利润。

3. 某企业2005年销售收入为6 000万元，变动成本率为60%，当年企业的净利润为1 200万元，企业所得税税率为40%。企业的资产负债率为20%，资产总额为7 500万元，债务资金的成本（假设利息）为10%，股权资金的成本为15%。分别计算：

（1）利润总额；

（2）$EBIT$；

（3）M；

（4）A；

（5）经营杠杆系数DOL、财务杠杆系数DFL、复合杠杆系数DCL；

（6）企业综合资本成本；

（7）权益乘数、已获利息倍数；

（8）销售利润率、销售净利率。

4. 某公司2005年的资本结构如下：债务资金200万元，年利率为10%；优先股200万元，年股利率为12%；普通股600万元，每股面值10元。公司计划增资200万元。如果发行债券，年利率为8%；如果发行股票，每股市价为20元。企业所得税税率为30%。进行增资是发行债券还是发行股票的决策。

5. 某企业目前拥有债券2 000万元，年利率为5%；优先股500万元，年股利率为12%；普通股2 000万元，每股面值10元。现计划增资500万元，增资后的息税前利润为900万元。如果发行债券，年利率为

8％；如果发行优先股，年股利率为12％；如果发行普通股，每股发行价为25元。企业所得税税率为30％。

分别计算各种发行方式下的普通股每股收益，并决策采用何种方式筹资。

6. 某公司目前拥有资金400万元，其中，普通股25万股，每股价格10元，每股股利2元；债券150万元，年利率8％；目前的税后净利润为75万元，所得税税率为25％。该公司准备新开发一投资项目，所需投资为500万元，预计项目投产后可使企业的年息税前利润增加50万元；投资所需资金有下列两种方案可供选择：

（1）发行债券500万元，年利率10％；

（2）发行普通股股票500万元，每股发行价格20元。

要求：

（1）计算两种筹资方案的每股收益无差别点；

（2）计算两种筹资方案的财务杠杆系数与每股利润；

（3）若不考虑风险因素，确定该公司最佳的筹资方案。

7. 某公司息税前利润为600万元，公司适用的所得税税率为33％，公司目前总资金为2 000万元，其中80％由普通股资金构成，股票账面价值为1 600万元；20％由债券资金构成，债券账面价值为400万元，假设债券市场价值与其账面价值基本一致。该公司认为目前的资本结构不够合理，准备用发行债券购回股票的办法予以调整。经咨询调查，目前债务利率和权益资金的成本情况见表8-1。

表8-1　债务利率与权益资本成本

债券市场价值（万元）	债券利率	股票的β系数	无风险收益率	平均风险股票的必要收益率	权益资本成本
400	8％	1.3	6％	16％	A
600	10％	1.42	6％	B	20.2％
800	12％	1.5	C	16％	21％
1 000	14％	2.0	6％	16％	D

表 8-2　公司市场价值与企业综合资本成本

债券市场价值（万元）	股票市场价值（万元）	公司市场总价值（万元）	债券资金比重	股票资金比重	债券资本成本	权益资本成本	加权平均资本成本
400	E	F	16.65%	83.35%	G	H	I
600	1 791.09	2 391.09	25.09%	74.91%	6.7%	20.2%	16.81%
800	1 608	2 408	33.22%	66.78%	8.04%	21%	16.69%
1 000	J	K	L	M	N	O	P

要求：

（1）填写表 8-1 中用字母表示的空格；

（2）填写表 8-2 中用字母表示的空格；

（3）根据表 8-2 的计算结果，确定该公司最优资本结构。

五、论述题

1. 论述权衡理论。

2. 论述资本结构管理控制模型。

3. 股利分配政策和影响股利政策的因素有哪些？

4. 论述股利理论。

5. 论述现行的股利政策模式的特点。

6. 怎样进行最佳资本结构决策？

7. 论述资本结构理论的演进。

8. 谈谈你对实践中如何确立公司的资本结构的认识。

六、案例分析题

1. 清华同方的资本结构和筹资方式选择案例

清华同方股份有限公司是经国家体改委、国家教委批准，由北京清华大学企业集团作为主要发起人，以社会募集方式设立的股份有限公司。公司于 1997 年 6 月 12 日首次向社会公众发行了普通股，每股发行价 8.28 元，所发行的股票于 1997 年 6 月 27 日在上海证券交易所挂牌交易。发行后，公司总股本为 11 070 万股，其中已流通股占 37.94%。以后有过配股、送股、资本公积转股。公司于 2000 年 12 月向机构投资者和老股东增发 2 000 万股，发行价格为 46 元。增发后，公司总股本为

38 307.463 4 万股,其中已流通股占 42.19%。该次增发前后资本结构状况如下:

(1) 负债情况

表 8 - 3 清华同方资本结构指标

资本结构指标	2001 年中期	2000 年末期	2000 年中期	1999 年末期	1999 年中期	1998 年末期
资产负债比率(%)	33.71	34.19	40.41	38.54	50.86	51.80
股东权益比率(%)	48.58	48.65	40.72	51.31	41.21	45.72
固定资产比率(%)	19.03	14.60	17.45	21.20	23.10	19.55

注: 由于该表中指标是根据合并报表计算所得,股东权益中不包括少数股东权益,所以股东权益比率与资产负债比率之和并不等于整数 1。

表 8 - 4 负债结构

指标名称	2001 年末期	2 000 年末期	1999 年末期
流动负债(万元)	214 153.52	154 255.29	80 423.69
长期负债(万元)	23 514.72	26 116.97	18 368.17
负债合计(万元)	238 122.74	180 883.57	98 791.86

表 8 - 5 清华同方长期负债结构(2 000 年年报数据)

指 标 名 称	金额(元)
长期借款	267 576 200.00
应付债券	0
长期应付款	8 616 456.21
住房周转金	−15 023 002.84
其他长期负债	0
长期负债合计	261 169 653.37

(2) 股权情况

清华同方的股本呈高速扩张态势,随着配股、送股和资本金转增股本而不断增加,而且流通股在总股本中所占的比重也呈现出增长趋势,从 1997 年的 37.94% 增长到 2000 年的 43.09%。但由于清华同方上市以来的业绩增长保持了较快速度,所以收益状况一直良好,每股指标一直较高,上市以来均在每股 0.6 元以上。

清华同方的资产负债率从 1998 年末期以来呈现出下降的趋势,到 2001 年中期已经下降到 33%,相对于上市公司平均约 50% 的资产负债率,显示了较强的资产安全性。股东权益比率一直保持在 40% 多,即使是最低的 2000 年中期也在 40% 以上,在 1999 年末期更是占到了 50% 强。另外在比较低的资产负债率的前提下,清华同方的长期负债在负债总额中占的比例也不大,基本上是流动负债(如表 8 - 4、图 8 - 1 所示)。而且长期负债中,长期借款又几乎占了全部的份额(见表 8 - 5)。

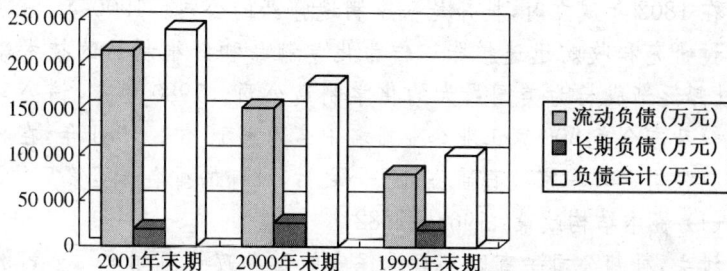

图 8 - 1　清华同方 1999~2001 年负债结构

由于投资者拥有的企业信息远少于直接的经营者和管理者,所以公开披露出来的企业筹资决策对投资者来说更大程度上是一种企业发展前景的信号。发行股票被认为是企业分散未来风险的表现,会引起股价的下跌,所以企业发展前景较好时,一般不选择股票筹资,而总是尽量使用内部资金,其次是负债,只有在发行股票的收益大于股价下跌带来的损失和其他成本时企业才会选择股票筹资。清华同方在具有良好的发展前景、经营业绩和投资项目,而且资产负债率也很低(2000 年中期只有 40.41%)的时候,却没有依靠内部积累,没有大规模举债,也没有发行可以抵税作用的债券,而是选择了不断扩充股本的筹资方式。

案例来源:王化成,《财务管理案例点评》,浙江人民出版社 2003 年。

问题:清华同方为什么选择不断扩充股本的筹资方式?

2. 杜邦公司的资本结构

1983 年初,杜邦公司管理层回顾了公司在前 20 年的曲折经营历程。20 世纪 70 年代的困难以及其与科纳克公司的大合并使杜邦公司放弃了其长期坚持的全部权益资本的资本结构。1981 年收购完科纳克公司之后,杜邦公司的资产负债率曾高达 42%——公司有史以来的最高点。财务杠杆的快速增加使杜邦公司丢掉了宝贵的 AAA 债券等级。尽管到 1982 年末,杜邦公司的资产负债率已降至 36%,但仍未回到顶级。

在过去 20 年中,杜邦公司的经营发生了戏剧性的变化。管理层在消化科纳克公司的同时,面临一个重要的财务政策抉择——决定 20 世纪 80 年代适合杜邦公司的资本结构。这一决策对杜邦公司的财务表现,甚至其竞争地位都很有意义。

在 1802 年成立时,杜邦是一家制造弹药的公司。1900 年,杜邦开始通过研究和收购迅速扩张。作为化学制品和纤维制品的技术领先者,杜邦逐渐成长为美国最大的化学制造公司。1980 年末,该公司在《幸福》杂志全美 500 家工业企业排名中名列第 15 位。1981 年,在收购科纳克公司——一家大石油公司——之后,杜邦的排名升至第 7 位。

(1)资本结构政策:1965~1982

过去,杜邦公司一直以其极端保守的财务政策而闻名。公司的低负债率部分是由于其在产品市场上的成功。它的高盈利率使其自身积累的资金就可满足财务需要。事实上,由于杜邦公司 1965 年到 1970 年的现金余额大于总负债,它的财务杠杆是负的。杜邦公司对债务的保守使用,加上高盈利率和产品在化学工业中的技术领先地位,使它成为极少数 AAA 级制造业公司之一。杜邦的低负债政策使其财务弹性达到最大,使经营免受财务限制。

20 世纪 60 年代末,纤维和塑料行业的竞争增加了杜邦公司执行其财务政策的难度。1965 年到 1970 年,这些行业生产能力的增加大大超过需求的增加,从而导致了产品价格的大幅下降。其结果是杜邦公司的毛利和资本报酬率下降。尽管它的销售收入不断增加,但 1970 年的净利润较 1965 年下降了 19%。

20 世纪 70 年代中期,三因素的共同作用加剧了杜邦公司筹资政策的困难。第一,为保持其成本和竞争优势,杜邦在 70 年代初开始了一项重要的资本支出计划。到 1974 年,通货膨胀的节节上升已使该计划的成本超出预算 50% 还多。但由于这些资本支出对维持和提高杜邦的竞争地位很重要,因此它不愿缩减或延迟这些支出。第二,1973 年石油价格的飞速上涨增加了杜邦的原料成本,而石油短缺也增加了必需的存货投资。杜邦公司经受了 1974 年石油危机的全面冲击:它的收入增加了 16%,成本激增了 30%,从而导致利润下降了 31%。最后,1975 年的经济衰退对杜邦的纤维业有着极大的影响。从 1974 年第二季度到 1975 年第二季度,其纤维销量下降了 50%。1975 年的净利润下降了 33%。从 1973 年到 1975 年,杜邦公司的净利润、总资本报酬和每股盈余的下降均超过 50%。

通货膨胀对其所需资本支出造成冲击,石油价格飙升对成本的影响及纤维业的衰退导致了沉重的筹资压力。一方面内部生成的资金减少;另一方面,营运资本和资本支出所需投资却急剧增加。为应付这种资金不足,杜邦公司砍掉了 1974 年和 1975 年的对外证券投资,缩减了营运资本投资。

由于这些措施不足以满足其全部资金需要,杜邦转向债务筹资。与 1972 年没有短期债务相比,到 1975 年末,公司的短期债务增至 $5.4 亿。此外,1974 年,杜邦还发行了 $3.5 亿 30 年期的债券和 $1.5 亿 7 年期的票据。前者是 20 世纪 20 年代以来,杜邦公司首次在美国公开发行长期债务。其结果是杜邦公司的负债率从 1972 年的 7% 上升到 1975 年的 27%,利息保障倍数从 38.4 降至 4.6。尽管杜邦担忧公司负债率的快速增加可能会导致降级,但在这段时间中,它还是保住了 AAA 级债券等级。杜邦是放弃了保守的财务政策,还是由于巨大的筹资压力而对此政策的暂时偏离?1974 年 12 月,杜邦公司的总经理欧文·夏皮罗说:"我们预备长期谨慎地运用债务筹资。"

不过,杜邦很快降低了负债率。从 1976 年到 1979 年,筹资压力减轻了。随着 20 世纪 70 年代初开始的资本支出项目接近尾声,资本支出从 1975 年的最高峰下降了。同时,相对平和的能源价格上涨和 1974～1975 年经济衰退后的全面复苏,使公司的利润在 1975～1979 年间增加了 3 倍多。1977、1978 和 1979 年,杜邦公司持续降低其总债务。到 1979 年末,杜邦的债务已减至总资本的 20% 左右,利息保障倍数也从 1975 年的 4.6 回升至 11.5。公司又一次很稳固地位于 AAA 级之列。但是,尚不能确定公司是否会恢复到过去的零负债政策上。1978年,杜邦公司的一位高级副总裁理查德·黑科特指出:尽管目前,我们预计债务会进一步减少,但我们仍有可观的借款能力及很大的财务弹性。

1981年夏天,杜邦突然偏离了其财务弹性最大化的政策。1981年7月,杜邦开始竞标收购科纳克公司——一家大石油公司,它在美国工业企业排名中占第14位。经过一场简短而又疯狂的战斗,杜邦公司在1981年8月成功地购买了科纳克公司。$80亿的价格使其成为美国有史以来最大的合并,并意味着高出科纳克被收购前市场价格77%的溢价。收购之后,杜邦公司的规模翻了一倍,且大大提高了它在无差别商品生产中的竞争地位。但杜邦公司的股票价格和行业分析家对此项收购的反应均很消极。主要的问题包括杜邦公司所支付的高价格以及科纳克如何有助于杜邦实现其战略目标。

为筹集收购资金,杜邦公司发行了$39亿普通股和$38.5亿浮动利率债务。此外,杜邦还承担了$19亿科纳克公司的债务。收购使杜邦公司的负债率从1980年末的20%出头升至将近40%。杜邦公司的债券等级降至AA级,公司有史以来第一次掉下等级。

对杜邦公司而言,合并后的第一年是困难的一年。科纳克公司的业绩受1982年石油价格下降的负面影响,而经济衰退又一次席卷化学行业。尽管杜邦公司1982年的收入是1979年的2.5倍,1982年的净利润却比1979年低,总资本报酬率在这一期间降低了一半,每股盈余降低了40%。

杜邦公司的管理层在设法为合并后的公司制订和实施连贯的战略时,也努力恢复公司融资环境的各方面。为减小利率风险,杜邦公司用固定利率的长期债务代替了多数浮动利率债务。但受阻于低迷的能源价格,出售科纳克公司$20亿的煤矿和石油,以取得收入偿还债务的计划不能实施。一位分析家抱怨道:"杜邦公司在石油行业周期的最高点购买了科纳克公司,而现在他们却欲出售这种充斥市场的、很难卖出的煤矿。"不过,到1982年末,杜邦公司已将其负债比率从收购后的最高点42%降到36%。1982年少得可怜的盈余使其利息保障倍数降至近期最低点4.8。公司仍在AA债券等级。

收购科纳克公司所引起的负债比率的增加标志着在10年内,杜邦公司又一次偏离了其传统的资本结构政策。这连同杜邦公司经营范围的根本变化,要求公司确定新的、合理的资本结构政策。

(2) 未来的资本结构政策

杜邦的融资政策一向侧重于财务弹性的最大化。这保证了公司的竞争战略不受融资限制的干扰。然而,杜邦公司的竞争者在财务杠杆的使用上与其有很大差别,且它们之间也互不相同。为什么杜邦公司不应像多尔化工和人造丝公司那样,坐收冒险型负债融资的好处,而不顾它所导致的债券等级的进一步下降呢? 当然,电力等公用事业公司和电话公司即使有很多债务,也仍然保持较高的债券等级。杜邦公司业绩的波动性比 AT&T 这样的公司大,但却比其许多竞争者和其他行业的公司小。

在制订负债政策时,一个重要的因素是杜邦公司的商业风险。这一因素的大小有助于确定杜邦公司可以在其资本结构中安全地使用多少负债,而不致过度限制其竞争战略。在过去的 20 年中,杜邦公司主要业务的波动性增大,许多产品的竞争地位和盈利能力都下降了。在许多领域,杜邦的产品已差不多是与其竞争者无差别的普通商品,竞争更加激烈。过剩的生产能力和高固定成本的行业性质同时影响价格,压低利润。而且,科纳克公司亦处于一个剧烈波动的行业,一个杜邦公司管理层没有经验的行业。杜邦公司经营风险的增加,要求一个相对保守的资本结构。

不过,其他几个因素又表明公司可以采纳冒险型的负债政策。杜邦仍是全国最大的化工产品制造商,规模经济是化工产品制造过程的普遍特征。它仍是其行业的技术领头人,且它在 R&D 上的成功是首屈一指的。杜邦公司正在实施的资本支出项目旨在降低其所有经营领域的产品成本。公司的产品和市场已广泛多元化。过去,杜邦的经济力量常受制于激进的反垄断政策,但近期的经济环境很可能会更为宽松。而关于科纳克公司对杜邦公司商业风险的影响问题,某些分析家认为,这一重大的多元化举措会大大降低杜邦公司盈余的波动性。爱德华·杰斐逊,继欧文·夏皮罗之后的新一任杜邦总裁,就持上述观点,理由是合并将会减少能源价格波动对公司的影响。

尽管杜邦公司的毛利在回升,销售增长强劲,科纳克公司的财产亦被顺利出售,但在 1983 年到 1987 年间,杜邦每年仍需寻找外部资金来源。这主要是因为杜邦仍有较大的资本支出。由于资本支出是公司降低现有产品成本,迅速高效研制新产品的关键,因此它被视为杜邦未来成功的保证。基于此,资本支出不得推迟并且还要经常补充,而非在时机不佳时缩减。

由于其庞大的、不可推迟的资金需要,杜邦公司需斟酌各种融资方式的可行性和成本。负债比率高、债券等级低的公司在某些时候举债比较困难。而债券等级为 A 级以上的公司举债则比较容易。与 AAA 级公司比较,A 级公司举债的资本成本要更高一些,且两者的差别在高利率的环境下会扩大。考虑到公司未来资金需要的重要性和规模,杜邦非常关注举债的成本和数量可能对其实施资本支出项目能力的影响。

(3)资本结构政策的备选方案

杜邦公司的一种选择是保持其传统的财务实力和 AAA 级债券等级。考虑到杜邦将来庞大的资本支出要求,恢复到零负债水平是不可能的。25%(负债比总资本)的目标资本结构应足以保证较高的财务弹性,并使公司的竞争战略免受资本市场的影响。然而,达到这一负债率并非易事。只有每年发行大额权益,才能将负债率从 1982 年的 36%降到 1986 年末的 25%。而在 1987 年,要保持 25%的目标负债率,仍需注入大量权益资本。到 1982 年年底,杜邦公司的股票价格尚未从市场对收购科纳克公司的消极反应中恢复过来,而持续的经济衰退无异于雪上加霜。这些都对为达到 25%的负债率而需发行的大额权益的可行性及具体条款提出质疑。

尽管保守的资本结构具有传统的力量,但尚不清楚这种保守的资本结构是否适合 20 世纪 80 年代的杜邦。如果杜邦永久地放弃其传统的保守资本结构,而保持 40%的目标负债率,则许多财务状况指标都会好转。在预计的复苏方案中,高负债政策预计会产生较高的每股盈余、每股股利和权益报酬。截至 1985 年,公司不需发行股票,1986 年和 1987 年所发行的股票也比低负债政策下预计的少得多,且更易安排在市场状况比较有利的时机。但是,由于高财务杠杆带来高风险,在悲观方案中(如经济衰退),每股盈余和权益报酬在高负债政策下会下滑得更厉害。有关这种高负债方案的其他顾虑还有在各种经济情况下取得资金的可行性,以及其对公司经营的限制。

(4)决策

杜邦公司的业务范围在过去20年中发生了根本变化,而对科纳克公司的历史性收购使业务范围达到顶点。这一收购也使杜邦公司大大偏离了长期坚持的资本结构政策。这些变化对杜邦公司重新审视其融资政策而言,既是要求,也是机会。鉴于杜邦公司负债率的上升,债券等级的下降,以及股票市场对收购科纳克公司的消极反应,它的财务政策有相当程度的不确定性。这使得杜邦公司在近期确定资本结构政策变得尤为重要。

思考:从本案例中,我们可以得到哪些启示?

第三节　习题解答与案例分析要点

一、单选题

1. C　由于负债会给公司带来双重影响,适度负债可以使公司获得杠杆利益和税盾效应,进而降低公司的资本成本,但是过度的负债也会给公司带来较大的财务风险。因此,企业资本结构研究的主要问题是负债资金占全部资金的比例问题。公司必须权衡财务风险和杠杆利益之间的利与弊,以确定最佳的目标资本结构。

2. D　资本结构是指企业各种资本的构成及其比例关系。各种筹资方式及其不同组合可以计算出不同的加权平均资本成本,但只有加权平均资本成本最低,同时企业价值最大的资本结构,才是最佳资本结构。最佳资本结构应作为企业的目标资本结构,但目标资本结构不一定是最佳资本结构。

3. C　按照营业净利理论,资本结构与企业价值无关。

4. A　每股收益无差别点法就是利用预计的息税前利润与每股收益在无差别点的关系进行资本结构决策的方法。

5. D　所谓最佳资本结构就是指在一定条件下,能使公司的加权资本成本最低、公司价值最大的负债比例或资本结构。从理论上讲,最佳资本结构是存在的,但是在现实中,由于公司内部状况与外部环境的复杂与不确定性,寻找最佳资本结构相当困难。

6. C 减量调整是指降低企业资本成本。发行股票虽然减少了债务,但是企业还会承担发放股利的责任,因此只有 C 项正确。

7. A 净利理论认为负债可以降低资本成本,负债越多则企业价值越大。

8. A 资本结构达到最优,应使企业价值最大,同时使综合资本成本最小。

9. B 利用比较资本成本法来确定资本结构的决策标准是综合资本成本,即加权资本成本最小。

10. D 所谓每股盈余无差别点是指每股收益不受融资方式影响的销售水平,可以用销售额表示,也可以用息税前利润($EBIT$)表示。即当销售水平或 $EBIT$ 在无差别点时,无论采用债务融资还是权益融资都具有相同的每股收益。

11. D 新优序融资理论认为,从成熟的证券市场来看,企业的筹资优序模式首先是内部筹资,其次是借款、发行债券、可转换债券,最后是发行新股筹资。但本题中甲公司 2005 年 12 月 31 日才设立,2006 年年底才投产,因而还没有内部留存收益的存在,所以 2006 年无法利用内部筹资,因此,退而求其次,只好选择向银行借款。

12. B 资本结构的变化会引起企业资本成本和企业价值的变化,可能会减少利息费用从而降低财务风险和资本成本,增加融资弹性,但是不会影响到企业经营风险。

13. A 新优序融资理论提出的融资准则为:优先选择内部融资;如果需要外部融资,首先发行最安全的证券,即债券优于股票。具体地说,融资首选内部资金融资,主要是利润再投资;其次是发行新债券,从安全性的债券到较有风险的债券;若有必要,在发行股票之前先发行可转换证券或优先股股票,即最后一招才轮到发行股票。

14. C 优先股年股利越高,成本越高;发行优先股总额越大,总成本越高;优先股筹资费率越高,成本越高;所得税税率越高,可以抵减所得税的数额越大,成本越低。

15. C 普通股股利越高,成本越高;普通股筹资额越大,总成本越高;普通股筹资费率越高,成本越高;年固定增长率越高,收益也越大,成本越低。

16. C 债券成本率一般要低于普通股成本率主要是因为债券的利息固定。

17. A 资本结构是指企业各种资本的构成及其比例关系。这与公司的生产和经营没有联系,调整资本结构不会影响经营风险。

18. B 银行借款的利息、债券的债息、股票的股息和红利属于筹资费用。可能为固定,也可能为变动。

19. D 最佳资本结构的说法只是相对的,比较恰当的说法是公司的目标资本结构。

20. C 对股东来讲:股票购回后股东得到的资本利得,需交纳资本利得税,发放现金股利后股东则需交纳一般所得税;在前者低于后者的情况下,股东将得到纳税上的好处。对公司来讲:公司拥有购回的股票(库藏股),可用来交换被收购或被兼并公司的股票,也可用来满足认股权证持有人认购公司股票或可转换证券持有人转换公司普通股的需要。公司拥有购回的股票,还可在需要现金时将库藏股重新售出。

二、多选题

1. ABCD 最优资金结构的核心思想是低成本而企业价值可以达到最大。

2. ABC 如果企业调整资本结构,若增加负债,则企业的资产总额增加;若减少负债,则企业的资产总额减少;若采用债转股,则企业的资产总额不变。

3. ABD 企业调整资本结构的方法有存量调整、增量调整、减量调整三种。

4. ABD 资本结构的变化会引起企业资本成本和企业价值的变化,可能会减少利息费用从而降低财务风险和资本成本,增加融资弹性,但是不会影响到企业经营风险。

5. BCD 资本结构中的负债比例对企业来说十分重要,原因在于适度负债有利于降低企业资本成本、负债比例影响财务杠杆作用的大小、负债比例反映企业财务风险的大小,但是负债对于提高企业净利润并无直接影响。

6. BC 按照营业净利理论,负债多少与企业价值无关;而按照净利理论,负债越多则企业价值越大。

7. BC 利用每股盈余无差别点进行企业资本结构分析时,当息税前利润大于每股利润无差别点时,采用负债筹资方式比采用权益筹资方式有利;当息税前利润小于每股利润无差别点时,采用权益筹资方式比采用负债筹资方式有利。

8. AD 所谓最佳资本结构就是指在一定条件下,能使公司的加权资本成本最低、公司价值最大的负债比例或资本结构。

9. ABCD 四个选项均会影响企业的负债大小,进而影响企业的资本结构。

10. BCD 本题考核的是确定企业最优资本结构的方法。通过比较资金成本法、每股利润无差别点法和公司价值分析法,都可确定最优资本结构。选项 A 是预测资金需要量的方法。

11. AB AB 为存量调整,C 为增量调整,D 为减量调整。

12. AC 本题的考点是资本结构中负债的意义。由于负债比重加大,会加大企业财务风险,所以 B 不对,由于资金规模不变,所以得不到 D 的结论。

13. ABCD 四个选项均正确。

14. ACD 边际利润是反映增加产品的销售量能够给企业增加的收益。ACD 的表达正确。

15. CD 银行借款成本率和债券成本率属于债务资本成本率,普通股成本率和留存收益成本率属于权益资本成本率。

16. ABCD 根据经验,影响资本结构的主要因素有企业销售的增长情况、贷款人和信用评级机构的影响、行业因素、企业规模、企业的财务状况、资产结构和所得税税率的高低。

17. ABC 此题与前面的内容相联系,主要考察成本内容的区分。

18. AB 资本成本是企业取得和使用资本付出的代价,它包括资金筹集费和资金占用费。

19. ABCD 新优序融资理论的优势正如四个选项所说。

20. ABCD 股利的支付方式一般有现金股利、财产股利、股票股利、债权股利和股票回购等等。

三、简答题

1. 早期资本结构理论划分为三类:净利理论、营业净利理论和介于两者之间的传统折中理论。

净利理论认为,债务资本融资可以提高公司的财务杠杆,产生税盾效应,从而降低公司的加权平均资本成本,提高公司的市场价值。因此,该理论的基本判断是债务融资利大于弊。

营业净利理论认为,资本结构的改变仅仅只是改变了公司总风险在不同证券持有者之间的分布,并不能彻底改变一个公司所有证券持有者必须面临的总风险,因此不论公司财务杠杆如何变化,K_w 都是固定的,公司的总价值不受财务杠杆变动的影响,而是对营业净利润进行资本化的结果。这种论断是基于 K_w 和 K_b 均不变且 $K_w > K_b$ 的假设。

传统折中理论是对净利理论和营业净利理论两种极端理论的折中。该理论认为负债资本、成本 K_b、权益资本成本 K_s 和加权平均资本成本 K_w 并非固定不变,其中 K_b 仍小于 K_s,公司可以通过财务杠杆的使用来降低 K_w,因此每一公司均有一最佳资本结构,该结构下公司的价值达到最大。

2. MM 理论是一个统称,其由美国金融学家莫迪里安尼和米勒在 1958 年的"资本成本、公司财务和投资"(The Cost of Capital,Corporation Finance and the Investment)一文提出无税模型后开创;其后,MM 又在 1963 年的"公司所得税和资本成本:一个修正"(Corporation Income Taxes and the Cost of Capital:A Correction)一文中提出了有税模型;随后,米勒又在 1977 年的"债和税"(Debts and Taxes)一文中提出了米勒模型。

MM 理论首先是在无公司税的前提下开始分析的。在一系列直接或间接的假设条件下,MM 理论得到了关于财务杠杆与资本成本以及公司价值关系的两个命题。

MM 理论成功地利用数学模型,揭示了资本结构中负债的意义。虽然 MM 理论也招致激烈的反对,但是可以明显地看到绝大部分的批评都是集中在 MM 定理过于完美的假设上,而不是 MM 理论的逻辑推理过程上。随着 MM 理论的不断修正与完善,资本结构理论逐步完成了从传统观点向现代理论的过渡,韦斯腾还指出,"MM 定理对财务经济学的影响可以和凯恩斯对宏观经济学的影响相比较"。

3. MM 理论首先是在无公司税的前提下开始分析的。在一系列直接或间接的假设条件下,MM 理论得到了关于财务杠杆与资本成本以及公司价值关系的两个命题。

命题一:公司价值模型

任何公司的市场价值与其资本结构无关,而是取决于按风险程度相对应的纯粹权益流量资本化率进行资本化的期望收益。

命题二:公司权益资本成本模型

股票每股预期收益率应等于与处于同一风险等级程度的纯粹权益流量相适应的资本化率,再加上与其财务风险相联系的溢价。其中财务风险是以负债权益比率与纯粹权益流量资本化率和利率之间的差价的乘积来衡量。

将上述两个命题联系起来可以看出,如果公司用债务代替权益,即使债务显得比权益便宜,公司的总资本成本也不会降低。因为随着债务的增加,剩余的权益的风险加大。随着风险的增加,权益资本成本也随之增大。低成本的杠杆利益正好被权益资本成本的上升所抵消,所以更多的负债不会增加公司的价值。即:在无税情况下,公司的资本结构不会影响公司的价值和资本成本。这一结论暗示了管理者无法通过重新包装公司的证券来改变公司的价值。

4. 由于公司所得税是一种客观存在,为了考虑纳税的影响,MM 在 1963 年提出了"修正"的资本结构模型。MM 将公司所得税对资本结构的影响引入原来的分析之后发现,负债会因为税盾效应而增加公司价值,公司的负债率越高越好。这一研究结论与无税理论的结论刚好相反。

有公司税的 MM 理论同样也给出了两个命题。

命题一:公司价值模型

该模型表示,杠杆公司的价值(V_L)等于同一风险等级中某一无杠杆公司价值(V_U)加上税盾效应($T_C B$)的价值。

用公式表示为:$V_L = V_U + T_C B$

该公式意味着公司一旦引入所得税后,杠杆公司的价值会超过无杠杆公司的价值,且负债越多,两者差异越大。极端地说,当负债达到100%时,公司的价值达到最大。

命题二:公司权益资本成本模型

该模型表示,在考虑所得税情况下,杠杆公司的权益资本成本等于同一风险等级下无杠杆公司的权益资本成本加上根据无杠杆公司的权益资本成本和债务资本成本之差以及公司税率决定的风险报酬。

用公式表示为:$K_S = \rho_k + (\rho_k - K_b)(1-T_C)(B/S)$

从这一公式中可以看出,随着财务杠杆的扩大,股东将面临更大的财务风险,公司的权益资本成本会随之增加,但是由于$(1-T_C)$总是小于1,因此税赋会使权益资本成本上升的幅度低于无税时上升的幅度,正是这一特征产生了命题一的结论,即负债的增加提高了公司价值。

必须指出的是,债务所带来的税收节约是不确定的。若报告收益持续较低或为负值,则债务的税盾价值(T_cB)将会减少甚至消失。

因此公司税盾的不确定性越大,债务吸引力越小。于是公司价值现在可进一步表示为:

杠杆公司价值＝无杠杆公司价值＋纯税盾价值－税盾不确定性的价值损失

5. 米勒模型是在 MM 理论上发展起来的,是 MM 理论的进一步发展,因此仍将米勒模型放在 MM 理论体系中说明。

MM 的第二篇论文(1963)发表 14 年后,研究人员包括 MM 自己都处于一个两难的境地。他们的理论模型认为资本结构或是无关的或者应该设置为 100％的负债,但是客观世界清楚地表明哪一种选择都不对。然后 MM 之一的米勒(1977)提出了一个把公司所得税和个人所得税都包括在内的模型来估计财务杠杆对公司价值的影响。他得出的结论是:个人所得税的存在在某种程度上抵消了债务利息的税盾效应,然而在正常税率条件下,负债的税盾效应不会因此而完全消失。

如果假设条件与无税和有税模型相同,在考虑了公司所得税和个人所得税的情况下,公司价值模型为:

$$V_L = V_U + [1 - (1-T_C)(1-T_S)/(1-T_B)]B$$

根据这一模型可以分析如下:

第一,假定不考虑税盾效应,所有的 T 为 0,那么 $V_L=V_U$。这就是无税模型的表达式;

第二,假定不考虑个人所得税,即 $T_S=T_B=0$,$V_L=V_U+T_cB$。这就是有税模型的表达式;

第三,股票个人所得税和利息收入个人所得税相同,即 $T_S = T_B$,那么二者对杠杆公司价值的影响恰好相互抵消,$V_L = V_U + T_C B$。这也与有税模型相同;

第四,假定 $(1-T_C)(1-T_S) = (1-T_B)$,那么,这就意味着税盾效应正好被个人所得税所抵消,资本结构对资本成本和公司价值无影响,这时又回到 MM 无税理论;

第五,当 $T_S < T_B$ 时,因财务杠杆而获得的收益减少。

评价:(1) 对米勒模型可以从以下几个方面来认识其在资本结构理论史上的重要意义:

① 米勒观点是对 MM 命题的最后总结和重新肯定。米勒从一般市场均衡条件科学阐述了资本结构理论,既保留了 MM 理论的一贯性,又上升到一个新的理论高度。

② 米勒的观点非常明确、肯定。在讨论税收差异时,没有过多地卷入公司所得税、个人所得税和资本利得税之间差异的瓜葛,而是遵循一般市场理论,从投资者之间的边际税率差别的角度进行探讨。

③ 米勒模型巩固了 MM 理论在资本结构理论中的主流地位,也标志着后者的成熟。

(2) 对米勒模型的批评主要集中在两个方面:

① 米勒模型的结论与现实经济的情况不符。米勒模型的结论似乎意味着完全债务融资具有现实可能性。

② 税盾作用是有限的。米勒模型缺少一个重要的假设条件,即税盾效应是无限的。但实际上,税盾应是有限的。当首次在资本结构中加入债务时,公司的价值应该上升,但是随着越来越多的债务发行,风险和额外的费用会增加,因此税盾效应将会逐步被抵消。

6. 破产成本包括直接成本和间接成本。直接成本是直接与破产有关的现金支出。如文件的印刷与归档费用,付给律师、会计师、投资银行与法院的费用。间接成本指由于破产所产生的费用或经济损失,但并不是花在破产过程本身的资金消耗。包括破产过程中经理人时间的消耗,破产过程中及破产之后销售收入的损失,受到牵制的资本投资和研究与开发的花费,公司成为破产公司后关键雇员的流失等造成的间接损失等。

财务困境成本是一个比破产成本更具有普遍意义的概念。除了包括前面所述的破产成本,还包括未致破产时的解决财务困境的花费及困境所造成的损失。

不是所有陷入困境的公司都会破产,只要公司能筹集到足够的现金,能够偿付债务利息,它也许就可以将破产往后推迟很久。但是只要财务困境产生就可能出现以下情况:

(1)大量债务到期,债权人纷纷上门讨债,公司不得不以高利率清偿到期债务;

(2)一些客户和供应商意识到公司出现问题时,往往不再购买产品或提供原料,进而恶化公司的生产和经营状况;

(3)一些管理者为解燃眉之急,会出现短期行为,如推迟机器的大修,变卖公司有用的资产以获取现金,降低产品质量以节约生产费用,这些行为都会降低公司的市场价值。

上述情况的发生将会导致大量的额外费用和机会成本,这些都将构成公司的财务困境成本。

7.(1)外部股权代理成本

公司将股票出售给外部投资者会产生外部股权代理成本。当一个公司的所有权和控制权没有分离时(即当一个公司拥有 100% 公司股份),公司将为其行为承担所有成本,从而也获得全部收益。一旦公司股票的一部分 α 出售给外部投资者,该公司将为其行为承担 $(1-\alpha)$ 的结果。这就激励公司通过卖掉公司 α 数量的股票,使其在从事某项活动时降低了 α 的成本,进而可以自由地"消耗额外的所得"。但是在有效资本市场里,如果公司采取了额外消费行为,股价就会下跌,公司的价值将减少。这就是因为出售股票给外部投资者而产生的外部股权代理成本所致。

(2)对外负债代理成本

对外负债代理成本是指由于股东和经理人控制着公司的投资与运营决策,这样经理人就有动力利用债权人的财富为自己所代表的股东及自己谋利。如通过发行股票,然后作为股利分发;再有通过"诱售法",即向债权人承诺将钱用在"安全"的投资项目上,债权人因此而接受较低的利率,然后却进行高风险/高回报的项目。

对上述行为,债权人将会采取有效措施来加以阻止。最有效的约束措施就是在借款合同中加入详细的条款来限制经理们从事不利于债权人的行为。如要求公司必须做什么(提供财务报表的审计,保持公司的资产,购买保险等)和禁止做什么(合并或出售资产,发行新的较高等级的债券,让关键的财务比例达到危险水平等)。这些条款的产生使得债务的成本极大,在约束经理人不利行为时,也同时阻止了经理人进行增加公司价值的行为。例如,某债券条款限制该公司发行另外具有同样优先权的债券,经理人因此会被迫放弃一些可以使公司增值的投资机会。诸如这些都会增加公司的费用支付或机会成本即负债的代理成本。

8. 詹森和麦克林指出,运用负债融资可以通过两种方式来弥补外部股权的代理成本。

(1) 理论上讲,负债意味着向外出售少量的股票就能达到外部融资的目的。因为若外部股权代理成本的增长速度超过 α 倍,那么对外出售股权数量的节约额就将减少经理和股东之间的代理成本。

(2) 对外负债能有效地限制经理人因为无能的行为或过度消费行为减少公司的价值。因为负债的存在使公司至少要满足对利息和本金的偿付要求。一旦因经营失败或财务失败导致公司破产清算,经理人就可能因债权人对公司进行控制而另谋其位了。

詹森和麦克林的理论预示着某一家开始无负债的公司,为了减少股权代理成本,将在公司的资本结构中用债务代替权益。然而随着这个过程的继续,负债的代理成本也将不断增加,直至达到某一点,在这一点上每增加一单位的负债,其代理成本正好等于所减少的相同单位的股权的代理成本。

9. 代理成本包括为设计、监督和约束利益冲突的代理人之间的一组契约所必须付出的成本,加上执行契约时成本超过利益所造成的剩余损失。代理成本说是建立在信息不对称条件下债权人与股东之间利益冲突基础之上的,对资本结构理论的发展起着重要作用,其代表人物是詹森和麦克林。

与后权衡理论的观点一致,詹森和麦克林认为权益资本可以进一步划分为管理层持有的内部股权和公司外部股东持有的外部股权,再加债务资本,公司的资本由这三类构成。该理论认为债务资本和权益资本都存在代理成本问题。具体地说,公司的代理成本可以分为两类:外部股权资本代理成本($Aso(E)$)和外部债务资本代理成本($Ab(E)$)。资本结构与各代理成本的关系为,财务杠杆与外部股权资本的代理成本成反比,而与债务资本的代理成本成正比。

总代理成本为:$At(E)=Aso(E)+Ab(E)$

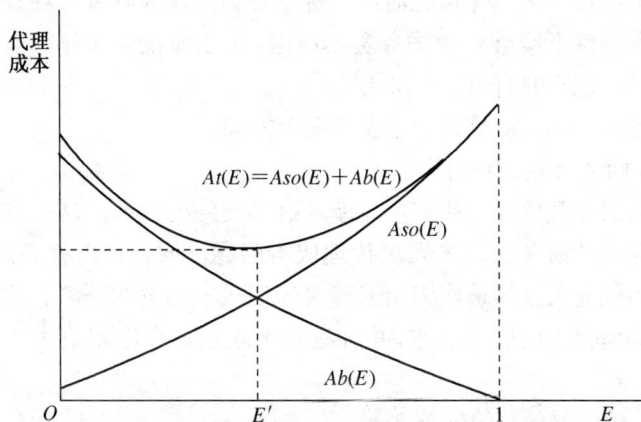

图 8-2　代理成本与资本结构的关系

如图 8-2 所示,E 表示外部股权资本和债务资本之比,E 越大,公司的财务杠杆越小,反之越大。当 E 为 0 时,由于没有外部股权,权益价值的任何变动相当于管理者自己权益价值的变动,因此,管理者"剥削"外部权益人的动机最小,相应的代理成本 $Aso(E)$ 最低。随着 E 的增加,"剥削"动机也随之增加,所以 $Aso(E)$ 与 E 呈正比关系。另一方面,当 E 为 0 时,所有外部资本几乎全部来自债务资本,此时,管理者从债权人手中转移财富的动机非常强大,相应的代理成本 $Ab(E)$ 达到最高。随着 E 的增加,债务资本逐渐减少,管理者可以转移的财富减少,同时在公司总资本不变的情况下,因管理者的权益也逐渐减少,其"剥削"动机也下降,导致相应的代理成本 $Ab(E)$ 也逐渐降低,因此 $Ab(E)$ 和 E 呈反比关系。总代理成本 $At(E)$ 代表在给定规模和外部融资量时,外部权益和债务融资的各种组合下的总代理成本总和。最优资本结构即为总代理成本最小时所对应的均衡点 E'。

10. 财务契约论原先是代理成本说的一个旁支,是从詹森和麦克林关于债务契约可以用于解决股东和债权人之间因利益矛盾产生代理成本这一论点而派生出来的一个学派。

具体而言,财务契约是指一系列限制性条款,通常由普通条款、常规条款和特殊条款构成。其中,普通条款强调债务人的流动性和偿还能力;常规条款强调债务人的资产保全;特殊条款没有统一内容,主要根据资金出让方的具体情况而定。财务契约论认为财务契约条款在信息不对称条件下能够控制债务资本风险,保证债权人和外部股东的利益,从而实现公司价值最大化。

财务契约论的研究内容主要有两个方面:

(1) 财务契约的设计

早期财务契约论的研究主要涉及财务契约的设计。这一方面主要研究如何设计财务条款来解决代理成本问题。通常可转换条款、可赎回条款和优先条款等被作为用来解决代理成本的契约条款。这些条款能够降低债权人的监督成本,并且有利于股东从事净现值大于零的投资项目。

(2) 最优财务契约的条件

财务契约设计能够部分地解决债务的代理成本问题,但是没有从理论上回答什么样的契约才是能带给公司最大利益的最优财务契约,即最优财务契约的条件是什么。而正是这一方面的研究成果才将财务契约论推上了资本结构理论史的主要台阶上。

但从事实来看,公司股东或所有者比债权人更了解公司,因此,契约条款不可能达到最优。从这个意义上讲,财务契约是不能完全消除代理成本的。

11. 信号理论也是资本结构理论近 20 年来发展中最令人瞩目的一个分支,从 1974 年斯彭斯将阿克罗夫和阿罗的信号思想理论化,到 1977 年利兰和派尔以及罗斯将信号理论引入资本结构理论,仅仅经过了短短三年时间。可以说,信号模型在资本结构理论里的发展基本上是与信号理论自身的发展并行的。

在资本结构理论上,出现过五个主要的信号模型:罗斯模型(Ross Model)、利兰-派尔模型(Leland - Pyle Model)、塔莫模型(Talmor

Model)、海因克尔模型（Heinkel Model）和布拉曾科模型（Blazenko Model）。其中后两个模型可以看作是对前三个模型的修正和扩展。

（1）罗斯模型

罗斯模型的创造性贡献在于将激励方案引入信号传递模型中，所以又称"激励-信号"模型。

罗斯模型提出，在信息不对称的情况下，公司内部人必须通过适当的行为才能向市场传递有关信号，向投资者表明公司的真实价值。因此，投资者唯有通过经理人输送的信号才能间接地评价公司的市场价值。而资本结构则是经理人将内部信息向市场传递的一种工具。

模型最终得出结论：破产成本的增加会导致财务杠杆的降低和破产概率的增加；在某类型公司中，破产概率是增长性的；公司价值、财务杠杆高低和破产概率呈正相关关系。

（2）利兰-派尔模型

利兰-派尔在1976年建立了一个模型，并推出了均衡条件。该模型提出：在信息不对称情况下，虽然融资方知道其所投资项目的质量，但是贷款者却无法分出好坏，市场价值反映的只是投资项目的平均质量。由于反映平均质量的市场价值可能非常低，进而导致低质量产生很高的资本成本，使原本可行的投资项目因成本过高而难以实行。所以为了使项目融资畅通，融资和投资双方必须交流信息。而这种交流可以通过信号来进行。

12. 新优序融资理论认为，投资者对资本结构的兴趣源于"信息效应"，即公司资本结构的变化会引起股票价格的波动。从总的平均水平来看，公司债务资本水平的变化向市场传递了一个关于公司价值变化的信号，当公司权益资本随着债务资本增加而减少时，公司的再融资能力增强，公司的价值也随之增加。反之亦然。

基于此，该理论提出：资本结构作为一种信息，在信息不对称情况下会对投资、融资次序产生影响，同时不同的融资次序也会对资本结构产生影响。

在对管理层的假设下，新优序融资理论认为，如果管理层发现了一个非常好的正净现值的投资机会，他无法将这一消息传递给外部的股东，因为管理层的言论并不会被相信。然而管理层都会致力于向外界宣布找到了一个好项目以提高该公司的股价。由于信息不对称,外部投资者只有在很长时间后才能证实管理层的言论,因此他们会对所有公司的股票赋予一个平均值。管理层明白这个道理,并且在某些特定的条件下,如果这一投资机会使他们不得不发行新股时,他们宁可拒绝接受正净现值的投资机会,因为这样做就会以原有股东的利益损失为代价,把该项目的大部分价值转让给了新股东。对于这个问题,公司的解决办法就是保留充分的财务松弛,以便在正净现值投资项目出现时可以由内部提供资金。因此公司在为有价值的项目寻找资金时首先会在内部融资,或者如果不得不在外部融资时,他们将发行风险最小的有价证券,只有在股票价格被高估时才会发行股票来融资。

基于上述分析,新优序融资理论提出的融资准则为:

(1) 优先选择内部融资;

(2) 如果需要外部融资,首先发行最安全的证券,即债券优于股票。

13. 总的来讲,公司控制权市场理论认为,并购事件对于并购双方股东都有好处。

(1) 成功并购时的公司股东收益

对于并购事件中涉及的目标公司和并购方公司的股东是否在并购事件中获益,以及股东的收益究竟来自何处的问题,该理论均进行了探讨。

① 目标公司的股东收益

关于目标公司的股东是否获益,公司控制权市场理论的主流观点是一致的。正如该理论代表人物詹森所言:总而言之,证据表明成功的要约收购和并购中的目标公司从公告日到收购或并购完成的整个过程均能获得显著的正超常收益率。

② 收购公司股东收益

在收购公司的股东是否也能获得巨大收益方面,公司控制权主流理论的各学派有了分歧,形成了并购事件会给收购公司股东带来正超常收益率、负超常收益率以及没有显著超常收益率三种观点。

(2) 不成功收购时的公司股东收益

经大量的实证检验,成功的要约收购会给公司股东带来收益,而不成功的要约收购则会导致公司股票价格出现零或负的累积超常收益率,这样一来,收购就不一定给股东带来财富。综合各主流学派的观点,有一点是共同的,即不成功收购只能给目标公司股东带来收益,而收购公司股东则无法从中获得同样好处。

14. 公司盈余分配的一般顺序是指国家对不同所有制形式下和不同经营方式公司都应遵循的在依法缴纳所得税后利润分配程序的规定。其一般顺序如下:

(1) 被没收财物损失,违反税法规定支付的滞纳金和罚款;

(2) 弥补公司以前年度亏损;

(3) 提取法定公积金;

(4) 提取公益金;

(5) 向投资者分配利润。

公司弥补亏损和提取法定公积金和公益金后所剩余的利润,有限责任公司按照股东的出资比例分配,股份有限公司按照股东持有的股份比例分配。公司以前年度未分配的利润,可以并入本年度向投资者分配。其中股份有限公司应先按规定的优先股股利率分配优先股股利,然后按照股东会决议提取任意公积金,最后向普通股股东分配股利。

股利的支付方式一般有现金股利、财产股利、股票股利、债权股利和股票回购等等。

(1) 现金股利。作为股利支付的常见和主要方式,现金股利是公司以现金支付的股利。该形式能满足大多数投资者希望得到一定数额的现金这种实际的投资要求,最易使投资者接受,且分配后公司原有的所有权结构没有变化。但是这种方式加大了公司支付现金的压力,因此只有在公司有盈余并且有充足的现金的前提下才能使用。

(2) 财产股利。这是以现金之外的其他资产支付股利的方式,主要包括实物股利,如实物资产或实物产品等;证券股利,如公司拥有的其他公司的债券、股票等。由于不需要公司实际的现金支出,这种方式适用于公司现金支付能力较弱的时期。

(3) 股票股利。这是指公司将应支付的股利以增发股票的方式支付。对于公司来讲,并没有现金的流出,只是增加了流通在外的股票数量,同时降低了股票的每股价值。股票股利一般以比率的形式来表示,例如:2%的股票股利,即指股东现时持有的每 50 股股票将得到 1 股新股。

四、计算题

1. (1) 单位边际贡献＝100－40＝60(元)

(2) 边际贡献总额＝50 000×60＝3 000 000(元)

(3) 息税前营业利润＝3 000 000－1 000 000＝2 000 000(元)

(4) 利润总额＝息税前营业利润－利息

$$＝2\ 000\ 000－6\ 000\ 000×55\%×8\%$$

$$＝1\ 736\ 000(元)$$

(5) 净利润＝1 736 000×(1－33%)＝1 163 120(元)

(6) 所有者权益＝6 000 000×(1－55%)＝2 700 000(元)

普通股股数＝2 700 000/4.5＝600 000(股)

每股收益＝1 163 120/600 000＝1.94(元/股)

2. (1) 发放现金股利所需税后利润＝0.05×6 000＝300(万元)

(2) 投资项目所需税后利润＝4 000×45%＝1 800(万元)

(3) 计划年度的税后利润＝300＋1 800＝2 100(万元)

(4) 税前利润＝2 100/(1－30%)＝3 000(万元)

(5) 计划年度借款利息＝(原长期借款＋新增借款)×利率

$$＝(9\ 000/45\%×55\%＋4\ 000×55\%)×11\%$$

$$＝1452(万元)$$

(6) 息税前利润＝3 000＋1 452＝4 452(万元)

3. (1) 利润总额＝1 200/(1－40%)＝2 000(万元)

(2) $EBIT$＝2 000＋7 500×20%×10%＝2 150(万元)

(3) M＝6 000×(1－60%)＝2 400(万元)

(4) A＝2 400－2 150＝250(万元)

(5) DOL＝6 000×(1－60%)/2 150＝1.12

DFL＝2 150/(2 150－7 500×20%×10%)＝1.075

DCL＝1.12×1.075＝1.204

(6) 综合资本成本＝20%×10%＋80%×15%＝14%

(7) 权益乘数＝1/(1－20%)＝1.25

已获利息倍数＝2 150/(7 500×20%×10%)＝14.33

(8) 销售利润率$=[1\,200/(1-40\%)]/6\,000=33.33\%$

销售净利率$=1\,200/6\,000=20\%$

4. 根据

$[(EBIT-200\times10\%-200\times8\%)(1-30\%)-200\times12\%]/(600/10)$

$=[(EBIT-200\times10\%)(1-30\%)-200\times12\%]/(600/10+200/20)$

求得：$EBIT=166.29$(万元)

当盈利能力$EBIT>166.29$万元时，利用负债集资较为有利；当盈利能力$EBIT<166.29$万元时，以发行普通股较为有利；当$EBIT=166.29$万元时，采用两种方式无差别。

5. (1)发行债券：

$EPS=[(900-2\,000\times5\%-500\times8\%)\times(1-30\%)-500\times12\%]/(2000/10)$

$=2.36$(元/股)

(2) 发行优先股：

$EPS=[(900-2\,000\times5\%)\times(1-30\%)-(500+500)\times12\%]/(2\,000/10)$

$=2.20$(元/股)

(3) 发行普通股：

$EPS=[(900-2\,000\times5\%)\times(1-30\%)-500\times12\%]/(2\,000/10+500/25)$

$=2.27$(元/股)

所以，应采用发行债券的方式筹资。

6. (1) 企业目前的利息$=150\times8\%=12$(万元)

企业目前的股数$=25$(万股)

追加债券筹资后的总利息$=12+500\times10\%=62$(万元)

追加股票筹资后的股数$=25+500/20=50$(万股)

$$\frac{(EBIT-12)\times(1-25\%)}{50}=\frac{(EBIT-62)\times(1-25\%)}{25}$$

每股收益无差别点的

$$EBIT=\frac{50\times62-25\times12}{50-25}=112(万元)$$

（2）追加投资前的 $EBIT=75/(1-25\%)+12=112$（万元）

追加投资后的 $EBIT=112+50=162$（万元）

发行债券方案的每股利润 $=[(162-62)\times(1-25\%)]/25=3$（元/股）

发行股票方案的每股利润 $=[(162-12)\times(1-25\%)]/50=2.25$（元/股）

发行债券方案的 $DFL=162/(162-62)=1.62$

发行股票方案的 $DFL=162/(162-12)=1.08$

（3）由于筹资后的息税前利润 162 万元高于每股收益无差别点的息税前利润 112 万元，所以，应追加债券筹资。

或：由于追加债券筹资后的每股利润 3 元高于发行股票方案的每股利润 2.25 元，所以应追加债券筹资。

7.（1）根据资本资产定价模型：

A $=6\%+1.3\times(16\%-6\%)=19\%$

$20.2\%=6\%+1.42\times(B-6\%)$，B $=16\%$

$21\%=C+1.5\times(16\%-C)$，C $=6\%$

D $=6\%+2\times(16\%-6\%)=26\%$

（2）

E $=$ 净利润/股票资金成本 $=(600-400\times8\%)\times(1-33\%)/19\%$
$\qquad\qquad =2\,002.95$（万元）

F $=400+2\,002.95=2\,402.95$（万元）

G $=8\%\times(1-33\%)=5.36\%$

H $=$ A $=19\%$

I $=5.36\%\times16.65\%+19\%\times83.35\%=16.73\%$

J $=(600-1\,000\times14\%)\times(1-33\%)/26\%=1\,185.38$（万元）

K $=1\,185.38+1\,000=2\,185.38$（万元）

L $=1\,000/2\,185.38\times100\%=45.76\%$

M $=1\,185.38/2\,185.38\times100\%=54.24\%$ 或 $=1-45.76\%$
$\qquad =54.24\%$

N $=14\%\times(1-33\%)=9.38\%$

O $=$ D $=26\%$

P $=9.38\%\times45.76\%+26\%\times54.24\%=18.39\%$

（3）由于负债资金为 800 万元时，企业价值最大，所以此时的资本结构为公司最优资本结构。

五、论述题

1. 权衡理论是指 20 世纪 70 年代中期学术界所形成的关于资本结构理论的一般观点，这一观点认为公司最优资本结构就是在债务的税收收益与破产成本现值之间进行权衡。因此，权衡理论也可以被称为最优资本结构理论。

权衡理论从时间上大体可以分为早期权衡理论和后权衡理论。

（1）早期权衡理论

建立在纯粹税收利益和破产成本基础上的早期权衡理论认为，由于税收的原因，利息可以从公司利益中扣减，所以财务杠杆有助于给现有的投资者增加公司价值。另一方面，如果破产和（或）重组是有成本的，则带给现有投资者的公司价值会变少。所以当预计在没有负债或很少负债时，公司市场价值与公司财务杠杆成一种递增函数关系，但是一旦财务杠杆持续扩展下去，公司价值最终要减少。因此，资本结构的最优水平就处在同财务杠杆边际递增相关的税收利益现值和同财务杠杆不利的破产成本现值相等之点上。

权衡理论似乎得出了和传统理论极为相近的结论。但是权衡理论支持者都反复表示两者的观点存在差距：传统学派认为市场的不完美（如税收和破产制度）会妨碍 MM 所说的套利过程的进行；而权衡理论学派则认为，即使 MM 所说的套利过程能够完美地运作，市场的不完美也还是存在的。此外，传统理论认为负债与公司价值之间基本是一种凹曲线关系，而权衡理论则认为一般来讲，公司价值与公司负债水平并不形成一种连续函数关系，至少在传统学派所想象的部分范围内是如此。

（2）后权衡理论

后权衡理论的出现源于对米勒市场均衡理论的反击。后者提出在一定条件下，公司负债的税收收益正好被个人负债的税收所抵消。而一旦公司的负债没有利息抵税上的利益，自然就无法与破产成本进行权衡。所以后权衡理论的一个显著特点是将早期权衡理论和米勒的市场均衡理论协调起来，以建立一个既能联系破产成本主义和代理成本等主张，又能超出税差学派关于公司所得税、个人所得税和资本利得所得税的各种观点之上的统一的权衡理论。如前所述,该理论不仅将负债的成本从破产成本进一步扩展到代理成本、财务困境成本和非负债税收利益损失等方面,同时又把税收利益从原来单纯讨论的负债税收利益引申到非负债税收利益方面。

2. 早在 20 世纪 80 年代末和 90 年代初,学术界就将公司控制权市场和资本结构的研究联系起来,形成了建立在公司控制权市场理论上的资本结构管理控制模型,其中以下三大模型具有代表性。

(1)斯塔尔茨模型

斯塔尔茨模型是最早试图将公司控制权理论与资本结构理论结合起来的几个模型之一。在该模型里,管理者掌握的表决权比例是联系资本结构、公司价值和公司控制权市场等关键变量的纽带。模型主要从管理者掌握的表决权比例与公司控制权市场关系以及公司价值与管理者掌握的表决权比例两方面入手,并形成了以下三个主要结论:

结论 1:随着管理者所掌握的表决权比例提高,收购方在收购中的预期价值将降低。

结论 2:从收购方角度来看,只要管理者掌握的表决权比例不是如此之高以至于使收购变成一项净现值为负的投资项目,则最优收购溢价将是由管理者所控制的目标公司的表决权比例的递增函数。

结论 3:如果目标公司在 $t=1$ 期间内的价值可以表述为管理者所掌握的表决权比例的函数,那么该价值在某一正的比例上可达到最大化;而当比例达到或超过 50% 时,目标公司的价值最小。

(2)哈里斯-拉维模型

由于哈里斯-拉维模型的假设前提是公司控制权相当有价值,因此模型进一步提出管理者很可能利用变动资本结构来左右其对公司的控制,但管理者对杠杆的选择并非随心所欲,因为提高杠杆比例在使管理者充分享有公司控制权优势的同时,也减少了管理者持有的股份从收购中可能获得的资本利得,而且增加负债不仅增加了破产的可能,还会增加对管理者的限制条款,制约了管理者对现金流量的控制权力。

不难推出,在哈里斯-拉维模型里,管理者是否变动资本结构将取决于上述各因素之间的权衡。该模型还进一步提出决定最优资本结构的同时也就"内在"地决定了收购方法和被收购公司价格变动效应。

哈里斯-拉维模型曾分别提出了适用于公司控制权市场理论和资本结构理论的两个定理。

定理一:平均而言,① 在不成功的要约收购中,目标公司的股价不变,在成功的要约收购中,目标公司的股价将上涨;② 目标公司的股价在不成功的代理表决权竞争中会提高,但是幅度要小于在成功的代理表决权竞争中提高的幅度;③ 目标公司的股价在成功的代理表决权竞争中将会提高,但是幅度将小于其在成功的要约收购中提高的幅度;④ 目标公司的股价在不成功的代理表决权竞争中会提高,其幅度要大于在不成功要约收购中提高的幅度。

定理二:平均而言,① 目标公司增加它们的债务水平;② 不成功代理表决权或不成功的要约收购中的目标公司要比成功收购中的目标公司发行更多的债务;③ 如果在管理者具有较高能力时至少有一半的消极股东支持在职管理者,那么不成功要约收购中的目标公司要比代理表决权竞争中的目标公司发行更多的债务;④ 在出现代理表决权竞争的公司里,当竞争对手无法成功控制公司时,公司所发行的债务要比当竞争对手成功控制公司时发行的债务少。

(3) 伊斯雷尔模型

前面两个模型均认为资本结构是通过影响表决权在管理者与外部股东之间的分布来影响收购结果,而伊斯雷尔模型提出,尽管控制权的变动会导致单个公司的债务价值的显著增加或显著减少,但是就整体而言,债务价值在控制权变动时不一定会出现显著的变动,因此无法单纯从债务的变动来验证斯塔尔茨模型和哈里斯-拉维模型是否成立。

该模型认为资本结构是通过影响现金流量在有表决权和无表决权证券(即权益与负债)之间的分布来左右收购的结果,换句话说,资本结构影响到协同利益如何在收购方和目标公司之间进行分配。

3. 常见的股利分配政策有以下几种:

(1) 剩余股利政策

该政策以"剩余股利理论"为基础,认为公司股利分配政策受到投资机会和资本成本的影响。在公司的投资机会的预期报酬率高于股东要求的必要报酬率时,根据目标资本结构的要求,先将税后净利润满足投资所需的权益资本,然后将剩余的净利润用于股利分配。

剩余股利政策的一般步骤如下:确定投资方案所需的资金额度;设定目标资本结构,即确定权益资本与债务资本的比率,使得在此结构下加权资本成本最低;确定目标资本结构下投资所需的股东权益数额;最大额度地使用留存收益来满足投资方案所需的权益资本数额;在投资方案所需的权益资本已经得到满足后若有剩余,才作为股利发放给股东。

(2)稳定股利额政策

这种股利政策是指不管公司的收益如何变动,每年发放的股利均固定在一个额度或一个比率上。如果公司的盈余下降,但是股利并未减少时,会向投资者传递管理层对公司未来充满信心的信号。这种政策可以使投资者的心态稳定,尤其对于那些期望每期都有固定数额收入的投资者而言更有吸引力。

(3)固定股利支付率政策

这是一种公司确定一个股利支付率,长期按照此比率支付股利的政策。在这一政策下,各年股利随公司经营好坏而上下波动。

这种股利能够保持与公司的盈利水平的一致性,但是股利通常被认为是公司未来前途的信息来源,这种政策不利于股价的稳定,因此使用并不广泛。

(4)低正常股利加额外股利政策

这是介于稳定股利和变动股利之间的一种股利政策。具体是指公司每年都会支付较低的固定股利,当公司盈余增长时再加付额外股利。不过额外股利并不固定,而是根据盈余的实际情况决定。

这种股利政策既可以保持股利的稳定性,又可以使股利与盈余很好地配合,加大公司的灵活性,因此被很多公司采用。

采取何种股利政策虽然是由管理层决定,但实际上在决定过程中会受到许多主观和客观因素制约。这些因素主要有:

(1)法律因素

任何公司都是在一定的法律环境下开展经营活动,因此,股利政策的制定必然会直接面临着相关的法律制约。

（2）公司自身因素

公司自身的经营情况和经营能力会影响和制约其股利政策的选择。

① 现金支付能力限制。公司盈利并不一定意味着公司有相应的现金流量来支付现金股利。只有公司的现金充足或者资金的变现能力强，支付股利的能力才较强。

② 筹资能力。公司如果具有较强的筹资能力，随时能够筹集到所需资金，那么也具有较强的支付股利能力。这种筹资能力可以用向银行借款、发行债券、发行票据的能力来表示。

③ 投资机会。股利政策在很大程度上受投资机会所左右。

④ 盈利稳定性的制约。一般来说，一个公司的盈利越稳定，其股利支付率会越高，因为盈利稳定的公司对保持较高的股利支付率更有信心。而且收益稳定的公司面临的经营风险和财务风险较小，筹资能力较强，这些都是其股利支付能力的保证。

（3）股东要求

公司的股利政策最终由代表股东利益的董事会决定，因此股东的要求不可忽视。

① 稳定收入的要求。一些依赖公司稳定的股利收入维持生活的股东，对未来的不确定性非常敏感，认为通过保留盈余引起的股价上涨而获得的资本利得是有风险的，往往要求公司发放固定的股利，对于公司留存大量的盈余政策会强烈反对。

② 防止控制权稀释的要求。如果公司支付高额的股利，就会导致盈余的减少，意味着公司可能需要举借新债，甚至发行新股，这就会使公司可能面临更多的财务风险，而老股东必须拿出足够的资金认购新股，否则就会面临所有权被稀释的危险；而且由于新股发行，流通股数增加，每股盈余将减少，股价会下跌。这些都是老股东不愿意看到的情形，因此会反对公司高股利的政策。

③ 避税的要求。由于股利所得的税率要高于资本利得的税率，而且资本利得还具有推后效应，因此，较富有的股东往往比较喜欢资本利得，倾向于限制股利支付，保留较多的盈余，以使股票价格上涨，从中获取收益。

(4) 其他因素

除了上述讨论的因素外,还有其他一些因素也会制约公司的股利政策的制定。例如:公司在融资时对外签订的长期借款协议、债券协议、优先股协议中对公司支付股利的限制性条款;股价已经处于下跌趋势,为防止有人恶意控制公司,通过发放股利来刺激股价的上升等等。

4. (1) 沃尔特模型

早在 1956 年 3 月,美国著名的财务管理学教授詹姆斯·E·沃尔特就提出了关于股利分配与股票价格之间的理论模型。

在一定的假设条件下,公司的股票价格与每股股利之间的关系可表示为:

$$P = [D + (E-D) \times R/K]/K$$

由上式可以发现,如果 $R > K$,最佳的股利支付比率为 0,此时的每股市价 P 最大,为 (ER/K^2);如果 $R < K$,最佳的股利支付比率为 $100\%(D=E)$,此时的每股市价 P 最大,为 (D/K) 或 (E/K);如果 $R = K$,则不论股利支付比率如何,每股市价 P 均为 (E/K),此时的股利支付比率与股票价格无关。

(2) MM 不变性定理

美国米勒教授和莫迪里安尼教授是股利分配与市价无关性理论的主要代表人物。他们在"股利政策以及股份增长与估价"一文中,全面地论证了股利政策与市价无关。他们认为:股利的支付比率并不影响公司价值。公司价值完全取决于公司各种资产的获利能力,即公司的投资方针。公司的盈余在股利与留存收益之间分配得多或少,并不影响公司价值。

MM 的结论是:公司价值只取决于其获利能力,公司如何分配实现的税后利润与公司价值没有直接联系。

(3) 股利相关论

① "一鸟在手"理论。由戈登和林特纳首先提出的"一鸟在手"理论的称谓来源于英国的一句民谚"双鸟在林不如一鸟在手"。该理论认为,投资者对股利收益和资本利得具有不同的偏好,大部分投资者偏向于股票股利,特别是正常的股利收益。因为股利收益比因股票价格上涨而产生的资本利得更为可靠,好比在手之鸟,是一种既得利益;而股

价的上升具有很大的不确定性,即使公司承诺在未来支付较高的股利,由于受期限风险和未来不确定因素的影响,其未来支付高股利的风险也在增加,犹如林中之鸟,不一定能得到。因此,在其他条件相同的情况下,投资者宁愿出较高的价格购买那些能为其提供当期高股利的股票,从而导致该类股票价格上涨。

② 投资者类别效应论。这种理论认为,投资者不仅仅对资本利得和股利收入有不同的偏好,由于其自身类别的不同,对公司股利政策的偏好也是不同的。不失一般性,可以认为那些收入较低的阶层,应该比较偏好经常性的高额现金股利;而那些收入较高的阶层,则会比较偏好少分现金股利,而是将留成用于再投资,这样不仅可以为将来积累财富,而且可以避免因取得股利收入而进一步增加其按较高税率计算并支付的个人所得税。因此,投资者会因为自己的不同类别、不同偏好选择股利政策不同的公司,高收入阶层选择高股利政策公司的股票,低收入阶层选择低股利政策公司的股票。

③ 信息效应论。该理论认为,信息对称假设是不存在的,即投资者不可能与管理当局相同地获得关于未来投资机会的信息。尽管投资者可以通过财务报告来了解自己所需的信息,但是由于财务报告的弹性,甚至还可能有虚假的成分,这一途径的效果不太理想。在类似这种信息不对称情况下,现金股利的分配就成为一个难得的信号,股利政策因此也就有了信息效应。如果公司在过去较长时期内始终保持一个稳定的股利支付率,而现在突然有所改变,投资者势必对公司的管理政策、付现能力以及未来的获利能力作出相应的判断,进而引起股票市场价格的变动。

5. 现行的股利政策模式具有以下特点:

(1) 现行股利政策在国家间存在显著区别。现有资料表明:工业化国家的公司支付的股利是最高的,其中北美的公司支付的股利一般高于西欧或日本的公司。公司总部在发展中国家的公司,即使它们支付股利,通常也是非常低的。

(2) 股利政策存在明显的几乎遍及全球的行业模式。一般来讲,在成熟的行业中,盈利公司趋向于将其大部分利润作为股利支付,而一些成长较快的、年轻的行业则相反。在美国,一个行业的平均股利支付率与它的投资机会多少以及这一行业的管制程度正相关。

（3）股利支付通常与行业规模及资产密度正相关，但是与增长率负相关。和小公司相比，通常大公司将利润的更大部分作为股利支付。资产密集型的公司（有形资产占公司总资产比例较大）支付的股利要高，而无形资产比例大的公司则往往相反。此外，股利支付和增长率两者的关系也非常明显：成长快的公司需要现金，因而选择零股利或者低股利政策，随着这些公司的成熟，股利支付率也将提高。

（4）几乎所有的公司都会在相当长时间内保持持续正常的每股股利。换一种方式来说，任何一家公司都倾向于"平滑"的股利支付政策，所支付的股利同股利的最终决定因素——公司利润相比，变化要小得多，只有当公司认为未来的盈余将持续增长，并且足以维持一个更高的股利支付水平时，它们才会逐渐地提高每股股利，直到达到一个新的均衡的每股股利水平。同样，即使公司面临暂时的净亏损，公司的管理层也会试图保持一个正常的每股股利，只有当很明显无法恢复到原来的盈利水平时，管理层才可能降低，但是仍几乎不会消除支付的股利。

（5）股票市场对于初始股利支付和股利提高有积极的反应，对股利降低和停止有很强的消极反应。当一个公司首次宣布发放现金股利（即初始股利）或提高现在的每股股利时，这个公司的股票价格会提高1%～3%。然而，当公司降低或取消股利支付时，会受到股票市场的严厉惩罚，有时股票价格下跌程度会达到50%。

（6）股利变化会明显地起到信息传递的作用，反映了管理层对公司现有和未来收益情况的预期。投资者了解管理层平滑的股利政策，他们对股利政策的变化反应体现了他们对管理层信号的理性估计。也就是说，股利变化传递给投资者信息，投资者与公司管理层相比，对公司的情况要知道得少，因此，股利在现代资本市场中可以起到帮助投资者克服信息不对称的弊端。股利提高表明管理层预期未来的收益高，反之则表明公司收益前景黯淡。

（7）税收明显地影响股利支付，但是该影响是模糊的，税收既不会导致也不会阻碍股利的支付。如果收到股利的投资者不需要交税，那么这些投资者会降低对股利的要求，显然会导致公司保留大量利润。极端一点的情况下，很高的税率会导致公司完全停止支付股利。尽管上述论证似乎是正确的,但是并没有得到经验证明,事实上一些研究甚至表明股利可能会随着税收提高而提高。

(8) 交易成本的变化或者资本市场上技术效率的提高似乎对股利支付的影响很小。以美国公司为例,20 世纪 20 年代或 50 年代发放的股利占其总收入的比例和今天的比例差不多是一样的,仍然接近一半,尽管现在美国的金融体系比以前更有效率,能够提供更好的投资机会和更灵活的支付方式。

(9) 所有权结构影响股利政策。几乎在全世界,采用时间最长的一个股利支付政策就是:私人公司或者非上市公司基本上不支付股利,而任何一家公开上市公司都将它们每年收入的大部分用于支付股利。

6. 对最佳资本结构不同的判断与衡量的标准产生了不同的决策,主要的几种决策方法有:

(1) 比较资金成本法

从根本上讲,财务管理的目标在于追求公司价值的最大化或股价最大化。然而只有在风险不变的情况下,每股收益的增长才会直接导致股价的上升,实际上经常是随着每股收益的增长,风险也加大。如果每股收益的增长不足以补偿风险增加所需的报酬,尽管每股收益增加,股价仍然会下降。所以,公司的最佳资本结构应当是可使公司的总价值最大,而不一定是每股收益最大的资本结构。同时,在公司总价值最大的资本结构下,公司的资本成本也是最低的。

公司根据经营规模拟定的资金需要量,可以通过多种筹资方式获得。在资金总额确定时,各种筹资方式就面临不同的资本结构方案,进而产生不同的加权资本成本。比较资金成本法就是指通过计算和比较各种预案的加权平均资本成本,以具有最低加权平均资本成本的方案所对应的资本结构为最佳资本结构。

(2) 每股盈余分析法

这是一种根据各种筹资方式下的每股盈余(EPS)的比较来进行资本决策的方法。由于是利用每股盈余无差别点进行决策的,也被称为无差别点分析法,或者 $EBIT-EPS$ 法。

所谓每股盈余无差别点是指每股收益不受融资方式影响的销售水平,可以用销售额表示,也可以用息税前利润($EBIT$)表示。即当销售

水平或 $EBIT$ 在无差别点时,无论采用债务融资还是权益融资都具有相同的每股收益。但是当预计销售额超过无差别点时,由于财务杠杆的正效应,采用债务融资方式下的每股收益将高于采用权益融资方式下的每股收益;反之,则结论刚好相反。

根据无差别点,可以分析判断在什么样的销售水平下适用的资本结构。即当预计的销售水平下的 $EBIT$ 大于无差别点的 $EBIT$,选择债务资金的追加筹资方式可以提高每股盈余,因此相对应的资本结构即为最佳资本结构。反之,则上一选择权益的追加筹资方式对应的资本结构是最佳资本结构。

7. 资本结构理论研究始于 20 世纪 50 年代初期。早期资本结构理论分为三类:净利理论、营业净利理论和介于两者之间的传统折中理论。

美国金融学家莫迪里安尼和米勒在 1958 年建立了 MM 理论,标志着具有划时代意义的现代资本结构理论的开端,其后的许多金融学家沿着 MM 理论的思路,在逐步放宽 MM 理论中的若干假设条件的基础上,进一步发展了现代资本结构理论。MM 理论包括无公司税的 MM 模型,有公司税的 MM 理论和米勒模型,其中米勒模型在考虑了公司所得税的基础上还考虑了个人所得税。

权衡理论也可以被称为最优资本结构理论。该理论认为公司最优资本结构就是在债务的税收收益与破产成本现值之间进行权衡。权衡理论从时间上大体可以分为早期权衡理论和后权衡理论。其中早期权衡理论的模型引申自 MM1966 年的修正模型,把 MM 命题看成只是在完全和完美市场下才成立的理论,同时又认为现实生活是不完全的,也是不完美的,其中税收制度和破产惩罚制度就是市场不完美和不完全的两种表现。后权衡理论则将负债的成本从破产成本进一步扩展到代理成本、财务困境成本和非负债税收利益损失等方面,同时又把税收利益从原来单纯讨论的负债税收利益引申到非负债税收利益方面,把公司的最优资本结构看成是在广义上的税收收益和各类与负债相关的成本之间的权衡结果。

20 世纪 70 年代后期,以不对称信息理论为中心思想的新资本结构理论取代了旧资本结构理论登上了学术舞台。不对称信息理论力图通过信息不对称理论中的"信号"、"契约"、"激励"等概念,从公司的"内部因素"方面来深入展开对资本结构问题的分析与讨论。相对完善的以信息不对称理论为核心的新资本结构理论体系的主干学派有四个:新优序融资理论、代理成本说、财务契约论和信号模型,其中新优序融资理论影响最大。

由迈克尔·詹森首次提出的自由现金流量是近年来颇为流行的公司财务理论的核心概念之一。表面上看,詹森定义的自由现金流量与其他现金流量的概念不同,无法从财务报表直接推算出来,因而不容易量化,但是正是这个概念与代理成本等理论相互联系起来,逐渐形成了自由现金流量假说,并为后来形成的公司控制权市场理论提供了基础。

公司控制权市场理论大致产生于 20 世纪 70 年代中期,以后逐渐占据财务学界的主导地位,直至 20 世纪 80 年代盛极一时,最终关于公司兼并与收购的理论观点和政策主张成为公司控制权市场理论的主流。

收益分配理论主要研究盈余分配的一般顺序、股利政策以及股利分派与股票价格之间的相关关系。股利理论主要包括沃尔特模型、MM 不变性定理和股利相关论。

8. 不同资金来源的组合配置产生不同的资本结构,并导致不同的资本成本、利益冲突及财务风险,进而影响到公司的市场价值。如何通过融资行为使负债和股东权益保持合理比例,形成一个最优的资本结构,不但是股东和债权人的共同目标,也是长久以来金融理论研究的焦点。

(1) 资本结构理论的内容

1958 年,莫迪里安尼和米勒发表了"资本成本、公司财务和投资"这一著名论文,指出在市场完全的前提下,当公司税和个人税不存在时,资本结构和公司价值无关(即 MM 定理)。此后,金融学家们纷纷放宽 MM 定理中过于简化的理论假设,尝试从破产成本、代理理论、信息不对称等不同的理论基础来研究影响资本结构的主要因素。与此同时,学术界对公司资本结构的实证研究也开始蓬勃兴起。相关研究结果表明:在现实世界中,公司规模、盈利能力以及经营风险等因素对于资本结构的决定有着重要影响。

布罗姆和兰杰等人对各国企业资本结构的比较研究更是极大地拓展了资本结构理论的内涵,人们逐渐认识到:资本结构不仅是公司自身的决策问题,而且与一国的经济发展阶段、金融体系以及公司治理机制等外部制度因素密切相关。

(2)在实际中影响资本结构的因素分析

在确立资本结构之前,首先要分析实践中影响公司资本结构的因素。与公司资本结构密切相关的可能因素包括:公司所属行业、公司规模、公司股本结构、公司的盈利能力、公司的成长性、公司的股利分配政策以及公司的平均税负水平等。

第一,公司行业特征。不同行业具有不同的特征,其经营方式、融资模式、行业的竞争性可以降低公司的经营风险,从而公司破产的可能性越小,破产成本也就越低;反之,公司的规模越小,公司破产的可能性越大,破产成本也就越高。破产成本低的公司倾向于负债融资。

第二,公司股本结构。公司的股本结构决定了公司的治理结构,选择有效率的治理结构问题近似于为企业选择一个恰当的资本结构的问题。

第三,公司的盈利能力。盈利能力越强的公司,其留存收益(盈余公积与未分配利润之和)会越多。公司利用留存收益来进行融资的成本要低于负债融资,而负债融资的成本又低于股权融资,因此盈利能力越强的公司,其利用留存收益进行融资的倾向性就会越强,相应的负债融资的比例就会越低。

第四,公司的成长性。成长性非常好的公司,其面临的投资机会也会非常多,对资金的需求也会旺盛,由于负债融资的成本低于股权融资,故成长性好的公司其负债融资的倾向会很强烈。

第五,公司的股利政策。一般而言,公司的股利包括股票股利和现金股利,公司的股利政策不仅反映了公司税后盈余的分配方式,同时还具有一定的反映公司未来发展状况的信息含量。股利支付率高的公司,其内部盈余相对比较充足,故其负债融资的愿望就不会很强烈。

第六,公司的税负水平。由于负债融资的利息支出是在税前列支的,具有抵税的作用,因此,平均税率高的上市公司,其负债融资的动机就会相对较强,其资本结构中负债融资的比例就会相对较高,以便更充分地享受"税盾效应";反之,平均税率低的上市公司,其资本结构中负债融资的比例就会越低。

（3）公司资本结构的确定

在分析影响公司资本结构的因素后,公司就要制定资本结构。公司资本结构的确定主要考虑本公司的资本成本、公司控制和融资工具。在此基础上选择适当的资本结构。

第一,资本成本。资本成本是公司融资行为的最根本决定因素。作为两种不同性质的融资方式,债务融资的主要成本是必须在预定的期限内支付利息,而且到期必须偿还本金;而股权融资的主要成本则是目前的股息支付和投资者预期的未来股息增长。与债务融资必须还本付息的"硬约束"相比,配股融资具有"软约束"的特点,其资本成本实际上只是一种机会成本,并不具有强制性的约束力。

第二,公司控制、融资方式的选择对公司治理结构具有非常重要的影响。其中,股权融资引致的治理结构为"干预型治理",即投资者通过董事会来选择、监督经营者,或者通过市场上股票的买卖构成对管理层的间接约束;而与债权融资方式相联系的治理结构具有"目标型治理"的特点,企业必须定期向债权人支付一个数额确定的报酬,而当企业不能履行其支付义务时,债权人对企业的特定资产或现金流量具有所有权。

第三,融资工具。广义或完整的资本市场体系包括长期借贷市场、债券市场和股票市场。如果资本市场上具有多样化的融资工具,那么企业可通过多种融资方式来优化资本结构。如果资本市场的发育不够完善,融资工具缺乏,那么企业的融资渠道就会遭遇阻滞,从而导致融资行为的结构性缺陷。

六、案例分析

1. 分析要点:

（1）从大的市场环境来看

由于我国的股票市场还没有发育成熟,在许多方面还不规范,并不具备西方资本结构理论中要求的半强式以上的资本市场状态。在这样的市场中,信息的披露和传递机制都不完善,而且中小投资者的素质也并不高,很多投资者考虑的是"投机"而不是"投资"。在这样的情况下,市场对企业的评价并不是以企业披露的各项决策所暗含的信号为依据的,企业在选择筹资方式的时候也就不会过多考虑诸多问题。同时我国的债券市场也很不完善。债券市场基本被国债垄断,金融债券和其他企业债券数量和种类都非常少,很难形成规模,所以也就不会成为企业筹资的首选。

(2)从委托代理关系来看

不论是债权人还是投资者,相对于企业来说都是委托人,从性质上看是一样的,但在我国的实际经济生活中,这两种委托人的地位明显不同。我国企业发行债券的比较少,所以企业债权人多数是银行或其他金融机构,清华同方的长期借款就基本上来自工商银行、建设银行和中国银行,都属于国有商业银行,这些银行类金融机构都有比较雄厚的经济实力,对企业也比较了解,可以在一定程度上影响企业的经营管理。近年来金融资产管理公司的成立和"债转股"规模不断扩大,都体现了这类委托人对企业的影响能力。中小投资者由于股权分散,对企业来说基本上没有约束力。

(3)从成本和收益来看

企业的负债是有固定的财务费用支出的,不会因企业的经营状况而有所改变,这样通过负债方式筹集资金就隐含了一部分未来固定费用的支出,使筹集的资金出现漏损。虽然负债筹资有杠杆效应,在企业的回报率高于资本成本率的时候会带来超额收益,但像清华同方这样的高科技企业,企业未来的发展也存在着很大的不确定性,一旦出现经营失败,杠杆效应就成了一杯苦酒,会产生巨大的损失。企业的股权成本则没有固定的限制,发行新股筹集的资金几乎相当于是无偿使用的。这样筹集来的资金扣除一部分发行成本外,可以在未来期间全部为企业所用。

2. 分析要点:

(1)资本结构是现代公司理财中的一个相当棘手的问题,它不但是公司筹集资金的前提,影响资本成本高低的因素,而且与投资决策密切相关。

(2)资本结构主要是指公司负债资本与股权资本的比率关系及其对公司价值和资本成本的影响。

（3）影响公司资本结构的因素有公司资产结构、投资情况、收益水平、经营风险、评价机构态度、公司管理者和公司股东的态度、经济的发展前景、竞争机制、资本成本等。

（4）资本结构影响公司每股盈余、财务风险（通过财务杠杆）。

（5）资本结构调整的原因有风险过大、弹性不足、约束过严、资本成本过高等。

第九章 资本预算决策

第一节 本章知识提要

一、本章知识点

(一) 什么是资本预算

资本预算是指提出长期投资方案并进行分析选择的过程。"预算"是指对未来的某段时期内具体预期现金的流入和流出进行计划。

项目投资具有整体性、一次性和约束性等特点。

项目投资中的投资项目与投资方案是两个相互联系而又不完全相同的概念,也是项目投资决策必须首先明确的基础性概念。项目投资中的投资项目是对项目投资具体对象的称谓。项目投资中的投资方案是对投资项目投入与产出时间及数量的详细安排。

一个完善的资本预算程序要求在决策过程中的步骤:研究和发现投资机会;收集数据;评价和决策;再评价和调整。

(二) 现金流量估算

现金流量是指一个投资项目引起的现金支出和现金收入增加的数量,包括投资项目从筹建、设计、施工、投产使用直至报废或中途转让为止的整个期间内所形成的现金流入和现金流出增加的数量。

公司自由现金流量是一种付清税款以后和满足净投资额需求以后的,归公司全体投资者所有的现金流量。

股权自由现金流量是一种付清税款和债务以后,并满足净投资额需求以后的,归公司权益投资者所有的现金流量。

(三) 资本预算的方法

对投资项目评价时使用的指标分为两类:一类是非贴现指标,即没有考虑时间价值因素的指标,主要包括投资回收期、投资报酬率指标等;另一类是贴现指标,即考虑了时间价值因素的指标,主要包括净现值、获利指数、内含报酬率指标等。

投资回收期指的是自投资方案实施起，至收回初始投入资本所需的时间，即能够使与此方案相关的累计现金流入量等于累计现金流出量的时间。它代表收回投资所需要的年限。

投资报酬率表示年平均利润占总投资的百分比。

净现值指的是在方案的整个实施运行过程中，特定方案未来现金流入的现值与未来现金流出的现值之间的差额。

获利指数也叫现值指数、盈利指数，指的是在方案的整个实施运行过程中，未来现金流入现值与现金流出现值的比率。

内含报酬率反映的是方案本身实际达到的报酬率，它是在整个方案的实施运行过程中，能够使未来现金流入量现值等于未来现金流出量现值的贴现率，亦即能够使得项目的净现值为零的贴现率。内含报酬率法是根据方案本身内含的报酬率来评价方案优劣的一种方法。

在互斥方案的决策中，可以采用差额投资内含报酬率法或年均净现值法。

资本限量决策是指在企业投资资金已定的情况下所进行的投资决策，也就是说，尽管存在很多有利可图的投资项目，但由于无法筹集到足够的资金，只能在已有资金的限制下进行决策。

固定资产更新决策主要研究二个问题：一是要决定是否更新；二是要决定选择什么样的资产来更新。

进行风险投资决策有两类方法。第一类方法是对项目的风险因素进行调整，使其可以被考虑进基础状态分析里的贴现率指标中，或使其可以与衡量项目活力的预期现金流量指标相联系，主要包括按风险调整贴现率法、按风险调整现金流量法等。第二类方法是指改变假设条件并研究这一变动对投资分析结果的影响力，来测试该投资分析的适用性并利用分析结果进行最终的项目决策，主要包括敏感性分析、远景概况分析、盈亏平衡分析、模拟分析和决策树分析。

二、教学重点

（一）所得税和通货膨胀对现金流量的影响

1. 所得税对现金流量的影响

对投资项目的现金流量进行预测，指的是对税后的现金流量进行预测。因此，当发生所得税支出时，必须将其看作是一种现金流出。此外,发生费用支出实际上会产生所得税税负减少的作用,即税收抵免效应。因此,当判断某项费用支出对企业现金流量的影响时,还应考虑其税收抵免作用。

（1）投资现金流量

投资现金流量包括投资在固定资产上的资金和投资在流动资产上的资金两部分。其中投资在流动资产上的资金一般在项目结束时将全部收回。这部分现金流量在会计上一般不涉及企业的损益,不受所得税的影响。

投资在固定资产上的资金有时是以企业原有的旧设备进行投资的。在计算投资现金流量时,一般是以设备的变现价值作为其现金流出量的。此外还必须注意将这个投资项目作为一个独立的方案进行考虑,即假设企业将该设备出售可能得到的收入（设备的变现价值）,以及企业由此而可能支付或减免的所得税,即

投资现金流量＝投资在流动资产上的资金＋设备的变现价值－
　　（设备的变现价值－账面净值）×税率

（2）营业现金流量

由于所得税的作用,企业营业收入的金额有一部分会流出企业,企业实际得到的现金流入是税后收益。如果不计提折旧,企业的所得税将会增加许多。

企业的营业现金流量可用公式表示如下:

营业现金流量＝税后净损益＋折旧额
　　＝收入×（1－税率）－付现成本×（1－税率）＋折旧额×税率

（3）项目终止现金流量

项目终止现金流量＝实际固定资产残值收入＋原投入的营运资本－（实际残值收入－预计残值）×税率

2. 通货膨胀对现金流量的影响

通货膨胀对现金流量的影响表现在两个方面:一是影响资本成本即贴现率的计算;二是影响现金流量的估计。

（1）对资本成本的影响

名义利率与实际利率之间的关系是:

$$1 + r_{名义} = (1 + r_{实际})(1 + 通货膨胀率)$$

（2）对现金流量的影响

企业对未来的现金流量如果是基于预算年度的价格水平进行的，去除了通货膨胀的影响，那么这种现金流量被称为实际现金流量。考虑了通货膨胀影响的现金流量被称为名义现金流量。二者的关系为：

$$名义现金流量 = 实际现金流量 \times (1 + 通货膨胀率)^n$$

式中：n——相对于基期的期数。

在资本预算的编制过程中，应遵循一致性原则。即名义现金流量用名义贴现率进行贴现，实际现金流量用实际贴现率进行贴现。这是评价指标计算的基本原则。

（二）用非贴现现金流量指标进行资本预算

1. 投资回收期法

在原始投资一次支出，每年现金净流入量相等时，投资回收期用公式表示为：

$$投资回收期 = 原始投资额 / 每年现金净流量$$

如果现金流入量每年不等，或原始投资是分几年投入的，则可使下式成立的 n 为回收期：

$$\sum_{k=0}^{n} I_k = \sum_{k=0}^{n} O_k$$

式中：n——投资涉及的年限；

I_k——第 k 年的现金流入量；

O_k——第 k 年的现金流出量。

在使用投资回收期法时，不但要计算各个投资方案的投资回收期，而且要设法获得企业所处行业的标准投资回收期或平均投资回收期，并将其进行对比。其决策评价标准为：投资回收期短于或等于行业标准投资回收期（或平均投资回收期）的方案可行，否则为不可行。在多个可行方案中，投资回收期最短的方案最优。

2. 会计收益率法

会计收益率也叫投资利润率、平均投资利润率，它表示年平均利润占总投资的百分比，即

$$会计收益率 = \frac{年平均净利润}{原始投资总额} \times 100\%$$

在采用会计收益率法进行投资方案的评价时,企业应事先确定一个要求达到的会计收益率,在进行采纳与否的决策时,高于要求达到的收益率则可行,否则放弃。在多个方案的互斥选择决策中,选用会计收益率最高的方案。

（三）用贴现现金流量指标进行资本预算

1. 净现值法

净现值法使用净现值作为评价方案优劣的指标。净现值指的是在方案的整个实施运行过程中,特定方案未来现金流入的现值与未来现金流出的现值之间的差额。净现值的计算公式如下:

$$净现值 = \sum_{k=0}^{n} \frac{I_k}{(1+i)^k} - \sum_{k=0}^{n} \frac{O_k}{(1+i)^k}$$

净现值法的决策标准:在采纳与否的决策中,若净现值大于或等于零,表明该项目的报酬率大于或等于预定的贴现率,方案可取;反之,方案不可取。在互斥项目的决策中,选择净现值大于零且金额最大的为最优方案。

2. 获利指数法

获利指数也叫现值指数、盈利指数,指的是在方案的整个实施运行过程中,未来现金流入现值与现金流出现值的比率。其基本特点与净现值类似,只是从投资效率的角度来评价项目。获利指数的计算公式如下:

$$获利指数 = \sum_{k=0}^{n} \frac{I_k}{(1+i)^k} / \sum_{k=0}^{n} \frac{O_k}{(1+i)^k}$$

公式中各字母所代表的内容与净现值公式中的相同。

获利指数的决策标准是:在采纳与否的决策中,若获利指数大于或等于1,表明该项目的报酬率大于或等于预定的投资报酬率,方案可取;当获利指数小于1时,放弃该项目;当多个互斥项目备选时,选取获利指数最大的项目。

3. 内含报酬率法

内含报酬率法是根据方案本身内含的报酬率来评价方案优劣的一种方法。用公式表示的内含报酬率是满足如下方程的贴现率:

$$\sum_{k=0}^{n} \frac{I_k}{(1+i)^k} - \sum_{k=0}^{n} \frac{O_k}{(1+i)^k} = 0$$

内含报酬率的计算,通常需要采用"逐步测试法"。

（四）互斥方案的决策

在多个互斥方案的比较中,一般情况下可以利用投资回收期、会计收益率、净现值、内含报酬率及获利指数等方法作出正确的决策。而当投资项目的投资总额或寿命期不相等时,可以采用差额投资内含报酬率法或年均净现值法进行决策,后一种方法尤其适用于项目寿命期不同的多方案比较决策。

1. 差额投资内含报酬率法

差额投资内含报酬率法是指在两个原始投资额不同的方案的差量现金净流量的基础上,计算出差额内含报酬率(即 ΔIRR),并据以判断方案优劣的方法。采用该方法时,当差额内含报酬率指标大于或等于基准报酬率或设定的贴现率时,原始投资额大的方案较优;反之,则投资额少的方案为优。

2. 年均净现值法

年均净现值法是指根据所有投资方案的年均净现值的大小来选择最优方案的决策方法。某一方案年均净现值等于该方案净现值与相关的资本回收系数(即年金现值系数的倒数)乘积。若某方案净现值为 NPV,设定贴现率或基准报酬率为 i,项目寿命期为 n,则年均净现值可按下式计算:

$$年均净现值 = NPV/PVIFA_{i,n}$$

采用该方法时,所有方案中年均净现值最大的方案即为最优方案。

（五）资本限量决策

资本限量决策是指在企业投资资金已定的情况下所进行的投资决策。资本限量条件下的目标是,在当期预算限额内选择能提供最大净现值的投资方案组合。

实践中,如果项目是可拆分的,可根据盈利指数将方案按由高到低的顺序排列来选取项目组合;如果项目是不可拆分的,就要选取能产生最大净现值的方案。

（六）是否更新决策

1. 投资寿命期不相等的更新决策——平均年成本法

固定资产的平均年成本是指该资产引起的现金流出的年平均值。

如果不考虑货币的时间价值,它是未来使用年限内的现金流出总额与使用年限的比值;如果考虑货币的时间价值,它是未来使用年限内现金流出总现值与年金现值系数的比值,即平均每年的现金流出。

固定资产的经济寿命的计算公式如下:

$$UAC = \left[C - \frac{S_n}{(1+i)^n} + \sum \frac{C_n}{(1+i)^n} \right] / PVIFA_{i,n}$$

哪一个的固定资产平均年成本最低,那一年就是该项资产的经济寿命。

2. 投资寿命期相等的更新决策——差额分析法

在新、旧设备未来使用期限相同的情况下,一般普遍运用的分析方法是差额分析法,用以计算两个方案(出售旧设备购置新设备和继续使用旧设备)的现金流量之差以及净现值差额,如果净现值差额大于零,则购置新设备,否则继续使用旧设备。

(七)风险投资决策方法

1. 风险调整法

(1) 按风险调整贴现率法

按风险调整贴现率有如下几种确定方法:

a. 用资本资产定价模型来调整贴现率

特定投资项目按风险调整的贴现率可按下式来计算:

$$K_j = R_F + \beta_j (R_m - R_F)$$

式中:K_j——项目 j 按风险调整的贴现率或项目的必要报酬率;

R_F——无风险利息率;

β_j——项目 j 的不可分散风险的 β 系数;

R_m——所有项目平均的贴现率或必要报酬率。

b. 按投资项目的风险等级来调整贴现率

这是一种对影响投资项目风险的各因素进行评分,根据评分来确定风险等级,并根据风险等级来调整贴现率的方法。

c. 用风险报酬率模型来调整贴现率

特定项目按风险调整的贴现率可按下式计算:

$$K_i = R_F + b_i V_i$$

式中:K_i——项目 i 按风险调整的贴现率;

R_F——无风险利息率;

b_i—— 项目 i 的风险报酬系数;

V_i—— 项目 i 的预期标准离差率。

(2)按风险调整现金流量法

这种方法也叫肯定当量法,是先按风险程度调整投资项目的预期现金流量,然后用一个系数(通常称为约当系数)把有风险的现金流量调整为无风险的现金流量,最后,利用无风险贴现率来评价风险投资项目的决策分析方法。

约当系数是指不肯定的1元现金流量期望值相当于使投资者满意的肯定的金额的系数,通常用 d 来表示。

d=肯定的现金流量/不肯定的现金流量期望值

一般依据标准离差率来确定约当系数,因为标准离差率较好地衡量了风险的大小。约当系数的选取因人而异,敢于冒险的投资者会选用较高的约当系数,而不愿冒险的投资者可能选用较低的约当系数。

肯定当量法克服了按风险调整贴现率法夸大远期风险的缺点,但如何准确、合理地确定约当系数却是一个十分困难的问题。因为标准离差率与约当系数之间的对照关系,并没有一致公认的客观标准。

2. 假设变动分析方法

(1)敏感性分析

敏感性分析是研究项目的各种假定条件变动对项目评价结果的影响的一种分析方法。在基本分析的基础上,敏感性分析首先研究项目现金流量的所有假设变量,然后在保持其他假设条件不变的情况下,调整某个假设变量的取值,计算改变后的评价指标。重复这一步骤,分别对各个变量进行逐一分析,依次可以得到每一个变量的变动对 NPV 或 IRR 的影响。然后把这种变动同基本分析联系起来,根据评价指标变动的程度判断项目的风险大小,并决定项目是否可行。

(2)场景概况分析

场景概况分析是经常使用的一种反映和评价项目风险的分析方法。场景概况分析的方法类似于敏感性分析,只是包含了各种变量在某种场景下的综合影响。场景概况分析一般设定三种情况,即乐观的、正常的和悲观的场景。在不同的场景下,各变量的预期值随场景的变化而变化。如在悲观的场景下,各变量的预期值都是最悲观的估计,由此得到的净现值和内含报酬率也是三种场景下最低的。

（3）蒙特卡洛模拟分析

模拟分析方法实际上就是对敏感性分析的发展。实施模拟分析的起点是对投资项目建立一个模型。建立模型的前提是确定项目的主要变量及变量之间的关系。这样，必须对现金流量进行模拟，并提取出那些对现金收付及其相互关系产生影响的主要变量。蒙特卡洛模拟的名字源自赌博游戏，它利用了该游戏的数学原理，然后结合敏感性分析和输入变量概率分布发展而来。

（4）决策树分析

很多投资项目是分阶段完成的。并且每一阶段的决策都取决于前一阶段的决策结果。对于这种多阶段决策，常使用决策树方法。决策树（Decision Trees）有助于对决策过程进行优次排序，可列示为像树枝一样的表格或图形来比较不同选择的差异。

三、教学难点

贴现指标之间的比较：

（1）*NPV* 与 *IRR* 的比较。对于独立方案而言，由于各方案之间互相独立，彼此互不影响，因此，对这类方案的决策，主要是其经济上是否可行。此时，使用净现值法和内含报酬率法会导致相同的结论。但对互斥项目进行评价时，使用这两种方法进行评价所得到的结论可能会相互矛盾。这就存在采用哪种指标来进行方案选择的问题。通常认为，在资金充足的市场上，资本成本应是投资者要求的均衡收益率。所以，以资本成本作为再投资的收益率假定更加合理。因此，当净现值法和内含报酬率法产生矛盾时，人们更愿意采用净现值法作为评价指标。但是，还应该视具体情况而定。

（2）*NPV* 与 *PI* 的比较。对于独立项目的评价，净现值法和获利指数法得到的结论是一致的，只是从不同方面反映项目的获利能力。净现值法侧重反映项目的效益额，而获利指数法则侧重反映项目的效率高低。对于互斥方案的选择决策，两者可能得到不同的结论。这是因为净现值是一个绝对数指标，而获利指数是一个相对数指标。也就是说，*NPV* 的大小取决于该项目的投资规模和获利指数。因此，如果两个互斥项目规模相同，两个指标的结论应是相同的。而对规模不同但获利指数相同的两个项目,规模较大的项目会带来更大的净现值。更高的净现值符合企业价值最大化的目标。因此,在这种情况下,应选择净现值最大的方法。在资本总额限定的情况下,如果可以同时投资几个项目,这时应先挑选获利指数较高的几个投资项目,并使资本的剩余量降到最低限度,这样就可获得较高的整体获利水平。在这种情况下,获利指数用于排序和选择项目,评价的最后标准仍是项目组合的净现值总和最大。

(3) IRR 与 PI 的比较。内含报酬率法和获利指数法有相似之处,都是根据相对比率来评价方案。内含报酬率是方案本身内在的收益能力,反映其内在的获利水平。内含报酬率法与获利指数法的区别在于:在计算内含报酬率时不必事先选择贴现率,根据内含报酬率就可以排定独立投资的优先次序,只是最后需要一个切合实际的资本成本或最低报酬率来判断方案是否可行;获利指数法需要事先确定一个适合的贴现率,以便将现金流量折为现值,贴现率的高低将会影响方案的优先次序。

第二节 习题部分

一、单选题

1. 某项目经营期为 5 年,预计投产第一年流动资产需用额为 50 万元,预计第一年流动负债可用数为 15 万元;预计投产第二年流动资产需用额为 80 万元,预计第二年流动负债可用数为 30 万元;预计以后每年的流动资产需用额均为 80 万元,流动负债可用数均为 30 万元,则该项目终结点一次回收的流动资金为( )万元。

A. 35   B. 15   C. 95   D. 50

2. 一个投资方案年销售收入 300 万元,年销售成本 210 万元,其中折旧 85 万元,所得税税率为 40%,则该方案年现金流量净额为( )万元。

A. 90   B. 139   C. 175   D. 54

3. 一个投资方案的销售收入 500 万元,年营业成本 380 万元,其中折旧 50 万元,所得税税率为 33%,则该方案营业现金流量为( )万元。

　　A. 80.4　　　　　B. 130.4　　　　　C. 120　　　　　D. 234.5

　　4. 某公司下属两个分厂。一分厂从事生物医药产品生产和销售，年销售收入 3 000 万元。现在二分厂准备投资某一项目从事生物医药产品生产和销售，预计该项目投产后每年为二分厂带来销售收入 2 000 万元，但由于和一分厂形成竞争，每年使得一分厂销售收入减少 400 万元。那么从该公司的角度出发，二分厂投资该项目预计的年现金流入为(　　)万元。

　　A. 5 000　　　　B. 2 000　　　　C. 4 600　　　　D. 1 600

　　5. 在计算投资项目的未来现金流量时，报废设备的预计净残值为12 000 元，按税法规定计算的净残值为 14 000 元，所得税税率为33%，则设备报废引起的预计现金流入量为(　　)元。

　　A. 7 380　　　　B. 8 040　　　　C. 12 660　　　　D. 16 620

　　6. 在计算现金流量时，若某年取得的净残值收入大于税法规定的净残值，则正确的处理方法是(　　)。

　　A. 将两者差额作为现金流量

　　B. 仍按实际的净残值作为现金流量

　　C. 按实际净残值减去两者差额部分所补交的所得税的差额作为现金流量

　　D. 按实际净残值加上两者差额部分所补交的所得税的和作为现金流量

　　7. 某公司于 2002 年拟投资一项目，经专家论证总投资需 500 万元，并已支付专家咨询费 5 000 元，后因经费紧张此项目停了下来，2003年拟重新上马，则已发生的咨询费从性质上来讲属于(　　)。

　　A. 相关成本　　B. 重置成本　　C. 沉没成本　　D. 特定成本

　　8. 计量投资方案的增量现金流量时，一般不需要考虑方案(　　)。

　　A. 可能的未来成本　　　　　B. 之间的差额成本

　　C. 有关的重置成本　　　　　D. 动用现有资产的账面成本

　　9. 某公司 1999 年投资 10 万元用于一项设备研制，但它不能使用，同年又决定再投资 5 万元，但仍不能使用，此事搁浅。2003 年旧事重提，如果决定再继续投资 5 万元，应当有成功把握，并且取得现金流入至少为(　　)万元。

A. 5   B. 10   C. 15   D. 20

10. 年末 ABC 公司正在考虑卖掉现有的一台闲置设备购买一台新设备,该旧设备 8 年前以 40 000 元购入,规定的使用年限为 10 年,按直线法计提折旧,预计残值率为 10%,已提折旧 28 800 元,目前可以按 10 000 元价格卖出,假设所得税税率为 30%,则卖出现有设备对更新改造方案经营期第一年净现金流量的影响是( ),假设建设期为零。

     A. 减少 360 元   B. 减少 1200 元

     C. 增加 360 元   D. 增加 1 200 元

11. 某完整工业投资项目的建设期为零,第一年流动资产需用额为 1 000 万元,流动负债需用额为 400 万元。则该年营运资金投资额为( )万元。

     A. 400   B. 600   C. 1 000   D. 1 400

12. 某公司新建厂房需要使用公司拥有的一块土地,不必动用资金购买,但当初公司是以 50 万元购入这块土地的,假设目前这块土地的市价为 80 万元,如欲在这块土地上新建厂房,应( )。

     A. 以 50 万元作为投资分析的机会成本考虑

     B. 以 80 万元作为投资分析的机会成本考虑

     C. 以 30 万元作为投资分析的机会成本考虑

     D. 以 130 万元作为投资分析的沉没成本考虑

13. 在全部投资均于建设起点一并投入,建设期为零,投产后每年净现金流量相等的情况下,为计算内部收益率所求得的年金现值系数应等于该项目的( )。

     A. 获利指数指标的值   B. 净现值率指标的值

     C. 静态回收期指标的值   D. 投资利润率指标的值

14. 投资项目评价采用贴现指标,不宜作为贴现率的是( )。

     A. 活期存款利率   B. 企业要求的最低资本报酬率

     C. 投资项目的资本成本   D. 行业平均资本收益率

15. 某投资项目,折现率为 10% 时,净现值为 500 元;折现率为 15% 时,净现值为 −480 元,则该项目的内含报酬率是( )。

     A. 13.15%   B. 12.75%   C. 12.55%   D. 12.25%

16. 某投资项目原始投资为 12 000 元,当年完工投产,有效期限 3

年,每年可获得现金净流量 4 600 元,则该项目内含报酬率为( )。

    A. 7.32%   B. 7.68%   C. 8.32%   D. 6.68%

17. 当贴现率为 10% 时,某项目的净现值为 500 元,则说明该项目的内含报酬率( )。

    A. 高于 10%   B. 低于 10%

    C. 等于 10%   D. 无法界定

18. 下列无法直接利用净现金流量信息计算的指标是( )。

    A. 投资回收期   B. 投资利润率

    C. 净现值   D. 内含报酬率

19. 获利指数法与净现值法相比较,其优点是( )。

    A. 不必事先选择贴现率

    B. 可以进行独立方案获利能力的比较

    C. 可以进行互斥方案获利能力的比较

    D. 考虑了现金流量的时间价值

20. 可以根据各年相同的风险程度对方案进行评价的方法是( )。

    A. 风险调整贴现率法   B. 肯定当量法

    C. 内含报酬率法   D. 获利指数法

21. 在进行投资项目风险分析时,易夸大远期现金流量风险的方法是( )。

    A. 调整现金流量法   B. 风险调整折现率法

    C. 净现值法   D. 内含报酬率法

22. 在进行是继续使用旧设备还是购置新设备的决策时,如果这两项设备未来使用年限不同,且只有现金流出,没有适当的现金流入,则应采用的决策分析方法是( )。

    A. 平均年成本法   B. 差额内含报酬率法

    C. 总成本法   D. 净现值法

23. 原始投资额不同,特别是项目计算期不同的多方案比较决策,最适合采用的评价方法是( )。

    A. 获利指数法   B. 内含报酬率法

    C. 差额投资内含报酬率法   D. 年等额净回收额法

24. 项目在建设起点一次投入全部原始投资额为 1 000 万元,若采用插入函数法所计算的方案净现值为 150 万元,企业资金成本率 10%,则方案本身的获利指数为(　　)。

　　A. 1.1　　　　B. 1.15　　　　C. 1.265　　　D. 1.165

25. 甲公司评价一投资项目的 β 值,以某上市公司作为替代公司,该上市公司的 β 值为 1.2,产权比率为 0.7;甲公司的产权比率为 2/3,所得税税率为 30%,则这一投资项目的 β 值为(　　)。

　　A. 1.1813　　B. 1.1765　　C. 1.2　　　　D. 0.8054

26. 一个公司"当期的营业现金净流量等于当期的净利润加折旧之和",就意味着(　　)。(2002 年 CPA)

　　A. 该公司不会发生偿债危机

　　B. 该公司当期没有分配股利

　　C. 该公司当期的营业收入都是现金收入

　　D. 该公司当期的营业成本与费用除折旧外都是付现费用

二、多选题

1. 完整工业投资项目的现金流入包括的项目主要有(　　)。

　　A. 营业收入　　　　　　　B. 回收固定资产变现净值

　　C. 固定资产折旧　　　　　D. 回收流动资金

2. 下列项目中,属于经营期现金流入项目的有(　　)。

　　A. 营业收入　　　　　　　B. 旧设备变价净收入

　　C. 经营成本节约额　　　　D. 回收固定资产余值

3. 在全投资条件下,下列各项中不属于固定资产项目现金流出量的是(　　)。

　　A. 资本化利息　　　　　　B. 所得税

　　C. 经营成本　　　　　　　D. 归还借款的本金

4. 影响完整工业项目经营期某年净现金流量的因素包括(　　)。

　　A. 当年利润　　　　　　　B. 当年折旧与摊销

　　C. 当年回收额　　　　　　D. 当年财务费用中的利息额

5. 某公司正在开会讨论是否投产一种新产品,对以下收支发生争论。你认为不应列入该项目评价的现金流量包括(　　)。

　　A. 新产品投产需要占用营运资金 80 万元,它们可在公司现有周转资金中解决,不需要另外筹集

B. 该项目利用现有未充分利用的厂房和设备,如将设备出租可获收益 200 万元,但公司规定不得将生产设备出租,以防止对本公司产品形成竞争

C. 新产品销售会使本公司同类产品减少收益 100 万元,如果本公司不经营此产品,竞争对手也会推出此新产品

D. 拟采用借债方式为本项目筹资,新债务的利息支出每年 50 万元

6. 采用净现值法评价投资项目可行性时,所采用的折现率通常有( )。

A. 投资项目的资本成本率　　　B. 投资的机会成本率

C. 行业平均资本收益率　　　　D. 投资项目的内含报酬率

7. 下列几个因素中,影响内含报酬率的有( )。

A. 银行存款利率　　　　　　　B. 银行贷款利率

C. 投资项目有效年限　　　　　D. 原始投资额

8. 固定资产投资有效年限内,可能造成各年会计利润与现金流量出现差额的因素有( )。

A. 计提折旧方法　　　　　　　B. 存货计价方法

C. 成本计算方法　　　　　　　D. 间接费用分配方法

E. 无形资产摊销方法

9. 净现值法的优点有( )。

A. 考虑了资金时间价值

B. 考虑了投资项目的全部现金流量

C. 有利于企业尽快收回投资

D. 能够反映项目的实际投资报酬率

10. 净现值法与获利指数法的共同之处在于( )。

A. 都考虑了货币的时间价值

B. 都必须按预定的贴现率折算现金流量的现值

C. 都不能反映投资方案的实际投资收益率

D. 都是相对指标,反映投资的效率

E. 都可以进行独立投资机会获利能力的比较

11. 在不考虑所得税且没有借款利息的情况下,下列计算单纯固定

资产投资营业现金净流量的公式中,正确的是(　　)。

A. 营业现金净流量＝利润＋折旧

B. 营业现金净流量＝营业收入－经营成本

C. 营业现金净流量＝营业收入－经营成本－折旧

D. 营业现金净流量＝营业收入－经营成本＋折旧

12. 在考虑所得税因素之后,能够计算出营业现金流量的有(　　)。

A. 营业现金流量＝税后收入－税后成本＋税负减少

B. 营业现金流量＝收入×(1－税率)－付现成本×(1－税率)＋折旧×税率

C. 营业现金流量＝税后净利润＋折旧

D. 营业现金流量＝营业收入－付现成本－所得税

13. 某公司拟于 2004 年初新建一生产车间用于某种新产品的开发,则与该投资项目有关的现金流量是(　　)。

A. 需要购置新的生产流水线价值 150 万元,同时垫付 20 万元流动资金

B. 利用现有的库存材料,该材料目前的市价为 10 万元

C. 车间建在距离总厂 10 公里外的 2001 年已经购入的土地上,该块土地若不使用可以 300 万元出售

D. 2002 年公司曾支付 5 万元的咨询费请专家论证过此事

14. 在计算投资方案的增量现金流量时,所谓应考虑的净营运资金的需要不是指(　　)。

A. 流动资产与流动负债的差额

B. 增加的流动资产与增加的流动负债的差额

C. 减少的流动资产与减少的流动负债的差额

D. 增加的流动负债与增加的流动资产的差额

15. 下列属于计算现金流量假设的有(　　)。

A. 财务可行性假设

B. 全投资假设

C. 项目计算期与折旧期一致假设

D. 时点指标假设

16. 关于项目投资,下列说法中正确的是(　　)。

A. 项目投资决策应首先估计现金流量

B. 与项目投资相关的现金流量必须是能使企业总现金流量变动的部分

C. 在投资有效期内,现金净流量可以取代利润作为评价净收益的指标

D. 投资分析中现金流动状况与盈亏状况同等重要

17. 内含报酬率是指(　　)。

A. 投资报酬与总投资的比率

B. 项目投资实际可望达到的报酬率

C. 投资报酬现值与总投资现值的比率

D. 使投资方案净现值为零的贴现率

18. 下列指标的计算中,直接利用净现金流量数值的有(　　)。

A. 投资利润率　　　　　　　　B. 投资回收期

C. 净现值率　　　　　　　　　D. 内含报酬率

19. 采用净现值法评价方案时,关键是选择贴现率,其贴现率可以是(　　)。

A. 资本成本　　　　　　　　　B. 企业要求的最低报酬率

C. 内含报酬率　　　　　　　　D. 历史最高的报酬率

E. 行业基准收益率

20. 投资决策评价的主要指标有(　　)。

A. 净现值　　　　　　　　　　B. 静态投资回收期

C. 投资利润率　　　　　　　　D. 内含报酬率

21. 某公司拟投资一项目 10 万元,投产后年均现金流入 48 000 元,付现成本 13 000 元,预计有效期 5 年,按直线法计提折旧,无残值,所得税税率为 33%,则该项目(　　)。

A. 回收期 2.86 年　　　　　　B. 回收期 3.33 年

C. 投资利润率 10.05%(税后)　D. 投资利润率 35%(税后)

22. 与确定风险调整贴现率有关的因素是(　　)。

A. 现金流量的预期值　　　　　B. 现金流量的标准差

C. 风险报酬率　　　　　　　　D. 无风险贴现率

23. 在一般投资项目中，当一项投资方案的净现值等于 0 时，即表明（　　）。
    A. 该方案的获利指数等于 1
    B. 该方案不具备财务可行性
    C. 该方案的净现值率大于 0
    D. 该方案的内含报酬率等于设定折现率或行业基准收益率

24. 下列表述中正确的有（　　）。
    A. 风险调整贴现率把时间价值和风险价值混在一起，并据此对现金流量进行贴现
    B. 肯定当量法有夸大远期风险的特点
    C. 肯定当量法可以和净现值法结合使用，也可以和内含报酬率法结合使用
    D. 肯定当量法的主要困难是确定合理的当量系数

25. 下列关于投资风险分析的论述中正确的有（　　）。
    A. 对于高风险的项目，应采用较高的贴现率去计算净现值
    B. 肯定当量法是用调整净现值公式中分子的办法来考虑风险
    C. 风险调整贴现率法是用调整净现值公式中分母的办法来考虑风险
    D. 肯定当量法克服了风险调整贴现率法夸大远期风险的缺点
    E. 肯定当量法的缺点是把时间价值和风险价值混在一起

26. 下列属于非相关成本的有（　　）。
    A. 沉没成本　　B. 过去成本　　C. 机会成本　　D. 未来成本

三、简答题

1. 简述资本预算的含义。
2. 简述项目投资的特点和作用。
3. 简述资本预算决策的重要性。
4. 什么是战略性投资？什么是战术性投资？
5. 什么是相关性投资？什么是独立性投资？什么是互斥性投资？
6. 什么是先决性投资？什么是重置性投资？
7. 什么是新建企业投资？什么是简单再生产投资？什么是扩大再生产投资？

8. 什么是增加收入投资？什么是降低成本投资？

9. 什么是现金流出量和现金流入量？投资方案的现金流出量和现金流入量各包括哪些内容？

10. 什么是初始现金流量、营业现金流量、终结现金流量？各包括哪些内容？

11. 什么是公司自由现金流量（*FCFF*）？什么是股权自由现金流量（*FCFE*）

12. 简述所得税对现金流量的影响。

13. 简述通货膨胀对现金流量的影响。

14. 简述用投资回收期进行资本预算的优点和缺点。

15. 简述用会计收益率法进行资本预算的缺点。

16. 净现值法指标有哪些优点和缺点？

四、计算题

1. 已知企业拟购建一项固定资产，需在建设起点一次投入全部资金 1 000 万元，按直线法折旧，使用寿命 10 年，期末有 100 万元净残值。建设期为 1 年，发生建设期资本化利息 100 万元。预计投产后每年可获息税前利润 100 万元。

要求：计算该项目的所得税前净现金流量。

2. 甲企业打算在 2005 年末购置一套不需要安装的新设备，以替换一套尚可使用 5 年、折余价值为 91 000 元、变价净收入为 80 000 元的旧设备。取得新设备的投资额为 285 000 元。到 2010 年末，新设备的预计净残值超过继续使用旧设备的预计净残值 5 000 元。使用新设备可使企业在 5 年内每年增加营业利润 10 000 元。新旧设备均采用直线法计提折旧。假设全部资金来源均为自有资金，适用的企业所得税税率为 33%，折旧方法和预计净残值的估计均与税法的规定相同。

要求：

（1）计算更新设备比继续使用旧设备增加的投资额；

（2）计算经营期因更新设备而每年增加的折旧；

（3）计算经营期每年因营业利润增加而导致的所得税变动额；

（4）计算经营期每年因营业利润增加而增加的净利润；

（5）计算因旧设备提前报废发生的处理固定资产净损失；

（6）计算经营期第1年因旧设备提前报废发生净损失而抵减的所得税额；

（7）计算建设期起点的差量净现金流量 ΔNCF_0；

（8）计算经营期第1年的差量净现金流量 ΔNCF_1；

（9）计算经营期第2～4年每年的差量净现金流量 $\Delta NCF_{2\sim4}$；

（10）计算经营期第5年的差量净现金流量 ΔNCF_5。

3. 某公司进行一项投资，正常投资期为3年，每年年初投资400万元，3年共需投资1 200万元，第4～13年每年现金净流量为500万元。如果把投资期缩短为2年，每年年初需投资750万元，2年共需投资1 500万元，竣工投产后的项目寿命期和每年现金净流量不变；资本成本率20%，假设项目寿命终结时无残值，不用垫支营运资金。

要求：通过计算判断应否缩短投资期。

4. 某公司拟采用新设备取代已使用3年的旧设备，旧设备原价14 950元。当前估计尚可使用5年，每年操作成本2 150元，预计最终残值1 750元，目前变现价值8 500元。购置新设备需花费13 750元，预计可使用6年，每年操作成本850元，残值收入为2 500元，预计税率30%，税法规定该类设备应采用直线法折旧，折旧年限为6年，残值为原值的10%。

要求：进行是否应该更新设备的决策，并列出计算分析过程。

5. 甲公司想进行一项投资，该项目投资总额为6 000元，其中5 400元用于设备投资，600元用于流动资金垫支。预期该项目当年投产后可使收入增加为第1年3 000元，第2年4 500元，第3年6 000元。每年追加的付现成本为第1年1 000元，第2年1 500元，第3年1 000元。该项目有效期为3年。该公司所得税税率为40%，固定资产无残值，采用直线法计提折旧。公司要求的最低报酬率为10%。

要求：

（1）计算该项目各年的税后现金流量；

（2）计算该项目的净现值；

（3）如果不考虑其他因素，该项目是否应被接受？

6. 已知ABC公司拟于2003年初用自有资金购置设备一台，需一次性投资100万元。经测算，该设备使用寿命为5年，税法亦允许按5

年计提折旧,设备投入运营后每年可新增利润 20 万元。假定该设备按直线法折旧,预计的净残值率为 5%;已知 $PVIFA_{10\%,5} = 3.7908$, $PVIF_{10\%,5} = 0.6209$。不考虑建设安装期和公司所得税。

要求:

(1) 计算使用期内各年净现金流量;

(2) 计算该设备的投资回收期;

(3) 计算该投资项目的会计收益率;

(4) 如果以 10% 作为折现率,计算其净现值。

7. 某公司拟投产一新产品,需要购置一套专用设备,预计价款 900 000 元,追加流动资金 145 822 元。设备按 5 年计提折旧,采用直线法计提,净残值率为 0。该新产品预计销售单价 20 元/件,单位变动成本 12 元/件,每年固定经营成本 500 000 元。该公司所得税税率为 40%,投资的最低报酬率为 10%。

要求:

(1) 计算净现值为零时的息税前利润;

(2) 计算净现值为零时的销售量水平(计算结果保留整数)。

8. 某企业拟投资建设一条新生产线。现有三个方案可供选择:A 方案的原始投资为 1 250 万元,项目计算期为 11 年,净现值为 958.7 万元;B 方案的原始投资为 1 100 万元,项目计算期为 10 年,净现值为 920 万元;C 方案净现值为 −12.5 万元。行业基准折现率为 10%。

要求:

(1) 判断每个方案的财务可行性;

(2) 用年等额净回收额法作出最终的投资决策(计算结果保留两位小数)。

9. 某企业计划进行一项投资活动,拟有甲、乙两个方案可以从中选择,有关资料为:

甲方案固定资产原始投资 100 万元,全部资金于建设起点一次投入,该项目经营期 8 年,到期无残值,预计投产后年营业收入 90 万元,年营运成本 60 万元。

乙方案固定资产原始投资 120 万元,固定资产投资所需资金专门从银行借款取得,年利率为 8%,期限为 12 年,利息每年年末支付,该项目在第 2 年末达到预定可使用状态。在该项目投资前每年流动资金需要量为 65 万元,预计在该项目投资后的第 2 年末及未来每年流动资金需要量为 95 万元;另外,为了投资该项目需要在第 2 年末支付 20 万元购入一项商标权,固定资产投资于建设起点一次投入。该项目预计完工投产后使用年限为 10 年,到期残值收入 8 万元,商标权自投产年份起按经营年限平均摊销。该项目投产后,预计年营业收入 170 万元,年经营成本 80 万元。

该企业按直线法计提折旧,全部流动资金于终结点一次回收,所得税税率 33%,该企业要求的最低投资报酬率为 10%。

要求:

(1) 计算乙方案的年折旧额;

(2) 计算乙方案的年息税前利润和年净利润;

(3) 计算甲、乙方案的各年现金净流量;

(4) 计算甲方案的内含报酬率;

(5) 计算甲、乙方案的净现值;

(6) 计算甲、乙方案的年等额净回收额;

(7) 根据方案重复法对甲、乙方案进行评价;

(8) 根据最短计算期法对甲、乙方案进行评价。

10. 已知:某上市公司现有资金 10 000 万元,其中:普通股股本 3 500 万元,长期借款 6 000 万元,留存收益 500 万元。长期借款年利率为 8%。有关投资服务机构的统计资料表明,该上市公司股票的系统性风险是整个股票市场风险的 1.5 倍。目前整个股票市场平均收益率为 8%,无风险报酬率为 5%。公司适用的所得税税率为 33%。

公司拟通过再筹资发展甲、乙两个投资项目。有关资料如下:

资料一:甲项目投资额为 1 200 万元,经测算,甲项目的资本收益率存在 -5%、12% 和 17% 三种可能,三种情况出现的概率分别为 0.4、0.2 和 0.4。

资料二:乙项目投资额为 2 000 万元,经过逐次测试,得到以下数据:当设定折现率为 14% 和 15% 时,乙项目的净现值分别为 4.946 8 万元和 -7.420 2 万元。

资料三:乙项目所需资金有 A、B 两个筹资方案可供选择。A 方案:发行票面年利率为 12%、期限为 3 年的公司债券,假设债券发行不影响股票资本成本;B 方案:增发普通股筹资,预期股利为 1.05 元,普通股当前市价为 10 元,股东要求每年股利增长 2.1%。

资料四:假定该公司筹资过程中发生的筹资费可忽略不计,长期借款和公司债券均为年末付息,到期还本。

要求:

(1) 指出该公司股票的 β 系数;

(2) 计算该公司股票的必要收益率;

(3) 计算甲项目的预期收益率;

(4) 计算乙项目的内部收益率;

(5) 以该公司股票的必要收益率为标准,判断是否应当投资于甲、乙项目;

(6) 分别计算乙项目 A、B 两个筹资方案的资本成本;

(7) 根据乙项目的内部收益率和筹资方案的资本成本,对 A、B 两方案的经济合理性进行评价;

(8) 计算乙项目分别采用 A、B 两个筹资方案再筹资后,该公司的综合资本成本;

(9) 根据再筹资后公司的综合资本成本,对乙项目的筹资方案作出决策。

11. XYZ 公司拟进行一项完整工业项目投资,现有甲、乙、丙、丁四个可供选择的互斥投资方案。已知相关资料如下:

资料一:已知甲方案的净现金流量为:$NCF_0 = -800$ 万元,$NCF_1 = -200$ 万元,$NCF_2 = 0$ 万元,$NCF_{3\sim11} = 250$ 万元,$NCF_{12} = 280$ 万元。假定经营期不发生追加投资,XYZ 公司所在行业的基准折现率为 16%。部分资金时间价值系数见表 9-1。

表 9-1　资金时间价值系数表

t	1	2	9	11	12
$PVIF_{16\%,t}$	0.862 1	0.743 2	0.263 0	0.195 4	0.168 5
$PVIFA_{16\%,t}$	0.862 1	1.605 2	4.606 5	5.028 6	5.197 1

资料二:乙、丙、丁三个方案在不同情况下的各种投资结果及出现

概率等资料见表9-2。

表9-2 乙、丙、丁三方案的资料　　金额单位:万元

	乙方案		丙方案		丁方案	
	概率	净现值	概率	净现值	概率	净现值
结果理想	0.3	100	0.4	200	0.4	200
结果一般	0.4	60	0.6	100	0.2	300
结果不理想	0.3	10	0	0	C	×
净现值的期望值	—	A	—	140	—	160
净现值的方差	×		—	B	—	×
净现值的标准离差		×		×	—	96.95
净现值的标准离差率	—	61.30%	—	34.99%	—	D

资料三:假定市场上的无风险收益率为9%,通货膨胀因素忽略不计,风险价值系数为10%,乙方案和丙方案预期的风险收益率分别为10%和8%,丁方案预期的总投资收益率为22%。

要求:

(1) 根据资料一,指出甲方案的建设期、经营期、项目计算期、原始总投资,并说明资金投入方式。

(2) 根据资料一,计算甲方案的下列指标:

① 不包括建设期的静态投资回收期;

② 包括建设期的静态投资回收期;

③ 净现值(结果保留小数点后一位小数)。

(3) 根据资料二,计算表9-2中用字母表示的指标数值(不要求列出计算过程)。

(4) 根据资料三,计算下列指标:

① 乙方案预期的总投资收益率;

② 丙方案预期的总投资收益率;

③ 丁方案预期的风险收益率和投资收益率的标准离差率。

(5) 根据净现值指标评价上述四个方案的财务可行性。XYZ公司从规避风险的角度考虑,应优先选择哪个投资项目?

五、论述题

1. 试述项目投资、投资项目与投资方案的区别与联系。

2. 在进行现金流量估算时应注意哪些问题?

3. 为什么在投资决策中采用的主要分析指标是现金流量而不是会计利润?

4. 怎样进行多个互斥方案的资本预算决策?

5. 进行贴现指标与非贴现指标的比较。

6. 进行贴现指标之间的比较。

7. 怎样进行资本限量决策?

8. 怎样进行固定资产更新决策?

六、案例分析题

1. 某日用化学品公司资本预算分析

某日用化学品公司正在召开会议,讨论新产品开发及其资本支出预算等有关问题。

该公司成立于1990年,是由中洁化工厂和南宏化工厂合并而成。合并之时,中洁化工厂主要生产"彩虹"牌系列洗涤用品,它是一种低泡沫、高浓缩粉状洗涤剂;南宏化工厂主要生产"波浪"牌系列洗涤用品,它具有泡沫丰富、去污力强等特点。两种产品在东北地区的销售市场各占有一定份额。两厂合并后,仍继续生产两种产品,并保持各自的商标。1995年,这两种洗涤剂的销售收入是合并前的3倍,其销售市场已经从东北延伸到全国各地。

面对日益激烈的商业竞争和层出不穷的科技创新,该公司投入大量资金进行新产品的研究和开发工作,经过两年不懈努力,终于试制成功一种新型、高浓缩液体洗涤剂——"长风"牌液体洗涤剂。该产品采用国际最新技术、生物可降解配方制成,与传统的粉状洗涤剂相比,具有以下几项优点:(1)采用"长风"牌液体洗涤剂漂洗相同重量的衣物,其用量只相当于粉状洗涤剂的1/6或1/8;(2)对于特别脏的衣物、洗衣量较大或水质较硬的地区,如华北、东北,可达最佳洗涤效果,且不需要事前浸泡,这一点是粉状洗涤剂不能比拟的;(3)采用轻体塑料瓶包装,使用方便,容易保管。

参加会议的有公司董事长、总经理、研究开发部经理、财务部经理等有关人员。会上,研究开发部经理首先介绍了新产品的特点、作用;研究开发费用以及开发项目的现金流量等。研究开发部经理指出,生产"长风"牌液体洗涤剂的原始投资为 2 500 000 元,其中新产品市场调查研究费 500 000 元,购置专用设备、包装用品设备等需投资 2 000 000 元。预计设备使用年限 15 年,期满无残值。按 15 年计算新产品的现金流量,与公司一贯奉行的经营方针相一致,在公司看来,15 年后的现金流量具有极大的不确定性,与其预计误差,不如不予预计。

研究开发部经理列示了"长风"牌洗涤剂投产后公司年现金流量表(见表 9-3),并解释由于新产品投放后会冲击原来两种产品的销量,因此"长风"牌洗涤剂投产后增量现金流量见表 9-4。

表 9-3 开发"长风"牌产品后公司预计现金流量

年份	现金流量(元)	年份	现金流量(元)
1	280 000	9	350 000
2	280 000	10	350 000
3	280 000	11	250 000
4	280 000	12	250 000
5	280 000	13	250 000
6	350 000	14	250 000
7	350 000	15	250 000
8	350 000		

研究开发部经理介绍完毕,会议展开了讨论,在分析了市场状况、投资机会以及同行业发展水平的基础上,确定公司投资机会成本为 10%。

公司财务部经理首先提出:"长风"牌洗涤剂开发项目资本支出预算中为什么没有包括厂房和其他设备支出?研究开发部经理解释到:目前,"彩虹"牌系列洗涤剂的生产设备利用率仅为 55%,由于这些设备完全适用于生产"长风"牌液体洗涤剂,故除专用设备和加工包装所用的设备外,不需再增加其他设备。预计"长风"牌洗涤剂生产线全部开机后,只需要 10%的工厂生产能力。

表 9-4 开发"长风"牌产品后公司增量现金流量

年份	现金流量(元)	年份	现金流量(元)
1	250 000	9	315 000
2	250 000	10	315 000
3	250 000	11	225 000
4	250 000	12	225 000
5	250 000	13	225 000
6	315 000	14	225 000
7	315 000	15	225 000
8	315 000		

公司总经理问到:开发新产品是否应考虑增加的流动资金?研究开发部经理解释说:新产品投产后,每年需追加流动资金200 000元,由于这项资金每年年初借,年末还,一直保留在公司,所以不需将此项费用列入项目现金流量中。

接着,公司董事长提问:生产新产品占用了公司的剩余生产能力,如果将这部分剩余生产能力出租,公司将得到近2 000 000元的租金收入。因此新产品投资收入应该与租金收入相对比。但他又指出,该公司一直奉行严格的设备管理政策,即不允许出租厂房设备等固定资产。按此政策,公司有可能接受新项目,这与正常的投资项目决策方法有所不同。

讨论仍在进行,主要集中的问题是:如何分析严格的设备管理政策对投资项目收益的影响?如何分析新产品市场调查研究费和追加的流动资金对项目的影响?

案例来源:夏乐书,刘淑莲,《公司理财学》,中国财政经济出版社,1998年。

根据以上情况,回答下列问题:

(1) 如果你是财务部经理,你认为新产品市场调查研究费属于该项目的现金流量吗?

(2) 关于生产新产品所追加的流动资金,应否算作项目的现金流量?

（3）新产品生产使用公司的剩余生产能力,是否应该支付使用费?为什么?

（4）投资项目现金流量中是否应该反映由于新产品上市使原来老产品的市场份额减少而丧失的收入? 如果不引进新产品,是否可以减少竞争?

（5）如果投资项目所需资金是从银行借入的,那么与此相关的利息支出是否应在投资项目现金流量中加以反映?

2. 捷美健身俱乐部跑步机更新投资项目

捷美健身俱乐部是一家深受青年男女青睐的健身俱乐部,每到周末就人满为患,生意兴隆,这要归功于总经理李强的出色管理。但目前,李强正在为一件事烦恼,俱乐部中的健身器材——40 台跑步机已经使用 5 年,到了该淘汰的时候。现有两家健身器材生产商的推销员正盯着李强,推销自己公司的产品,使李强左右为难。

甲公司的推销员开价每台跑步机 6 400 元,预计 5 年后残值为每台 800 元;乙公司的推销员则提出以每年租金 1 600 元、年底付租金的租赁方式出租跑步机 5 年,5 年结束后,跑步机归还乙公司,此项租赁只需在 90 天前通知公司即可在年底取消。

被淘汰的跑步机已提取全部折旧,现可以 600 元出售。购置的新跑步机,不管哪个公司的产品,每年每台均需要使用维护费 1 200 元,而每年预计产生的总收入为 240 000 元。

李强虽未学过财务管理,但他知道在购置的情况下不到两年就可还本;同时,采用购置方式,可以得到利率为 8% 的贷款,因利息可以抵税,在公司所得税税率为 33% 的情况下,实际利率更低。若采取租赁方式,每台跑步机 5 年总租金为 8 000 元,租金总额不仅超过购买价格,且无残值收入。因此,李强认为应该采取购置而不是租赁方式。

但李强将此方案提交给公司管理层讨论时,受到财务经理的坚决反对。财务经理认为,即使不考虑通货膨胀,现在就付出 6 400 元不一定比 5 年间每年付 1 600 元有利。尽管利息有抵税作用,但租金支出也有抵税效果,故到底采用何种方式比较有利,应通过财务分析才能确定。

思考:

（1）在考虑所得税影响的情况下,应怎样进行资本预算决策?

（2）在有通货膨胀的情况下，应怎样进行资本预算决策？

案例来源：王遐昌，《财务管理学——案例与训练》，立信会计出版社，2007年。

第三节 习题解答与案例分析要点

一、单选题

1. D　第一年付出流动资金35万元，第二年总共需要流动资金50万元，需增付15万元，以后每年均需要50万元流动资金，因此收回时流动资金为50万元。

2. B　该方案年现金流量净额＝（300－210）×（1－40%）＋85＝139万元。

3. B　该方案营业现金流量＝（500－380）×（1－33%）＋50＝130.4万元。

4. D　估算现金流量时应当注意：必须是项目的增量现金流量；考虑项目对企业其他部门的影响。综合考虑以上因素，二分厂投资该项目预计的年现金流入＝2 000－400＝1 600万元。一分厂年销售收入3 000万元为无关现金流量。

5. C　设备报废引起的预计现金流入量＝12 000＋（14 000－12 000）×33%＝12 660元。

6. C　若残值收入大于税法规定的净残值，所获得超额收益需要补交所得税。

7. C　沉没成本是指业已发生或承诺、无法回收的成本支出，沉没成本是一种历史成本，对现有决策而言是不可控成本，不会影响当前行为或未来决策。因此，沉没成本是决策非相关成本，在项目决策时无需考虑。

8. D　要考虑的是相关成本，如重置成本、机会成本等；无关成本，如账面成本、沉没成本均不需考虑。

9. A　以前投资的15万元为沉没成本，在当期作决策时不予考虑，只考虑需要继续投资的5万元。

10. C　依据题意，该设备的原值是40 000元，现已提折旧28 800元，则账面价值为11 200元（40 000－28 800），而目前该设备的变现价格为 10 000 元,即如果变现的话,将会产生变现损失 1 200 元(11 200－10 000),由于变现的损失计入营业外支出,这将会使企业的应纳税所得额减少,从而少纳税 360 元(1 200×30%),这相当于使企业获得 360 元的现金流入。因此,卖出现有设备对更新改造方案经营期第一年净现金流量的影响是净现金流量增加 360 元。

11. B　营运资金=流动资产－流动负债=600 万元。

12. B　除了兴建厂房之外,还有可选方案是土地作价出售 80 万元,这 80 万元就是机会成本,需在决策时予以考虑。

13. C　在全部投资均于建设起点一并投入,建设期为零,投产后每年净现金流量相等的情况下,为计算内部收益率所求得的年金现值系数应等于该项目的静态回收期指标的值。

14. A　一般活期存款利率较贷款利率低,即小于债务资本成本,因此不宜作为贴现率。

15. C　用插值法即可求得。

$500/(10\%-IRR)=480/(IRR-15\%)$,$IRR=12.55\%$。

16. A　$4\ 600\times PVIFA_{IRR,3}=12\ 000$,用插值法即可求得 $IRR=7.32\%$。

17. A　贴现率与净现值呈反向变化,所以当贴现率为 10% 时,某项目的净现值为 500 元大于零,要想使净现值向等于零靠近(此时的贴现率为内含报酬率),即降低净现值,需进一步提高贴现率,故知该项目的内含报酬率高于 10%。

18. B　投资利润率无法直接利用净现金流量信息计算。

19. B　对于互斥方案的选择决策,两者可能得到不同的结论。这是因为净现值是一个绝对数指标,而获利指数是一个相对数指标。而获利指数可用于排序和选择项目,进行独立方案之间的比较。

20. B　肯定当量法是先按风险程度调整投资项目的预期现金流量,然后用一个系数(通常称为约当系数)把有风险的现金流量调整为无风险的现金流量,最后,利用无风险贴现率来评价风险投资项目的决策分析方法。

21. B　风险调整折现率法易把时间价值和风险价值混在一起,人为地假定风险一年比一年大,这是不合理的。

22. A 平均年成本法用于投资寿命期不等时的更新决策。

23. D 多个互斥方案的比较与优选:

(1)当原始投资相同且项目计算期相等时,可以选择净现值或净现值率大的方案作为最优方案。

(2)当原始投资不相同时,可以选择差额投资内含报酬率法和年等额净回收额法进行决策,后者尤其适用于项目计算期不同的多方案比较决策。

24. D 按插入函数法所求的净现值并不是求的第 0 年价值,而是第 0 年前一年的价值。

方案本身的净现值=按插入法求得的净现值×(1+i)=150×(1+10%)=165 万元

方案本身的净现值率=165/1 000=16.5%

获利指数=1+16.5%=1.165

25. A 首先将替代公司的权益 β 值转换成负债的 β 值,

$$\beta_{负债}=\beta_{权益}/[1+(1-30\%)\times0.7]=0.805\ 4$$

再转换成甲公司的 β 权益值

$$\beta_{权益}=\beta_{负债}\times[1+(1-30\%)\times2/3]=1.181\ 3$$

26. D 如果还有其他非付现费用,则表明当期的营业现金净流量应等于当期的净利润加折旧之和之外,还要加上其他的待摊费用。

二、多选题

1. ABD 固定资产折旧不会引起现金流入。

2. AC 旧设备变价的净收入是初始现金流量,回收固定资产余值是终结现金流量。

3. AD 在固定资产方面的现金流出量与形成的固定资产价值可能不一样,因为固定资产价值中可能包括建设期内资本化的利息。

4. ABCD 营业现金流量是指投资项目完成投入生产后,在寿命期内,从正常的生产经营活动中取得的现金流量,一般以年为单位进行计算。营业现金流量=营业收入-营业成本-所得税;或表示为营业现金流量=税后净利+折旧费。

5. BC B项中厂房虽然可出租获益,但是规定不能出租,因此不作为机会成本考虑,C项也是如此。

6. ABC 投资项目的内含报酬率在事前并不为所知,它也是一种进行评价投资项目可行性的方法。

7. CD 由内含报酬率公式可知,除了 C 和 D,还有每年的净现金流量影响内含报酬率的值。

8. ABCDE 这些方法均会导致折旧或摊销的数额不同,营业现金流量=税后净利+折旧费,所以这样就会导致现金流量不同。

9. AB 净现值法是对方案的优劣进行判断的方法,并不能使企业尽快收回投资。它不能反映项目的实际投资报酬率。

10. ABC 净现值法是绝对指标,它不能进行独立投资机会获利能力的比较。

11. AD 没有所得税,A 和 D 一样。

12. ABCD 营业现金流量=净利润+折旧额
＝税前利润×(1−税率)+折旧额
＝(收入−总成本)×(1−税率)+折旧额
＝(收入−付现成本−折旧额)×(1−税率)+折旧额
＝收入×(1−税率)−付现成本×(1−税率)−折旧额×(1−税率)+折旧额
＝收入×(1−税率)−付现成本×(1−税率)+折旧额×税率

13. ABC 咨询费为沉没成本,不予考虑。

14. ACD 在计算投资方案的增量现金流量时,净营运资金的需要是指增加的流动资产与增加的流动负债的差额。

15. ABD 计算企业现金流量与折旧无关。

16. ABC 投资分析中现金流动状况是考虑的重点。

17. BD 内含报酬率法是根据方案本身内含的报酬率来评价方案优劣的一种方法。内含报酬率反映的是方案本身实际达到的报酬率,它是在整个方案的实施运行过程中,使未来现金流入量现值等于未来现金流出量现值的贴现率,也就是使得项目的净现值为零的贴现率。

18. BCD 投资利润率=年平均净利润/原始投资额×100%,不需要利用现金流量。

19. ABE 选择贴现率是要考虑适合本行业本企业的需要,内含报酬率是使项目的净现值为零的贴现率,而历史最高的报酬率不符合现实情况。

20. AD AD 为贴现现金流量指标,考虑了货币时间价值,BC 没有考虑货币时间价值,所以不作为投资决策评价的主要指标。

21. BC 净现金流量＝$(48\,000-13\,000)\times(1-33\%)+20\,000\times 33\%=30\,050$ 元

投资回收期＝$100\,000/30\,050=3.33$ 年

投资利润率＝$(48\,000-13\,000-20\,000)\times(1-33\%)/10\,000=10.05\%$

22. ACD 按风险调整贴现率有如下几种确定方法:

(1) 用资本资产定价模型来调整贴现率:特定投资项目按风险调整的贴现率可按下式来计算:$K_j=R_F+\beta_j\times(R_m-R_F)$

式中:K_j—— 项目 j 按风险调整的贴现率或项目的必要报酬率;

R_F—— 无风险利息率;

β_j—— 项目 j 的不可分散风险的 β 系数;

R_m—— 所有项目平均的贴现率或必要报酬率。

(2) 按投资项目的风险等级来调整贴现率:这种方法是对影响投资项目风险的各因素进行评分,根据评分来确定风险等级,并根据风险等级来调整贴现率的一种方法。

(3) 特定项目按风险调整的贴现率可按下式计算:$K_i=R_F+b_iV_i$

式中:K_i—— 项目 i 按风险调整的贴现率;

R_F—— 无风险利息率;

b_i—— 项目 i 的风险报酬系数;

V_i—— 项目 i 的预期标准离差率。

23. AD 现值为 0 只能表明在当前所设定的折现率之下投资与未来现金流量折现值相等。

24. ACD 按风险调整贴现率以后,具体的评价方法与无风险时基本相同。这种方法,对风险大的项目采用较高的贴现率,对风险小的项目采用较低的贴现率,简单明了,便于理解,因此,被广泛采用。但这种方法把时间价值和风险价值混在一起,人为地假定风险一年比一年大,这是不合理的。为了克服风险调整贴现率法的缺点,人们采用按风

险程度来调整现金流量法,也就是先按风险程度调整投资项目的预期现金流量,然后用一个系数(通常称为约当系数)把有风险的现金流量调整为无风险的现金流量,最后,利用无风险贴现率来评价风险投资项目的决策分析方法。肯定当量法克服了按风险调整贴现率法夸大远期风险的缺点,但如何准确、合理地确定约当系数却是一个十分困难的问题。因为标准离差率与约当系数之间的对照关系,并没有一致公认的客观标准。

25. ABCD 风险调整贴现率把时间价值和风险价值混在一起。

26. AB 沉没成本和过去成本都与未来的决策无关,属于非相关成本,机会成本和未来成本是在决策时需要考虑的成本,属于相关成本。

三、简答题

1. 资本预算是指提出长期投资方案并进行分析选择的过程。"预算"是指对未来的某段时期内具体预期现金的流入和流出进行计划。因此,资本预算就是对直接投资计划支出的一个说明,而资本预算过程则是对项目进行分析,决定哪些是可以接受的投资,应当购买哪些资产。这里的"项目"包括购置设备、新建工厂、扩建仓库、改进运输设备、投建新生产线等。通过对这些项目的投资,可以为企业的生产经营和发展提供基本物质条件,再通过经营活动获取投资收益。

2. 项目投资具有下列特点:

(1)整体性:一个项目投资既是一项任务整体,也是一项管理整体,自成体系,不能分割。如新建一座工厂、一幢厂房、一条生产线,更新一台设备,建造一条道路、大坝或输油管等等。

(2)一次性:是指项目投资因受到时间、地点、技术、经济和环境等条件的制约,只能单项决策、单项施工、单项设计,而不能成批生产、重复制造。

(3)约束性:是指项目投资受到期限、费用、质量和功能等条件的限制,它要在预定的期限里、规定的限额内和一定的质量标准下完成一项具有特定功能投资对象的投资。

在市场经济条件下,项目投资对促进企业发展具有重要的作用。其主要表现在:

(1) 项目投资可实现企业经营规模的扩大化。固定资产是企业的主要劳动手段,劳动手段的扩大再生产,必将引起企业生产经营规模的扩大化。

(2) 项目投资可实现企业经营项目的多元化,降低经营风险。企业既可以在原有经营方向上进行追加项目投资,如生产型企业新建一条生产线用于产品生产;也可以在新的经营项目上进行追加项目投资,如生产型企业新建一栋楼房用于商业经营或金融业经营。如果是后一种情况,企业的经营就从生产经营扩展到商业经营或金融业经营。经营项目的多元化对降低企业的经营风险有非常重要的意义。

(3) 项目投资可实现企业资产结构的合理化。新增项目投资会引起企业资产数额和固定资产数额的增加,从而会使固定资产在全部资产中所占的比重及固定资产中经营用固定资产所占的比重发生变化。该两项资产比重优化的直接后果是资产结构的合理化。

(4) 项目投资可增强企业市场竞争能力。为提高企业的市场竞争能力,就需要通过提高产品质量、降低产品成本、增加花色品种、开发新产品等手段来实现,为此,一定的项目投资是必不可少的。

3. 资本预算决策是财务管理所涉及的最为重要的决策。

(1) 资本预算决策影响财务状况;

(2) 资本预算决策具有长期效应;

(3) 资本预算决策影响企业资本结构。

4. 战略性投资,是指对企业全局产生重大影响的投资。战略性投资可能出于控制或影响被投资单位的目的,或为实现多元化经营。其特点在于所需资金一般较多,回收时间长,风险也比较大。如扩大企业规模、开发新产品等,这种投资必须按照严格的程序进行可行性研究分析,才能作出决策。

战术性投资,是指只关系到企业某一局部的具体业务投资。主要是为了充分利用闲置资金,增加企业收益。其特点在于所需资金量较少,变现能力强,风险相对比较小。如某设备的技术改造、降低产品成本等的投资,短期投资一般属于战术性投资。

5. 相关性投资,是指当采纳或放弃某个投资项目时,将显著影响另外一个投资项目的经济指标发生变动,如对油田和输油管的投资便属于相关性投资。

独立性投资,是指当采纳或放弃某一项目时,并不影响另一项目的经济指标发生变动,如微软收购 NEC 的电视网络与微软软件的生产就是两个不相关的投资项目。

互斥性投资,是指只要接受了某一项目,其他所有的项目都要被否决。即便所有的互斥项目都可以接受,最终也只能选择其中的一个,如在一块土地上建一个游乐园或者建一个有拱顶的运动场的项目投资就是互斥性投资。

6. 先决性投资,是指必须在其进行投资后,才能使其后或同时进行的项目实现其收益。例如,某企业拟扩大生产能力,需增加若干设备。为使这些设备得以运转,还必须有电力保证,否则,这些项目是无法实现效益的。这就决定了电力项目就是领先进行的先决投资。

重置性投资,是指使用发挥同样作用或更有效地发挥同一作用和性能的项目,以取代现有项目的投资。

7. 新建企业投资,是指为一个新企业建立生产、经营、生活条件所进行的投资。其特点是投入的资金通过建设形成企业的原始资产。

简单再生产投资,是指为了更新生产经营中已老化的物质资源所进行的投资。其特点是把原来生产经营过程中收回的资金再重新投入生产过程,这种投资不会扩大企业的经营规模。

扩大再生产投资,是指为扩大企业现有的经营规模所进行的投资。其特点是追加资金投入扩大企业资产数量。

8. 增加收入投资,是指通过扩大企业生产经营规模或营销活动,从而增加收入以增加利润的投资。其投资决策规则是评价项目产生的盈利或现金流量能否证明投资项目值得实施。

降低成本投资,是指在维持现有规模的前提下,通过投资以降低生产经营中的成本费用,增加企业利润的投资。其投资决策规则是检查成本的降低是否能证明为该项目进行初始投资是必需的。

9. 现金流出量是指与投资方案相关的企业现金支出的增加额。

投资方案的现金流出量主要包括以下内容:

(1) 建设投资。它指在建设期内按设计的生产经营规模和建设内容进行的固定资产、无形资产和开办费等投资的总和。

（2）增加的营运资金。即与项目投资相应增加的营运资金。增加的营运资金是增加的流动资产减去增加的流动负债后的差额。

（3）营业成本。是指在项目经营期间需用现金支付的成本。

（4）所得税。企业缴纳的所得税也是企业现金流出的一部分。

现金流入量是指与投资方案相关的现金收入的增加额。

投资方案的现金流入量主要包括以下内容：

（1）营业现金收入。项目投产后，营业收入是现金流入量的主要内容。

（2）收回的固定资产余值。指投资项目报废或中途转让时，固定资产报废清理或转让的变价收入扣除清理费用后的净额，它是一项现金流入。

（3）收回的营运资金。主要指投资项目终结时收回的原垫付的营运资金。

10. 初始现金流量是指与投资方案相关的并于开始投资时发生的现金流量。主要包括以下内容：

（1）固定资产投资额。包括购建固定资产的成本、安装费、运杂费等，为现金流出。

（2）流动资产投资。指由于项目完成投入使用而发生的对原材料、在产品等流动资产方面的投资，为现金流出。

（3）机会成本。即由于某些原有固定资产用于某项投资而不能转作他用而失去的收入。

（4）其他投资费用。是指与投资项目有关的组织筹建费、职工培训费、谈判费、注册费等，为现金流出。

（5）原有固定资产的变价收入。主要是指固定资产更新投资时变卖原有固定资产所得的现金收入。

营业现金流量是指投资项目完成投入使用后，在寿命期间内由于正常生产经营所带来的现金流量。这种现金流量一般以年为单位进行计算。这里的现金流入一般是指营业现金收入，现金流出是指营业现金支出和支付的税金。年营业现金流量一般可用公式表示为：

$$年营业现金流量 = 年营业收入 - 付现成本 - 所得税$$

付现成本是指需要每年支付现金的营业成本。营业成本中不需每年支付现金的主要是折旧费。于是：付现成本 = 营业成本 - 折旧费

因此,年营业现金流量也可以表示为:

$$年营业现金流量=税后净利+折旧费$$

终结现金流量是指投资项目终结时发生的各种现金流量,主要包括:

（1）固定资产变价净收入或残值净收入。

（2）原垫支流动资产的现金回收。

（3）停止使用土地的变价收入等。

11. 公司自由现金流量是一种付清税款以后和满足净投资额需求以后的,归公司全体投资者所有的现金流量。

$$公司自由现金流量=EBIT×（1-税率）+折旧和非付现费用-资本支出-现金流量资金的变动$$

股权自由现金流量是一种付清税款和债务以后,并满足净投资额需求以后的,归公司权益投资者所有的现金流量。

$$股权自由现金流量=净收益+折旧和摊销-资本支出-流动资金变动-主要偿付+新债券发行收入$$

在用于支付资本支出和营运资本需求的债务比率稳定的前提下,股权自由现金流量的计算可简化为:

$$股权自由现金流量=（资本支出-折旧）×（1-债务比率）-营运资本变动×（1-债务比率）$$

12. 对投资项目的现金流量进行预测,指的是对税后的现金流量进行预测。因此,当发生所得税支出时,必须将其看作是一种现金流出。此外,发生费用支出实际上会产生所得税税负减少的作用,即税收抵免效应。因此,当判断某项费用支出对企业现金流量的影响时,还应考虑其税收抵免作用。

（1）投资现金流量

$$投资现金流量=投资在流动资产上的资金+设备的变现价值-（设备的变现价值-账面净值）×税率$$

（2）营业现金流量

由于所得税的作用,企业营业收入的金额有一部分会流出企业,企业实际得到的现金流入是税后收益。如果不计提折旧,企业的所得税将会增加许多。

企业的营业现金流量可用公式表示如下：

营业现金流量＝税后净损益＋折旧额

$\qquad$＝收入×(1－税率)－付现成本×(1－税率)＋折旧额×税率

(3)项目终止现金流量

项目终止现金流量＝实际固定资产残值收入＋原投入的营运资本－(实际残值收入－预计残值)×税率

13. 通货膨胀对现金流量的影响表现在两个方面：一是影响资本成本即贴现率的计算；二是影响现金流量的估计。

(1) 对资本成本的影响

名义利率与实际利率之间的关系是：

$$1＋r_{名义}＝(1＋r_{实际})(1＋通货膨胀率)$$

(2) 对现金流量的影响

企业对未来的现金流量如果是基于预算年度的价格水平进行的，去除了通货膨胀的影响，那么这种现金流量被称为实际现金流量。考虑了通货膨胀影响的现金流量被称为名义现金流量。二者的关系为：

$$名义现金流量＝实际现金流量×(1＋通货膨胀率)^n,$$

式中：n——相对于基期的期数。

14. 投资回收期的主要优点是计算方便，并且决策人容易正确理解。

但投资回收期存在很大的不足：

(1) 它仅适用于传统投资项目，即一个大的初始投资额及之后的正现金流量。然而当投资是分期投入的或不存在初始投资时，这个指标就失灵了。

(2) 它不能体现回收期内的现金流量的分布。如项目 A 与项目 B 的现金总额相同，但项目 B 的现金流的分布是先大后小，其现值一定高于项目 A，而二者的回收期是一样的。这是由于回收期法只是单纯地将回收期当作一个整体来考虑。

15. 会计收益率也叫投资利润率、平均投资利润率，它表示年平均利润占总投资的百分比，即会计收益率＝$\dfrac{年平均净利润}{原始投资总额}$×100%。

在采用会计收益率法进行投资方案的评价时,应事先确定一个企业要求达到的会计收益率,在进行采纳与否的决策时,高于要求达到的收益率则可行,否则放弃。在多个方案的互斥选择决策中,选用会计收益率最高的方案。

会计收益率法存在以下缺点:

(1)它比较适合那些满足传统模式的投资项目,即有一个大的初始投资,并在一段时间内产生收益。对于那些并不要求在项目初期进行大量投资的项目,会计收益率的意义就减弱了。

(2)它将焦点集中在净利润而非现金流量上,使得当收入滞后或与该项目产生的现金流量有很大不同时,该指标就暴露出许多问题。

(3)资产的账面价值可能不是该项目投资额的恰当衡量指标,特别是在较长时间内时。由于折旧降低了投资的账面价值,该指标一般来说都会随着时间的推移而提高。

(4)它忽略了货币的时间价值——将第一年的收益与最后一年的收益视作具有相同的价值。

16.净现值法指标的优点:

(1)NPV是可以相加的;

(2)NPV假定中间现金流量以必要报酬率进行再投资;

(3)NPV计算考虑到了预期期限结构和利率的变化。

净现值法指标也存在一些不足:

(1)NPV是绝对的而不是相对的,因此没有考虑投资项目的规模因素。

(2)对于投资期限不同的互斥方案,不适合用NPV比较。NPV此时可能偏向接受投资期限较长的项目。

四、计算题

1.该项目的寿命10年,建设期为1年。

项目计算期 $n=1+10=11$(年)

固定资产原值$=1\,000+100=1\,100$(万元)

(1)建设期的现金流量=-原始投资额

$NCF_0=-1\,000$(万元)

$NCF_1=0$

(2)经营期内某年净现金流量=息税前利润+折旧

折旧＝（原值－残值）/使用年限

$\qquad$ ＝（1 100－100）/10

$\qquad$ ＝100（万元）

$NCF_{2\sim10}$＝100＋100＝200（万元）

NCF_{11}＝100＋100＋100＝300（万元）

2.（1）更新设备比继续使用旧设备增加的投资额＝285 000－80 000＝205 000（元）

（2）因更新设备而每年增加的折旧＝（205 000－5 000）/5＝40 000（元）

（3）经营期每年因营业利润增加而导致的所得税变动额＝10 000×33％＝3 300（元）

（4）经营期每年因营业利润增加而增加的净利润＝10 000×（1－33％）＝6 700（元）

（5）因旧设备提前报废发生的处理固定资产净损失＝91 000－80 000＝11 000（元）

（6）因旧设备提前报废发生净损失而抵减的所得税额＝11 000×33％＝3 630（元）

（7）ΔNCF_0＝－205 000（元）

（8）ΔNCF_1＝6 700＋40 000＋3 630＝50 330（元）

（9）$\Delta NCF_{2\sim4}$＝6 700＋40 000＝46 700（元）

（10）ΔNCF_5＝46 700＋5 000＝51 700（元）

3. 分别计算两个方案的净现值，选择净现值大的方案。

（1）正常投资期的净现值

$$NPV = -400 - 400 \times PVIFA_{20\%,2} + 500 \times PVIFA_{20\%,10} \times$$
$$PVIF_{20\%,3}$$
$$= -400 - 400 \times 1.527\ 8 + 500 \times 4.192\ 5 \times 0.578\ 7$$
$$= 201.98（万元）$$

（2）缩短投资期的净现值

$$NPV = -750 - 750 \times PVIFA_{20\%,1} + 500 \times PVIFA_{20\%,10} \times$$
$$PVIF_{20\%,2}$$
$$= -750 - 750 \times 0.833\ 3 + 500 \times 4.192\ 5 \times 0.694\ 4$$
$$= 80.66（万元）$$

缩短投资期的净现值较小,固不能采用缩短投资期的方案。

4. 因新旧设备使用年限不同,应运用考虑货币时间价值的平均年成本比较二者的优劣。

(1) 继续使用旧设备的平均年成本

每年付现操作的现值 $= 2\,150 \times (1-30\%) \times PVIFA_{12\%,5}$

$$= 2\,150 \times (1-30\%) \times 3.604\,8$$

$$= 5\,425.22(元)$$

年折旧额 $= (14\,950 - 14\,950 \times 10\%)/6 = 2\,242.50(元)$

每年折旧抵税的现值 $= 2\,242.50 \times 30\% \times PVIFA_{12\%,3}$

$$= 2\,242.50 \times 30\% \times 2.401\,8 = 1\,615.81(元)$$

残值收益的现值 $= [1\,750 - (1\,750 - 14\,950 \times 10\%) \times 30\%] \times$

$$PVIF_{12\%,5}$$

$$= [1\,750 - (1\,750 - 14\,950 \times 10\%) \times 30\%] \times$$

$$0.567\,4 = 949.54(元)$$

旧设备变现收益 $= 8\,500 - [8\,500 - (14\,950 - 2\,242.50 \times 3)] \times 30\%$

$$= 8\,416.75(元)$$

继续使用旧设备的现金流出总现值 $= 5\,425.22 + 8\,416.75 -$

$$1\,615.81 - 949.54$$

$$= 11\,276.62(元)$$

继续使用旧设备的平均年成本 $= 11\,276.62/PVIFA_{12\%,5}$

$$= 11\,276.62/3.604\,8 = 3\,128.22(元)$$

(2) 更换新设备的平均年成本

购置成本 $= 13\,750(元)$

每年付现操作成本现值 $= 850 \times (1-30\%) \times PVIFA_{12\%,6}$

$$= 850 \times (1-30\%) \times 4.111\,4$$

$$= 2\,446.28(元)$$

年折旧额 $= (13\,750 - 1\,375)/6 = 2\,062.50(元)$

每年折旧抵税的现值 $= 2\,062.50 \times 30\% \times PVIFA_{12\%,6}$

$$= 2\,062.50 \times 30\% \times 4.111\,4 = 2\,543.93(元)$$

残值收益现值 $= [2\,500 - (2\,500 - 13\,750 \times 10\%) \times 30\%] \times$

$$PVIF_{12\%,6}$$

$$=[2\,500-(2\,500-13\,750\times10\%)\times30\%]\times0.506\,6$$
$$=1\,095.52(元)$$

更换新设备的现金流出总现值$=13\,750+1\,446.28-2\,543.93-$
$$1\,095.52=12\,556.83(元)$$

更换新设备的平均年成本$=12\,556.83/PVIFA_{12\%,6}$
$$=12\,556.83/4.111\,4=3\,054.15(元)$$

因为更换新设备的平均年成本(3 054.15 元)低于继续使用旧设备的平均年成本(3 128.22 元),故应更换新设备。

5.(1)计算税后现金流量

每年折旧额$=5\,400/3=1\,800(元)$

税后现金流量的计算见表 9-5。

表 9-5　税后现金流量的计算

年份	0	1	2	3
设备投资	(5 400)			
流动资金垫支	(600)			
销售收入		3 000	4 500	6 000
折现成本		1 000	1 500	1 000
折旧		1 800	1 800	1 800
税前利润		200	1 200	3 200
所得税		80	480	1 280
税后净利润		120	720	1 920
流动资金收回				600
税后现金流量	(6 000)	1 920	2 520	4 320

(2)计算该项目净现值

净现值$=1\,920\times PVIF_{10\%,1}+2\,520\times PVIF_{10\%,2}+4\,320\times PVIF_{10\%,3}-$
$$6\,000$$
$$=1\,920\times0.909\,1+2\,520\times0.826\,4+4\,320\times0.751\,3-$$
$$6\,000$$

$$=1\ 073.62(元)$$

（3）由于该项目净现值大于零，如果不考虑其他因素，应该采纳该方案。

6.（1）各年净现金流量测算

$$CFAT_0=-100(万元)$$

$$CFAT_{1\sim4}=20+(100-5)/5=39(万元)$$

$$CFAT_5=20+(100-5)/5+5=44(万元)$$

（2）投资回收期$=100/39=2.56(年)$

（3）会计收益率$=20/100\times100\%=20\%$

（4）净现值$=39\times3.790\ 8+100\times5\%\times0.620\ 9-100=50.95(万元)$

7.（1）净现值为零，即预期未来现金流入量的现值应等于现金流出量的现值。

假设预期未来每年现金净流量为A，则

$$NPV=A\times PVIFA_{10\%,5}+145\ 822\times PVIF_{10\%,5}-900\ 000-145\ 822$$
$$=0$$

求得：$A=252\ 000(元)$

$\because$经营阶段的每年现金净流量＝每年税后利润＋每年折旧

$\therefore$每年税后利润$=252\ 000-(900\ 000/5)=252\ 000-180\ 000$
$$=72\ 000(元)$$

又$\because$利息$=0$

$\therefore$每年息税前利润＝每年税前利润＝每年税后利润$/(1-$所得税税率$)=72\ 000/(1-40\%)=120\ 000(元)$

（2）销售量＝（固定成本＋利润）/（单价－单位变动成本）
$$=(500\ 000+180\ 000+120\ 000)/(20-12)$$
$$=100\ 000(件)$$

8.（1）判断方案的财务可行性

$\because$A方案和B方案的净现值均大于零，

$\therefore$这两个方案具有财务可行性。

$\because$C方案的净现值小于零，

$\therefore$该方案不具有财务可行性。

（2）比较决策

A 方案的年等额净回收额＝A 方案的净现值/$PVIFA_{10\%,11}$

$\qquad$＝958.7/6.495 06＝147.6(万元)

B 方案的年等额净回收额＝B 方案的净现值/$PVIFA_{10\%,10}$

$\qquad$＝920/6.144 57＝149.7(万元)

∵149.7＞147.6,

∴B 方案优于 A 方案。

9. (1) 乙方案年折旧额＝[120×(1+2×8%)−8]/10＝13.12(万元)

(2) 乙方案商标权年摊销额＝20/10＝2(万元)

乙方案的年息税前利润＝年经营收入−年经营成本−年折旧−年摊销

$\qquad$＝170−80−13.12−2＝74.88(万元)

年净利润＝(息税前利润−利息)×(1−所得税税率)

$\qquad$＝(74.88−120×8%)×(1−33%)＝43.74(万元)

(3) 甲方案:

甲方案年折旧额＝100/8＝12.5(万元)

$NCF_{甲 0}$＝−100(万元)

$NCF_{甲 1\sim 8}$＝(90−60)×(1−33%)+12.5＝32.6(万元)

乙方案:

$NCF_{乙 0}$＝−120(万元)

$NCF_{乙 1}$＝0

$NCF_{乙 2}$＝−(95−65)−20＝−50(万元)

$NCF_{乙 3\sim 11}$＝年净利润+年折旧+年摊销+年利息

$\qquad$＝43.74+13.12+2+120×8%

$\qquad$＝68.46(万元)

$NCF_{乙 12}$＝68.46+(95−65)+8＝106.46(万元)

(4) 根据 $NPV=32.6\times PVIFA_{IRR,8}-100=0$, $PVIFA_{IRR,8}=$ 3.067 5。

根据年金现值系数表可知:

$$IRR=28\%+\frac{3.067\ 5-3.075\ 8}{2.786-3.075\ 8}\times(32\%-28\%)=28.11\%$$

(5) 甲方案 $NPV=32.6\times PVIFA_{10\%,8}-100=73.92$(万元)

乙方案 $NPV = 68.46 \times (PVIFA_{10\%,12} - PVIFA_{10\%,2}) + 38 \times$
$$PVIF_{10\%,12} - 120 - 50 \times (PVIF_{10\%,2})$$
$$= 68.46 \times (6.8137 - 1.7355) + 38 \times 0.3186 - 120$$
$$- 50 \times 0.8264$$
$$= 347.6536 + 12.1068 - 120 - 41.32$$
$$= 198.44(万元)$$

(6) 甲方案年等额净回收额 $= 73.92 / PVIFA_{10\%,8}$
$$= 13.86(万元)$$

乙方案年等额净回收额 $= 198.44 / PVIFA_{10\%,12} = 29.12(万元)$

(7) 甲方案的总现值 $= 73.92 + 73.92 \times PVIF_{10\%,8} + 73.92 \times$
$$PVIF_{10\%,16}$$
$$= 73.92 + 73.92 \times 0.4665 + 73.92 \times 0.2176$$
$$= 124.49(万元)$$

乙方案的总现值 $= 198.44 + 198.44 \times PVIF_{10\%,12}$
$$= 198.44 + 198.44 \times 0.3186 = 261.66(万元)$$

所以,应该选择乙方案。

(8) 由于甲方案的计算期短,所以将甲方案作为参照对象。

调整后乙方案的净现值 $= \dfrac{198.44}{PVIFA_{10\%,12}} \times PVIFA_{10\%,8}$
$$= 155.37(万元)。$$

所以,应该选择乙方案。

10. (1) 根据该上市公司股票的系统性风险是整个股票市场风险的 1.5 倍可知,该公司股票的 $\beta = 1.5$

(2) 该公司股票的必要收益率 $= 5\% + 1.5 \times (8\% - 5\%) = 9.5\%$

(3) 甲项目的预期收益率 $= (-5\%) \times 0.4 + 12\% \times 0.2 + 17\% \times$
$$0.4 = 7.2\%$$

(4) 乙项目的内部收益率 $= 14\% + \dfrac{4.9468 - 0}{4.9468 - (-7.4202)} \times (15\%$
$$- 14\%) = 14.4\%$$

(5) ∵ 甲项目预期收益率 7.2% < 该公司股票的必要收益率 9.5%,

乙项目内部收益率 14.4% > 该公司股票的必要收益率 9.5%,

∴ 不应当投资于甲项目,应当投资于乙项目。

（6）A 筹资方案的资本成本＝12％×（1－33％）＝8.04％

B 筹资方案的资本成本＝1.05/10×100％＋2.1％＝12.6％

（7）∵A 筹资方案的资本成本 8.04％＜乙项目内部收益率 14.4％，

B 筹资方案的资本成本 12.6％＜乙项目内部收益率 14.4％，

∴A、B 两个筹资方案在经济上都是合理的。

（8）按 A 方案筹资后的综合资本成本

$$=9.5\% \times \frac{4\,000}{12\,000}+\left(8\% \times \frac{6\,000}{12\,000}+12\% \times \frac{2\,000}{12\,000}\right) \times (1-33\%)$$

$$\approx 7.19\%$$

按 B 方案筹资后的综合资本成本

$$=(10.5\%+2.1\%) \times \frac{4\,000+2\,000}{12\,000}+8\% \times \frac{6\,000}{12\,000} \times (1-33\%)$$

$$\approx 8.98\%$$

（9）∵按 A 方案筹资后的综合资本成本 7.19％＜按 B 方案筹资后的综合资本成本 8.98％，

∴A 筹资方案优于 B 筹资方案。

11．（1）建设期为 2 年，经营期为 10 年，项目计算期为 12 年，原始总投资为 1 000 万元，资金投入方式为分次投入（或：分两次投入资金）。

（2）① 不包括建设期的静态投资回收期＝1 000/250＝4（年）

② 包括建设期的静态投资回收期＝4＋2＝6（年）

③ 净现值＝－800－200×0.862 1＋250×（5.028 6－1.605 2）＋
280×0.168 5

≈－69.4（万元）

或　　　＝－800－200×0.862 1＋250×4.606 5×0.743 2＋280×
0.168 5

≈－69.4（万元）

（3）A＝57；B＝2 400（或 2 399.63）；C＝0.4；D＝60.59％

（4）① 乙方案预期的总投资收益率＝9％＋10％＝19％

② 丙方案预期的总投资收益率＝9％＋8％＝17％

③ 丁方案预期的风险收益率＝22％－9％＝13％

丁方案预期投资收益率的标准离差率＝13％×10％＝130％

（5）因为甲方案的净现值小于零，乙方案、丙方案和丁方案的净现值期望值均大于零,所以甲方案不具备财务可行性,其余三个方案均具有财务可行性。因为在乙、丙、丁三个方案中,丙方案的风险最小(或净现值的标准离差率最低),所以 XYZ 公司的决策者应优先考虑选择丙方案。

五、论述题

1. 项目投资中的投资项目与投资方案是两个相互联系而又不完全相同的概念,项目投资中的投资项目是对项目投资的具体对象的称谓。它有三个基本判断标准:(1) 一大笔初始成本;(2) 特定时间段内的现金流量;(3) 最后的残值,就是项目结束时项目中各项资产最后的价值。虽然这样的项目形成了投资决策中的一个重要部分,但投资项目还可以定义得更广一些。那些使用了一个企业内部稀缺资源的所有决策,大到任何战略决策,小到是否在一栋建筑物里使用空调系统的决策,都属于"投资项目"的范围。项目投资中的投资方案是对投资项目投入与产出时间及数量的详细安排。如投资 3 万元购入的甲设备会在未来的 5 年中每年产生 1 万元的收益,或者投资 5 万元购入乙设备会在未来的 5 年中每年产生 2 万元的收益等,就属于投资方案的范围。

项目投资中的投资项目与投资方案之间的联系是非常密切的,针对特定投资项目必须提出相应的投资方案,否则,就无法认定该项目是否对企业有利;某一特定投资方案,都是对相应项目投入与产出时间及数量的详细安排,是特定项目的方案。项目投资中的投资项目与投资方案之间的区别也是明显的,主要表现为:在企业特定时期或特定条件下,投资项目具有唯一性,如某产品的产量不能满足销售需求,为此需增加一条该产品的生产线,而不是增加其他产品的生产线。此时,增加该产品的生产线就是唯一的一个投资对象。而投资方案却具有多样性,如生产线可以选择购买,也可以租赁;如果选择购买,可以从国内购买,也可以从国外购买。

在实践中,不同类型的投资项目和投资方案的提出是有分工的。一般来说,扩充型投资的投资项目和投资方案由企业销售管理部门的人员提出,而重置型投资的投资项目和投资方案由企业生产管理部门的人员提出。但对投资项目的取舍与方案的选择,则视其对企业经营与发展的影响程度,可由部门经理定夺,也可由总经理定夺,有时甚至需要由董事会或股东大会定夺。

2. 为了正确计算投资方案的现金流量,要注意以下几个问题:

第一,现金流量估算应由企业内不同部门的人员共同参与。由于企业投资涉及面广,影响因素多,所以对投资现金流量的估算需要企业内部的众多人员和部门参与。财务人员在此过程中的主要任务:一是协调参与预测工作的各部门人员,使之能够相互衔接与配合;二是为各部门的预测、估计建立共同的基本假设条件,如物价水平、贴现率、可供资源的限制条件等;三是防止预测者因个人偏好或部门利益而高估或低估收入和成本。

第二,仅考虑项目的增量现金流量。在对投资项目的现金流量进行预测时,应遵循的基本原则是:只有增量现金流量才是与项目相关的现金流量,而且应该是税后的现金流量,即只有那些由于采纳某个项目而引起的现金支出增加额,才是该项目的现金流出量;也只有那些采纳某个项目而引起的现金流入增加额,才是该项目的现金流入量。

第三,考虑投资项目的发展前景。一般来说,公司更愿意向盈利部门投资,而不愿向亏损部门投资,因为前者有利可图,后者是浪费资金。但这种判断并不可靠。有时,亏损部门正面临转折关头,遇到了好的发展机会,只要少量投资就可以获得较大的收益;而一个盈利颇丰的部门则可能已处于饱和阶段,耗尽了它的全部投资机会,故不论它过去的业绩多么辉煌,它的前途并不一定充满光明。在进行投资分析时必须充分考虑到这一点,不能把一个公司过去的收益状况与目前的投资收益相混淆。

第四,考虑项目的附带影响。有时,孤立地考察一项投资,与将其同其他投资项目联系起来考虑结果是完全不同的。在投资分析中,要以投资对公司所有经营活动产生的整体效果为基础。

第五,重视机会成本。在投资方案的选择中,如果选择了一个投资方案,就必须放弃投资于其他途径的机会。其他投资机会可能取得的收益是实行本方案的一种代价,被称为这项投资方案的机会成本。机会成本不是我们通常意义上的"成本",它不是一种支出或费用,而是失去的收益。这种收益不是实际发生的,而是潜在的。机会成本总是针对具体方案的,离开被放弃的方案就无从计量确定。在估计现金流量时,机会成本不得忽视。机会成本在决策中的意义在于它有助于全面考虑可能采取的各种方案,以便为既定资源寻求最为有利的使用途径。

第六,不考虑无关现金流量。无关现金流量是指与特定决策无关的、在分析评价时不必加以考虑的现金流量,如沉没成本、账面成本等。沉没成本指的是过去支付且不影响当前或未来投资决策的无法收回的成本支出。由于沉没成本不是增量成本,不影响投资方案的取舍,因此在预测现金流量时不予考虑。

第七,考虑营运资本的改变。营运资本指增加的流动资产与增加的流动负债之间的差额。在投资分析时通常假定:开始投资时筹措的净营运资金,在项目结束时收回。也就是说,在计算现金流量时一般要计算两次营运资本,一次是它投入使用时,作为现金流出;一次是投资项目寿命终结营运资本收回时,作为现金流入。

第八,不考虑固定费用。企业只要进行生产经营,就必然要发生一些固定费用(如管理费用、财务费用和销售费用等),它要分摊给每一投资项目,并计入每一投资项目的成本。但在计算现金流量时,必须作进一步的分析。那些确因某个投资项目发生而引起的分摊费用,方可计入该项目的现金流量;那些企业原来就有,与该投资项目无关的费用,在计算成本时应按一定比例计入,但在计算现金流量时就不应考虑。

3. 在投资决策中,采用的主要分析指标应是现金流量,而把利润的分析放在次要地位,主要原因是:

首先,在整个投资有效年限内,利润总计与现金净流量总计是相等的。所以,现金净流量可以取代利润作为评价净收益的指标。

其次,采用现金流量有利于科学地考虑货币的时间价值因素。科学的投资决策必须认真考虑货币的时间价值,这就要求在决策时一定要弄清每笔预期收入款项和支出款项的具体时间,因为不同时间的资金具有不同的价值。因此,在衡量方案优劣时,应根据各投资项目寿命周期内各年的现金流量,按照资本成本,结合资金的时间价值来确定。而利润的计算,并不考虑资金收付的时间,它是以权责发生制为基础的。

再次,利润在各年的分布受折旧方法等人为因素的影响,而现金流量的分布不受这些人为因素的影响,可以保证评价的客观性。对于同一方案,采用直线法计提折旧与采用加速法计提折旧的利润分布不同,但它们的营业现金流量却是相同的。影响利润分布的人为因素不仅限于折旧方法的选择,还有存货计价方法、间接费用分配方法、成本计算方法等。在考虑资金的时间价值的情况下,早期的收益与晚期的收益有明显区别。投资方案的收益分布应当具有客观性,不受人为选择的影响。现金流量分布可以满足这种要求。

最后,在投资分析中,现金流动状况比盈亏状况更重要。有利润的年份不一定能产生多余的现金用来进行其他项目的再投资。一个项目能否维持下去,不取决于一定期间是否盈利,而取决于有没有现金用于各种支付。现金一旦支出,不管是否消耗都不能用于别的目的,只有将现金收回后才能用来进行再投资。利润反映的是某一会计期间"应计"的现金流量,而不是实际的现金流量。若以未实际收到现金的收入作为收益,具有较大风险,容易高估投资项目的经济效益,存在不科学、不合理的成分。因此,在投资决策中要重视现金流量的分析。

4. 在多个互斥方案的比较中,一般情况下我们可以利用投资回收期、会计收益率、净现值、内含报酬率及获利指数等方法作出正确的决策。而当投资项目的投资总额或寿命期不相等时,可以采用差额投资内含报酬率法或年均净现值法进行决策,后一种方法尤其适用于项目寿命期不同的多方案比较决策。

(1) 差额投资内含报酬率法

差额投资内含报酬率法是指在两个原始投资额不同的方案的差量现金净流量的基础上,计算出差额内含报酬率(即 ΔIRR),并据以判断方案优劣的方法。采用该方法时,当差额内含报酬率指标大于或等于基准报酬率或设定的贴现率时,原始投资额大的方案较优;反之,则投资额少的方案为优。

(2) 年均净现值法

年均净现值法是指根据所有投资方案的年均净现值的大小来选择最优方案的决策方法。某一方案年均净现值等于该方案净现值与相关的资本回收系数(即年金现值系数的倒数)乘积。若某方案净现值为 NPV,设定贴现率或基准报酬率为 i,项目寿命期为 n,则年均净现值可按下式计算:

$$年均净现值 = NPV/PVIFA_{i,n}$$

采用该种方法时,所有方案中年均净现值最大的方案即为最优方案。

5. (1) 非贴现指标把不同时间点上的现金收入和支出当作毫无差别的资金进行对比,忽略了资金的时间价值因素,这是不科学的。而贴现指标则把不同时间点收入或支出的现金按着统一的贴现率折算到同一时间点上,使不同时期的现金具有可比性,这样才能作出正确的投资决策。

(2) 非贴现指标中的投资回收期法只能反映投资的回收速度,不能反映投资的主要目标——净现值的多少。同时,由于回收期没有考虑时间价值因素,因而夸大了投资的回收速度。

(3) 投资回收期、平均报酬率等非贴现指标对寿命不同、资金投入的时间和提供收益的时间不同的投资方案缺乏鉴别能力。而贴现指标则可以通过净现值、内含报酬率和获利指数等指标,有时还可以通过净现值的年均化方法进行综合分析,从而作出正确合理的决策。

(4) 非贴现指标中的平均报酬率、投资利润等指标,由于没有考虑资金的时间价值,因而实际上是夸大了项目的盈利水平。而贴现指标中的内含报酬率是以预计的现金流量为基础,考虑了货币的时间价值以后计算出的真实报酬率。

(5) 在运用投资回收期这一指标时,标准回收期是方案取舍的依据,但标准回收期一般都是以经验或主观判断为基础来确定的,缺乏客观依据。而贴现指标中的净现值和内含报酬率等指标实际上都是以企业的资本成本为取舍依据的,任何企业的资本成本都可以通过计算得到,因此,这一取舍标准符合客观实际。

(6) 管理人员水平的不断提高和电子计算机的广泛应用,加速了贴现指标的使用。在 20 世纪五六十年代,只有很少企业的财务人员能真正了解贴现现金流量指标的真正含义,而今天,几乎所有大企业的高级财务人员都明白这一方法的科学性和正确性。电子计算机的广泛应用使贴现指标中的复杂计算变得非常容易,从而也加速了贴现指标的推广。

6. (1) NPV 与 IRR 的比较

对于独立方案而言,各方案之间互相独立,彼此互不影响。对这类方案的决策,主要是其经济上是否可行。此时,净现值和内含报酬率会导致相同的结论。但对互斥项目进行评价时,这两种方法可能会得出相互矛盾的结果。当净现值法和内含报酬率法产生矛盾时,人们更愿意采用净现值法作为评价指标。

(2) NPV 与 PI 的比较

对于独立项目的评价,净现值法和获利指数法得到的结论是一致的,只是从不同方面反映项目的获利能力。净现值法侧重反映项目的效益额,而获利指数法则侧重反映项目的效率高低。对于互斥方案的选择决策,二者可能得到不同的结论。这是因为净现值是一个绝对值指标,而获利指数是一个相对指标。用 NII 表示投资额,二者的关系可表示为:$NPV=NII \times (PI-1)$。

从公式可以看出,NPV 的大小取决于该项目的投资规模和获利指数。因此,对于规模相同的两个互斥项目,两个指标的结论应是相同的。而对规模不同的两个项目,如果获利指数相同,规模较大的项目会带来更大的净现值。更高的净现值符合企业价值最大化的目标。因此,在这种情况下,应选择净现值最大的方法。

(3) IRR 与 PI 的比较

内含报酬率法和获利指数法有相似之处,都是根据相对比率来评价方案,而不像净现值法那样使用绝对数来评价方案。内含报酬率是方案本身的收益能力,反映其内在的获利水平。内含报酬率的决策标准是:如果项目的内含报酬率大于企业的资本成本,则接受该项目;如果内含报酬率小于企业的资本成本,则放弃该项目;多个互斥项目进行选择时,选取内含报酬率最大的项目。

内含报酬率法与获利指数法也有区别。在计算内含报酬率时不必事先选择贴现率,根据内含报酬率就可以排定独立投资的优先次序,只是最后需要一个切合实际的资本成本或最低报酬率来判断方案是否可行。获利指数法需要一个适合的贴现率,以便将现金流量折为现值,贴现率的高低将会影响方案的优先次序。

总之,在无资金限量的情况下,利用净现值法在所有的投资评价中都能作出正确的决策。而利用内含报酬率和获利指数在采纳与否决策中也能作出正确的决策,但在互斥选择决策中有时会作出错误的决策。因而,在这三种评价方法中,净现值法是最好的评价方法。

7. 资本限量决策是指在企业投资资金已定的情况下所进行的投资决策,也就是说,尽管存在很多有利可图的投资项目,但由于无法筹集到足够的资金,只能在已有资金的限制下进行决策。

资本限量条件下的目标是,在当期预算限额内选择能提供最大净现值的投资方案组合。如果必须严格实行预算限额,与其接受一个规模较大的投资方案,而使部分预算限额无法使用,不如同时接受几个规模较小,获利能力略低的方案,使得预算限额全部用完。

在进行资本限量决策时,管理人员应该同时考虑几个期间。因为有些项目早期可以产生大量的现金净流量,这些现金净流量可以减少早期的预算控制,为其他方案融通资金。实践中,如果项目是可拆分的,可根据盈利指数将方案按由高到低的顺序排列来选取项目组合;如果项目是不可拆分的,就要选取能产生最大净现值的方案。

当项目可拆分时,最好的方法是最大化每元稀缺融资的现值。用每个项目的支出去除它未来现金流量的现值,可以得到一个表示每元稀缺融资的现值数字。这个数字给我们提供了一个度量标准,也就是盈利指数。

8.(1)投资寿命期不相等的更新决策——平均年成本法

固定资产的平均年成本是指该资产引起的现金流出的年平均值。如果不考虑货币时间价值,它是未来使用年限内的现金流出总额与使用年限的比值;如果考虑货币的时间价值,它是未来使用年限内现金流出总现值与年金现值系数的比值,即平均每年的现金流出。

固定资产的经济寿命的计算公式如下:

$$UAC = \left[C - \frac{S_n}{(1+i)^n} + \sum \frac{C_n}{(1+i)^n} \right] / PVIFA_{i,n}$$

哪一个的固定资产平均年成本最低,那一年就是该项资产的经济寿命。

(2)投资寿命期相等的更新决策——差额分析法

在新、旧设备未来使用期相同的情况下,一般普遍运用的分析方法是差额分析法,用以计算两个方案(出售旧设备购置新设备和继续使用旧设备)的现金流量之差以及净现值差额,如果净现值差额大于零,则购置新设备,否则继续使用旧设备。

六、案例分析

1. 分析要点:

(1) 不属于。

(2) 应该算作项目的现金流量。

(3) 应该算作项目的现金流量,这是机会成本。

(4) 不应该反映。因为如果不引进新产品,也不能减少竞争,老产品的市场份额一样会减少。

(5) 利息支出应在现金流量中加以反映。

2. 分析要点:

(1) 在进行资本预算决策时,所得税会对现金流量产生影响,当发生所得税支出时,必须将其看作是一种现金流出。此外,发生费用支出实际上会产生所得税税负减少的作用,即税收抵免效应。因此,当判断某项费用支出对企业现金流量的影响时,还应考虑其税收抵免作用。

(2) 在进行资本预算决策时,通货膨胀对现金流量的影响表现在两个方面:一是影响资本成本即贴现率的计算;二是影响现金流量的估计。

第十章 价值评估理论

第一节 本章知识提要

一、本章知识点

（一）价值概念的界定

本章价值的范围界定为持续经营条件下的企业价值，由此构成的价值评估理论是将各种企业或者企业内部的经营单位、分支机构看作一个经营整体，评价其未来预期收益的现值，并以价值最大化为原则进行重大交易和商业战略的抉择。

（二）价值评估理论的演进

价值评估是伴随着 19 世纪末 20 世纪初的购并行为产生的。以人们对企业价值概念的不断深化为主线，一般将价值评估理论和基本方法的演进划分为三个阶段：

第一阶段：19 世纪末到 20 世纪 50 年代，价值评估理论的初创期。

第二阶段：20 世纪 50 年代至 70 年代末，价值评估理论的发展成熟期。

第三阶段：20 世纪 70 年代末至今，价值评估理论的创新期。

（三）价值评估理论的基本原理

折现现金流估价模型（Discounted Cash Flow）是财务学中的基本理论之一，也是其他价值评估方法的基础。这是建立在现值基础上的一种价值评估方法，在这种方法中，资产的价值等于持有索取权的投资者未来预期现金流通过一个恰当的贴现率进行贴现后的总现值。

相对价值比较法（Relative Compare Method）实际上是以可比企业为参照基础，运用一些基本的财务比率来评估目标企业的价值，得到的结果是相对于可比企业的价值。常见的有市盈率估价法、市净率估价法等。市盈率估价法：目标企业的每股价值＝可比企业平均市盈率×目标企业的每股收益。这种方法的假设前提是股票市价是每股盈利的一定倍数,每股盈利越大,股票价值越大;行业中可比公司与被评估的公司具有可比性,并且市场对这些公司的定价是准确的。**市净率估价法**:目标企业的股权价值＝可比企业平均市净率×目标企业净资产。这种方法的假设前提是股权价值是净资产的函数,类似的企业有相同的市净率,目标企业的净资产越大,则股权价值越大。

经济增加值法(Economic Value Added)是指企业资本收益与资本成本之间的差额,即 EVA＝税后营业利润－资本成本＝投资资本×(投资资本回报率－加权平均资本成本)。如果 EVA 大于 0,说明企业创造了价值,创造了财富;反之,则表示企业发生价值减少。

期权定价法(Option Pricing)。许多项目的建设常常需要多期投资才能完成,由于项目建设需要的时间较长,在建设过程中,公司可以根据最终产品价格的上涨或下跌、预期投入成本是否要增加等因素决定是扩大建设规模还是暂时性或永久性停止项目建设。因此这类投资决策可以看作是对复合期权的选择,每阶段完成后公司就具有了是否继续完成下阶段投资的期权。投资的最优规则就可归结为如何有效地执行期权,这种决策方式较传统方法的优点在于将整个项目各阶段结合起来进行评价,使决策的准确性更强。期权定价法提出了一种企业价值评估的新思路,这种方法主要适用于一些特殊企业价值的评估,比如说对处于困境中的企业权益资本的评估。但在进行一些期限较长,以非流通资产为标的资产的期权估价时,由于标的资产价值和它的方差不能从市场中获得,必须进行估计,运用该方法就会产生较大的误差。

二、教学重点

(一) 固定收益证券的价值评估

固定收益证券是指收益水平相对较为确定的一类证券,代表产品是债券。固定收益证券一般都用计算到期收益率做定量分析,它和定期储蓄存款没有什么区别。只要发行人在到期日之前不违约或赎回,在到期日前持有这类证券的投资者便可确保某种已知的现金流动格局,并可以用 NPV 法将证券的所有净现金流入折现加总以评估其投资价值。

以债券为例分析固定收益证券价值评估的 NPV 法。这种方法的核心思想是将任何时点的债券价格计算为未来利息的现值加上债券到期时面值的现值。用公式表示为：

$$V = \sum_{t=1}^{n} \frac{C_t}{(1+i)^t} + \frac{P_n}{(1+i)^n}$$

债券既可以在一级市场上发行时购买，也可以在二级市场上第 a 年限时购买，假定交易成本忽略不计，则：

债券发行时的交易价格 V_0 为：

$$V_0 = \sum_{t=1}^{n} \frac{C_t}{(1+i)^t} + \frac{P_n}{(1+i)^n}$$

债券在第 a 年限时的交易价格 V_a 为：

$$V_a = \sum_{t=a}^{n} \frac{C_t}{(1+i)^{t-a}} + \frac{P_n}{(1+i)^{n-a}}$$

处理通货膨胀对投资决策的影响问题可以分两步走：

第一，先考虑货币的"保值"，即因通货膨胀因素导致的货币实际购买力的变化；

第二，再考虑货币的"增值"，即因时间因素造成的货币购买力的差异。

通货膨胀条件下债券投资价值评估的基本公式为：

$$V' = \sum_{t=1}^{n} \frac{C_t}{(1+i)^t (1+I)^t} + \frac{P_n}{(1+i)^n (1+I)^n}$$

将公式与基本复利计算公式对比，可以发现折现率由 i 变成 i'：

$$i' = (1+i)(1+I) - 1 = i + I + i \times I \approx i + I \quad (0 < i, I < 1)$$

即投资者在评估债券价值时采用的折现率或预期的报酬是由实际目标收益率与通货膨胀预期构成，前者是放弃货币使用权的补偿，后者是能提供购买力平价的要求。

（二）非固定收益证券的价值评估

非固定收益证券与固定收益证券相对应，主要是指收益水平一般不确定的一类证券，包括股票、基金、人力资本、品牌资本及其他金融资产等。非固定收益证券的价值评估受到很多因素的影响，计算比较复杂，目前学界比较认同的主要有以下三类价值评估方法：

1. 以折现收益法为基础的价值评估

折现现金流估价法的基础在于现值法则。根据该法则，任何一种资产的价值是它所产生的预期未来现金流的现值。其估价的一般模型为：

$$FV = \sum_{t=1}^{n} \frac{CF_t}{(1+r)^t}$$

对于折现现金流的估价存在着三种途径：

第一种是仅仅估价公司的股权利益，称为股权自由现金流量折现法：FCFE＝净收益＋折旧－营运资本追加额－资本性支出－债务本金偿还＋新发行债务。FCFF 是公司所有权利要求者，包括普通股股东、优先股股东和债权人的现金流总和，其计算公式为：

FCFF＝EBIT×(1－税率)＋折旧－营运资本追加额－资本性支出

由此可见：FCFE＝FCFF－债务本金偿还＋新发行债务

股权资本的价值是通过以股权资本的成本对股权资本的现金流进行折现而获得的。

$$股权资本的价值 = \sum_{t=1}^{n} \frac{股权资本的CF_t}{(1+k_e)^t}$$

第二种是估价整个公司，除了股权资本之外，它还包括公司其他索取权的价值，称为股息折现法：公司的价值是通过对公司的预期现金流以资本加权平均成本(WACC)进行折现而获得的。其中，资本加权平均成本是公司用于融资不同要素的成本，根据它们的市场价值比例进行加权。

$$公司价值 = \sum_{t=1}^{n} \frac{CF_t}{(1+WACC)^t}$$

因为无法针对无限时期预测股息，故以有关未来增长的不同假设为基础，根据增长模式不同，目前已经建立了股息折现模型的几种形式：稳定增长模型(Gordon 增长模型)、两阶段模型、H 模型、三阶段模型和 N 阶段模型等。

第三种则是对公司进行分块估价，从它的各种经营活动开始，然后再加上债务和其他股权性索取权对于价值的影响，称为公司自由现金流量折现法。公司的自由现金流(FCFF)是公司中所有索取权持有者的现金流总和，包括普通股东、债券持有者和优先股东。衡量公司的自由现金流的方式有以下两种。

一是加总索取权持有者的现金流，包括股权资本的现金流、贷款者的现金流和优先股东的现金流：

$FCFF$=股权资本的现金流+利息支出×(1-税率)+本金偿还-新的债务发行+优先股息

二是从利息和税收前的盈利开始,减去税收和再投资需要,从而得出对公司自由现金流的估计值:

$FCFF=EBIT$×(1-税率)+折旧-资本支出-流动资本的变化

对 $FCFF$ 进行估值之后,再对 $FCFF$ 进行折现。

对于稳定增长的公司,可以下面的公式进行估价:

$$公司的价值=\frac{FCFF_1}{(WACC-g_n)}$$

在运用这一模型的时候,需要满足两个条件:一是模型中的增长率必须低于或等于经济的增长率;二是公司的特征必须满足稳定增长的假设,尤其是用于估计公司自由现金流的再投资率应该符合稳定增长率。

稳定增长时的再投资率=增长率/资本报酬

经济增加值 EVA 估价法。EVA 的计算原理很简单,即税后净营业利润(Net Operating Profit after Tax)与资本成本的差额,用公式表示为:

EVA=税后净营业利润-资本总额×加权平均资本成本

经济增加值把投资资本回报率和投资增长率转换成了货币数字,应用经济增加值理论进行价值评估就是以资本投入量,加上预期经济增加值按照加权平均资本成本的折现值,即:

企业价值=投资资本+预期经济增加值的折现值

EVA 的计算可以从经营利润开始,先对经营利润进行一系列的调整得到税后经营净利润($NOPAT$);然后,用资本乘以 $WACC$ 得到占用的资本总额;最后,用 $NOPAT$ 减去占用的资本总额。

2. 以市场比较法为基础的价值评估

市盈率估价模型又称价格/收益倍数(市盈率)估价法(PE)。用市盈率来判断股票投资价值的原则:市盈率高时,股票的投资价值就低;市盈率低时,股票的投资价值就高。

当将股票与其他投资工具相比较时,可使用下列公式:

P=市盈率×其他投资的平均收益率

当 $P>1$ 时,股票投资的市盈率较高,股票的投资价值要小于相比较的投资工具;

当 $P=1$ 时,股票投资的市盈率适中,股票的投资价值与相比较的投资工具相当;

当 $P<1$ 时,股票投资的市盈率较低,股票的投资价值将会高于相比较的投资工具。这也就是通常所说的,股票具有了投资价值。

价格/账面值比率(P/BV)是公司资产市场价值与账面价值之比,反映了资产盈利能力与初始成本之比。

价格/销售收入比率估价模型(PS):一般当 PS 比率作为被解释变量时,风险(β)、增长率(EGR)、红利支付率(Rp)和净利润率(PM)为解释变量。回归方程为:

$$PS=a+b\times Rp+c\times\beta+d\times EGR+e\times PM$$

3. 以期权定价法为基础的价值评估

二项树定价模型:二项树如图 10-1 所示。

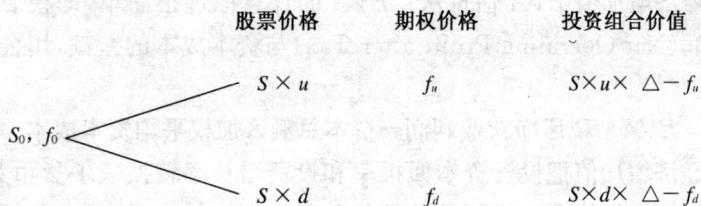

股票价格	期权价格	投资组合价值

$$S\times u \qquad f_u \qquad S\times u\times\triangle-f_u$$

$$S_0, f_0$$

$$S\times d \qquad f_d \qquad S\times d\times\triangle-f_d$$

图 10-1 二项树

根据案例的计算过程,有:$S\times u\times\triangle-f_u=S\times d\times\triangle-f_d$

合并同类项后,得到:$\triangle=\dfrac{f_u-f_d}{S\times u-S\times d}$

上式表明,需购买的股票股数为一期间期权价值的变化幅度与股票价格变化幅度的比值。

投资组合的到期价值的现值为 $S\times\triangle-f$,根据套利原理即有:

$$S\times\triangle-f=(S\times u\times\triangle-f_u)\times e^{-n}=(S\times d\times\triangle-f_d)\times e^{-n}$$

将上面求得的 $\triangle$ 代入整理得到:

$$f=e\times[p\times f_u+(1-p)\times f_d]$$

其中,$p=\dfrac{e^n-d}{u-d}$

Black-Scholes 模型：

假定股票当前的市场价格为 S，约定价格为 X，距离到期期限为时间 T，以年为单位，无风险利率为 r，e 为股票年回报率（价格变动比率）的标准差 σ。

则该买权的价值为：

$$C = S \times N(d_1) - X \times e^{-rT} \times N(d_2)$$

Black-Scholes 模型是看涨期权的定价公式，根据售出-购进平价理论（Put-callparity）也可以推导出看跌期权的定价公式。

实物期权的定价模型可以分为离散模型和连续模型两大类。离散模型主要是多项式模型，连续模型主要由解析式、随机微分方程以及蒙特卡洛模拟构成。从决策制定的角度来看，标的资产是连续还是离散的假定并不对期权价值有显著影响。实物期权的研究文献主要采用如下三个随机过程：几何布朗运动、泊松跳跃过程以及中值回复过程。几何布朗运动适合描述标的资产随机游走的标准扩散过程。泊松跳跃过程更适合描述标的资产突然、急剧的变动，这是几何布朗运动所不能解释的。而中值回复过程更适合描述资产价值回复到长期平均水平的趋势。

三、教学难点

非固定收益证券的价值评估

就非固定收益的投资而言，不同股票的收益千差万别，不同基金的表现也区别很大，不可能相像。非固定收益证券的价值评估受到很多因素的影响，计算比较复杂，目前学界比较认同的主要有以下三类价值评估方法：

（1）以折现收益法为基础的价值评估。优点是评估值反映了企业的未来盈利能力和发展机会，比较容易被接受；缺点是未来盈利的预测比较困难并且预测值带有一些主观判断的色彩，评估值可能偏高。折现收益法主要包括折现现金流量法（DCF）和经济增加值法（EVA）两种方法。学习时尤其要掌握股权自由现金流量 FCFE 和公司自由现金流 FCFF 的计算方法。股息折现模型要理解和分清稳定增长模型（Gordon 增长模型）、两阶段模型、H 模型、三阶段模型和 N 阶段模型等。

（2）以市场比较法为基础的价值评估。根据比率系数的不同，市场法可以分为许多不同的模型。其中主要的三种是市盈率估价模型（*PE*）、价格/账面值比率估价模型（*P*/*BV*）、价格/销售收入比率估价模型（*PS*）。需要掌握三种模型的计算方法、优缺点和区别。

（3）以期权定价法为基础的价值评估，是本章最难学的一部分。要求掌握二项树定价模型、Black-Scholes 期权定价模型和实物期权评价方法。

第二节 习 题 部 分

一、单选题

1. 企业价值评估是以企业的（　　）为前提的。

A. 超额获利能力　　　　　　B. 持续经营

C. 产权明晰　　　　　　　　D. 良好会计制度

2. 在采用直接比较法评估企业价值时，可比指标应选择与企业价值直接相关并且是可观测的变量。在评估合伙公司的价值时，最好选择（　　）作为可比指标。

A. 企业的净利润　　　　　　B. 企业的现金净流量

C. 企业的销售收入　　　　　D. 企业的总利润

3. 选择何种收益形式作为收益法评估企业价值的基础，主要考虑的是（　　）。

A. 企业价值评估的原则

B. 企业价值评估的目的

C. 企业价值评估的方法

D. 最能客观反映企业正常盈利能力的收益额

4. 被评估企业未来三年的预期收益分别为 20 万元、22 万元和 25 万元，预计从第四年开始企业预期收益将在第三年的基础上递增 2%，并一直保持该增长率。若折现率为 10%，则该企业的评估值约为（　　）万元。

A. 373.9　　　B. 294.6　　　C. 312.5　　　D. 246.7

5. 某评估机构对一个企业进行整体评估，经预测，该企业未来第一年的收益为 100 万元，前三年连续在前一年的基础上递增 10%，从第四年起将稳定在第三年的收益水平上。若折现率为 15%，则该企业的评估值最接近于（　　）万元。

　　A. 772.8　　　B. 780.1　　　C. 789.9　　　D. 1 056.4

　　6. 被评估企业未来前五年收益现值之和为 1 500 万元，折现率及资本化率同为 10%，第六年企业预期收益为 400 万元，并一直持续下去。按分段法估算企业的价值最有可能的是（　　）万元。

　　A. 5 500　　　B. 3 966　　　C. 3 984　　　D. 4 568

　　7. 某项资产第一年收益为 100 万元，假定以后每年收益都比前一年递增 20%，资本化率为 30% 且收益年期无限，则该资产的评估值为（　　）万元。

　　A. 1 200　　　B. 2 000　　　C. 3 000　　　D. 4 000

　　8. 甲企业拥有乙企业发行的 3 年期非上市债券面值 1 000 万元，年利率 19%，复利计息，到期一次还本付息。现对甲企业进行评估，评估时该债券距到期日还有 2 年，若折现率为 12%，则该债券的评估值最接近于（　　）万元。

　　A. 1 117　　　B. 1 199　　　C. 1 251　　　D. 1 343

　　9. 某企业有一期限为 10 个月的票据，本金为 50 万元，利息为 10‰。截至评估基准日离付款期尚差三个半月的时间，则该应收票据的评估值为（　　）元。

　　A. 532 500　　　B. 500 000　　　C. 517 500　　　D. 512 500

　　10. 假定社会平均资金收益率为 12%，无风险报酬率为 10%，被评估企业所在行业平均风险与社会平均风险的比率为 1.5，则用于企业评估的折现率应选择（　　）。

　　A. 12%　　　B. 13%　　　C. 10%　　　D. 13.5%

　　11. 按照企业价值评估的市价/收入比率模型，以下四种中不属于"收入乘数"驱动因素的是（　　）。

　　A. 股利支付率　　　　　B. 权益收益率
　　C. 企业的增长潜力　　　D. 股权资本成本

　　12. 假设被评估企业所在的行业平均资金收益率为 5%，净资产收益率为 10%，而被评估企业预期年金收益为 300 万元，企业的净资产现值最有可能是（　　）万元。

A. 3 000　　　　B. 6 000　　　　C. 30　　　　D. 15

13. 用于企业价值评估的收益额,通常不包括(　　)。

A. 利润总额　　　　　　　　B. 净利润

C. 净现金流量　　　　　　　D. 无负债净利润

14. 运用市盈率法评估企业价值,市盈率所起的作用是(　　)。

A. 参照物作用　　　　　　　B. 联系纽带作用

C. 倍数作用　　　　　　　　D. 直接作用

15. 某企业拥有一张票据,本金为 100 万元,年利息率为 10%,该票据的出票日是 4 月 10 日,到期日是 10 月 10 日,评估基准日是 8 月 10 日,则该票据的评估值最接近于(　　)万元。

A. 101.67　　　B. 103.33　　　C. 140　　　D. 120

16. 被评估债券为 4 年期一次还本付息债券 10 000 元,年利率 18%,不计复利,评估时债券的购入时间已满 3 年,当年的国库券利率为 10%,评估人员通过对债券发行企业的了解,认为应该考虑 2% 的风险报酬率,该被评估债券的评估值最有可能是(　　)元。

A. 15 400　　　B. 17 200　　　C. 11 800　　　D. 15 358

17. 目前市场期望投资报酬率为 17%,无风险报酬率为 13%,某行业的投资风险对市场平均风险的比率的经验值为 1.5,该行业投资的风险报酬率为(　　)。

A. 4%　　　　B. 6%　　　　C. 19%　　　　D. 17%

18. 从本质上讲,企业评估的真正对象是(　　)。

A. 企业的生产能力　　　　　B. 企业的全部资产

C. 企业整体资产　　　　　　D. 企业的获利能力

19. 某公司年初股东权益为 1 500 万元,全部付息债务为 500 万元,预计今后每年可取得息税前利润 600 万元,每年净投资为零,所得税税率为 40%,加权平均资本成本为 10%,则该企业价值为(　　)万元。

A. 3 600　　　B. 2 400　　　C. 2 500　　　D. 1 600

20. 某公司 2003 年息税前利润为 2 000 万元,所得税税率为 30%,折旧与摊销为 100 万元,流动资产增加 500 万元,无息流动负债增加 150 万元,长期资产增加 800 万元,无息长期债务增加 20 万元,利息 40

万元。假设该公司能够按照 40% 的固定资产负债率为投资筹集资本，企业保持稳定的财务结构不变，"净投资"和"债务净增加"存在固定比例关系，则股权自由现金流量为（　　）万元。

A. 862　　　B. 882　　　C. 754　　　D. 648

21. 某公司是一家跨国公司，2003 年每股净利为 12 元，每股资本支出 40 元，每股折旧与摊销 30 元；该年比上年每股营运资本增加 5 元。根据全球经济预测，经济长期增长率为 5%，该公司的资产负债率目前为 40%，将来也将保持目前的资本结构。该公司的 β 为 2，长期国库券利率为 3%，股票市场平均收益率为 6%，该公司的每股价值为（　　）元。

A. 108.75　　B. 110.25　　C. 112.52　　D. 113.46

22. 下列关于"股权自由现金流量"的表述中，正确的是（　　）。

A. 税后净利＋折旧

B. 经营活动产生的现金流量净额

C. 经营活动产生的现金流量净额＋投资活动产生的现金流量净额＋筹资活动产生的现金流量净额

D. 企业履行了所有财务责任和满足了再投资需要以后的现金流量净额

23. 某公司 2003 年的股利保障倍数为 2，净利润和股利的增长率均为 5%。该公司的 β 为 1.5，国库券利率为 3%，市场平均股票收益率为 7%。则该公司的内在市盈率为（　　）。

A. 12.5　　　B. 10　　　C. 8　　　D. 14

24. 某公司 2003 年的权益报酬率为 20%，留存收益率为 40%。净利润和股利的增长率均为 4%。该公司的 β 为 2，国库券利率为 2%，市场平均股票收益率为 8%。则该公司的内在市净率为（　　）。

A. 1.25　　　B. 1.2　　　C. 0.85　　　D. 1.4

25. 期权是一种合约，该合约赋予持有人在某一特定日期或该日期之前的任何时间以（　　）。

A. 固定价格购进或售出一种资产的权利

B. 较低价格购进或售出一种资产的权利

C. 较高价格购进或售出一种资产的权利

D. 平均价格购进或售出一种资产的权利

二、多选题

1. 价值评估在市场经济中的作用越来越突出,具体表现在: ( )。

A. 衡量企业市场能力和企业经营业绩的重要指标

B. 企业投融资决策以及股利分配政策的理论基础

C. 以统计方法和现值计算方法为主要分析手段的价值评估

D. 有助于证券市场投资者挑选价值被低估的证券和评价证券的未来走势

2. 采用收益法评估企业价值时,需要具备的前提条件是( )。

A. 市场上存在可以进行参考比较的数据和资料

B. 企业未来的盈利是有规律的,是可以预测的

C. 与企业获取未来收益相联系的风险是可以预测的

D. 企业需具有一定的盈利水平

3. 对于期权所有人来说,下面表述正确的是( )。

A. 对于看涨期权来说,资产现行市价高于执行价格时的期权为"实值期权"

B. 对于看跌期权来说,资产现行市价低于执行价格时的期权为"实值期权"

C. 对于看涨期权来说,资产现行市价高于执行价格时的期权为"虚值期权"

D. 对于看跌期权来说,资产现行市价高于执行价格时的期权为"虚值期权"

4. 常见的相对价值比较法有( )。

A. 市盈率估价法   B. 市净率估价法

C. 折现现金流估价法   D. DCF 法

5. 一般而言,应选择净现金流量作为企业收益的形式是因为( )。

A. 这种收益形式能够相对客观地反映企业的实际经营业绩

B. 这种收益形式不会因企业折旧政策的不同而导致其缺乏可比性

C. 这种收益形式的测算相对简便

D. 这种收益形式不易被更改,更具有可靠性

6. 需要设定的预测企业未来收益的前提条件包括(　　)。

A. 国家政策不发生重大变化

B. 不会发生不可抗拒的自然灾害

C. 企业的内部管理制度不发生重大变化

D. 企业的市场份额不发生重大变化

7. 下列有关期权价格表述正确的有(　　)。

A. 到期日相同的期权,执行价格越高,看涨期权的价格越低

B. 到期日相同的期权,执行价格越高,看跌期权的价格越高

C. 执行价格相同的期权,到期时间越长,看涨期权的价格越高

D. 执行价格相同的期权,到期时间越长,看涨期权的价格越低

8. 从产权的角度看,下列选项中属于企业价值评估范围的有(　　)。

A. 其他企业存放于待评估企业的委托加工材料

B. 全资子公司、控股子公司

C. 非控股子公司中的投资部分

D. 企业存放于其他企业的委托加工材料

9. 在企业价值评估中,企业价值的表现形式包括(　　)。

A. 投入资本价值　　　　　　B. 长期投资价值

C. 所有者权益价值　　　　　D. 长期负债价值

10. 下列有关企业价值评估的说法正确的有(　　)。

A. 价值评估提供有关"公平市场价值"的信息

B. 价值评估不否认市场的有效性,但是不承认市场的完善性

C. 价值评估正是利用市场的缺陷寻找被低估的资产

D. 价值评估提供的结论有很强的时效性

11. 企业持续经营假设通常是假定(　　)。

A. 企业的产权主体或经营主体不变

B. 企业仍按原先设计及新建项目的使用

C. 企业保留现时所处位置

D. 企业保持原有的要素资产或做必要的调整

E. 企业保持原有正常的经营方式

12. 企业预期收益的预测应与企业适用的( )保持一致。

A. 会计政策   B. 管理政策

C. 利润分配政策   D. 税收政策

13. 下列说法中正确的是( )。

A. 评估人员对被评估企业价值的判断,只能基于对企业存量资产运作的合理判断,而不能基于对新产权主体行为的预测,因为新产权主体的行为对收益的影响无论是正面的还是负面的,都应归属于其自身

B. 企业价值评估的预期收益的基础是正常经营条件下的企业正常收益

C. 企业的预期收益既是企业存量资产运作的函数,又是未来新产权主体经营管理的函数

D. 若以评估基准日的实际收益作为预测企业未来收益的基础,则意味着在企业未来经营中不复存在的一些因素仍被作为影响预期收益的因素加以考虑

14. 下列关系式正确的有( )。

A. 实体自由现金流量=经营现金净流量-(长期资产增加-无息长期负债增加)

B. 实体自由现金流量=息税前利润-净投资

C. 净投资=有息负债+所有者权益

D. 债权人现金流量=税后利息-有息债务净增加

15. 当前折现收益法主要包括( )两种方法。

A. 折现现金流量法(DCF)

B. 市盈率估价模型(PE)

C. 价格/账面值比率估价模型(P/BV)

D. 经济增加值法(EVA)

16. 实体现金流量的驱动因素包括( )。

A. 资产报酬率   B. 收益留存率

C. 销售毛利率   D. 权益乘数

17. 股权现金流量的驱动因素包括( )。

A. 总资产息税前利润率   B. 收益留存率

C. 权益净利率 D. 股票获利率

18. 某公司 2003 年息税前利润为 1 000 万元,所得税税率为 40%,折旧与摊销为 100 万元,流动资产增加 300 万元,无息流动负债增加 120 万元,有息流动负债增加 70 万元,长期资产净增加 500 万元,无息长期债务增加 200 万元,有息长期债务增加 230 万元,税后利息 20 万元。则下列说法正确的有( )。

A. 营业现金流量为 700 万元

B. 经营净现金流量为 520 万元

C. 实体自由现金流量为 220 万元

D. 股权自由现金流量为 500 万元

19. 以下关于自由现金流量的说法,正确的有( )。

A. 营业现金流量等于息税前利润加折旧与摊销减去所得税

B. 企业自由现金流量包括债权人自由现金流量和股东自由现金流量

C. 股东自由现金流量是指满足债务清偿、资本支出和营运资本等所有的需要之后剩下的可作为发放股利的现金流量

D. 企业自由现金流量包括债权人自由现金流量、股东自由现金流量和经营现金流量

20. 下列说法中正确的有( )。

A. 营运资本增加＝△流动资产－△流动负债

B. 股权现金流量＝税后利润－(净投资－有息债务净增加)

C. 投资成本＝股东权益＋全部付息债务

D. 投资成本＝营运资本＋长期资产净值－无息长期债务

21. 市盈率的驱动因素包括( )。

A. 销售净利率 B. 股利支付率

C. 增长率 D. 风险(股权成本)

22. 市盈率和市净率的共同驱动因素包括( )。

A. 股利支付率 B. 增长率

C. 风险(股权成本) D. 权益报酬率

23. 基于未来收益的现金流量折现法本身存在以下问题( )。

A. 这一模型应用的前提条件是并购后企业经营持续稳定,未来现

金流量可以预测。然而在这个过程中,随着经营条件的改变,目标企业的经营可能会有所改变,未来经营本身是不确定的

B. 对于一个企业来说,未来投资的现金流量是不确定的

C. 它只能估算企业已经公开的投资机会和现有业务未来的增长所能产生的现金流量的价值,而忽略了目标企业潜在的投资机会可能在未来带来的投资收益,也忽略了目标企业可以通过灵活把握各种投资机会带来的增值。

D. 价值评估的现金流量折现法是不完整的,它忽略了企业拥有的实物期权价值,低估了企业的价值,进而可能错过有利的并购机会

24. 在企业价值评估中,能否按照企业持续经营状态评估,需要考虑( )等因素而后定。

A. 评估的价值类型

B. 企业要素资产的功能和状态

C. 企业提供的产品或服务是否为市场所需要

D. 评估目的

25. 企业评估中所选择的折现率一般不低于( )。

A. 行业基准收益率   B. 政府发行的国库券利率

C. 贴现率   D. 银行储蓄利率

26. 从最直接的角度,评估企业净资产的收益额应当选择( )。

A. 利润总额   B. 净利润   C. 利税总额

D. 营业利润   E. 净现值流量

三、简答题

1. 账面价值和市场价值之间是否存在必然的关系?

2. 持续经营价值和清算价值有什么异同?

3. 股票价值和公司价值是不是一回事?

4. 简述折现现金流量法的基本思路和方法。

5. 简述相对价值比较法的思想与分类。

6. 简述期权定价法的基本思路。

7. 简述非通货膨胀下固定收益证券的价值评估方法。

8. 简述通货膨胀下固定收益证券的价值评估方法。

9. 简述非固定收益证券及其估价方法。

10. 简述折现现金流估价的三种途径。

11. 衡量公司的自由现金流的方式有哪些？

12. 简述经济增加值 *EVA* 估价法的主要思想。

13. 简述市场比较(价格比价值)评估法的种类。

14. 简述期权的内在价值。

15. 简述期权定价模型的缺点。

四、计算题

1. 假定社会平均资金收益率为 12%，无风险报酬率为 10%，被评估企业所在行业的平均风险与社会平均风险的比率为 1.5，求被评估企业适用的折现率。

2. 某企业 3 月初预付 6 个月的房屋租金 90 万元，当年 6 月 1 日对该企业评估时，该预付费用的评估值为多少？

3. 被评估债券为非上市企业债券，3 年期，年利率 10%，到期一次性还本付息，面值 100 元，共 1 000 张，计复利。评估时债券购入已满 1 年，求该被评估企业债券的评估值。

4. 某企业预计未来五年的预期收益额为 10 万元、11 万元、12 万元、12 万元、13 万元，并且从第六年起，企业的收益额将稳定在 15 万元的水平上，假定资本化率为 10%，请估测该企业持续经营条件下的企业价值。

5. 某企业预计未来五年的预期收益额为 10 万元、11 万元、12 万元、12 万元、13 万元，并且从第六年起，企业的收益额将在第五年的基础上以 1% 的增长率增长，假定资本化率为 10%，请估测该企业持续经营条件下的企业价值。

6. 评估人员对某一企业进行整体评估，通过对该企业历史经营状况的分析及国内外市场的调查了解，收集到下列数据资料：

(1) 预计该企业第一年的收益额为 200 万元，以后每年的收益额比上年增长 10%，自第六年企业将进入稳定发展时期，收益额将保持在 300 万元的水平上；

(2) 社会平均收益率为 12%，国库券利率为 8%，被评估企业所在行业风险系数为 1.5；

(3) 该企业各单项资产经评估后的价值之和为 1 600 万元。

要求:确定该企业整体资产评估值。

7. 某公司 2003 年每股营业收入 30 元,每股营业流动资产 10 元,每股净利 6 元,每股资本支出 4 元,每股折旧与摊销 1.82 元。资本结构中有息负债占 40%,可以保持此目标资本结构不变。

预计 2004~2008 年的营业收入增长率保持在 10% 的水平上。该公司的资本支出、折旧与摊销、净利润与营业收入同比例增长,营业流动资产占收入的 20% 可以持续保持 5 年。到 2009 年及以后股权自由现金流量将会保持 5% 的固定增长速度。

2004~2008 年该公司的 β 值为 1.5,2009 年及以后年度的 β 值为 2,长期国库券的利率为 6%,市场组合的收益率为 10%。

要求:计算该公司股票的每股价值。

8. 某公司在 2000 年 1 月 1 日以 950 元价格购买一张面值为 1 000 元的新发行债券,其票面利率 8%,5 年后到期,每年 12 月 31 日付息一次,到期归还本金。

要求:

(1) 2000 年 1 月 1 日该债券投资收益率是多少?

(2) 假定 2004 年 1 月 1 日的市场利率下降到 6%,那么此时债券的价值是多少?

9. 某被评估企业基本情况如下:

(1) 该企业未来 5 年预期净利润分别为 100 万元、110 万元、120 万元、120 万元、130 万元;

(2) 该企业适用的所得税税率为 33%;

(3) 评估基准日社会平均收益率为 9%,无风险报酬率为 4%,被评估企业所在行业的基准收益率为 9%,企业所在行业的平均风险与社会平均风险的比率为 1.2;

(4) 该企业长期负债占投资资本的 50%,平均长期负债利息率为 6%,未来 5 年平均长期负债利息额为 20 万元,年流动负债利息额为 10 万元;

(5) 被评估企业生产经营比较平稳,将长期经营下去。

要求:评估该企业的投资资本价值。

10. ABC 公司 2003 年销售收入 150 万元,息税前利润 12 万元,资本支出 5 万元,折旧 3 万元,年度营运资本 3 万元。该公司刚刚收购了另一家公司,使得目前公司债务价值为 50 万元,资本成本为 12%。2003 年底发行在外的普通股股数 50 万股,股价 0.8 元。预计 2004 年至 2006 年销售增长率为 8%,预计息税前利润、资本支出、折旧和营运资本与销售同步增长。

预计 2007 年进入永续增长阶段,销售额和息税前利润每年增长 4%。资本支出、折旧、营运资本与销售同步增长,2007 年偿还到期债务后资本成本降为 10%。公司所得税税率为 40%。

要求:计算公司实体价值和股权价值。

五、论述题

1. 比较市盈率估价法、市净率估价法的异同。
2. 试析 EVA 法与 DCF 法的不同点。
3. 试析 EVA 的计算原理及具体计算公式。
4. 试析经济增加值模型的优势特征。
5. 试析市盈率估价模型(PE)的运用与缺陷。
6. 试析价格/销售收入比率估价模型(PS)的运用与缺陷。
7. 试析期权的内在价值。
8. 试析期权定价模型的应用

六、案例分析题

1. 期权定价模型在企业价值评估中的应用

假定某公司因为刚刚运营,目前没有效益,但在试验中有一种产品很有希望成为治疗某种病的药物。公司已经申请了专利,并拥有 20 年的专利权。该专利产品的资产当前市场价值为 1 亿元,资产价值的方差为 0.2,开发此产品的投资成本现值为 8 000 万元,年无风险利率为 7%。

问题:如何对该企业的价值进行评估

案例来源:李春明,"期权定价模型在企业价值评估中的应用",《沿海企业与科技》2007 年第 10 期。

2. 企业价值评估的案例分析

上海某高科技电脑软件公司(以下简称 DE 公司)成立于 1996 年 7

月。当时注册资金为 10 万元,1997 年 4 月增资至 50 万元。公司创立以来主要从事金融业前台通用软件、数据分析系统、MIS 系统、交通管理信息系统、专业图形图像制作等业务的研究开发,并承接世界银行软件开发业务。公司业务拓展前景良好,已形成广泛的境内外客户群。但由于公司资本投入少,员工高学历引起人工成本高,为提高竞争能力又需投入大量研究开发费用,迫使公司无法扩大经营规模,公司发展受到限制。

DE 公司初步规划:(1) 2000 年开发研究费用的投入至少在 400 万元,用于超前研究中国的银行在未来若干年内所需的关于后台信息管理与风险分析的信息产品与技术(例如有关金融衍生产品的信息技术研究),扩大已有的技术优势,适应中国加入 WTO 以后新的金融形势。(2) 注册资本增至 5 000 万元,有能力承接规模较大的项目。

某投资公司准备改变传统的投资方向进入高科技领域,对 DE 公司所从事的业务感兴趣,准备进行风险投资。为此,需要对 DE 公司的实际价值进行评估。

思考:如果你是这个投资公司要求的负责这项评估工作的人员,你会如何进行评估?

案例来源:曹中、李贻莹,"试论风险投资与企业价值评估——兼论实体现金流量折现模型的应用",《上海会计》2000 年第 11 期。

第三节　习题解答与案例分析要点

一、单选题

1. B　持续经营价值假设一个企业是持续经营的,即它现有的资产将被用于产生未来现金流并且不会被出卖,此时企业价值的计算才是有意义的。

2. C　使用价格/销售收入比率(PS)进行估价,第一,它不会像 PE 或 P/BV 因为可能变成负值而变得毫无意义,PS 在任何时候都可以使用,甚至对于最困难的公司也是适用的;第二,PS 由于销售收入不受折旧、存货和非经常性支出所采用的会计政策的影响,所以与利润及账面值不同,不会被人为地扩大;第三,PS 不像 PE 那样易变,因而对估价来说相对更加稳定可靠。

3. B 当前折现收益法主要包括折现现金流法和经济增加值法两种方法。折现现金流估价法的关键是对折现现金流的估价,有三种方法:第一种是仅仅估价公司的股权利益,称为股权自由现金流量折现法;第二种是估价整个公司,除了股权资本之外,还包括公司其他索取权的价值,称为股息折现法;第三种则是对公司进行分块估价,从其各种经营活动开始,然后再加上债务和其他股权性索取权对于价值的影响,称为公司自由现金流量折现法。尽管这三种途径都要对预期现金流进行折现,其基本原理并无差异,但是,相对于每种途径的现金流和折现率却各有不同。前两者是评估公司股权的价值,后者则是评估公司债权与股权的共同价值。这就要考虑企业价值评估的目的来进行选择。

4. B 该企业的评估值 $=20/1.1+22/1.1^2+25/1.1^3+25\times1.02/(10\%-2\%)/1.1^3=294.6281$ (万元)

5. B 该企业的评估值 $=100/1.15+110/1.15^2+121/1.15^3+121/0.15/1.15^3=780.1$ (万元)

6. C $1\,500+400/0.1/1.1^5=3\,984$ (万元)

7. A $100\times(1+20\%)/(30\%-20\%)=1\,200$

8. D 该债券的评估值 $=1\,000\times(1+19\%)^3/1.12^2=1\,343.398$ (万元)

9. A 该应收票据的评估值 $=50\times(1+1\%)^{10}/1.01^{3.5}=53.25$ (万元)

10. B 用于企业评估的折现率 $=10\%+1.5\times(12\%-10\%)=13\%$。

11. B 价格/销售收入比率 $=a+$ 风险系数 $\times$ 红利支付率 $+c\times\beta+d\times$ 未来 5 年内预期的利润增长率 $+e\times$ 净利润率。

12. A 企业的净资产现值最有可能 $=300/10\%=3\,000$ (万元)

13. A 利润总额未扣除所得税,一般不作为评估参考。

14. C 用市盈率来判断股票投资价值时可使用下列公式: $P=$ 市盈率 $\times$ 其他投资的平均收益率,由此可见,市盈率所起的作用是倍数作用。

15. B $(100+100\times10\%\times6/12)/1.01^{1/6}=103.33$ (万元)

16. D $(10\,000+1\,800\times4)/1.12=15\,358(元)$

17. B 该行业投资的风险报酬率$=(17\%-13\%)\times1.5=6\%$

18. D 对企业经营者来说,价值评估是衡量企业市场能力和企业经营业绩的重要指标,也是企业投融资决策以及股利分配政策的理论基础,其实反映的就是企业的获利能力。

19. A 该企业价值$=600\times(1-40\%)/10\%=3\,600(万元)$

20. A 股权自由现金流量=公司自由现金流-税后利息+有息债务净增加$=EBIT\times(1-税率)+$折旧-营运资本追加额-资本性支出-税后利息+(有息流动负债增加+有息长期债务增加)$=2\,000\times(1-30\%)+100-350-800-40\times(1-30\%)+(350+800\times40\%-20)=862(万元)$

21. B 每股自由现金流量$=12+30-40-5=7(元)$

权益资本成本$=3\%+2\times(6\%-3\%)=9\%$

该公司的每股价值$=7\times60\%\times(1+5\%)/(9\%-5\%)=110.25(元)$

22. D 股权自由现金流量$FCFE$是公司支付所有营运费用,再投资支出,所得税和净债务支付(即利息、本金支付减发行新债务的净额)后可分配给公司股东的剩余现金流量,$FCFE$的计算公式为:$FCFE=$净收益+折旧-营运资本追加额-资本性支出-债务本金偿还+新发行债务,由此可见ABC项均是不正确的。

23. A 股权成本$=3\%+(7\%-3\%)\times1.5=9\%$

公司的内在市盈率=股利支付率/(股权成本-增长率)$=0.5/(9\%-5\%)=12.5$

24. B 股权成本$=2\%+(8\%-2\%)\times2=14\%$

股利支付率$=20\%\times(1-40\%)=12\%$

公司的内在市净率$=12\%/(14\%-4\%)=1.2$

25. A 期权是一种合约,该合约赋予持有人在某一特定日期或该日期之前的任何时间以固定价格购进或售出一种资产的权利。

二、多选题

1. ABCD 伴随着中国经济体制改革的深入、现代企业制度的推行和资本市场的发展,以兼并、收购、股权重组、资产重组、合并、分设、股票发行、联营、证券买卖等经济交易行为的出现和增多,价值评估的应用空间得到了极大的拓展,价值评估在市场经济中的作用也越来越突出。对企业经营者来说,价值评估是衡量企业市场能力和企业经营业绩的重要指标,也是企业投融资决策以及股利分配政策的理论基础;对证券市场投资者来说,以统计方法和现值计算方法为主要分析手段的价值评估有助于挑选价值被低估的证券和评价证券的未来走势。正确掌握价值评估理论的目的就是当决策者们面临投资融资、兼并收购、资产出售、股份重购、新产品引进、签订合资协议时,能正确地衡量它们的价值及其对现有资产价值的影响,作出有利于实现价值最大化的选择。

2. BCD 市场比较(价格比价值)评估法需要市场上存在可以进行参考比较的数据和资料。

3. ABD 对于看涨期权来说,资产现行市价高于执行价格时的期权为"实值期权",资产现行市价低于执行价格时的期权为"虚值期权"。对于看跌期权来说,资产现行市价低于执行价格时的期权为"实值期权",资产现行市价高于执行价格时的期权为"虚值期权"。

4. AB 常见的相对价值比较法有三种:市盈率估价模型(PE)、价格/账面值比率估价模型(P/BV)、价格/销售收入比率估价模型(PS)

5. BD 净现金流量不会因企业折旧政策的不同而导致其缺乏可比性,不易被更改,更具有可靠性。而会计净利润容易受折旧政策等影响,可靠性下降。

6. AB 未来收益的预测是基于本企业生产经营持续的基础上的,对于外部环境的变化,不是企业自己能够掌握的,比如国家政策、自然灾害等,因此必须假定外部因素不发生变化。

7. ABC 到期日相同的期权,执行价格越高,涨价的可能空间小,看涨期权的价格越低,而执行价格越高,跌价的可能空间大,看涨期权的价格越高。执行价格相同的期权,到期时间越长,期权的价格越高,看涨期权和看跌期权都是如此。

8. BCD 企业价值评估的一般范围即企业的资产范围。从产权的角度界定,企业价值评估的范围应该是企业的全部资产,包括企业产权主体自身占用及经营的部分,企业产权主体所能控制的部分,如全资子公司、控股子公司,以及非控股公司中的投资部分。

9. AC 企业价值评估一般分为仅仅估价公司的股权利益,即所有者权益价值;另外是估价整个公司,除了股权资本之外,还包括公司其他索取权的价值,即投入资本价值。

10. ABCD 价值评估提供有关"公平市场价值"的信息,并具有有很强的时效性,它不否认市场的有效性,但是不承认市场的完善性,正是利用市场的缺陷寻找被低估的资产。

11. BCDE 持续经营假设是指,如果不存在明显的反证,一般都认为企业将无限期的经营下去。之所以要对企业的持续经营作出假定,一个主要的原因是,如果缺乏这项假设,会计核算的许多原则如权责发生制、划分收益性支出与资本性支出等将不能够应用。另一个原因是企业在持续经营状态下和处于清算状态时所采纳的会计处理是不同的。其一般假定企业仍按原先设计及新建项目的使用、企业保留现时所处位置、保持原有的要素资产或做必要的调整、保持原有正常的经营方式等。

12. AD 利润分配政策和管理政策不影响企业预期收益的预测。

13. ABD 企业的预期收益是企业未来产权主体经营管理的函数。

14. ABCD 公司的自由现金流(FCFF)是公司中所有索取权持有者的现金流总和,包括普通股东、债券持有者和优先股东。衡量公司的自由现金流的方式有以下两种。一是加总索取权持有者的现金流,包括股权资本的现金流、贷款者的现金流和优先股东的现金流:FCFF=股权资本的现金流+利息支出×(1-税率)+本金偿还-新的债务发行+优先股息。二是从利息和税收前的盈利开始,减去税收和再投资需要,从而得出对于公司自由现金流的估计值:FCFF=EBIT×(1-税率)+折旧-资本支出-流动资本的变化。

15. AD BC属于相对价值比较法。

16. AB 公司自由现金流是公司所有权利要求者,包括普通股股东、优先股股东和债权人的现金流总和,受资产报酬率和留存收益率的影响。

17. BC 股权自由现金流量FCFE是公司支付所有营运费用,再投资支出,所得税和净债务支付(即利息、本金支付减发行新债的净额)后可分配给公司股东的剩余现金流量,受权益报酬率和留存收益率的影响。

18. ABCD

营业现金流量＝1 000×(1－40％)＋100＝700(万元)

经营净现金流量＝1 000×(1－40％)＋100－110－70＝520(万元)

实体自由现金流量＝1 000×(1－40％)＋100－(300－70)－(500－230)＋20＝220(万元)

股权自由现金流量＝实体自由现金流量－20＋70＋230＝500(万元)

19. ABC　企业自由现金流量包括债权人自由现金流量、股东自由现金流量。

20. BCD　营运资本增加＝Δ流动资产－Δ无息流动负债,A项错误。

21. BCD　公司的市盈率＝股利支付率×(1＋增长率)/(股权成本－增长率)

22. ABC　公司的市净率＝股东权益报酬率×股利支付率×(1＋增长率)/(股权成本－增长率)

23. ABCD　基于未来收益的现金流量折现法虽然能够帮助企业进行价值的评估,但其本身还存在一些问题:未来经营本身是不确定的,未来投资的现金流量是不确定的,只能估算企业已经公开的投资机会和现有业务未来的增长所能产生的现金流量的价值,忽略了企业拥有的实物期权价值等。

24. BCD　无论何种价值类型采用的方法均一致。

25. BD　行业基准收益率和贴现率一般高于政府发行的国库券利率和银行储蓄利率。

26. BE　利润总额、利税总额和营业利润要通过转换再来评估企业净资产的收益额。

三、简答题

1. 账面价值又被称为簿记价值,是指公司资产簿记账面上的数据,它是一种历史价值,代表了曾经的市场价值。时间的流逝和经济条件的变化可能会慢慢扭曲账面价值,长期性资产尤其会受到时间的影响,产生价值扭曲。市场价值,是指当任何资产或资产组合在有组织的市场(如各种证券和商品交易所)上进行交易或在私人团体之间协商谈判时,在无胁迫、无负债交易中的价值。账面价值和市场价值之间并不存在必然的联系,例如,1997 年,微软公司资产账面价值只有通用汽车公司的 6.28%,而股票市场价值是通用汽车公司 3.7 倍,在全美 500 家大公司中位居第二;Dell 计算机公司资产账面价值只有通用汽车公司的 1.86%,股票市场价值却有通用汽车公司的 76%。市场价值受到很多因素影响,具有潜在的不稳定性,但与账面价值相比,它仍被公认为是一种较合理的估算财务报表上所列资产与负债现有价值的标准。在必须预测未来可收回价值的存货评估与资本投资分析中,人们更经常使用的是市场价值。

2. 持续经营价值假设一个企业是持续经营的,即它现有的资产将被用于产生未来现金流并且不会被出卖,此时的企业价值就是持续经营价值。清算价值是与一个公司需要变现其部分或全部资产和索偿权情况下,停止经营,分别售出资产得到的价值。一般来说,持续经营价值和清算价值是判断企业价值时常用的两个概念。

3. 公司价值,或企业价值,通俗地说就是公司本身值多少钱,是指公司所有投资者拥有的价值。从不同的角度看,公司价值的具体含义会有所变化:从市场定价的角度看,假设公司只以普通股票和公司债券两种方式融资,公司价值可视为普通股票与债券市场价值之和;从投资定价的角度,公司价值是现有项目投资价值和新项目投资价值之和,这里的投资价值指项目所带来的增量现金流量;从现金流量角度,公司价值是企业未来现金流量的折现值,未来现金流量越多,公司价值越大,未来现金流量越少,公司价值越小。对上市公司来说,股票价值和公司价值不是一回事,影响股票长期走势的是公司价值而不是股票价值。

4. 折现现金流估价模型是财务学中的基本理论之一,也是其他价值评估方法的基础。这是建立在现值基础上的一种价值评估方法,在这种方法中,资产的价值等于持有索取权的投资者未来预期现金流通过一个恰当的贴现率进行贴现后的总现值。实际运用中需要解决的主要问题是企业现金流的数量、现金流时间分布和相应的贴现率如何确定的问题。实际应用中 DCF 又分为股权现金流量法和实体现金流法。前者需要计算预测股权(主要是普通股)投资的现金流,用股权资本贴现率进行贴现,得到的是企业股权资本价值;后者需要计算预测企业的自由现金流,并采用加权平均资本成本进行贴现,得到的是企业整体价值。

5. 相对价值比较法实际上是以可比企业为参照基础,运用一些基本的财务比率来评估目标企业的价值,得到的结果是相对于可比企业的价值。常见的有市盈率估价法、市净率估价法等。

6. 期权是赋予持有者在未来某一时刻买进或卖出某种资产的权利,相应地称之为买入(看涨)期权或卖出(看跌)期权,该资产称之为标的资产。期权定价法提出了一种企业价值评估的新思路,这种方法主要适用于一些特殊企业价值的评估,比如说对处于困境中的企业权益资本的评估。但对一些期限较长,以非流通资产为标的资产期权估价时,由于标的资产价值和它的方差不能从市场中获得,必须进行估计,运用该方法就会产生较大的误差。

7. 固定收益证券是指收益水平相对较为确定的一类证券,代表产品是债券。固定收益证券一般都用计算到期收益率做定量分析,它和定期储蓄存款没有什么区别。只要发行人在到期日之前不违约或赎回,在到期日前持有这类证券的投资者便可确保某种已知的现金流动格局,并可以用 NPV 法将证券的所有净现金流入折现加总以评估其投资价值。

8. 考虑通货膨胀之后,假定通货膨胀以通货膨胀率表示,通货膨胀率年年存在,并以平均通货膨胀率 I 上涨,因此,通货膨胀的影响也具有复利的性质。这样,处理通货膨胀对投资决策的影响问题可以分两步走:第一,先考虑货币的"保值",即因通货膨胀因素导致的货币实际购买力的变化;第二,再考虑货币的"增值",即因时间因素造成的货币购买力的差异。即投资者在评估债券价值时采用的折现率或预期的报酬是由实际目标收益率与通货膨胀预期构成,前者是放弃货币使用权的补偿,后者是能提供购买力平价的要求。固定收益证券收益水平相对较为确定,可以通过直接计算到期收益率做定量分析,NPV 法将证券的所有净现金流入折现加总,评估其投资价值,简单有效。

9. 非固定收益证券与固定收益证券相对应,主要是指收益水平一般不确定的一类证券,包括股票、基金、人力资本、品牌资本及其他金融资产等等。就非固定回报的投资而言,不同股票的收益千差万别,不同基金的表现也区别很大,不可能相像。非固定收益证券的价值评估受到很多因素的影响,计算比较复杂,目前学界比较认同的主要有以下三类价值评估方法:以折现收益法为基础的价值评估、以市场比较法为基础的价值评估、以期权定价法为基础的价值评估。

10. 具体说来,对于折现现金流的估价存在着三种途径:第一种是仅仅估价公司的股权利益,称为股权自由现金流量折现法;第二种是估价整个公司,除了股权资本之外,还包括公司其他索取权的价值,称为股息折现法;第三种则是对公司进行分块估价,从它的各种经营活动开始,然后再加上债务和其他股权性索取权对于价值的影响,称为公司自由现金流量折现法。尽管这三种途径都要对预期现金流进行折现,其基本原理并无差异,但是,相对于每种途径的现金流和折现率却各有不同。前两者是评估公司股权的价值,后者则是评估公司债权与股权的共同价值。

11. 公司的自由现金流(*FCFF*)是公司中所有索取权持有者的现金流总和,包括普通股东、债券持有者和优先股东。衡量公司的自由现金流的方式有以下两种。一是加总索取权持有者的现金流,包括股权资本的现金流、贷款者的现金流和优先股东的现金流:*FCFF*=股权资本的现金流+利息支出×(1-税率)+本金偿还-新的债务发行+优先股息;二是从利息和税收前的盈利开始,减去税收和再投资需要,从而得出对于公司自由现金流的估计值:*FCFF*=*EBIT*×(1-税率)+折旧-资本支出-流动资本的变化

12. *EVA* 是公司资本收益与资本成本之间的差别,即公司税后净营业利润与全部投入资本成本之间的差额,是所有成本被扣除后的剩余收入。*EVA* 的概念是由美国斯特恩·斯图尔特管理咨询公司(Stern Stewart & Co.)提出的,它的核心思想是,一个公司只有在其资本收益超过为获得该收益所投入的资本的全部成本时,才应被认为是为股东创造了额外的价值。*EVA* 的计算原理很简单,即税后净营业利润与资本成本的差额,用公式表示为:*EVA*=税后净营业利润-资本总额×加权平均资本成本率。

13. 根据比率系数的不同,市场法可以分为许多不同的模型。其中

主要有以下三种：市盈率估价模型（PE），价格/账面值比率估价模型（P/BV），价格/销售收入比率估价模型（PS）。

14. 期权是指持有人在规定的时间内按约定的价格购买或出售某项财产或物品的权利（但不负有义务）。换言之，期权是这样一种权利：持有人在规定的期限时间内有权利但不负有义务（即可以但不必须）按照事先约定的价格购买或出售某种财产或物品（包括金融资产或实物资产）。这种权利实际上是一种选择的机会。获得这个机会实际上是要付出代价的，这个代价就是机会的价值，也就是期权的价格。对于多头买权来说，如果到期相应物品的市场价格低于或等于期权的约定价格，则持有人按市场价格购买更为有利；如果市场价格高于期权约定的价格，则持有人按约定的价格购买（行使买权）更为有利。如果按市场价格购买，说明多头买权实际上并没有起作用，因而，此时多头买权的内在价值为零；如果按约定价格购买，说明利用多头买权可以节省价款，节省的价款正好等于市场价格与约定价格之差，即市场价格高于约定价格多少，此时的多头买权内在价值就为多少。

对于多头卖权而言，如果到期相应物品的市场价格高于或等于期权约定的价格，则持有人按市场价格出售更为有利；如果市场价格低于期权约定的价格，则持有人按约定的价格出售（行使卖权）更为有利。如果按市场价格出售，说明多头卖权实际上不起作用，因而，此时多头卖权的内在价值为零；如果按约定价格出售，说明利用多头卖权可以增加销售收入，增加的销售收入正好等于约定价格与市场价格之差，即约定价格高于市场价格多少，此时多头卖权的内在价值就是多少。

15. 因为在 Black-Scholes 公式和二叉树模型的推导时，使用了一个由标的资产和无风险借贷资产构造的等价资产组合，而在标的资产没有交易或缺少交易的情况下，期权定价理论成立的条件并不充分，因此对由期权定价模型推导出来的结果应予以谨慎对待。Black-Scholes 期权定价模型的一个假设前提是，标的资产的交易是持续的，也意味着其价格变动是连续的，即没有价格突变。但对大部分实际资产的期权而言，这个条件并不满足。可以采取的一个解决办法是采用修正的允许标的资产价格突变的期权定价模型。

期权定价模型的另一个假设前提是，标的资产价格变动的方差已知,且在期权有效期内不变,这对于上市交易的股票的短期期权是合理的,但当期权定价模型应用于对长期的实际资产的估价时,这个假设前提就有可能与实际不符,因为实际中,标的资产价格的波动方差长期保持不变的可能性不大。这就需要对期权定价模型加以调整,以使其适用于方差有变化的情况。

期权定价模型还有一个假设前提是,期权可以立即执行。这对于实物期权是难以达到的,例如实物期权的执行可能是一座矿山的开发,也可能是新产品生产线的建设,这都需要相当长的时间。实物期权的执行需要时间,意味着其真实有效期要小于名义有效期,这就需要对估价结果加以调整,否则就可能高估期权的价值。

Black-Scholes 定价模型中不包含反映投资者风险偏好的变量,因此用该模型为证券估值时,不需要估计投资者的预期收益率,也不需要预测公司未来的现金流量以及增长模式,在一定程度上克服了传统股票定价方法的缺陷,提供了一个计算期权价值的十分有力的工具。但是如同其他任何理论模型一样,Black-Scholes 模型也是在一系列的假设前提下,对现实问题的一种简化和抽象。因此,Black-Scholes 定价模型也有其自身固有的局限性,其假设条件不能完美地描述现实世界的实际情况,运用该模型有时候可能出现定价偏差。

四、计算题

1. 折现率＝无风险报酬率＋风险报酬率

无风险报酬率＝10％

风险报酬率＝(12％－10％)×1.5＝3％

折现率＝10％＋3％＝13％

2. $90/6=15$(万元)，$15\times3=45$(万元)

3. 评估值＝$100\times1\,000\times(1+10\%)^3\times0.826\,4=109\,993.84$(元)

4. $P = \sum[R_t \times (1+r)^{-t}] + R_n/r \times (1+r)^{-n} = 136.61$(万元)

5. $P = \sum[R_t \times (1+r)^{-t}] + R_n[(1+g)/(r-g)] \times (1+r)^{-n}$
   $= 134.05$(万元)

6. (1) 企业未来5年的预期收益额分别为:

第1年:200(万元)

第 2 年:200×(1+10%)=220(万元)

第 3 年:220×(1+10%)=242(万元)

第 4 年:242×(1+10%)=266.2(万元)

第 5 年:266.2×(1+10%)=292.82(万元)

(2) 折现率=8%+(12%－8%)×1.5=14%

(3) 整体评估值=200×(1+14%)$^{-1}$+220×(1+14%)$^{-2}$+242×

(1+14%)$^{-3}$+266.2×(1+14%)$^{-4}$+292.82×

(1+14%)$^{-5}$+300/14%×(1+14%)$^{-5}$

=1 930.79(万元)

或者:

前 5 年收益现值=200×(1+14%)$^{-1}$+220×(1+14%)$^{-2}$+242×

(1+14%)$^{-3}$+266.2×(1+14%)$^{-4}$+292.82×

(1+14%)$^{-5}$

=817.79(万元)

第 6 年后的永续收益现值=300/14%×(1+14%)$^{-5}$=1 113(万元)

评估值=817.79+1 113=1 930.79(万元)

7. 2004~2008 年该公司的股权资本成本=6%+1.5×(10%－6%)=12%

2009 年及以后年度该公司的股权资本成本=6%+2×(10%－6%)=14%

每股股票价值:

=7.2×$PVIF_{12\%,1}$+5.28×$PVIF_{12\%,2}$+5.82×$PVIF_{12\%,3}$+6.4×$PVIF_{12\%,4}$+7.04×$PVIF_{12\%,5}$+[7.04×(1+5%)/(14%－5%)]×$PVIF_{12\%,5}$

=7.2×0.892 9+5.28×0.797 2+5.82×0.711 8+6.4×0.635+7.04×0.567 4+82.13×0.567 4

=6.428 9+4.209 2+4.142 7+4.067 2+3.994 5+46.600 6

=69.44(元)

8. (1) 950=80×$PVIFA_{i,5}$+1 000×$PVIF_{i,5}$

采用逐步测试法:按折现率9%测试

V=80×3.889 7+1 000×0.649 9

$$=311.18+649.90$$

$$=961.08(元)$$

大于 950 元,应提高折现率再次测试。

按折现率 10%测试

$$V=80\times3.7908+1000\times0.6209$$

$$=303.26+620.90=924.16(元)$$

使用插补法:

$$i=9\%+[(950-961.08)/(924.16-961.08)]\times(10\%-9\%)$$

$i=9.30\%$,所以该债券的收益率为 9.3%。

(2) 债券价值$=80\times PVIF_{6\%,1}+1000\times PVIF_{6\%,1}$

$$=80\times0.9434+1000\times0.9434=1018.87(元)$$

9. (1) 自有资本的收益率$=(9\%-4\%)\times1.2+4\%=10\%$

(2) 投资资本的收益率$=10\%\times0.5+6\%\times0.5=8\%$

(3) 投资资本价值

$$=\sum[R_t\times(1+r)^{-t}]/[\sum(1+r)^{-t}/r]$$

$$=[100+20\times(1-33\%)]/(1+8\%)+[110+20\times(1-33\%)]/$$

$$(1+8\%)^2+[120+20\times(1-33\%)]/(1+8\%)^3+[120+20\times$$

$$(1-33\%)]/(1+8\%)^4+[130+20\times(1-33\%)]/(1+8\%)^5/$$

$$[(1+8\%)^{-1}+(1+8\%)^{-2}+(1+8\%)^{-3}+(1+8\%)^{-4}+(1+$$

$$8\%)^{-5}]/8\%$$

$$=1604.56(万元)$$

10. 预测期各年实体现金流量:

实体现金流量=息前税后利润-资本支出-营业流动资产增量

(1) 2004 年实体现金流量

$$=[7.2-(5-3)]\times(1+8\%)-3\times8\%$$

$$=5.376(万元)$$

(2) 2005 年实体现金流量

$$=[7.2-(5-3)]\times(1+8\%)^2-[3\times(1+8\%)]\times8\%$$

$$=\{[7.2-(5-3)]\times(1+8\%)-3\times8\%\}\times(1+8\%)$$

$$=2004 年实体现金流量\times(1+8\%)$$

$$=5.8061(万元)$$

（3）2006 年实体现金流量

$= [7.2-(5-3)] \times (1+8\%)^3 - [3 \times (1+8\%)^2] \times 8\%$

$= 2005$ 年实体现金流量 $\times (1+8\%)$

$= 6.2705$（万元）

后续期各年实体现金流量：

2007 年实体现金流量

$= \{[7.2-(5-3)] \times (1+8\%)^3\} \times (1+4\%) - [3 \times (1+8\%)^3] \times 4\%$

$= 6.6613$（万元）

$\neq 2005$ 年实体现金流量 $\times (1+4\%)$

2008 年后成永续增长，就可利用公式变形，以 2007 年金额为基数，各年在上一年的基础上乘以相同的比例$(1+4\%)$。

五、论述题

1.　相对价值比较法实际上是以可比企业为参照基础，运用一些基本的财务比率来评估目标企业的价值，得到的结果是相对于可比企业的价值。常见的有市盈率估价法、市净率估价法等。

（1）市盈率估价法

企业的市盈率指的是企业的市场价值与企业收益的比率。市盈率方法认为：目标企业每股的价值＝可比企业平均市盈率×目标企业的每股收益。这种方法的假设前提是股票市价是每股盈利的一定倍数，每股盈利越大，股票价值越大；行业中可比公司与被评估公司具有可比性，并且市场对这些公司的定价是准确的。

这种方法的优点是：计算市盈率的数据容易取得，计算简单方便；通过把价格和收益联系起来，直观地反映投入产出的关系；也具有很强的综合性，因而运用得比较广。

（2）市净率估价法

企业的市净率是指企业的市场价值与企业净资产的比率。该方法认为：目标企业的股权价值＝可比企业平均市净率×目标企业净资产。这种方法的假设前提是股权价值是净资产的函数，类似的企业有相同的市净率，目标企业的净资产越大，则股权价值越大。

由于净利为负值的企业不能利用市盈率法进行评估，而市净率极少为负值，因而这种方法可以运用于大多数企业。

2. 折现现金流估价模型是财务学中的基本理论之一,也是其他价值评估方法的基础。这是建立在现值基础上的一种价值评估方法,在这种方法中,资产的价值等于持有索取权的投资者未来预期现金流通过一个恰当的贴现率进行贴现后的总现值。由于 DCF 法是以预测的现金流量和贴现率为基础,考虑到获取这些信息的难易程度,最适用这种方法来评估企业价值的情况是:企业目前的现金流量是正的,而将来一段时间内的现金流量和风险能可靠地估计,并且可以根据风险得出现金流的贴现率。

EVA 的基本思路是:理性的投资者都期望自己所投出的资产获得的收益超过资产的机会成本;否则,就会将已投入的资本转移到其他方面去。根据斯特恩·斯图尔特咨询公司的解释,EVA 是指企业资本收益与资本成本之间的差额,即 EVA＝税后营业利润－资本成本＝投资资本×(投资资本回报率－加权平均资本成本)。如果 EVA 大于 0,说明企业创造了价值,创造了财富;反之,则表示企业发生价值减少。

EVA 法与 DCF 法本质上是一致的,但是,EVA 法具有可以计量单一年份价值增加的优点,而自由现金流量是做不到的。因为任何一年的自由现金流量都会受到净投资的影响,加大投资会减少企业当年的现金流量,推迟投资就可增加当年的现金流量。因此,某个年度的现金流量并不能成为计量业绩的依据,管理层可以通过投资的增减,使企业的现金流量发生变动,从而人为影响企业的价值,EVA 法克服了这一缺点。

3. EVA 的概念是由美国斯特恩·斯图尔特管理咨询公司(Stern Stewart & Co.)提出的。它的核心思想是,一个公司只有在其资本收益超过为获得该收益所投入的资本的全部成本时,才应被认为是为股东创造了额外的价值。

EVA 的计算原理很简单,即税后净营业利润与资本成本的差额,用公式表示为:

EVA＝税后净营业利润－资本总额×加权平均资本成本率

经济增加值把投资资本回报率和投资增长率转换成了货币数字,应用经济增加值理论进行价值评估就是以资本投入量,加上预期经济增加值按照加权平均资本成本的折现值,即:

企业价值＝投资资本＋预期经济增加值的折现值

　　EVA 的计算可以从经营利润开始,先对经营利润进行一系列的调整得到税后经营净利润(NOPAT);然后,用资本乘以 WACC 得到占用的资本总额;最后,用 NOPAT 减去占用的资本总额。

　　根据斯特恩·斯图尔特咨询公司的研究,为精确计算经济增加值需要进行的调整多达 120 多项。然而,在实际运用中,并不是每个公司都需要进行所有这些调整。在大多数的情况下只需要进行 5 至 10 项重要的调整就可以达到相当的准确程度。一项调整是否重要,可以按照下列原则进行判断:(1) 这项调整对 EVA 是否真有影响;(2) 管理者是否能够影响与这项调整相关的支出;(3) 这项调整对执行者来说是否容易理解;(4) 调整所需的资料是否容易取得。一个公司在计算经济增加值时,决定需要进行哪些调整,不进行哪些调整,最终目的是要在简便与准确之间达到平衡。其具体计算公式为:

　　(1) EVA＝税后净营业利润－资本总额

　　(2) 税后净营业利润＝主营业务收入－销售折扣和折让－营业税金及附加－主营业务成本－管理费用－销售费用＋其他业务利润＋当年计提或冲销的存货跌价及坏账准备＋银行存款利息收入＋投资收益＋当年计提或冲销的长短期投资跌价准备＋委托贷款损失准备＋EVA 税收调整

　　(3) EVA 税收调整＝实际应缴纳的所得税＋税率×(财务费用＋银行存款利息收入＋营业外支出－营业外收入－补贴收入)

　　(4) 资本总额＝计算 EVA 的资本×加权平均资本成本

　　(5) 计算 EVA 的资本＝债务资本＋股权资本－战略性投资免费融资部分

　　(6) 债务资本＝短期借款＋一年内到期长期借款＋长期负债合计－递延税款

　　(7) 股权资本＝股东权益合计＋少数股东权益＋坏账准备＋存货跌价准备＋长短期投资跌价准备＋递延税款＋当年税后营业外支出－当年税后营业外收入－当年税后补贴收入

　　(8) 加权平均资本成本＝债权资本成本×(债务资本/总资本)×(1－税率)＋股权资本成本×(股权资本/总资本)

　　(9) 股权资本成本＝无风险收益率＋β×市场风险溢价

(10) 公司的价值＝公司当年投入的资本总额＋$\sum_{t=1}^{n}\dfrac{EVA_t}{(1+WACC)^t}$

其中，EVA_t—— 公司第 t 年的经济增加值；

$\qquad n$—— 公司具有竞争优势的年限；

$\qquad WACC$——加权平均资本成本。

通常，投资者追求利润最大化所凭借的依据有两个：一是评估股票的会计模型，根据该模型，每股盈余、利润增长、股本回报的大致结合，可以决定预期的未来利润，并进一步决定股票价格。另一个则是现金流量折现模型，该模型认为，投资者只关心两件事：一家公司在生存期间能够带来的现金流和预期现金流的风险。大量的学术研究表明，经济模型在解释股价波动方面比会计模型更实用可靠，因为如果投资者只关心近期结果，那么所有的股票都应该以同样的市盈率交易，价值就不会反映在未来利润增长的前景上，而只会反映在当前较高的利润上。

4. 经济增加值模型较会计模型和现金流量折现模型有其明显的优势特征。

(1) EVA 模型对于了解公司在任何一个年度的经营状况来说，是一个有效的衡量尺度，现金流量模型却做不到这一点。例如，由于任何一年的现金流量都取决于在固定资产和流动资金方面高度随意的投资，投资者无法通过对实际的现金流量与预计的现金流量进行比较来了解公司的进展情况，公司管理层很容易只是为了增加某一年的现金流量而推迟投资，致使长期的价值创造遭受损失。EVA 法明确指明了公司的经营风险和财务风险，使投资者能判断投资回报的数量和回报的持续性。换句话说，EVA 模型揭示了价值创造的三个基本原则：现金流、风险和回报的持续性，因此 EVA 提供了一种用以反映和计量公司是否增加了股东财富的可靠尺度。更为重要的是，EVA 指标的设计着眼于企业的长期发展，而不是像净利润指标那样仅仅是一种短期指标，因此应用该指标能够鼓励经营者进行能给企业带来长远利益的投资决策，如新产品的研究和开发、人力资源的培养等等，这样就能杜绝企业经营者短期行为的发生。此外，应用 EVA 能够建立有效的激励报酬系统，这种系统通过将经营者的报酬与从增加股东财富的角度衡量企业经营业绩的 EVA 指标相挂钩，正确引导经营者的努力方向，促使经营者充分关注企业的资本增值和长期经济效益。综上所述,EVA 衡量的是一个企业创造的真实利润,它是一个可以用于评价任何企业经营业绩的工具。

(2) 经济增加值的方法说明公司的价值等于资本投入量,加上相当于其预期经济增加值的折现值。如果公司每一周期的利润恰好等于其加权平均资本成本,那么预期现金流量的折现值正好等于其投资资本。换言之,公司的价值恰好等于最初的投资。只有当公司的利润多于或少于起始加权平均资本成本时,公司的价值才多于或少于起始投资资本。由此可见,如果经营利润忽视了资金成本,那么追求经营利润或提高销售利润率并不一定增加经济增加值或股东财富。

(3) EVA 方法在企业管理中的应用创造了使经营者从股东角度进行经营决策的环境。因为权益资本不再被看作是"免费资本",经营者甚至企业的一般雇员都必须像企业的所有者一样思考,他们将不再追求企业的短期利润,而开始注重企业的长期目标与股东财富最大化的目标相一致,注重资本的有效利用以及现金流量的增加,以此来改善企业的 EVA 业绩。EVA 模型表明,一家公司要使股东财富增加只有四种方式:

① 削减成本,降低纳税,在不增加资金的条件下提高税后净营业利润(简称 NOPAT)。也就是说,公司应当更加有效地经营,在已经投入的资金上获得更高的资金回报。

② 从事所有导致 NOPAT 增加额大于资金成本增加额的投资。即从事所有正的净现值的项目,这些项目带来的资金回报高于资金成本。

③ 对于某些业务,当资金成本的节约可以超过 NOPAT 的减少时,就要撤出资本。例如,卖掉那些对别人更有价值的资产、减少库存和加速回收应收款。

④ 合理调整公司的资本结构,使资本与债务的结构和比重与公司的经营风险和融资灵活性相适应,以满足投资和收购战略的潜在需要,实现资本成本最小化。

综上所述,与净资产收益率、每股收益等传统的财务分析工具相比,EVA 指标最大的和最重要的特点就是从股东角度重新定义企业的利润,考虑了企业投入的所有资本(包括权益资本)的成本。用通俗的话来讲,即股票融资与债务融资一样是有成本、要付出代价的。但现行的财务会计只确认和计量债务资本成本,而对于权益资本成本只作为收益分配处理,这使得当前利润表上的利润数字实际上包括两部分:权益资本成本和真实利润,是对公司业绩某种程度的虚增和高估。

而 EVA 指标克服了这一缺点,由于在计算上考虑了企业的权益资本成本,并且在利用会计信息时尽量消除会计失真,因此 EVA 指标能够更加真实地反映一个企业的经营业绩,是一个可以用于评价任何公司经营业绩的工具,其理念更符合现代财务管理的核心——股东价值最大化。

5. (1) PE 模型的含义

市盈率估价模型又称价格/收益倍数(市盈率)估价法(PE)。市盈率(PE)是所有比率中用得最多也是最常被误用的。它在估价中得到广泛应用的原因很多。首先,它是一个将股票价格与当前公司盈利情况联系在一起的一种直观的统计比率;其次,对大多数股票来说,市盈率易于计算并容易得到,这使股票之间、公司之间的比较变得十分简单;最后,PE 还能作为公司一些其他特征的代表(包括风险性和成长性)。

市盈率的含义非常丰富,它可以暗示公司股票收益的未来水平、投资者投资于公司希望从股票中得到的收益以及公司投资的预期回报等等。

(2) PE 模型的运用

用市盈率来判断股票投资价值的原则如下:市盈率高时,股票的投资价值就低;市盈率低时,股票的投资价值就高。

当将股票与其他投资工具相比较时,可使用下列公式:

$$P = 市盈率 \times 其他投资的平均收益率$$

当 $P > 1$ 时,股票投资的市盈率较高,股票的投资价值要小于相比较的投资工具。

当 $P = 1$ 时,股票投资的市盈率适中,股票的投资价值与相比较的投资工具相当。

当 $P < 1$ 时,股票投资的市盈率较低,股票的投资价值将会高于相

比较的投资工具。这也就是通常所说的，股票具有了投资价值

6. (1) PS 估价的含义

市盈率（PE）和价格/账面值比率（PBV）一直是估价中最常用的两个比率。然而，近年来，估价师们越来越多地转向使用价格/销售收入比率（PS）进行估价。特别是对网络公司的评估，多半采用 PS 这个比率。PS 比率估价法有很多优势吸引着评估师：第一，它不会像 PE 或 P/BV 因为可能变成负值而变得毫无意义，PS 在任何时候都可以使用，甚至对于最困难的公司也是适用的；其次，PS 由于销售收入不受折旧、存货和非经常性支出所采用的会计政策的影响，所以与利润及账面值不同，不会被人为地扩大；第三，PS 不像 PE 那样易变，因而对估价来说相对更加稳定可靠。

(2) PS 模型的运用

我们可以利用市场的全部公司或大部分公司的数据来估计待评估公司的比率，概括这些信息最简单的方法就是进行多元线性回归分析。一般当 PS 比率作为被解释变量时，风险（β）、增长率（EGR）、红利支付率（Rp）和净利润率（PM）为解释变量。回归方程为：

$$PS = a + b \times Rp + c \times \beta + d \times EGR + e \times PM$$

其中：PS —— 价格 / 销售收入比率；

Rp —— 红利支付率；

β —— 风险系数；

EGR —— 未来 5 年内预期的利润增长率；

PM —— 净利润率。

7. 对于多头买权来说，如果到期相应物品的市场价格低于或等于期权的约定价格，则持有人按市场价格购买更为有利；如果市场价格高于期权约定的价格，则持有人按约定的价格购买（行使买权）更为有利。如果按市场价格购买，说明多头买权实际上并没有起作用，因而，此时多头买权的内在价值为零；如果按约定价格购买，说明利用多头买权可以节省价款，节省的价款正好等于市场价格与约定价格之差，即市场价格高于约定价格多少，此时多头买权内在价值就为多少。

对于多头卖权而言，如果到期相应物品的市场价格高于或等于期权约定的价格，则持有人按市场价格出售更为有利；如果市场价格低于

期权约定的价格,则持有人按约定的价格出售(行使卖权)更为有利。如果按市场价格出售,说明多头卖权实际上不起作用,因而,此时多头卖权的内在价值为零;如果按约定价格出售,说明利用多头卖权可以增加销售收入,增加的销售收入正好等于约定价格与市场价格之差,即约定价格高于市场价格多少,此时多头卖权的内在价值就是多少。

任何避险工具的作用都不外乎转移部分风险或分散风险,而不是消除风险,期权也不例外。如果说多头期权持有者是持有一种权利而不附有相应的义务,那么空头期权则是持有一种义务而不附有相应的权利。换句话说,价格波动的风险从多头期权持有者转移到空头期权持有者。进而可以理解,从内在价值的角度看,同一买权或卖权的多头与空头的内在价值之和为零。如果求出了多头买权和卖权的内在价值,把它们取反,就可以得出空头买权和卖权的内在价值。

8. 实物期权作为一种衍生思维的分析方法,是金融创新工具"期权"在公司战略投资决策、价值评估等领域的延伸使用。这一分析方法的实质是类比金融期权中的各类要素(标的资产、资产当前市场价值、合约执行价、有效期、市场无风险利率以及标的资产的波动率),用以分析公司价值、投资项目中的具有期权性质的"或有价值"。

并购中目标企业的价值除了自身单独的价值之外,还应该包括机会价值。米勒和莫迪里安尼的分析已经证实,企业的价值可以被看成是现有资产的现金流量价值加上增长机会价值的和。并购中目标企业价值可以由两部分组成:静态净现值和具有灵活性的期权价值。企业并购中隐含着实物期权价值,并购方要开展业务就必须行使权利,打算取得这一权利的企业应支付与期权价值相等的费用,于是企业并购的期权价值就是为了取得权利而支付的期权费,这种期权价值就是一种或有价值。利用 Black-Scholes 模型可以确定并购中隐含的期权价值,然后将其实物期权价值加到传统评估方法计算出来的静态净现值之上,这样就是对企业并购价值的完整评估。

六、案例分析

1. 分析要点:

初看起来,所给出的信息如果按照传统的评估方法,很难估计企业价值。但运用期权定价模型可以解决此问题。可以认为公司的价值是由公司现有资产价值和这项专利技术的价值两部分组成。但是因为公司刚刚运营,现有资产及业务的价值很小(相对于后者),所以我们评估公司的价值,主要重点就是评估专利技术的价值。此时,公司的产品专利拥有权被看作是一个买方期权,相关参数如下:

(1)专利产品本身为标的资产,而标的资产的现时价值就是现在生产该产品的预期现金流的现值,$S = 1$ 亿元 $= 10\,000$ 万元;

(2)生产该专利产品的初始投资成本的现值即为这个买方期权的执行价格,即 $K = 8\,000$ 万元;

(3)期权的期限就是公司拥有该专利产品的有效期,即 $t = 20$ 年。

(4)无风险利率 $r = 7\%$。

至此,全部输入变量都已经得到,代入 Black-Scholes 模型,计算出此公司拥有专利权的价值即为买方期权价值 8 812 万元。如果这个公司现有账面资产及现有业务的价值为 300 万元,那么该公司的评估总价值为:8 812+300=9 112(万元)。

2. 分析要点:

(1)首先,可以编制 DE 公司经过调整后的 1996 年 9 月至 1999 年 8 月比较资产负债表、比较损益表和比较现金流量表,并进行指标分解分析,得出销售净利率、销售毛利率、资产净利率、净资产收益率、销售增长率指标。

(2)然后,综合 DE 公司过去和目前经营情况及未来的发展前景(主要根据已签长短期合同、意向书、项目规划书和建议书等),预计未来年份的自由现金净流量,并估测出应采用的折现率。采用实体现金流量折现模型计算出 DE 公司的实体总价值。

(3)在评估过程中,不但应将模式建立在历史财务报表数据之上,根据历史绩效对预测进行分析,确保预测以事实为基础,还要分析为扭转局面需要采取哪些行动以及管理部门为何有可能实施这些行动。

图书在版编目（CIP）数据

财务管理学导论精要、案例与测试 / 陈志斌编著. —南京：南京大学出版社，2008.9
ISBN 978-7-305-05541-6

Ⅰ.财…　Ⅱ.陈…　Ⅲ.财务管理-高等学校-教学参考资料　Ⅳ.F275

中国版本图书馆 CIP 数据核字（2008）第 141370 号

出 版 者　南京大学出版社
社　　址　南京市汉口路 22 号　　　　邮　编　210093
网　　址　http://press.nju.edu.cn
出 版 人　左　健

丛 书 名　商学院文库
书　　名　财务管理学导论精要、案例与测试
编 著 者　陈志斌
责任编辑　冯　彩　王向民　侯祥鹏　　编辑热线 025-83594275
照　　排　南京紫藤制版印务中心
印　　刷　南京人文印刷厂
开　　本　850×1168　1/32　印张 14.25　字数 494 千
版　　次　2008 年 9 月第 1 版　2008 年 9 月第 1 次印刷
印　　数　1-4000
ISBN 978-7-305-05541-6
定　　价　25.00 元

发行热线　025-83594756
电子邮箱　sales@press.nju.edu.cn（销售部）
　　　　　nupressl@publicl.ptt.js.cn（编辑部）